Versión Revisada

2017

All rights reserved © 2014 Miguel Martin
Education Center

MMEC

ISBN-13: 978-0692361856

ISBN-10: 0692361855

Dedicado

A mi padre Tomas Miguel Martin

Agradecimiento

A Dios por permitirme desarrollarme como un líder. También por la bendición de poder escribir e inspirar a otros humanos a ser líderes y así bendecir al mundo con propósito y destino. A mis padres Tomas Miguel y Marta Martin por ser los más grandes líderes de mi vida. A Hector Acardi, Monica Molina, Hortensia Morales quienes con gusto dieron su tiempo para correcciones y sugerencias. Adrian Rusu por todo su conocimiento y apoyo incondicional en todo lo digital y portada.

Contents

Prefacio 13
El Concepto Gladiador 15
El Poder de la Experiencia 25
Un Líder 59
El Llamado 79
Un Líder Se Hace 95
El Pasado 107
El Eje del Líder 125
Organización Personal 153
Liderazgo Efectivo - 170
Productivo 170
Liderazgo Inefectivo -Solo Tienen el Título- 181
El Lìder en La Crisis 199
Usemos Lo Que Tenemos 219
Informate Antes De Actuar 237
El Líder Tropiez Y Comete Errores 259
Observe A Su Alerededor Le Puede Enseñar 284
El Equipo 295
Exelencia - Eficacia 312
El Poder de la Familia en La Vida de un Líder .. 330
El Poder de la Salud de un Líder 341
El Poder de la Mente 349
Lo Peor / Lo Mejor 365

Persistencia 379
Oportunidad 403
　La Verdad de la Vida 419
Conclusión 428
Sobre El Autor 431

El Lider Gladiador

Prefacio

Este libro *El Líder Gladiador* tiene como objetivo demostrar que ningún humano, persona, líder puede vivir, sobrevivir y dejar un legado a menos que viva como un luchador, fiel a sus creencias, razón de existencia, principios, valores y convicciones.

El entiende nadie más puede hacerlo por él. Que el verdadero líder no se forma en los momentos más difíciles sino en ello solo se revela con la actitud, visión, determinación y ESPIRITU de un gladiador lo que es altamente indispensable en toda etapa de la vida de una persona TRIUNFADORA.

Le invitamos a explorar *El líder Gladiador* con una determinación de CONVERTIRTE un líder SIN OTRA META QUE VIVIR, TENER ÉXITO Y TRIUNFAR y no solo intentar ser uno. Aquí será animado, aconsejado y encaminado a ver la importancia de una experiencia completamente diferente en su vida lo que en verdad le realizará como humano.

Este libro también es para todo aquel que tiene momentos difíciles en la vida y desea aprender a disfrutar y aprender de esos problemas o malas experiencias. Indiscutiblemente que al leer el libro descubrirá AL GLADIADOR QUE UNO POSEE muy dentro escondido, pero que lleva consciencia despierta y un valor inteligente para comprobarlos y expresarlo. Los cobardes se asustan y huyen. ¡Usted no!

"Hoy la oportunidad de ser un Líder Gladiador está aquí, un vencedor eterno." – Miguel Martin

"Algunos de ustedes piensan que no pelearán. Otros, que no pueden. Todos dicen eso, hasta que salen." – El Gladiador.

El Lider Gladiador

El Concepto Gladiador

"Liderazgo es la capacidad de traducir visión en realidad". - Warren G. Bennis

Este volumen desea colaborar en la construcción de un liderazgo excelente, eficaz y únicamente TRIUNFADOR. No deseo reemplazar otras versiones sobre liderazgo, ellas tienen su lugar, sino esta biblioteca de verdades contribuir con el concepto del gladiador impregnado en todo lo que hagamos y experimentemos.

En el campo general del liderato muchas veces somos inquietados a darnos por vencidos o ya desanimados nos sentimos perdidos sin saber que hacer; dudando de nuestro deber y responsabilidad. Allí solo el puedes resurgir bajo el concepto del gladiador. Deseo decir por *experiencia* propia que ser líder no es fácil pero **sí es posible y de eso se trata este libro.**

Propongo enlistarnos nuevamente al liderazgo con una visión y misión diferente, levantar el espíritu, sacar el valor, erguir el rostro, retomar el deber y pelear con el corazón de un gladiador experimentado.

Aunque desde pequeño he estado involucrado al frente de algún proyecto, personas y responsabilidades, entré de lleno en este campo al cumplir quince años en un tiempo donde no sabía ni siquiera escribir la palabra, líder por así decirlo. Nadie me enseñó lo que era y me vi obligado a aprenderlo por mí mismo en el coliseo de la vida.

Hoy después de doce años me doy cuenta que es una de las áreas más bellas de la vida, tanto familiar como social y grandemente honorada por Dios,, la vid, el universo pero así también descuidada y mal aplicada por muchos. La mayoría no termina su misión, se dan por vencidos llegando a ser la burla del reto de la vida.

El Líder Gladiador

Decidí escribir sobre el tema, no porque tenga credenciales convencionales sobre él, sino porque en el luchar de todos los días he descubierto que el liderato gladiador es algo que va más allá de certificados universitarios o seminarios del mismo, aunque todo *eso* juega un papel muy importante en su elaboración. Me propongo exaltar **el poder de la experiencia** como base del concepto de un gladiador. Todos pueden decir y gritar con sus títulos que son líderes, pero solo un gladiador lo demuestra hasta el último halito de vida.

¿Quien era un gladiador?

"Gladiador. Persona que luchaba a muerte con otra o con un animal en los juegos públicos romanos de la antigüedad." - es.thefreedictionary.com

Descubre tu gladiador: Estoy convencido que todo ser humano tiene el privilegio de ser líder. Todos pueden si quieren usar el concepto gladiador para vivir como personas en todo lo relacionado a la vida. Todo aquel que puede tomar una decisión, pensar y actuar, como el levantarse cada mañana o dirigir una empresa con 1 millón de empleados es un líder y puede ser un gladiador. ¿Por qué? porque liderar empieza con uno mismo. Así proviene como un don celestial, es uno de tantos dones que el cielo provee a todo ser humano, aunque hay muy pocos líderes porque es el deber del hombre descubrirlo, desarrollarlo y usarlo.

Desarrolla tu gladiador: El líder gladiador tiene la capacidad de desarrollarlo y esto es lo que hoy hace la diferencia en el que lo llega a ser y el que sencillamente es un seguidor o lamentablemente un fracasado en esta área del liderato general.

Sin experiencia no hay gladiador: Así que la tesis aquí presentada se basa en que el liderazgo verdadero gladiador y maduro llega a ser visible y fructífero hasta que por *experiencias* de la vida uno llega a madurar, la enseñanza de la escuela, instrucción de los grandes pensadores sobre el liderato debe ponerse en moción es así entonces como llegamos a estar capacitados para los puestos y responsabilidades correspondientes.

Creo y me he convertido a la teoría que la mejor escuela *es la experiencia propia, el campo de un verdadero gladiador*. Así

El Concepto Gladiador

lo dijo J. Oswald Sanders – "Los hechos deben convertirse en factores de experiencia". Todo lo demás es común y tarde que temprano sucumbe a la presión de la vida y sociedad.

Los gladiadores no se esconden: He aprendido también que al compartir conceptos claros sobre el tema con el ejemplo, voz y pluma, me ha ayudado y elevado a ser un mejor líder. En otras palabras nadie puede vivirlo por usted, uno mismo debe experimentarlo y existe un gran poder no solo al experimentarlo sino al compartir esa experiencia con otros.

No puedo egoístamente robarme la bendición de compartir con ustedes lo que ha elevado mi concepto de liderazgo y roto el concepto convencional sobre el mismo, especialmente entre los religiosos, cristianos – que el liderazgo es el resultado de un milagro divino o el secular que solo los que están frente a corporaciones, organizaciones o intuiciones son líderes gracias al titulo.

Los gladiadores viven la realidad: El liderazgo *no es* un milagro divino, *no llega* cuando es llamado por Dios, *ni viene* de los libros, *no se forma* con títulos y posiciones de alto rango establecidos por el voto. El liderazgo gladiador e**s realmente una experiencia vivida** por el individuo involucrado en cualquier área y etapa de la su vida, es su elección, nace entre el llamado *y la* aceptación de tal persona, es más que tener una posición, **es el** resultado del trabajo, esfuerzo y entrega del individuo a tal visión, la de convertirse y llegar a ser un líder consciente.

¿Quién eres un común, un seguidor, un líder o un líder gladiador?

Un gladiador sabe lo que es: Recordemos que el Libro de Dios nos ha llamado *a ser la* "luz del mundo" - Mat. 5:14. No solo en términos generales sino en el sentido más personalizado en el hogar, en la sociedad, en una institución, organización o empresa, eso es su liderazgo, si no somos luz en ese ámbito (personal), ¿cómo esperamos que nuestra empresa u organización lo sea?

Si entendiéramos la amplitud de ser *"cabeza y no por cola"*, *de estar "encima y nunca debajo"* - Deuteronomio. 28:13. No podemos ser menos que eso y me propongo en este libro recordarlo y animarle *a llegar a serlo* por elección propia, cabeza y no cola en los negocios, en la empresa, en el hogar, en su iglesia. No dudo ni un átomo que esto se aplica a usted si esta en busca der ser productivo y activador de valor a la organización o sociedad involucrada.

¿Por qué es pues que no superamos ese problema en muchas de nuestras organizaciones y cuantas veces nuestro ánimo, palabras o actitudes demuestran cuán bajo estamos o lo cerca de la cola nos encontramos, si es que no nos hemos convertido en una? Es tiempo de evaluar esto y enfrentarlo. Es tiempo de sacar la cabeza y ocupar nuestro verdadero lugar en la sociedad – Un Líder Gladiador.

El coliseo: Lo aceptemos o no como un gladiador ya estamos en este juego de la vida, todos ya desfilamos el coliseo de los retos, problemas, metas y existencia. Tenemos que enfrentarla y vivirla como viene. Sin embargo la diferencia de un común humano a un concepto de gladiador es grande y los resultados muy diferentes. El primero solo intenta, la pasa como venga. En el segundo caso sabe lo que esta viviendo, esta consciente que si no lucha y pelea a morir no puede vivir y ganar. Como nos hace falta aplicar el concepto gladiador en todo lo que hacemos como líderes.

Observador o gladiador: ¿Seguirá siendo común, un líder pasivo o escalara e ira al nivel de líder gladiador?

Muchos recibimos *"títulos" "posiciones"* de líderes y ejecutamos puestos de confianza en organizaciones y muchos o inconscientemente al involucrarnos en negocios de red de mercadeo no sabemos nada de liderazgo cuando es altamente necesario para el éxito de nuestro emprendimiento. La mayoría de ocasiones no nos preguntamos, ¿soy un líder, director o ejecutivo en verdad? ¿Oh cuantas veces, no hemos sido sorprendidos con tales preguntas?, y si fuera poco aun con la duda. Al recorrer los años he entendido que no solo debemos estar convencidos sino convertidos a este llamado porque de otra manera nos arrastrará a la desilusión y fracaso. En breve muchos empezaron el camino del liderazgo porque aparentemente estaban convencidos, pero tropezaron, cayeron y se desanimaron porque nunca se convirtieron a él en las oportunidades de la experiencia de la vida diaria.

El Concepto Gladiador

Crea y Actué: Estoy dedicando especialmente este libro a aquellos que dudan de su llamado al liderazgo. Quiero decir que también he llegado a la conclusión que es imposible juzgarnos por lo que sentimos o pensamos por nosotros mismos en momentos difíciles ni mucho menos depender de lo que los demás aseguran de nosotros, poniendo en duda nuestro liderazgo. Por lo contrario he experimentado que seguros de que somos líderes gladiadores creencias propias, *regidos por principios* inquebrantables, nos sostendremos en tal momento de conflicto y crisis emocional y aun organizacional. ¡Si yo puedo usted puede!

Todos tenemos una lucha pendiente: Debemos saber que por razones del elevado llamado también el invierno de la vida ha cuestionado una y otra vez al verdadero líder en toda la historia. No hay líder que no haya sido probado en tal vocación. De hecho tal prueba y lucha interna ha hecho de él lo que ha llegado a ser. Nuestras aptitudes y responsabilidades han sido cuestionadas por inquietudes reales pero no muy amables y honestas. Es honorable ser un líder reconocido y aceptado pero cuando la tormenta visita es difícil aceptar sus gruesas gotas. Escuchar los truenos inesperados y muy amenazadores, es decir los gritos de personas y circunstancias en contra nuestra, es de elogiar el que lo soportemos y más importante el superarlo.

En el transcurso de mi vocación me he preguntado cómo, ¿qué es un líder? ¿Cómo inicia un líder? ¿De qué se compone un líder? ¿Cómo enfrenta la crisis un líder? Y ¿cómo se mantiene vivo, activo frente a fracasos y victorias reales? Claro que debemos enfrentar todas las preguntas y desafiar el hecho de si cumplimos los requisitos para ser uno de ellos. El verdadero líder gladiador no corre cuando ve que carece de las características sino empieza un arduo trabajo de preparación, investigando, invirtiendo tiempo y aplicando cada nota de sabiduría aprendida. Y si ya las tiene se reta a ser cada vez mejor. Esto es una poderosa verdad que al aplicarla tiene grandes dividendos.

Un gladiador se prepara: Como nadie sabe el futuro, debe capacitarse para cualquiera cosa en el camino *y el primer paso a ello es apreciar la escuela de la vida.* No hay profesional que no logre la capacidad requerida para la ejecución de su misión, pero no hay ser humano en la vida mejor capacitado que aquel que se prepara para lo inesperado, acumulando cada gota de su experiencia y la de otros. Sin duda él es un sabio. Claro sin titubeo alguno, un líder se caracteriza por un carácter enfocado al progreso. Su manera de administrar y dirigir lo mejor y éxito de sus deseos, aspiraciones y proyectos es un proceso y no un resultado, pero esto no lo es todo. Esto no es lo único en lo ya mencionado; sépase que no hay mejor éxito que la convicción y conversión de lo que somos y debemos ser.

Vivir como líder gladiador requiere conocer sus condiciones: Aunque la palabra líder se aplica a todo aquel que está frente a una organización o institución, estoy dedicando este volumen a todos aquellos que estamos frente a nuestras propias vidas diariamente, la empresa más grande en la existencia. Veo una urgencia de más dedicación a este tema y esmero en comprender la palabra "líder" desde el punto personal.

Digo esto porque muchos tomamos ese título sin saber lo que es y lo que requiere para serlo. Tienen sus condiciones, leyes, principios, valores. En si es una ciencia que tiene sus leyes y principios. Hay necesidad de una mente abierta al asunto. Necesitamos madurez en esto y para ello debemos dedicarle tiempo si deseamos elevarnos a un liderazgo inteligente y aprobado por la vida exitosa.

En nuestra manera de influenciar, dirigir, administrar y sobre todo proyectar a un futuro basado en las promesas dadas más por lo que vivimos, experimentamos que por lo que predicamos demostrará que tanto lo comprendemos, el ser líderes gladiadores de nuestras respectivas vidas, hogares, comunidades, negocios, red, denominaciones, u organizaciones.

La diferencia total de un líder común y un líder gladiador: La tesis aquí presentada en resumen es: 1) El mejor de los métodos de acuerdo al libro de la vida que diferencia a un líder común a un líder gladiador es que nadie puede vivir por él. El solo tiene que vivir su vida conscientemente. Está basado en **las experiencias del concepto gladiador**, 2) para lograr mejor éxito en cumplimiento del deber involucra el "observar" "analizar" 3) "prepararse conscientemente y "arduamente" y 4) "aplicar/experimentar masivamente" por sí mismo. Nadie más puede hacerlo por usted. 5) No me propongo presentar una metodología sensacionalista que lo podrían leer en cualquier libro de la esquina, sino de aquello que le llamamos "realismo"

El Concepto Gladiador

– "experiencia propia" tal y como es la vida, los problemas, los obstáculos, miedos, retos y amenazas. 6) Fundamentado y delineado en principios y valores universales pero experimentado en hombres y mujeres comunes como usted y yo. 7) Por lo tanto no presentaré una lista de cosas que deben o no hacerse, sino deseo inquietar el uso de herramientas gladiadoras al alcance de todos pero que muchos hemos perdido o nunca usado. 8) vivir al máximo la herramienta mas grande del gladiador, su espada poderosa EL PODER DE LA MENTE. Unida al don de la **"observación, análisis, preparación, y valor de aplicación"** para reflejar en verdad el liderazgo aprobado y dirigido por la vida en esta época de tanta hipocresía, débiles humanos y mal uso del poder no solo en nuestra sociedad sino en el mundo secular como religioso.

Gladiador consciente de tu existenci: Ted. W. Engstrom escribió: **"No solo existe un clamor que demanda líderes políticos que evidencien integridad, sino que también la iglesia necesita *desesperadamente* líderes excelentes y vigorosos"**.

Debemos adquirir capacitación ya sea por la vía de la letra, *experiencia* o vicisitudes de la vida, debemos inquietarnos hasta estar seguros de lo que somos, de lo que necesitamos y adonde nos dirigimos. No dejemos que el enemigo nos sorprenda, sino más bien nosotros como líderes GLADIADORES bien capacitados y preparados sorprendamos al enemigo *con una tesis experimentada*, sostenido por nuestra resistencia en momentos de tensión, crisis y aparentes fracasos. Por eso independiente de las decisiones que tomemos, para bien o para mal, la verdad es que: *"En realidad somos la suma de las experiencias de la vida"*, escribieron Gary M. Intosh y Samuel Rima.

No podemos enfrentar a nuestro adversario y a las circunstancias que casi someten nuestro ánimo al desánimo y muchas veces al fracaso con argumentos carnales como lo expresó alguien al decir: ¿Responderá el sabio con palabras vacías, y se llenará de viento oriental? ¿Argüirá con palabras inútiles, y con razones sin provecho? - Job 15:2, 3. Un adiestrado líder no lo hace así. Enfrenta cada circunstancia con base en creencias y principios universales y por la experiencia adquirida en cada fase de su vida incluyendo alegrías, éxitos y sin duda alguna las caídas y errores llegan a ser lo que nunca se imaginó- una potencia en el ámbito del liderazgo.

Los gladiadores reconocen sus limitaciones: El éxito también es fuente de sabiduría, pero no siempre. En este punto más que en otro es importante mantener abierto el espíritu a la enseñanza. El éxito no debe obstaculizar nuestro crecimiento, todo lo contrario debe ser el inicio de nuevos sueños, proyectos y propósitos. La vida es el mejor método de enseñanza, tanto en el éxito como en el fracaso. Debe saberse que un líder gladiador no empieza ante un auditorio, en el éxito del negocio, dirigiendo una iglesia ni mucho menos en la cima del éxito. Creo rotundamente que el verdadero éxito de un ser humano radica día tras día en su vida interna y propia, con él mismo inicia la empresa llamada liderazgo.

El gladiador exitoso: Dominarse uno mismo, disciplina y organización personal es el éxito más grande, menos proclamado y reconocido. Así se prueba el potencial que llevará a nuestras denominaciones e instituciones a lograr grandes hazañas y hacer historia. Aquí nace un gladiador. Todo esto depende del éxito diario en las oscuras y misteriosas circunstancias de nuestra propia vida *diaria*, esta verdad es el principio que promueve a una victoria y triunfo público.

Dicho esto, es el objetivo de este libro, colaborar en su crecimiento como líder. Su misión es desarraigar esas dudas, proveyéndole apoyo real a su liderazgo. También será honesto en errores que se cometen y buscará inspirarle en sus debilidades, haciéndole fuerte, cada vez más fuerte y sabio hasta que venzamos esos temores y obstáculos reales o imaginarios por experiencia propia.

Sin duda alguna después de invertir tiempo en él, no será el mismo, llegando al punto donde tendrá dos, si solo dos opciones, ser historia o *hacer* historia, ser peor o mejor, llorar en su fracaso o aprender de él, murmurar en su debilidad o apreciar sus limitaciones, ser un capataz o un líder gladiador digno de seguir y admirar. Aprenderá que el liderazgo verdadero, es un sacrificio, una abnegación y odio al egocentrismo. Sin embargo, también creo en la ambición, si, la de ser mejor cada día, buscando la etiqueta de Dios en este ramo para bendición de su vida personal y publica.

El Concepto Gladiador

La ciencia del liderazgo la han escuchado muchos pero muy pocos la estudian, analizan, comprenden y viven en práctica. En realidad muchos ocupan puestos que tristemente empobrecen su empresa, iglesia o institución no porque lo desean así, sino porque no han experimentado la ciencia del verdadero liderazgo que trae paz aun cuando el mal acecha.

Recordemos pues que un buen líder gladiador, "estudia", "conoce", "vive" y "disfruta" la ciencia del liderazgo ético y experimentado. Por eso le digo que; *"Tú eres el mismo hoy que serás en 5 años excepto por dos cosas: por la gente con quien te asocies o los libros que leas"* - Expreso, Charles Jones.

El CREDO del Gladiador:
- Reconoce su situación.
- Acepta su posición.
- Quiere VIVIR.
- Enfrenta con valor sus retos.
- Sabe que solo tiene una vida, una oportunidad y dará todo.
- Usa el poder la evaluación.
- Nunca esta desprevenido.
- Le fascina la guerra, lucha, el sacrificio.
- Sabe que parte del juego de la vida es tener enemigos.
- Nunca da menos de lo que es.
- Cree en sí mismo.
- Cree en Dios.
- Su debilidad lo hace fuerte.
- Es creador de sus propias herramientas.
- Soldados siguen un camino trazado. Gladiadores trazan su propio camino.
- Diseña su propio milagro.
- El gladiador es un líder orgánico.
- Sabe trabajar en equipo.
- Es astuto.

El Lider Gladiador

- Su Pasión es más fuerte que el cansancio.
- El Gladiador no compite, DOMINA.
- Es positivo cuando todos están descorazonados.
- Sabe rendirse para ganar.
- Es un visionario.
- Es un estratega.
- Le fascinan los resultados.
- Las caídas lo hacen más fuerte.
- Es un experto en usar su arma.
- Sabe lo que quiere.
- Pelea a muerte para vivir.
- Sabe adaptarse a las estaciones de la vida.
- No depende de un plan B. Hace que tenga éxito el plan A.
- Ama su única opción de vida, ganar o ganar.

"¡Aquellos que van a morir, te saludan!" – Gladiadores.

El Poder de la Experiencia

"Los hombres no nacen con la gloria, se engrandecen ellos mismos- experimentan por su propia elección" – Miguel Martin

La hipótesis aquí presentada es sencilla pero poderosa y esa es que **uno se produce, uno es lo que piensa, uno es el que crea y forma esa personalidad y carácter que afectara y buscara el destino al cual estamos internamente posibilitados a realizar**. Este proceso es un pensamiento, una moción y una acción que forma bien o mal *una experiencia que elevara o destruirá* la oportunidad de ver nacer hombres y mujeres excepcionales y capaces de ser llamados grandes.

"Éxito verdadero es el resultado del buen juicio. El buen juicio es el resultado de la experiencia, y experiencia muy seguido es el resultado del mal juicio." - Despertando El Gigante Dentro De Usted - Anthony Robbins.

Muchos viven en el mundo por vivir, otros tratan en este contexto solo sobrevivir y ser como el rio que lo lleva por donde quiere. Muy pocos es su meta superar estos dos conceptos y luchan por formar su propio camino, su propia vida y potencial en este mundo. **La vida es lo que uno cree que es, lo que uno quiere que sea y lo que uno haga de ella**. Todo este proceso, acción, moción, observación, meditación, pensamiento, idea y vivencia es lo que llamo experiencia en todo ser humano lo sepamos o no.

La experiencia nace de la verdad en uno y no de lo que otros dictan, dicen ser, uno elige ser lo que uno quiere ser y con la ayuda de Dios convertirse en lo que pensamos que somos, invertido en acciones persistentes y constantes formamos nuestro destino.

En la experiencia, "Nosotros o ya sea que encontremos un camino, o haremos uno." – Hannibal. Todos la viven, aunque la verdad es que no muchos la reconocen, pero poderosa verdad es que pocos la utilizan. Pocos son inteligentes en hacer de cualquiera sea la experiencia un medio para formar su destino, su visión y cumplir con ella su misión.

La experiencia es para muchos otro evento en la vida, pero para los hombres y mujeres con ojos internos y hambre interna de ser grandes en todo, es la fase más importante en que la formación de un líder excepcional es producida. Esta verdad no nace en la vida general, los libros o circunstancias ajenas, nace en lo que vivimos, en lo que vemos, en lo que oímos, en lo que tocamos y en lo que olemos por nosotros mismos. Ella es la poderosa herramienta que forma o destruye a los seres humanos. Unos **por intervención propia** la usan para su éxito **otros por su ignorancia o elección para su destrucción** tanto en el área del liderazgo como del mundo en que viven. ¿Qué es su elección? ¿Cuál es el destino que quiere? Todo está en nuestras manos, en los eventos diarios, allí en los pequeños detalles de la vida, escondidos en esas insignificantes pero poderosas decisiones de cada momento.

"Esas experiencias que se ven mal y dolorosas son a veces las más importantes. Cuando la gente tiene éxito tienden a hacer fiesta; cuando ellos fallan, ellos tienden a meditar, y ellos empiezan a hacer nuevas distinciones que harán crecer la cualidad de sus vidas." - Despertando El Gigante Dentro De Usted Anthony Robbins.

Algunas de las frases que reflejan una vivencia, un evento en la vida, emociones, pensamientos, ideas, sueños, enojos, pasiones, etc. en si son experiencias que han hecho a los humanos, de allí nacen lo que fueron, son y serán.

La verdad es que todo lo que pensamos, deseamos y hacemos bien o mal es lo que hace experiencias. Experiencias que ya escogidas o forzadas a vivir forman no solo eventos en la vida sino que es tan poderoso que forman nuestro:

1. Carácter
2. Personalidad
3. Y Futuro.

En este contexto aquí solo recalcare aquello que forma al liderazgo o lo ha hecho caer el primero es:

El Poder de la Experiencia

Experimentan el llamado.

En esta verdad aquí presenta el primer punto que no se puede vivir el deleite del liderazgo a menos que vivamos el proceso del llamado. Ese momento en la vida llega en el momento menos esperado para muchos o en la búsqueda de algo mejor cuando la inconformidad es aborrecida por nosotros.

"Es en sus momentos de decisiones que su destino es formado". - Anthony Robbins.

Este evento en la vida del individuo, el llamado se llama experiencia. Esta experiencia es esa circunstancia que nos llama, ese evento que llamo nuestra atención, la desesperación que despertó o la verdad de que fuimos creados a algo grande, eso y más es lo que nos lleva a experimentar el llamado en el campo del liderazgo.

Nadie es y será lo que no experimente, la experiencia es la raíz de la sabiduría que produce esas grandes mentes que han impactado al mundo.

La historia de una mujer muestra esta verdad. Si esa desconocida adolescente albanesa llamada Ganxhe Bojaxhiu no hubiera respondido que sí a Dios cuando le pidió ser monja —y luego llegar a ser la Madre Teresa -, o cuando después le pidió esa otra "llamada dentro de la llamada" de ir más lejos para cumplir una misión a nivel mundial, si no hubiera dicho que sí cada vez que el cielo la llamaba, hoy millones de manos necesitadas en el mundo se alzarían inútilmente sin encontrar respuesta, porque no habría existido la Madre Teresa de Calcuta ni la institución que ella fundo que hoy es una luz en las tinieblas. El llamado de Dios es invencible cuando estamos dispuestos a responder y avanzar con él no importando el precio.

Desde que nacemos, crecemos, nos educamos y escuchamos el llamado de la vida experimentamos eventos, periodos, incidentes, voces internas, consejos, ejemplos que nos forman, nos llevan a vivir la oportunidad del momento. Todos indiscutiblemente vivimos lo que aquí llamo experiencia lo cual forma nuestro carácter, personalidad y futuro.

"Nuestra experiencia debiera ampliarse y profundizarse". - Carta, 1894. Elena de White.

Experimentan la oportunidad del liderazgo.

"...pero os faltaba la oportunidad." - Filipenses 4:10.

El poder de las palabras va más allá de lo que se dice. Se puede ver en Alice Schoeder **mientras trabaja escribiendo en el mundo de las finanzas** un día se le dijo que ella podía escribir narrativamente y que lo intentara. Todo esto era un mundo nuevo para ella. *Lo intentó y lo hizo.* Pero lo más interesante no fue lo que hizo sino de quien y quien la inspiro. Warren Buffet uno de los más grandes billonario de los Estados Unidos. Escribió su biografía en un libro llamado **The Snowball** lo cual ha sido un éxito. Su oportunidad llego y la aprovecho. La fama es codiciada por muchos pero pocos saben que ella se busca y cuando lo haces la encuentras. "...buscad, y hallaréis..." – Mateo 7:7.

Las oportunidades están allí en la vida y solo esperan que las tomemos. Una de ellas se llama ser líder. El líder que hablamos aquí es aquel que tiene un sueño, crece con un objetivo, con una meta, con un deseo. Estas personas aparecen en el momento que la vida les da *"la oportunidad de demostrar su capacidad"*. Nuestro futuro no nace mañana, tampoco empezó hoy, en verdad fue ayer cuando decidió ser mejor, hacer un cambio, esa reforma en la vida del pasado hizo nacer la fama del mañana, el poder de su persona. Las oportunidades están allí desde que nacemos y al vivirlas construimos nuestra propia historia, hacemos nuestra EXPERIENCIA.

"Las pequeñas oportunidades son el principio de las grandes empresas". **Demóstenes**

En otras palabras cada momento de la vida, cada respiro, evento e incidente es oportunidad que nos forman para oportunidades grandes alcances. Cuando se ve y aprovecha la oportunidad de ser líderes, aquí ellos no sueñan más, ya no piensan, ya no creen sino ahora tienen el campo para demostrarlo. Aquí ellos nacen a la experiencia de ser esa persona, aquí ellos son bautizados con la oportunidad de vivir la vida de un líder. Manifiestan capacidades, poderes e influencias antes no vistas.

Aunque personas se preparen y busquen ser líderes solo la oportunidad les abrirá las puertas **de ser,** no solo **de querer**

El Poder de la Experiencia

ser líderes. La oportunidad llega y solo un líder verdadero responde.

El liderazgo puede ser aprendido, apreciado y teóricamente almacenado pero créanme que *solo la oportunidad* lo manifiesta, *solo la oportunidad* lo expone a la vista, *solo la oportunidad* lo consagra al llamado. Nadie entonces puede trocar esa oportunidad, nadie nos dice que somos o que podemos ser, la oportunidad llego, llegara y nos dirá ¿quieres ser? ¿Vamos? ¿Estás listo para...? E allí la oportunidad de manifestar la capacidad de serlo. Allí nacen esos gigantes del silencio que solo esperaban ser llamados al liderazgo.

El consejo es que: **"A fin de llevar mucho fruto, debemos aprovechar al máximo nuestros privilegios. Debemos usar cada oportunidad que se nos concede para fortalecernos...A cada ser humano le ha sido preparado un carácter puro y noble con todas sus majestuosas posibilidades. Pero hay muchos que no tienen un anhelo ferviente de tal carácter. No están dispuestos a apartarse del mal para poder tener el bien. Dentro de su alcance hay grandes oportunidades, pero descuidan el aferrarse de las bendiciones que los pondrían en armonía con Dios. Van en contra de la voluntad de aquel que procura su bien. Son ramas muertas que no tienen una unión viviente con la Vida. No pueden crecer."** - A Fin de Conocerle pg. 166.

La oportunidad entonces:

Es la puerta que abre el estadio para demostrar quienes somos.

- Es el campo para mostrar nuestras capacidades de ser líder.
- Es la bendición que nos saca a la cima de todas las desgracias y nos pone a servir.
- Es el camino donde uno lleva la delantera en un pueblo como ejemplo, ellos siguen.
- Es el privilegio de vivir nuestro sueño, educación, preparación y visión.

En la vida las oportunidades llegaran para los que están listos. Así ocurrió en nuestra historia más reciente en febrero

El Lider Gladiador

de 1962 Estados Unidos teniendo grandes problemas con la URSS toman este momento de la historia para manifestar su potencial viajando por primera vez hacia el universo. Este momento necesita de un hombre para realizarlo y allí apareció el astronauta John Glen quien aprovecho la oportunidad porque estaba preparado para ello.

Para John Glenn la oportunidad llego de intentar lo que nadie había hecho pero el dejo las limitaciones, obstáculos y presión hasta entonces para estar en esta nave espacial y poder manipularla sin problemas, el hizo historia en 1962, todo porque cuando le llego la oportunidad él quiso aprovechar la oportunidad. El punto es que los líderes son personas que cuando llega la oportunidad ellos la experimentan, aprovechan y actúan porque están listos para ello.

Experimentan el surgimiento del liderazgo en tiempo de crisis

"Su experiencia en estos asuntos probó el corazón de David y desarrolló en él valor, fortaleza y fe". - Patriarcas y Profetas, págs. 697, 698.

Me he convertido a la idea que el mejor liderazgo nace en tiempo de crisis. Esta crisis puede ser personal, empresarial, en la religión o nación. Al dar un vistazo a la historia encontraremos que esto es una verdad universal. Gedeón en los días de los Jueces de Israel es un ejemplo. Ester en el periodo de los Medos y Persas, Lutero en la edad obscura, Churchill en la segunda guerra, el presidente Barack Obama en la crisis económica más grande del mundo antes de su tiempo. Los grandes líderes nacen en las crisis de la vida, de la familia, nación y generación, y lo triste es que pocos lo saben, pero cuando lo entienden aprecian cada crisis porque saben que esta por producir grandes líderes.

Esta verdad vivida es recordada con la vida del joven David. Un simple pastor de ovejas llego a ser el escogido de Dios, guerrero excepcional y líder, rey de toda una nación. ¿Cuándo surgió este jovencito a tal posición? En medio de crisis. Se ve esto cuando Goliat vino contra el pueblo de Israel mientras

El Poder de la Experiencia

todos estaban con miedo, el hizo preguntas que hicieron surgir el líder en él. Dios rechazo al rey Saúl y un mal espíritu se posesionó de él y allí surgió el siervo David con su arpa. Al saber Saúl que David tenía victorias más que él y que Dios lo había elegido en lugar de él, lo odio y se decide perseguirlo hasta su muerte. Todo esto creó una crisis en la vida del joven David que lo hizo huir de su casa, de su nación y así por un tiempo llegar a ser extranjero en tierras paganas sin perder el líder en él sino al contrario creció y manifestó más poderosamente en tiempos posteriores.

¿Qué hizo toda esta experiencia de crisis en este jovencito? Estampó el llamado, formó el líder dentro de David e indudablemente lo hizo surgir como el líder que nadie pudo destruir, derrotar y fracasar en todo su reinado. La canción favorita de Israel para David, fue:

"Saúl hirió a mil. David a sus diez mil".

La verdad aquí es que las crisis experimentadas de cualquier forma pueden si así lo decidimos formar en nosotros líderes excelentes para tales responsabilidades. No le tengamos miedo a las crisis ellas tienen el poder de transformarnos en grandes hombres y mujeres.

"Tú Puedes obtener fuerza, coraje y confianza por cada experiencia en el cual realmente te detengas a ver el miedo en la cara... Tú debes hacer las cosas que tú crees que no puedes hacer." - Eleonor Roosevelt.

Lo interesante es experimentarlo. Si notamos en la crisis, el Rey Saúl, su ejército y toda la nación de Israel por elección propia experimento el desánimo y así ganaron su derrota, pero el joven David eligió el camino de los grandes, enfrentar la demanda y así experimento – el líder en la crisis.

El presidente Kennedy a lo largo de su vida experimento grandes pruebas que lo formaron para el tiempo de crisis. En "La Página del Arte y la Cultura Español", cuenta su historia con detalle. En ella encontramos que Kennedy fue un niño débil y enfermizo, con problemas en la espalda que le causan fuertes dolores a lo largo de toda su vida. John como le llamaban estudio en Croate College de Wallinford, sin lograr resultados apremiantes. En 1936 fue a la Universidad de Harvard donde estudio Derecho. Quiso enlistarse en la marina pero rechazado por sus problemas de espalda. La intercesión de su padre logró que fuera finalmente admitido. Casi muere en 1943 tras ser hundido su barco. 1944, su hermano mayor Joseph, que prestaba servicio en la aviación estadounidense, muere. En 1946 entre a la política consiguiendo un puesto de congresista por el estado de Massachusetts. Con grandes desventajas de experiencia al buscar la presidencia gana contra Nixon por 1300.000 votos. Ya la conflictiva Cuba en los días del presidente Eisenhower hizo que Kennedy aprobara una invasión a Cuba por un grupo de cubanos exiliados en Miami lo que termino en un fracaso. Más tarde unos aviones espías muestran que Cuba tenia misiles apuntando hacia ES.UU. El problema grave de Laos Indochina, logro en un momento crucial una reunión con Kruschev el líder de la Unión Soviética en Viena donde hicieron acuerdos. Acordaron la muralla en Berlín. Ya que las relaciones con la URSS era crítica durante su mandato a fin de buscar la paz estableció el teléfono rojo. En 1963 intento terminar la guerra fría en una reunión donde firma un tratado con Gran Bretaña y URSS en la que acordaron no usar pruebas nucleares. En tiempos tan críticos como esos vino al mundo el gran líder, el presidente Kennedy. La verdad de esta historia es que la crisis permite al mundo ver el surgimiento de hombres y mujeres como líderes necesarios y altamente esperados.

Así entonces dice las escrituras del líder que surgió de la crisis: "Cada vez que los príncipes filisteos salían en batalla, David tenía más éxito que todos los siervos de Saúl, por lo que su nombre llegó a ser muy estimado". - 1 Samuel 18:30. Hay poder al no subestimar la crisis, detrás de ella existieron y existen los grandes héroes del liderazgo. Usted y yo no debemos satisfacernos con ser líderes, sino uno de los que surgen y son vistos por sus actos y palabras en tiempo de crisis. Ella, la crisis es la antesala del poder y capacidad del líder inteligente y aplaudido.

Experimentan el liderazgo inteligente/prudente.

Los líderes existen en todos los ángulos de la vida y se manifiestan en las circunstancias más extremas o exigentes.

La inteligencia y prudencia no es una teoría, tiene vida, es

El Poder de la Experiencia

todo posibilidad cuando se actúa en ellas.

La idea aquí es que la inteligencia y prudencia se experimenta. Se vive en los momentos que nos da la vida y casi siempre es en circunstancias inesperadas. La inteligencia es una capacidad que se adquiere no se nace con ella. La inteligencia es el resultado de vivir experiencias tanto buenas como malas en ese proceso de la vida, la persona logra lo que se conoce como inteligencia, sabiduría y conocimiento. Escrito esta: **"Adquiere sabiduría, adquiere inteligencia. No te olvides, ni te apartes de las razones de mi boca." – Proverbio 4:5.**

Es el deseo de la providencia *que nos formemos conforme experimentemos, momentos significantes en la vida,* esa inteligencia y prudencia que hace resaltar hombres y mujeres en los hogares, empresas e iglesias. La inteligencia y prudencia hace que seamos no del montón sino que permite resaltar su diferencia, su capacidad y potencial. Estos no nacen sino que se hacen en lo que viven, experimentan día con día. Manifiestan vida cuando todos corren, cuando se habla de derrota y desgracia - ellos se reportan. Si supiéramos el poder que tiene cada instante vivido apreciaríamos la enseñanza provista por ella, porque entonces solo seriamos más y más inteligentes y prudentes.

Debe saberse entonces que:
- La inteligencia y prudencia se adquiere.
- La inteligencia y prudencia se experimenta con un sin número de vivencias comunes.
- La inteligencia y prudencia es una manifestación de haber aprendido de lo que nos pasó/a positivo o negativo.
- La inteligencia y prudencia puede recolectarse y estar allí, sin embargo no ser usada. Ella solo tiene poder si se lo utiliza, su vida depende de que se le use.
- Todos podemos ser inteligentes y prudentes. La razón para ello es que todos tenemos la vida de donde nos capacitamos para tal experiencia y la experiencia nos da la bendición de poder manifestarla.

La palabra bendita nos dice que: "En los labios del prudente hay sabiduría..." Proverbio 10:13.

El Líder Gladiador

En el Siglo XIX apareció Jane Addams, nació en Illinois en 1860, socióloga, reformadora, feminista y pacifista estadounidense. Esta mujer manifestó esta cualidad – inteligencia y gran prudencia. Pocas han sido como ella llena de valores que hacen reflejar la personalidad de una mujer ejemplar a quien es digno de imitar. En 1883 viajó por varios países de Europa y tras volver a Estados Unidos en 1885 empezó su obra social en organizaciones de caridad.

En 1889 fundó la "Hull House de Chicago", institución social dedicada a los inmigrantes, guardería infantil y diversos programas de educación. También trabajó en diferentes aspectos de la reforma social, el derecho del voto femenino, los derechos del niño, las huelgas de los trabajadores del sector textil. Por su intelectualidad y pasión por el pueblo fue la primera mujer en ocupar la Presidencia de la Conferencia Nacional de Trabajo Social en 1910. Que una mujer fuera líder en estos tiempos es no común, ella lo fue. Su inteligencia y prudencia para el logro de grandes hazañas a favor de su gente llego a ser defensora del *pacifismo*, se pronunció contra la participación estadounidense en la Primera Guerra Mundial y fundó en 1915 la Asociación Femenina para la Paz y la Libertad.

Es autora de "Democracia y ética social" (1902), "Paz y pan en tiempos de guerra" (1922). En 1931 fue galardonada con el Premio Nobel de la Paz. Su inteligencia y prudencia le permitió ser la primera mujer americana en ganar dicho premio. Murió en 1935. Su vida es un ejemplo de lo que una mujer intelectual, prudente y muy valiente puede lograr y forjar cuando se pone en las manos de su creador usando toda su capacidad intelectual, física y emocional. No solo mueve su corazón, mente sino aun las masas. Su historia prueba que el que tiene la capacidad y quiere puede hacer historia.

Experimentan el liderazgo en acción.

"Si tienes el 1% de ganar, juega" – Miguel Ángel Cornejo.

Nada importa más que el liderazgo como el poner la convicción y llamado a la acción. Un líder sin accionar su llamado es un barco en el desierto.

El Poder de la Experiencia

La acción es la vida del verdadero liderazgo, la experiencia en ello tiene la bendición de mostrar el calibre del cual están hechos hombres y mujeres en tales posiciones. La historia de Malalai Joya brevemente redactada en el blog "Mujeres que hacen historia – Breves biografías", nos muestra que lo que se cree de verdad se vive y pelea aunque eso cueste sacrificios o la vida misma. Vencer limitaciones bajo amenazas de nuestra propia vida, es heroína. Esta mujer que puso en acción su amor y creencia para con la humanidad nace en 1978, es una activista social y política afgana. Nació a los pocos días de que su país fuera invadido por la Unión Soviética. En campos de refugiados en Irán y Pakistán, observó las guerras fratricidas afganas. Fue a la escuela donde aprendió sobre derechos humanos, justicia y libertad. Tenía 16 años cuando comenzó a educar a las mujeres en los campos de refugiados y a dirigir diversos orfanatos arriesgando su propia vida.

Cuando aún era desconocida en el 2003 sorprendió al mundo al presentarse ante la Gran Asamblea, la Loya Jirga, - un organismo milenario donde las tribus afganas tomaban decisiones políticas antes de la creación del régimen parlamentario. Allí denunció a sus integrantes como criminales de guerra, y pidió que se les expulsara de la Asamblea. Dos años más tarde, tras su larga lucha por los derechos de la mujer llego a ser diputada. En 2005 se posesiona como diputada. En el 2007 la expulsaron por comparar a los legisladores con los animales del establo. Desde el 2001 después de la invasión de EE.UU en Afganistán está en contra ello y los terroristas. El valor le ha sobrado para hablar en contra de ello. Con su creencia en acción, valentía y coraje esta joven mujer ha denunciado la corrupción de los parlamentarios, enriquecidos gracias al tráfico de drogas, la violencia contra las mujeres etc.

Malalai grita: "Hay que invertir en educación, porque la gente se hace terrorista porque es analfabeta y se pueden manipular sus emociones con facilidad". Su vida invertida en lo que cree y espera para su pueblo la ha sometido a cuatro intentos de asesinatos y varias amenazas de muerte. Ella dice contra esas amenazas: "Lo que más me preocupa es que, si me pasa algo, las mujeres por las que lucho perderán la esperanza. Pueden matarme, pero no callar mi voz ni esconder la verdad", ha dicho en varias conferencias. Su creencia es acción y esa acción ha traído esperanza a su pueblo afgano.

El Líder Gladiador

Siempre la acción de un verdadero líder es necesaria y visto en momentos críticos. Todos viven y viven día tras día, pero esos momentos difíciles hacen visible la capacidad de un hombre o mujer líder **por su acción**. La acción es manifestada cuando se piensa, se espera y se quiere no solo hacer un cambio sino transforma la vida de su empresa, iglesia y nación. Esto no es otra cosa que evolución, proceso y avance. Mejora, transforma y cambia de posibilidades a realidades. Su lema es "si se puede, porque yo sí creo y quiero".

El liderazgo que experimenta la acción vale la pena. La acción es la vida de todas las cosas y sin duda lo es en el liderazgo. Si nosotros no hemos puesto nuestro llamado a la acción entonces hemos ya abierto nuestra propia tumba, lo único que falta es la oportunidad de enterrarnos. La acción es algo que se vive, se practica no es teórico. La teoría tiene a muchos engañados que son grandes hombres, inteligentes mujeres pero el paso que se ve no concuerda con el pensamiento expresado. La acción es la base que testifica que no solo hablamos sino que lo sabemos manifestar en hechos inconfundibles.

Debemos recordar que la acción de un líder no viene por casualidad, es en verdad una decisión. Esta decisión nace en nosotros, el decidir actuar es la posibilidad con vida, en moción y lo que encuentra son grandes resultados. Oh la acción tiene un poder extraordinario.

Entonces la verdad es que:
- Si sabe quién tiene el poder de actuar.
- Si tiene el conocimiento tiene la herramienta para trabajar.
- Si tiene conocimiento y lo pone en práctica ha entrado al mundo de los triunfadores.
- La acción es el resultado de conocimiento en vida, en moción y expresión de lo que uno cree y espera.
- La acción en un líder es la experiencia que produce un mejor líder dando a conocer sus potenciales y capacidades.

El Poder de la Experiencia

Experimento el liderazgo que sacrifica, muere para poder vivir.

"Muy dentro del hombre habitan esos poderes adormecidos, poderes que lo dejaran pasmado de lo que él nunca soñó poseer, fuerzas que revolucionaran su vida si despertadas son puestas en acción". – ***Orison Swett Marden.***

El éxito es lo que busca cada excelente e inteligente líder. Allí en ese preciso momento de búsqueda y al vivir el éxito todos los días de su búsqueda se da cuenta que a menos que experimente el privilegio de sacrificar antes de ver resultados no tendrá el deleite de ver sus aspiraciones alcanzadas. El sacrificio es el camino a la gloria, la muerte a la vida para un líder de éxito.

El sacrificio es el emblema de los que buscan la gloria, el sacrificio es el camino hacia el éxito permanente, mientras diariamente muere el éxito común y pasajero. El sacrificio es la sangre que da vida a los grandes hechos, metas, objetivos, en sus venas corre todo esfuerzo, trabajo duro y consagración. Muchos quieren ser grandes sin sacrificar nada, poco o lo que les conviene. Esa actitud no solo no nos deja avanzar sino que nos roba la oportunidad de realizarnos como líderes.

La vida de un líder sacrificado y éxito en el camino fue Jesucristo, él fue y es el modelo máximo de este estilo de vida. Si es un estilo de vida que hay que adoptar. El que no experimenta este tipo de liderazgo tiene el 200% de probabilidades de fracaso. No importa que hagamos todo se experimenta, todo se vive, todo se realiza por bien o mal. Tenemos hoy la bendición, el potencial que tiene el saber y querer sacrificarnos con tal de lograr nuestra visión o misión. Jesús logro hacerlo porque era inspirado por Dios y eso lo llamaba a hacer más que el 100% y con gusto lo realizaba.

El atleta Lance Armstrong recuerda como su madre le inspiraba, diciéndole: "Si tú no puedes dar 110 %, no podrás hacerlo". Más tarde él dijo: "Me gustaría que cada uno tuviese al menos una persona quien le inspire a él o ella en la manera en que mi madre me inspiro a mí". El que no está dispuesto a dar todo ***y más*** por lo que dice querer no es digno de tal intento, ambición y sueño. Esto equivale a dar más que 100%, en las palabras de la madre de Armstrong es el 110% y en las palabras de Cristo es ir una milla extra, "Al que te obligue a llevar una carga por una milla, ve con él dos". – Mateo 5:41.

Jesucristo sacrifico todo para lograr todo. Jesucristo sabía que el que sacrifica, tiene el poder de decidir morir para poder vivir. Esto es una verdad que solo nace en el cielo. El que quiere tener victorias y logros debe querer sacrificar y así lograr ese estado de convicción de aun querer morir – dar todo por lo que se sueña, Jesús lo hizo y lo logró como humano, ¿porque nosotros no?

Humanamente el demostró que todo es posible, el no lucho contra hombres y mujeres sino contra esas fuerzas de las tinieblas, contra poderes fuera de nuestro control, a menos que dependamos de Dios y su poder no tendremos las victorias que el obtuvo. Bajo el sacrificio continuo pudo establecer su meta y con ella su vida por lo que vino a realizar. – Isaías 53. Solo los que están dispuestos a sacrificar, a luchar una milla extra y dar más de lo que quieren dar podrán lograr ese deseo interno.

La verdad es que sacrificando nuestros intereses, gustos y placeres por esa causa que amamos, queremos y buscamos diciendo que estamos dispuestos a morir si es necesario por ello, o simbólicamente diciendo que no importa lo que hay que realizar, queremos hacerlo para poder vivir, poder lograr la meta, Jesús es el ejemplo del que quiere subir debe bajar, morir, el que quiere ver el éxito debe primero sacrificar - esa es la ley en la vida del liderazgo de éxito permanente.

El liderazgo de éxito:
- Sacrifica todo para lograr más de lo que tiene.
- Sacrifica tiempo, fuerzas y facultades para reproducirse.
- Muere al yo para que nazca el otro ser, el gran gigante divino.
- Muere al orgullo para que se engendre la humildad y mansedumbre.
- Muere al placer personal para gozar en equipo.
- Muere al poder, para influenciar a una multitud de seguidores.
- Muere a lo posible para vivir lo imposible.
- Sacrifica y muere a todo lo personal para poder disfrutar

El Poder de la Experiencia

el bien y felicidad de su nación, iglesia y familia.

El autor de la traducción de la biblia en Inglaterra fue Tyndale quien su vida muestra esta ley del sacrificio. Fue poco después cuando un sabio doctor papista que sostenía con él una acalorada controversia, exclamó: "Mejor sería para nosotros estar sin la ley de Dios que sin la del papa". Tyndale repuso: "Yo desafío al papa y todas sus leyes; y si Dios me guarda con vida, no pasarán muchos años sin que haga yo que un muchacho que trabaje en el arado sepa de las Santas Escrituras más que vos". – (Anderson, Annals of the English Bible, pág. 19.) Así confirmado su propósito de dar a su pueblo el Nuevo Testamento en su propia lengua, Tyndale puso inmediatamente manos a la obra. Echado de su casa por la persecución, fue a Londres y Alemania. Allí dio principio a la publicación del Nuevo Testamento en inglés. Dos veces su trabajo fue suspendido. Seguía persistentemente y público. *La traición de sus propios amigos entregó a Tyndale a la muerte por amor a que el pueblo tuviese la biblia en su idioma hoy.*

La verdad de esto es que, al sacrificarse, y morir para todos, la nación, la iglesia, la familia todo termina en beneficio de uno mismo. Esa es la ironía y bendición al que muchos corren. Tratan de beneficiarse ellos y solo ellos, gritan que otros se sacrifiquen, que otros mueran, pero no yo, sin darse cuenta que allí es donde pierden la ruta y logran su fracaso. El secreto que debe experimentarse es sacrificar con gusto para gozar con creces y morir por voluntad propia para poder vivir por elección propia.

"Yo Soy el buen pastor. El buen pastor da su vida por las ovejas." – S. Juan 10:11.

El abuso del liderazgo

Los líderes llegan a tener una posición y el privilegio de ser y ejercitar su inteligencia, prudencia y sabiduría o su autosuficiencia, poder y dictadura. La verdad es que ese tiempo vendrá, viene y allí florecen los grandes o dictan su sentencia.

Es visto nuevamente que todo en la vida es experimentado. Todo es vivido por uno mismo. La oportunidad llega y uno decide cómo vivir ese momento. Todo está en nosotros.

El Líder Gladiador

Reconocer que el liderazgo es un privilegio. Comprender que el liderazgo es una gran oportunidad de bendecir y servir nos ayuda a ser humildes, aptos para mostrar amor, paz y gracia hacia las personas que el cielo nos envió a ministrar. De igual manera como líderes tendremos el privilegio de manifestar autosuficiencia o un espíritu de servicio sin dictadura con el arma del amor, tolerancia y perdón.

"El príncipe falto de entendimiento multiplica la opresión..."
Proverbios 28:16.

Hay muchas historias del abuso del poder y sus desastrosos resultados. Dos caminos pasar por ello o evitarlo con inteligencia.

Podemos leer la historia del emperador Tiberio en Wikipedia quien fue el segundo mandatario que usó el título de emperador de Roma tras Octavio Augusto. Con Tiberio se inicia la serie de los emperadores monstruos, cuyos extravíos, en particular los de Tiberio, serían conocidos y, de alguna manera, aceptados e imitados por el propio pueblo. Fue muy astuto en como llego al poder. Tras estas campañas militares, en las que se desarrolló como excelente estratega, regresó a Roma.

Sin embargo su verdadero carácter como líder abusador empieza cuando Octavio Augusto muere, Tiberio estaba junto a él. Sin embargo cuenta la historia que decide retardar el anuncio al resto de la gente, para así poder resolver una cuestión que lo preocupaba: desembarazarse de Agripa, su coheredero según el deseo del Emperador fallecido. Después de matar a su propio hermano Tiberio busco el trono. Sin embargo, más allá del crimen cometido para poder acceder al poder, Tiberio fingió no desear esa posición, hasta el punto de sentirse verdaderamente presionado para que tomara el mando del Imperio, al cual accedió casi de mala gana. Una vez en el poder, prosiguió su etapa de indiferencia personal combinada con medidas de gobierno tendientes a sanear la vida romana y, al mismo tiempo, hacer feliz a su pueblo.

Alrededor de estas medidas y acciones de gobierno, se destaca la figura influyente del prefecto Sempronio muy cercano a Tiberio. Ejecuto a todo aquel que era culpable de la más leve ofensa a su gobierno. Tanto era el miedo que esto provocó gran

El Poder de la Experiencia

número de suicidios entre sus enemigos. Ordenó la muerte de la madre de Fusio Gemino (al que acababa de matar) porque aquella lloró desconsoladamente el trágico fin de su hijo. Mató también al hijo adoptivo de Agripina, Germánico, muy querido por los romanos. Incluso llegó a azotar de forma humillante a la misma Agripina (convertida en su nueva esposa) quien perdió uno de sus ojos luego de una terrible paliza. Como si esto fuera poco, la encerró y la iba matando de hambre poco a poco. Como Agripina tardaba en morir, impaciente mandó a que la estrangulasen para no seguir soportándola. Su violencia no conocía límites: ordenó la muerte de su ministro cómplice (además de "brazo ejecutor") Sejano. La medida se extendió a toda su familia, incluida una niña de once años, a quien ordenó violar antes de su ejecución, ya que las leyes prohibían condenar a muerte a las vírgenes. Exiliado en la isla de Capri, se entregaría libremente a cumplir con todos sus deseos, dejando atrás cualquier atadura, dando rienda suelta a todos sus vicios.

La verdad sin embargo es que todo abusador del poder no dura para siempre así en la vida secular como religiosa. Pronto encontraría su muerte, en el año 37, cuando se encontraba en la casa de un amigo llamado Lúculo, moriría estrangulado por Macrón – capitán de los pretorianos– a la edad de 78 años.

Más allá de las certezas o las puras especulaciones, tratar de examinar las razones de la supuesta maldad de los poderosos, resulta una tarea inútil y engorrosa, aunque estamos claros que todo abuso tiene sus consecuencias. Todo líder tendrá la oportunidad de aprovechar para bien o para mal su privilegio de ser líder y allí se sabrá quién es quién. Abraham Lincoln dijo una vez: "si quieres conocer el carácter de una persona dale un poco de poder". El consejo es que: "Esa persona nunca debe manifestar engreimiento ni intentar actuar como dictador o soberano". – Consejos sobre Mayordomía Cristiana pg. 153.

Experimento el fracaso en el liderazgo.

La desgracia no llega sino se elige, es inconsciente o conscientemente el resultado de nuestros pensamientos, decisiones y elecciones.

El Líder Gladiador

La verdad es que nadie elige por uno sino nosotros mismos seleccionamos nuestro destino. El fracaso no es el resultado de que mala es la vida o no tengo esto o aquello. El fracaso es el fruto de nuestra propia siembra. Este estilo de vida es una experiencia vivida y ella tiene el poder de elevarnos o destruirnos, el resultado final es nuestra propia elección. Sansón fracasó, ¿Qué hay de usted?

Recordemos que:
- Yo siembro mi experiencia.
- Yo cultivo mi experiencia.
- Yo cosecho mi experiencia.
- Si elijo correctamente puedo ser triunfador, si no lo hago otros elegirán por mí y veré fracaso.

El Futbolista Diego Armando Maradona el argentino más joven de la historia en jugar con la selección mayor en un partido internacional. Fue transferido al equipo Boca Juniors por un millón de libras cuando apenas era un adolescente. 1982 se convirtió en el jugador de fútbol más caro del mundo cuando se unió a las filas del Barcelona por 5 millones de libras. Volvió a romper este récord en 1984 cuando el club italiano Nápoles lo compró por 6-9 millones de libras. Fue el capitán de Argentina cuando la selección ganó el Mundial por segunda vez en 1986, tras haber eliminado a Inglaterra en los cuartos de finales.

Al estar en la cima del éxito, su carrera se fue a pique por acusaciones de consumo de drogas, lo cual término siendo verdad en 1994. En 1995 regresa y anunció su retiro en 1997. El 2000 tiene problemas con el corazón por consumo de cocaína. En el 2003, se reencontró con el hijo que antes había negado. Su salud mejoró en el 2005 y comenzó una nueva carrera como conductor de un programa de televisión. A pesar de sus éxitos y fracasos por voluntad propia él ha demostrado que a pesar de todo este huracán en su vida ha podido aprender, aceptar y recuperarse de sus tantas caídas. Su historia es motivación para todo aquel que no sabe qué hacer después de tantas caídas. El poder del fracaso o éxito no radica en lo experimentado sino en la voluntad del individuo que lo experimenta. Todos podremos haber tropezado pero si se reenfoca se puede remodelar nuestra vida y pelear por esa vida que si queremos y buscamos.

El Poder de la Experiencia

Nuestra oración debería de ser, Dios: ¡Puedo y quiero! ¡Puedo ser mejor! ¡Quiero ser mejor! ¡Seré mejor! ¡Soy mejor!

Experimento el liderazgo que cae por el orgullo y nace cuando se aprende la lección de su vida.

Liderazgo es un mundo real, también tiene sus encrucijadas y una de ellas es la verdad de que el éxito llega y puede convertirse en bendición o maldición. Aquí cae, tropieza y se destruye. También es o el resultado de lo que sembró o el fruto del orgullo sin paralelo que dejamos nacer.

El orgullo es el padre de la envidia, del odio y la amargura que lleva a muchos a experimentar la base de su caída. Ellos son buenos para dictar lo que no viven, lo que no es, lo que no creen pero como tienen el poder, la posición y la influencia piensan que pueden hacer y deshacer a su antojo. Noten que esto ellos deciden experimentar o sea vivir. Nadie obliga este estilo de vida. Es la decisión y elección personal.

Jamie Lee Curtis examinando su vida *y logrando la experiencia de madures* en el 2002 expreso lo que se conoce como, "petición de disculpas a la mujer" por todos los años de orgullo y altivez como mujer actriz. Mostrando una foto de como en verdad se ven las actrices. Esta fue la manera de decirles a las mujeres que nunca fue su intención hacerlas sentir menos. Pidió perdón, corrigió y avanzó a su nueva manera de vivir sus privilegios.

"La soberbia del hombre lo humillará..."– Proverbio 29:23.

El orgullo es la cama de la enfermedad que trae el cáncer de la muerte de un liderazgo que no se cuida.

"...pero el humilde de espíritu alcanza la honra." – Proverbio 29:23

"Con respecto a todos los actos de iniciativa y creación, hay una verdad elemental – que el momento en que uno definitivamente se compromete, entonces la providencia se mueve también". - Johann Wolfgang Von Goethe.

Tenemos una historia interesante narrada en el libro "La

El Líder Gladiador

Llamada de Dios" por Alfonzo Aguiló. "Ahí está, por ejemplo, el caso de Santa Jacinta, una chica procedente de una familia adinerada de Viterbo a finales del siglo XVI. Era muy hermosa y aficionada a lujos y vanidades. Como era bastante superficial y orgullosa, tuvo varios desengaños amorosos y un buen día dijo que se hacía monja y que se marchaba a un convento de las hermanas franciscanas." En la vida todo cambia, no todo lo que se ve es ni todo lo que es se verá. Continua Aguiló "Tenía veinte años...Fue una primera conversión, pero muy leve, pues en el convento quería seguir teniendo las mismas comodidades de antes y mostraba poco interés por la vida religiosa. Cuando tenía treinta años, pasó por una grave enfermedad, con muchos dolores y grave peligro de muerte. Aquello, junto a la ayuda de un santo sacerdote, el padre Bernardo Bianchetti, que supo ayudarla a enfrentarse a sus propios defectos, hizo que se arrepintiera de su vida anterior, hiciera una confesión general y, desde aquel día, empezara otra vida totalmente distinta. Aquella sí fue una verdadera conversión. Desde entonces fue una religiosa ejemplar, muy humilde y sacrificada."

Después de tener un encuentro con la vida y Dios ella utiliza todas sus energías para beneficiar a la sociedad: "Después de aprender que el orgullo y su indiferencia al verdadero llamado lograron fundar dos asociaciones piadosas que tuvieron enseguida una gran difusión y por medio de sus escritos logró la conversión de muchas personas. Recibió muchas gracias extraordinarias de Dios, y después de su muerte, en 1640, se le atribuyeron numerosos favores y milagros. Su figura ha quedado para la posteridad como ejemplo de una gran mujer que, aunque no fuera nada ejemplar en los inicios de su vocación, supo ser finalmente muy fiel a ella. Por lo que cuenta, durante sus primeros diez años más bien se podría haber dicho de ella que no tenía vocación a su llamado y que estaba en aquel convento desengañada por sus desilusiones amorosas. Pero ante el cielo no fue así."

En la vida de las oportunidades nada es imposible. Siempre hay otra oportunidad para los que están atentos a esa posibilidad, eso ocurrió Santa Jacinta. Afirma Aguiló: "Es una prueba de que Dios puede hacer que una vocación se abra camino a través de unos comienzos bastante imperfectos, caídas y fracasos tanto en el discernimiento de la vocación como en la correspondencia

El Poder de la Experiencia

a ella, y que, pese a todo eso, esa persona alcance después una gran santidad en ese camino."

Cuando se quiere aunque uno allá sido orgulloso se puede aprender a dejar de serlo. Algunos aprenden esta lección antes de caer aunque son pocos pero otros mucho después. ¿Nosotros cuando aprenderemos? ¿Reconocemos el peligro del orgullo? ¿Hemos aprendido la lección? El orgullo es:

- Es el camino a la desgracia y caída del liderazgo que no sabe apreciar el éxito.
- El orgullo tiene como objeto avergonzar.
- El orgullo es la base de todos los males en los líderes.
- El orgullo quita el puesto y hace que uno pierda la verdadera razón del porque somos líderes.
- El orgullo si caemos y aprendemos su lección es el camino a una segunda oportunidad.
- El orgullo es lo que lleva al humano a una segunda experiencia ya sea por bien o mal.

Experiencia la hipocresía en el liderazgo.

En todas las áreas de la vida encontramos oportunidades para mejorar o empeorar, todos tenemos esta bendición. Sin embargo, es triste notar como hombres y mujeres en lo que es un privilegio servir, ayudar y dirigir a otros son de dos caras, no son honestos y así viven la hipocresía en el liderazgo. Duplican sus agendas, sus acciones no concuerdan con sus convicciones, se acomodan en el momento a lo que les convenga aunque más tarde esa acción traiga traición, desunión y confusión.

En la hipocresía se nota infidelidad, deshonestidad y se tropieza en la verdad que se tiene dos vidas. Pedro un discípulo de Cristo manifestó esta debilidad de muchos hoy día. Un tiempo cuando él debía ser el ejemplo ante el pueblo mostro que era débil y deshonesto. Cuando estaba con hermanos gentiles era su líder y siervo sin titubear pero cuando habían Judíos y Gentiles el los rechaza y seleccionaba a sus hermanos judíos con tal de no tenerlos en su contra. Esta hipocresía no solo fue condenada por el apóstol Pablo sino que dejó marcado el camino hipócrita del apóstol Pedro. - Gálatas 2:11-14.

El Líder Gladiador

Este es un estilo de vida que algunos líderes viven que lamentablemente han dejado marcada su historia. Aunque esto es triste es posible dar un cambio, sin embargo no se puede dejar de señalar que existe y es algo que se ha experimentado en la vida del liderazgo en general.

Los frutos de este estilo de vida son:
- Deshonestidad.
- Selección de personas.
- Inestables en lo que decimos, hacemos y buscamos.
- Compromiso circunstancial no por principio.
- Inseguros, falsas emociones y pensamientos.

Jesús expreso enfáticamente en Mateo 23:27-29:

"¡Ay de vosotros, escribas y fariseos hipócritas! Porque sois semejantes a sepulcros blanqueados, que de fuera se ven hermosos, y por dentro están llenos de huesos de muertos y de inmundicia."

"Así también vosotros, por fuera os mostráis justos a los hombres, y por dentro estáis llenos de hipocresía e iniquidad."

"¡Ay de vosotros, escribas y fariseos hipócritas! Porque edificáis los sepulcros de los profetas, y adornáis los monumentos de los justos."

Experimenta el liderazgo que se pierde cuando uno empieza a alejarse de Dios.

Todas las experiencia son beneficiosas pero la más delicada es la que se vive al alejarse de Dios. En esta fase de la vida no somos puestos en las manos del hombre sino de Dios mismo. Es triste como hombres y mujeres se han alejado de la fuente de sabiduría, poder y verdadera influencia. Grandes ejemplos bíblicos hay con esta experiencia, pero me gustaría señalar la vida de uno de los más benditos por el cielo quien por voluntad propia decidió dejar a un lado a Dios e ir a sus propios dioses, gustos, placeres y sabiduría - fue el rey Salomón. Él quiso experimentar su propio poder, fuente de sabiduría y su propio dios, todo esto lo llego a todo menos a Dios – la paz interna.

El Poder de la Experiencia

A este líder del pueblo al alejarse de Dios lo llevo a:
- Perder la razón.
- Perder a Dios.
- Perder el amor.
- Perder la paz.
- Perder el sendero recto.
- Perdió el compás de la pureza.

Su alejamiento según el libro de Eclesiastés experimento e hizo "todo" pero encontró que todo era vanidad de vanidades. Esto lo llevo a perder su sabiduría divina, su influencia decayó tanto que perdió control de sí mismo. Sus mujeres llegaron a controlar al rey más sabio del mundo. Alejarse de Dios es lo más triste y delicado Salomón así lo experimentó dejando gran amonestación a todos nosotros.

Escrito esta que-: "La vida de Salomón rebosa de advertencias, no sólo para los jóvenes sino también para los de edad madura y para los que van descendiendo por la vertiente de la vida hacia su ocaso. Oímos hablar de la inestabilidad de los jóvenes que vacilan entre el bien y el mal, así como de las corrientes de las malas pasiones que los vencen. En los de edad más madura, no esperamos ver esta inestabilidad e infidelidad; contamos con que su carácter se habrá establecido y arraigado firmemente en los buenos principios. Pero no siempre sucede así. Cuando Salomón debiera haber tenido un carácter fuerte como un roble, perdió su firmeza y cayó bajo el poder de la tentación. Cuando su fortaleza debiera haber sido inconmovible, fue cuando resultó más endeble."

"De tales ejemplos debemos aprender que en la vigilancia y la oración se halla la única seguridad para jóvenes y ancianos. Esta seguridad no se encuentra en los altos cargos ni en los grandes privilegios. Uno puede haber disfrutado durante muchos años de una experiencia cristiana genuina, y seguir, sin embargo, expuesto a los ataques de Satanás. En la batalla con el pecado íntimo y las tentaciones de afuera, aun el sabio y poderoso Salomón fue vencido. Su fracaso nos enseña que, cualesquiera que sean las cualidades intelectuales de un hombre, y por fielmente que haya servido a Dios en lo pasado, no puede nunca confiar en su propia sabiduría e integridad." - Profetas y Reyes pg. 60.

Años más tarde todas sus elecciones fueron cosechadas con la vida de sus hijos, esposas y la misma nación sufrió desgracias que hasta hoy nunca más se recuperaron. Que desgracia y que lección para nosotros.

Todos los lideres estamos en el peligro de desviarnos y finalmente alejarnos de Dios, tanta es nuestra confusión que empezamos a buscar lo que no es para nosotros, traicionamos nuestro cometido y así somos la desgracia del liderazgo y todavía así nos preguntamos ¿Por qué a mí? ¿Por qué yo no prospero? ¿Cómo llegue aquí? ¿Por qué, por qué? La respuesta es sencilla dejamos a Dios.

"¡Oh Eterno, esperanza de Israel! Todos los que te dejan, serán avergonzados. Los que se apartan de ti, serán escritos en el polvo; porque dejaron al Eterno, la fuente de agua viva. Sáname, Señor, y seré sano; sálvame y seré salvo; porque tú eres mi alabanza." – Jeremías 17:13,14.

Cuidemos nuestros pasos no sea que seamos humillados como le sucedió a San Telmo. Alfonzo Aguiló nos cuenta. "Así sucedió también a San Telmo, que, siendo aún un joven sacerdote, fue nombrado canónigo de la Catedral de Palencia, y enseguida elevado a la primera dignidad después del obispo. Era muy inteligente y bien parecido, y eso le hacía ser engreído y ambicioso. Quiso tomar posesión de su cargo como Deán el día de Navidad, y con cabalgata sonada, de manera que dispuso organizarlo todo en medio de un gran festejo. Se encaminaba hacia el templo en un elegante caballo, desenvuelto y arrogante. El aplauso y los gritos iban creciendo. Estando en el culmen de la aclamación, cerca ya de la catedral, queriendo lucir tanto el caballo como su pericia de jinete, clavó las espuelas, y entonces el corcel se encabrito y resbalaron, cayendo ambos aparatosamente en un lodazal, entre las risas y burlas de quienes, momentos antes, le aplaudían."

"El ridículo fue espantoso. Como contaba luego él mismo, Dios se sirvió de aquello para salir a su encuentro, quebrar su orgullo, aunque estaba en un servicio que representa a Dios él se había alejado de Dios. Aquí Dios le hizo ver lo vanidoso que era y suscitar en él una fulminante conversión en esta desgracia pública. Tal experiencia lo llevo a ingresar en el convento de dominicos que Santo Domingo de Guzmán había fundado poco antes en la ciudad y allí se entregó a la oración, al estudio y al servicio a los demás. Pasado un tiempo, con sus grandes dotes de predicador, alentó numerosas conversiones y dedicó mucho tiempo a los pobres y a los enfermos, hasta su muerte en el año 1246. A pesar de su falta de rectitud en la primera etapa y fracasos tuvo después una vida austera y ejemplar, y ha pasado a la historia como uno de los líderes religiosos medievales más populares." – en el libro "La Llamada de Dios" por Alfonzo Aguiló.

Amigos todo lo que pensamos, deseamos y hacemos recordemos que nadie lo engendra, nadie lo hace por nosotros, todo, todo esto nace por nuestra propia voluntad, nosotros voluntariamente elegimos nuestro destino, nuestro futuro en verdad siempre ha estado en nuestra propias manos.

Experimento el liderazgo que cae bajo desanimo.

Muchos en público tienen grandes éxitos, grandes manifestaciones que solo un ciego podría negar. Es curioso pero súper interesante notar como en tan grande victoria muchos sufren el desanimo.

"No estoy desanimado porque cada mal intento descargado es un paso más hacia adelante". - Tomas Edison.

El desánimo no respeta a nadie y el que se deje conquistar por él no lo respetará. No importa sus victorias y éxitos él es un espíritu enemigo de todos los que son líderes y a menos que busquemos vencerlo nos vencerá tarde que temprano. Así nosotros tendremos que enfrentar esa parte de la vida y a nadie más que a nosotros nos toca vencerlo, huir de él y evitarlo a toda costa porque si no aun pedirá nuestra vida.

Aunque es algo tan básico es necesario recordar que:
- El desánimo visita a todos.
- El desánimo son espíritus de las tinieblas.
- El desánimo llega detrás de cada victoria y éxito público.
- El desánimo quiere todo lo que hemos logrado ser.
- Nosotros decidimos abrazar o rechazar el desánimo.

El Líder Gladiador

- Si caemos en el desánimo solo nosotros tenemos la capacidad de decidir salir de allí.
- Dios ayuda pero no puede sacarnos de ese estado a menos que nosotros queramos.

El desánimo no pide permiso, no respeta a nadie y la historia de un gran genio nos lo confirma, inspira a saber que para formar un gran nombre y fama en ocasiones hay que aceptar el desánimo tal y como viene y cualquier otro obstáculo. Una estrella exuberante de los medios de comunicación, presa de una enfermedad mortal fue Stephen Hawkins quien muy parecido al gran científico Einstein. Es escritor y reconocido por ello "Historia del tiempo", un gran Best seller. Nació el 8 de enero de 1942 creció cerca de Londres. A los 14 años se dedicó a las matemáticas y a la física. Estudio en Oxford. Estudiando en Cambridge empeoraron sus ocasionales torpezas y la tendencia a articular mal las palabras. Se casó con Jane Wilde de quien se divorcia más tarde por su problema de salud. Como científico se contrapunteo con otros de su talla y para el colmo se equivocó en sus afirmaciones lo que reconoció públicamente más tarde. En 1969 después de usar bastón término en una silla de ruedas la enfermedad no le perdono. En 1979 fue elegido profesor de la cátedra Lucasiana de Matemáticas de Cambridge lo que no pudo cumplir por su condición. 1985, perdió por completo la facultad de hablar. Se le devolvió con un sintetizador de voz computarizado que llevaba en la silla de ruedas lo que se le quiebra en un trágico accidente en 1991. En toda esta desgracia en su vida, desánimo y obstáculos conserva la capacidad de sonreír y continúa llevando adelante, en su trabajo intelectual si no en la vida personal la capacidad de vivir en su mundo a todo su potencial. El poder del desánimo le llegan a todos y honestamente solo los valientes se reponen de él. Si es un líder prospero le aseguro que tendrá que afrontar en algún momento la falta de ánimo, y solo en la experiencia de su propia voluntad podrá triunfar si así lo desea y le permita a Dios sacarlo de ello.

Se nos aconseja: **"No importa qué suceda, nunca os desaniméis...No nos desanimemos. No hablemos de dudas, sino de fe, pues la fe proporciona poder infinito. (The Review and Herald, 30 de diciembre de 1909)."** - **Elena de White.**

El Poder de la Experiencia

¿Es siempre tarde para intentar y llegar a ser exitosos después de desgracias, desánimos y fracasos? NO. Hitchcock, Cezanne, Wallace Stevens, estos hombres llegaron a experimentar muchos reveses y obstáculos en su vida para tener éxito en el mundo gentil, sin embargo en su vida avanzada lo lograron. Ya viejos fueron triunfadores. El desaliento, el fracaso, los obstáculos no pueden robarnos la bendición de seguir, de ser lo que queremos ser, nada sino nosotros mismos somos los únicos que pueden obstaculizar o derrotarnos a experimentar el poder de salir victoriosos de cualquier desánimo.

Experimentaron la transformación del liderazgo.

La autora Marie Brenner fue motivada a crecer y avanzar por su propio jefe Pat Cooper ejecutiva en películas. Ella había sido contratada como su asistente. Pero un día después del almuerzo le llego la oportunidad de transformar su llamado y escucho: "nada de esto es real. Tratar de cambiar al mundo es lo que importa. Despierta. Mira alrededor tuyo cada día. Hay una guerra en Bangladesh y criminales en la Casa Blanca. ¿Por qué estás aquí cuando podrías estar allá fuera, tratando de decirle a la gente qué está pasando? "Dos **años más tarde Marie Brenner estaba luchando por ser una reportera gracias a Cooper**. Escucho la oportunidad de transformar su vida, su misión, y su visión vino a ser una realidad.

Si somos líderes y no nos gusta el tipo de vida que estamos viviendo tal vez tenemos que buscar y darnos la oportunidad de experimentar un cambio de conceptos, convicciones y creencias. Esto será un buen paso para iniciar nuestra propia metamorfosis en lo que incumbe el liderazgo. Muchos no avanzamos solo por insistir en un estilo de vida que contraria nuestra vocación. Es de suma importancia darle una evaluación a nuestra forma de practicar el liderazgo y encontrar en ella misma la razón que exija una transformación.

Esta transformación que hablamos aquí no vendrá de nadie, nada exterior a nosotros sino **nace en la evaluación** de lo que somos, **de lo que hacemos**, de lo **que deseamos llegar a ser**. Pasos para que esta transformación sea posible son:

49

El Líder Gladiador

Hacer conciencia de quien nos hemos convertido: Recordarme lo que creo, mis convicciones y ver si ello concuerda con mi estilo de vida presente.

Evaluar lo que somos: ¿Que pienso, que hago, a donde voy? ¿Estoy contento, satisfecho con lo que hago y a donde me dirijo?

Escribir los resultados hallados en esta investigación: Escribirlos es importante porque ponerlo en papel o lo que se escoja para ello ayuda a que uno visualice su verdadera condición y busque una mejor plataforma para la mejoría psicológica.

Buscar nuevas formas que nos gustaría aplicar en nuestras vidas: Orar más, estudiar más la biblia, una nueva profesión, un seminario, otro libro, etc.

Aplicar las nuevas verdades: Nada servirá si no se practica lo que se aprendió. El deseo es una cosa poderosa, la acción es maravillosa y hace milagros extraordinarios.

Buscar una plataforma para practicar este nuevo estilo de vida: Una iglesia, un nuevo trabajo o servicios gratis con tal de poder poner en práctica este nuevo conocimiento.

Entender, ver y vivir que todo esto es una experiencia, un estilo de vida, hábitos consistentes con oportunidades de vivirla más intensamente.

La vida del verdadero liderazgo es transformativa, no de mes en mes o año en año sino constantemente, no hay momento sin que se esté creciendo. La luz brilla en el proceso de una metamorfosis seleccionada y vivida por uno mismo.

El punto detrás de la siguiente historia es mostrar el "poder" que tiene el querer hacer una diferencia con lo que uno tiene y es, no hay obstáculo que lo impida, ni limitaciones cuando se busca una transformación en uno y se busca aplicar una metamorfosis en la vida de otros. En la página web "Comunidad Bolivariana" y en el libro de Jay Mathews "Escalante: The Best Teacher in America" es confirmada esta gran historia. Nació el 31 de diciembre de 1930 en La Paz, Bolivia. Hijo de dos maestros, Escalante se convirtió en uno de los educadores más famosos de Estados Unidos durante las décadas de los ochenta y los noventa. En los años sesenta, se fue de Bolivia a Estados Unidos buscando una mejor vida. A pesar de que en su país natal ya era

El Poder de la Experiencia

maestro, tuvo que tomar varios trabajos esporádicos, aprender inglés y obtener otro título universitario antes de poder volver a dar clases su nombre completo fue Jaime Escalante.

El Sr. Escalante entró a trabajar a la Escuela de Bachillerato Garfield en el este de Los Ángeles, California en 1974. Había un problema con los estudiantes y asumió la responsabilidad. Enseñarles matemáticas a estudiantes problemáticos en una escuela descuidada y famosa por la violencia y las drogas. Estableció un programa de matemáticas avanzadas con unos alumnos. Estos alumnos en 1982 rompieron record al pasar el examen pero se lo anularon asumiendo que era imposible y por lo tanto se habían copiado. Tiempo más tarde los estudiantes presentaron el examen de nuevo y pasaron, demostrando que estaban equivocados.

Grande fue su impacto en toda la nación que se escribió un libro y se hizo una película de su historia. (*Jaime Escalante: The Best Teacher in América* "Jaime Escalante: el mejor maestro de Estados Unidos", Stand and Deliver titulada en español "Con ganas de triunfar") protagonizada por James Edward Olmos. Este gran líder, Escalante recibio muchos premios y reconocimientos por sus contribuciones en el área educativa, entre los que figuran La Medalla Presidencial a la Excelencia. Además, desde 1999 formo parte del Salón Nacional de la Fama de Maestros. Para lograr esto él tuvo que aplicar a su vida la ley de transformación. Él vivió la transformación en su propia vida, meta y liderazgo. Murió en el 2010 Esto transformo la historia de la educación en Estados Unidos. Esta historia muestra que todo el que quiere puede transformar su liderazgo, crecer y producir mejor resultados a una sociedad e iglesia grandemente necesitada.

Moisés experimento la derrota para poder subir como líder y tener una segunda oportunidad.

"Moisés realizó en su propia experiencia la promesa de que Dios será galardonador de aquellos que le buscan diligentemente". – Conflicto y Valor pg. 85.

Después de la tormenta viene la calma. Esto es cierto en la vida de Moisés en su país natal Egipto siendo príncipe quiso ayudar al plan de Dios y en lugar de lograrlo lo empeoro. Mató a un egipcio y eso lo hizo huir y su plan fue recompensado con derrota. Perdió su hogar, no ayudo a nadie y el quedo en ridículo y psicológicamente derrotado. - Éxodo 2:11-15.

Pero esa gran experiencia de derrota lo llevo a otra experiencia de fugitivo en el desierto, allí entre la desgracia de su vida encontró el llamado divino. La segunda oportunidad de su vida llego. El liderazgo estaba esperando y él aunque al principio quiso correr, esta vez el llamado lo conquisto y su experiencia de derrota lo llevo a encontrarse con el llamado divino. - Éxodo 3:1-5.

"Todos estamos propensos a cometer errores. Por lo tanto, la Palabra de Dios nos dice llanamente cómo corregir y remediar esas faltas. Nadie puede decir que nunca comete un error, que jamás ha pecado; pero es importante considerar qué habéis hecho con esos errores. El apóstol Pablo cometió ofensivas faltas, pensando todo el tiempo que servía a Dios, pero cuando el Espíritu del Señor le mostró las cosas iluminadas por la luz verdadera, confesó sus males, y reconoció la gran misericordia de Dios manifestada al perdonar su transgresión. Vosotros también podéis haber cometido errores, pensando que estabais en lo correcto, pero cuando el tiempo muestre vuestro error, entonces es vuestro deber humillaros y confesar vuestro pecado..."

"Cualquiera sea el carácter de vuestro pecado, confesadlo. Si lo habéis cometido únicamente contra Dios, confesadlo sólo a él. Si habéis dañado u ofendido a otros, confesadlo también a ellos, y la bendición del Señor reposará sobre vosotros. Así es como moriréis al yo, y Cristo se formará en vosotros...Los que reciben el reproche y la corrección como de Dios, y así pueden ver y corregir sus errores, están aprendiendo preciosas lecciones aun de sus errores". (Review and Herald, 16-12-1890).

Aquí vemos que para algunos si no la mayoría para poder subir a la cima del liderazgo primero hay que caer, arrastrarnos, sacrificar todo para poder lograr la cima. El líder que no experimente tales eventos en su vida de verdad que es único. Sólo los grandes saben que cosas y eventos como los de Moisés son bendiciones que llevan el emblema de victoria y triunfo.

El Poder de la Experiencia

Moisés no pudo dejar tal invitación y por más de 40 años demostró que haber bajado con su derrota en Egipto valió la pena porque le abrió el camino al llamado y así a la cima del liderazgo no sólo en esta tierra con la nación más grande del pueblo de Dios sino que aun en la transfiguración en los días de Jesús. - Mateo 17:2,3.

Entonces aprender de nuestros errores, fracasos o aprovechar una segunda oportunidad en el liderazgo es bajo una firme decisión. Esto es: **"Haciendo una verdadera decisión quiere decir comprometerse a alcanzar un resultado, y entonces cortándose uno de cualquier otra posibilidad." - Despertando El Gigante Dentro De Usted. Anthony Robbins.**

En conclusión debemos captar la verdad que no podemos escapar de *experimentar todo, ya sea para bien o mal, para el éxito o fracaso, la victoria o la derrota, la vida o muerte, felicidad o tristeza, el odio o el amor, el dolor o la paz.* Mi punto es que todo es una experiencia y eso es lo que forma a un individuo, persona y líder, un hombre o mujer de grandeza en este ámbito divino no existe si no experimenta toda fase que le toca vivir – allí radica la sabiduría, conocimiento, inteligencia y motivación que crea hombres y mujeres de honra.

Stefanie María Graf una gran tenista con altos y bajos en la vida profesional. A los tres años ya practicaba con su raqueta de tenis aunque era demasiado pesada para su edad. Fue la primera alemana en ganar el Orange Bowl con 12 años de edad. En 1986 alcanza su primera victoria como profesional. En 1996 llega a los 100 triunfos, al obtener por séptima vez el triunfo en el All England Tennis & Croquet Club de Wimbledon. A los 17 años, en 1986 obtuvo los primeros títulos, al vencer a Christ Evert y a Martina Navratilova. Fue elegida la Deportista del Año en Alemania. En 1987 ganó por primera vez Rolland Garros y se convierte en la número uno del ránkind mundial. En 1988 vence por primera vez en Wimbledon, y nuevamente en Rolland Garros. Obtiene la Medalla de Oro en Seúl 88, en los Juegos Olímpicos.

Así como hubo triunfo tras triunfo vino la desgracia en la década de los 90s. En 1989 es vencida en Rolland Garros por la española Arantxa Sánchez. La gloria que iba alcanzando en el tenis, no alcanzó para evitar el dolor, cuando su padre se enredó con una corista, tuvo un hijo y fue denunciado, lo que provocó la destrucción de su familia. **Steffi sintió el impacto perdiendo en ese lapso el Nº 1.** Pero en toda esta desgracia pública volvió a recuperar su familia, logrando la unión de sus padres nuevamente, salió a las canchas a reconquistar su puesto buscando otra oportunidad. Utilizando nuevas técnicas, como el revés con top-spin salió a las canchas internacionales y la encontró en Londres Gabriela Sabatini, a la que venció en las semifinales, Mónica Seles, a la que arrasó y gano. Este fue el período de la resurrección de Steffi en el mítico All England, Su padre volvió a tener problemas y condenado en 1997 a pena de prisión. Steffi sufrio algunas lesiones lo que provocaron una serie de altibajos en la carrera profesional de la tenista nuevamente. En 1999, por efectos de dichas lesiones se vio obligada a renunciar a siete torneos. Sin embargo como todo buen líder sorpresivamente resurge de entre las cenizas, Steffi Graf logró ganar en Rolland Garros y vencer en la final a Hingis. Steffi será recordada entre los grandes como una deportista que nunca bajó los brazos, fue a pesar de sus derrotas y desengaños en su vida que siempre busco una segunda oportunidad y la encontró siempre en la vida como la encontremos todos los que sinceramente la busquemos.

La experiencia es una realidad buscada.

La verdad amigos es que la experiencia no nace en el azar, es vida, tiene poder y hace grandes milagros cuando uno la busca y aplica.

El gran motivador internacional y escritor Anthony Robbins es un gran hombre de influencia para muchos "grandes" líderes desde presidentes, actores, diputados y líderes de empresas e iglesias, el comparte la experiencia que lo llevo a donde está hoy.

Escribió en uno de sus libros: "Yo vine a ser un excelente orador público porque en lugar de una vez por semana me enliste a *hablar tres veces al día* a cualquiera que quisiera oír. Mientras otros en mi organización tienen cuarenta ocho citas para dar las charlas en el año yo tendría el mismo número en

El Poder de la Experiencia

el periodo de dos semanas. En un mes yo tendría dos años de experiencia. Y en un año tendría una década de crecimiento. *Mis asociados hablan de cuan "suertudo" he sido de nacer con tan "innato" talento. Trato de decirles a ellos que el manejar lleva tanto tiempo como tú quieres que lleve...*" - Anthony Robbins. Despertando El Gigante Dentro De Usted pg. 44. (itálicas y negritas son nuestras)

Entonces queridos compañeros: **"¿Quieres lograr lo que aún no has alcanzado? ¿Necesitas hacer lo que aún no has intentado?"** – Anónimo. **"Éxito verdadero es el resultado del buen juicio. El buen juicio es el resultado de la experiencia, y experiencia muy seguido es el resultado del mal juicio."** - Despertando El Gigante Dentro De Usted - Anthony Robbins. La experiencia es una vivencia diaria, y ella está en nuestras manos para elevarnos o destruirnos. ¡La decisión es nuestra!

Para Reflexionar y aplicar

¿Qué fue lo que más le impresiono de este capítulo?

_____
_____
_____
_____

¿Qué aprendió en este capítulo que pondrá en práctica?

_____
_____
_____
_____

¿Cuál es el punto más sobresaliente que compartirá con otros de este capítulo que han impactado su experiencia?

_____
_____
_____

El Líder Gladiador

Explica lo que es experiencia para usted:
_____
_____
_____

¿Podemos saber algo sin vivirlo o experimentarlo?
_____
_____
_____

¿Por qué muchos líderes no maduran?
_____
_____
_____

¿Aprecia usted como líder lo que le pasa en la vida?
_____
_____
_____

En que se compromete trabajar para aprender a apreciar lo vivido como líder:
_____
_____
_____

Un Líder

Por años me ha encantado platicar y analizar a quienes están al frente de alguna organización, he compartido con muchos colegas y he encontrado una variedad de convicciones. Es emocionante y muy animador relacionarse con aquellos que están convencidos de lo que son, seguros de los horizontes que buscan y atraído por aquellos que han sido vencidos por sus fracasos a una realidad que los desmoraliza, pensando que son un desastre como líderes.

Al ser parte de este caminar llamado liderazgo, también he rozado con aquellos individuos que no están seguros de si son o no líderes. Este grupo, muy temerarios en el deber, deben ser fortalecidos e inspirados a ver la realidad del liderazgo y salvar el privilegio de servir y dirigir. Alarmantemente y en su mayoría muchos de los que he conocido confiesan que no se consideran líderes pero están donde están porque alguien los puso o fueron elegidos sin convicción a esa responsabilidad, o porque la necesidad económica no les dejó otra opción. Siempre les he preguntado del porqué creen que no son líderes, y la respuesta categórica ha sido, "es que mis empleados, jefes, miembros, compañeros etc. piensan que yo no soy líder y murmuran mucho de mí".

Todo esto me ha motivado con tanta resolución a buscar medios, información, tecnicas y palabras para poder colaborar con todos los que estamos en el mismo barco. Creo sinceramente que muchos necesitan estímulo, unos apoyo y otros más información. La vida me ha enseñado que no hay casualidad solo causalidad. Por lo tanto estoy convencido que estar donde estamos no es una casualidad, sino una razón con sentido, un reto a romper los hielos que han obstruido el paso a un mejor liderazgo de nuestra parte.

Le confieso que luché con mi propio espíritu para poder escribir la primera palabra de este libro, no porque no ansiaba hacerlo sino porque me sorprendió la duda con una pregunta, ¿eres un líder?, afirmando que: ¡otros son mejores que tú! Y otra vez con la pregunta ¿Qué escribirás? ¿Habrá gente que leerá tu libro? Estas preguntas sí que me hicieron pensar pero no desanimar, porque personas como usted me inspiraron a compartir mi opinión sobre el tema tan necesario de analizar por la necesidad y época demandante en que nos encontramos.

Le cuento esto para aclarar que no pretendo ser mejor que usted, ni mucho menos un experto del tema, sino un compañero de la milicia, **un gladiador consciente** que lucha como usted en este sendero que la providencia nos permite vivir. Entonces juntos contestemos:

¿QUIEN ES UN LIDER?

De manera general toda persona que *puede tomar decisiones e influencia* en su propia vida o personas es un líder. Todos soñamos, anhelamos, planeamos con ser algo en la vida, pero muchos nos estancamos y muy pocos, recordamos los sueños, peleamos por los suspiros, logrando los anhelos y metas. El mundo está lleno de gente que quiere ser algo en su vida, ocupar puestos en la sociedad, lograr fortuna y tener éxito en la carrera de su profesión. Pero mueren en el "querer" sin haber logrado el "hacer". En otras palabras, no lo experimentan. ¿Este tipo de personas son líderes? Claro que no. ¿Pueden **llegar a ser** líderes? Indiscutiblemente sí.

Especificando un poco más el asunto en esencia diríamos que un líder se distingue de los demás por su personalidad, cualidades y sus objetivos estos dirán mucho de quien es él. Este tipo de personas con tendencia al liderazgo o deseo de avanzar al frente de su vida o empresa, cuenta con las siguientes cualidades muy indispensables, aunque esta lista no es única. Todo depende y se reduce a la convicción personal expresada a favor de los demás. En seguida comparto lo que humildemente creo que no debe faltar en los que anhelan, buscan ser líderes o mejorar su liderazgo.

De manera clara y sencilla un líder es alguien que:
- Sueña.
- Propone.
- Dirige.
- Logra.

- Motiva.
- Aspira.
- Planea.
- Conoce.
- Ama.
- Influencia.

Sueña:

"El pensamiento, la visión y el sueño siempre preceden a la acción." **Orison Swett Marden**

Todo en la vida tiene un origen, como la vida misma. La vida de *un algo* tiene su inicio en la mente. La mente es la ciudadela de grandes deseos, intenciones y sin duda alguna, sueños. La mente ha sido y será siempre la fuente de los más grandes eventos de la humanidad, ya sea en el ámbito de la ciencia, el comunismo, la democracia o la maldad. Otros factores son parte de estos hechos pero de alguna u otra forma la mente es el estadio del juego o el laboratorio de los libros, planes, resoluciones, proyectos y consecuencias futuras, etcétera.

Tenía un sueño y era ganar en las olimpiadas. En 1960 Abeba Bikila de Etiopia experimento ganar la maratón tras recorrer los 42.195 metros. Todo porque tenía un sueño. El que sueña no tiene límites, ¿y saben cómo lo hizo? Lo hizo descalzo. Sus limitaciones fueron inspiración. Más tarde lo hizo otra vez en 1964 solo que ahora calzado, pero recién operado de apendicitis (cinco semanas antes del maratón). Su mente fue el motor de sus victorias, soñó y así lo logró. El que sueña tiene el poder de lograr una realidad - eso es hacer que las cosas ocurran.

Ningún hombre es capaz de desarrollarse a menos que las facultades mentales estén activas y funcionando al máximo en la busca del cumplimiento de lo deseado o propuesto en su mente, disciplina que muchos no poseen. Es esencial entonces que apreciemos la capacidad que poseemos al tener una mente sana. Aquí está el inicio del sueño, ese deseo que nace en un pensamiento, llámese visión, ambición o resolución toda está en la mente. Lo más interesante de todo es que todos podemos soñar. John C. Maxwell expreso: *"Creo que cada uno de*

El Líder Gladiador

nosotros tiene un sueño en su corazón". Esta es una verdad que todos debemos siempre recordar.

El soñar no es una gracia o gran talento adquirido por la casualidad. Dios nos ha provisto a todos de esa bendición, aun de poder ejercerlo. **Soñar no es otra cosa que dejar que la misma naturaleza, implantada en nosotros se active en un pensamiento, ese pensamiento en un deseo y ese deseo en un acto y ese acto en una realidad.** Como vemos es una cadena experimentada por uno mismo lo que produce un hecho alcanzado.

El soñar no tiene límites. Todo lo contrario, el soñar es tan profundo que la misma mar no le limita sus profundidades, es tan extenso como el mismo universo. Tan necesario como el aire mismo. Esta es, la clave de cualquier posibilidad en la vida. Porque, "los sueños con el futuro son más valiosos que la historia del pasado". Escribió John Mason.

Ese pensamiento, idea o como le llamo aquí es un sueño, es eso que empieza en la imaginación. La mente es la cuna de grandes eventos, fue el inicio de la historia pasada y todavía por lo que debe escribirse. El sueño es presente. Es usted.

Esta capacidad, llamada soñar es lo que otros le llaman, *crear visión* antes de tener una misión. Es lo que se ha puntualizado como *un pensar con sentido*. Otros le llaman, *el silencio de un nuevo comienzo*. Llámele como mejor guste, el soñar es la voz de su corazón. El soñar es el resultado de todo pensamiento, es sin duda alguna la gran posibilidad con potencial de servir a su favor. El soñar creo imperios, libros, empresas, iglesias y éxito como también errores, fracasos y malos cálculos.

Para poder soñar se necesita una mente, facultades sanas y la iniciativa personal de ponerse la mente en acción. Esto no ocurre en tiempo específico. Se manifiesta en momentos inesperados. Ocasiones no común a la rutina. Es manifestada en la soledad o en el banquete. Su tiempo es cuando usted lo reconoce y quiere. Su lugar es la ciudadela de su ser. El que lo organiza es su voluntad. Entendamos entonces que el soñar nace en la mente. La inspiración se forma en la mente así entonces si quiere puede.

Einstein, Hitler, Cesar Chávez, Churchill, Stalin, Kennedy, Martín Lutero, Jeremías por mencionar algunos, todos estos

Un Líder

hombres quisieron un sueño, tuvieron un sueño, pelearon por un sueño y la historia registra la manera en que lo experimentaron, expresaron, entendieron y vivieron. Este es el inicio de este bello árbol del liderazgo. John Maxwell expreso: "Atrévase a soñar y a actuar ese sueño. Hágalo a pesar de los problemas, circunstancias y obstáculos. La historia está llena de hombres y mujeres que enfrentaron la adversidad y, a pesar de ello, alcanzaron el éxito."

Entendamos que un sueño no necesariamente es bueno, todo depende de la persona. Nadie por más educación e influencia de algunas otras fuentes forja su sueño. El formador de él es usted y solo usted. ¿Cuál es su sueño? Si lo identifica entonces sabrá si es, puede o será un líder y lo grande de él identificara su potencial. Como el no hacerlo lo mantendrá donde está, entre todos, un seguidor. Los líderes son creadores y realizadores de sueños, los seguidores solo siguen sueños.

Propone:

En la cadena del desarrollo de un líder, el sueño viene a ponerse en moción. No sólo debe soñarse, pensar y escribir lo que se desea. Toda la información formada en mente debe llegar a ser acción. La acción de lo que se sueña no es el resultado de la casualidad sino de la voluntad de uno *en acción*.

La voluntad del individuo viene a jugar un papel importante en el desarrollo de lo pensado. La voluntad es la gasolina de este carro cargado de posibilidad. En este punto la persona debe querer lograr lo que ha pensado, sabiendo lo que quiere se propone obtenerlo. Un sin números de individuos piensan y piensan y mueren pensando grandes cosas. Todo lo que hicieron fue pensar. Una persona con promesa de futuro de líder tiene la capacidad de poner en acción sus pensamientos con su voluntad. Se dijo: *"Atrévase a soñar y actuar sobre ese sueño"*. - *John C. Maxwell*.

Se propone organizar sus pensamientos. La mente es un mundo con tanta información que al detectarse ese sueño debe tenerse la capacidad de recapitular cada fase de ese pensamiento. Toda esa información debe organizarse, al organizarse se sabrá que hacer y a donde ir. Este evento lleva

El Líder Gladiador

tiempo, pide su espacio. Involucra inteligencia y la paciencia necesaria pero de nada valdrá si no se propone hacer algo con él.

Hubert Humphrey escribió lo siguiente a su esposa cuando solo era un farmacéutico en Minnesota en 1935 al viajar a la capital de la nación, – "Puedo ver como algún día, si tú y yo nos lo aplicamos y nos proponemos trabajar para cosas grandes, podemos vivir aquí en Washington y probablemente estar en el gobierno, en la política o en el servicio. Dios mío, espero que mi sueño se haga realidad, de todo modos, voy a tratarlo." Treinta y un años después llegó a ser el vicepresidente de nuestra nación. Se propuso y lo logro.

Al proponerse hacer algo con lo pensado, buscará *el cómo* podría desarrollarse lo que desea. En esta fase lo que se quiere no es el fin sino el inicio. En tal etapa entra en moción un número de pruebas, acciones y cambios que proponen lograr lo considerado. Se buscan formas de iniciar esa idea planteada en un proyecto. En ese proceso no debemos sorprendernos de los grandes cambios que puedan ocurrir en la mente pues lo pensado se extiende, se eleva, desarrollándose milagrosamente a un cuadro más claro y es sorprendente que no solo es claro sino que lo que empezó siendo una idea ahora llega a ser significativo y productivo.

Nadie que no se proponga iniciar su pensamiento lograra comenzar un mundo nuevo. Aun el proponerse, es algo que debe nacer dentro, el mejor vehículo de este movimiento es la voluntad. La voluntad tiene el poder de llevarnos a mundos que mostraran la capacidad que tiene el ser humano cuando es capaz de proponerse hacer algo.

Proponerse lograr algo soñado tiene su precio. En algunos casos será intentar un nuevo trabajo. En otros será leer nuevos libros. Tal vez intentar una nueva carrera. Las madrugadas serán necesarias tal y como los desvelos. Debe saberse que nadie que se proponga saldrá sin resultados que apremiaran ese deseo que comenzó en mente. El sacrificio es el camino a grandes resultados. Los sueños caminan con los esforzados.

Proponerse - es esencial en la vida de alguien que desea ser un líder, mucho más si se añora ser un excelente líder. *Es un hecho entonces que los pensamientos no tendrán acción si no*

Un Líder

se plantean a verse dos veces. Una vez vista en la mente, el pensamiento y la segunda es la realidad fuera de la mente, acción, proceso y el resultado. Comprendamos que entre el sueño en mente y el sueño hecho realidad existe *la capacidad de proponerse* el resultado experimentado.

El que se propone algo en la vida y llega a ser líder es como el nadador Dick Roth en las olimpiadas de 1964 que se adjudicó el 400 estilos pese a haber sufrido un ataque de apendicitis aguda tres días antes, pese a negarse a ser operado y pese a negarse a tomar medicinas. Por qué, porque se propuso pelear por su sueño, meta, deseo. Nada le impidió. Hizo lo que se propuso. El soñar es bueno, pero el proponerse lograrlo es poderoso .

Dirige:

Todo individuo con aliento puede y es capaz de vivir. Pero al nivel de un líder no solo debe ser capaz de vivir sino *de dirigir* su vida. El proponerse algo es necesario, el saber dirigirse es esencial. Nada de lo soñado, pensado y propuesto llegara lejos si no se tiene la capacidad de dirigir. Saber que es importante implementar la capacidad de dirigirnos es esencial en el desarrollo de cualquier sueño y especialmente en un verdadero líder. Experimentar esto nos llevara a escalones que nos acercaran a metas y logros posibles.

Su historia real es mucho más que las decenas de campeonatos ganados:
- Fue un gran y excelente jugador de golf.
- Abogado.
- Un hombre de familia.
- Un gran escritor.
- Un magnífico profesor.
- Un estupendo diseñador de campos de golf.
- Por encima de todas las cosas un 'gentleman'.

Su nombre fue Bobby Jones quien llego a ser uno el más grande golfista entre 1922 - 1930. Empezó esta carrera a los 6 años, a los 12 ya manejaba el juego. A los catorce calificó para entrar al campeonato de US Amateur de Ardmore, Pensilvania, convirtiendo así a Bobby en el más joven participante de

El Líder Gladiador

un campeonato de golf en Estados Unidos, pero no pudo ganar. El problema más grande era que no podía controlar su temperamento, podía ganar mucho pero dirigirse a si mismo. El carácter perfeccionista de Bobby Jones también queda patente en sus numerosas biografías, se dice que "ejercía una tremenda presión sobre sí mismo, era capaz de perder más de quince puntos durante un torneo, simplemente por nervios". El legendario cronista deportivo Grant Land Rice dijo en una ocasión que Bobby tenía "la cara de un ángel y el temperamento de un demonio".

Un jugador viejo de golf le dijo a Jones un día, "Nunca podrás ganar hasta que logres controlar ese temperamento que tienes". Tomo el consejo y el muchacho empezó a trabajar duro con su carácter y decidió el dirigir sus emociones y temperamento y no viceversa. Más tarde este amigo de Jones expreso, "Jones tenía catorce años cuando llego a manejar el juego del golf, pero veinte y uno cuando pudo manejarse así mismo".

En otras palabras toda persona debe ser capaz antes de ser grande, primero de dirigir sus pensamientos, sus palabras, sus acciones y todo lo que se propuso, sin ello no podrá ser un líder prospero. Los líderes gladiadores no empiezan dirigiendo un mundo, una empresa o nación. Ellos son personas que aprendieron, aceptaron la responsabilidad de dirigirse a ellos mismos a un nivel diferente, a una posibilidad grandiosa. Nadie que quiera ser un líder puede llegar lejos si no es capaz de dirigir su vida privada.

Así los hombres que hacen historia, dirigen sus pensamientos, dirigen sus propuestas, dirigen esa agenda de aspiraciones, su vida es clara al desarrollarse porque tiene sentido, tiene una razón, un propósito y un destino. Un líder en una frase "es un testimonio vivo de lo que piensa, quiere y predica". Tiene destino y eso se ve en su manera de dirigirse.

Logra:

En cualquier ámbito de la sociedad un líder se conoce por sus cualidades, intereses, aspiraciones y motivos. Su personalidad tiende en todo sentido de la palabra a proponer y "lograr" objetivos, guía sin gritar que él es el director, presidente,

Un Líder

manejador o ministro sino lo demuestra con sus logros. Los logros son la mejor muestra de su llamado.

Él es alguien que reconoce y sabe que vino a esta vida con un propósito, una misión. Sus facultades, aspiraciones y esfuerzos tienen bien claro su enfoque; lograr. Lograr sus metas se encuentra con su verdadera razón de existir. Todo depende de nosotros. Se dijo: "Cuando un hombre le pone limite a lo que hará le pone limite a lo que puede hacer." - Charles Schwab, así en lo contrario.

Todo ser humano que ha logrado mejorar su carácter, todo el que ha logrado una carrera, algo que se ha propuesto, persona tal tiene la oportunidad de ser líder. Los líderes se manifiestan al lograr objetivos. Los logros son la plataforma del futuro que tiene una persona. Cuando hablo de logros no lo limito a cosas materiales en la vida, sino se extiende a nivel espiritual, moral y físico.

1946 fue alcalde de Minnesota, 1949 elegido senador, 1964 llego a ser vicepresidente de la nación más grande del mundo – USA. En breve dio su servicio por treinta y dos años en el gobierno. La vida de Hubert Humphrey manifiesta esta ley de la vida, lideres logran lo que se proponen.

1 - ¿Usted que ha logrado en su vida?

2 - ¿Que desea lograr?

3 - ¿Y qué piensa que logrará?

Su respuesta dice mucho de quién es usted. Su futuro está en sus manos. Logremos, si puede, si usted lo quiere sepa que puede. Si es llamado a ser líder demuéstrelo con hechos.

Motiva:

Un líder es una persona de vida pública y no puede esconderse a esta realidad, debe aceptar que líderes son el centro del eje de una institución, empresa, nación e iglesia. De ellos no se espera más que lo mejor y nada menos que ello. Esto hace necesario que toda persona con aspiraciones o determinado a ser un líder debe ser un motivador.

Debe comprenderse que aunque es bueno saber que el líder debe ser una persona inspiradora, la misma persona debe

El Líder Gladiador

estar motivada. Aquí es donde muchos se pierden. No están motivados. No saben motivarse a ellos mismos y por lo tanto su influencia es limitada. Toda persona puede soñar, y casi todos piensan pero no todos se saben motivarse a sí mismos, pocos son las personas que motivan sus pasos, sus deseos están allí pero contadas son esas personas que encuentran el secreto de lo que les inspira a realizar lo que hacen.

La historia de Michael Jordan establece este principio en la vida de todo líder. Desde 1982 – 2000. Logro victoria, hizo hazañas y llevo a sus equipos a tantos triunfos. Jordan poseía la capacidad de motivar. Era un motivador por naturaleza que inspiraba a que su gente ganara. En el 2000 al volverse copropietario y presidente de los Wizards de Washington. Una semana después de ello se puso una playera de ese equipo y entro a entrenar con ellos. Poco después un comentarista dijo de los Wizards al llegar Jordan: "Por tratarse de él, el entrenamiento de los Wizards se convirtió en algo más divertido y enérgico de lo que había sido". La motivación tiene el poder de llevarle lejos e inspirar a la gente que le rodea a realizar grandes hazañas.

Estar motivados se puede identificar con las palabras de Witt Hobbs, escribió: "El éxito es despertar por la mañana, quienquiera que seas, dondequiera estés, joven o viejo, y saltar de la cama porque hay algo que te guste hacer, en que lo que crees, para lo que eres bueno. Algo que es más grande que tú y que difícilmente puedes esperar para retomarlo hoy."

Encontrar ese secreto de motivación es éxito en sí. Algunos le llaman pasión. Es la pasión que esa persona tiene dentro que hará que logre sus objetivos. Pero encontrarlo no es suficiente, debe utilizarse esa pasión para ser el motivador de uno mismo.

El estar motivado es grande señal para poder motivar a otros. Muchos no pueden motivarse a sí mismos mucho menos a las personas que les rodean. Al tener una vida pública es necesario entender que habrá muchos líderes pero pocos de ellos efectivos. Pocos son capaces de encender inspiración en otros porque ellos mismos están ausentes de la realidad que nadie puede motivar a otro si no se ha motivado a sí mismo.

Cuando uno encuentra lo que le apasiona, ha encontrado el secreto de la motivación. En tal evento no hay cansancio, no hay excusas, no hay obstáculos, todo es posible, todo se alcanza.

Un Líder

Al ver a nuestro alrededor se verá que todo buen líder está motivado. Algunos son conscientes de este hecho, otros no. Las personas que más eficaces son para traer convicción en sus seguidores son las personas motivadas. En la motivación hay algo poderoso que rompe barreras que la inteligencia y sabiduría llevaría años luz para lograr milagros.

¿Está motivado? ¿Qué le interesa? ¿Le encanta a su familia escucharlo? ¿Qué dicen sus compañeros de trabajo de usted, cuando están en junta? ¿Si hoy usted fuese requerir un grupo de 100 personas para lograr algo, cuantos responderían a su llamado? La motivación personal es el poder de motivación para los demás.

Aspira:

La *aspiración* es indispensable en la vida del ser humano. *Todo en la vida requiere de aspiración si se desea vivir con alegría, con sentido y resultados.* El destino no está en las cartas o en la suerte, sino en nuestras manos, las manos que buscan y aspiran una vida mejor, una empresa mejor, sí, un mundo mejor. John Mason escribió que "La mayoría de la gente puede hacer más de lo que cree que puede pero por lo general hace menos." Esto ocurre así porque pocos aspiran algo mejor o grande.

Las aspiraciones son las que han cambiado el rumbo de eventos, historia, de hombres y mujeres que hoy con su vida dejaron huellas de heroísmo, monumentos de coraje, valor impregnado en libros, naciones, empresas, iglesias con historias inspiradoras.

Por lo tanto líderes que están a la vista del público tienen una decisión que tomar y es dejar que de manera pasiva e imperceptible dejen que su vida e identidad sean manejadas por su profesión o de manera radical y sabia usar su vida e identidad para transformar su carrera y vocación en una bendición para los demás - la humanidad.

Esta verdad fue vista en un indio que fue tanta su aspiración por la verdad, que logró la libertad de toda una nación en contra del imperio de Gran Bretaña. Mohandas Karamchand Gandhi; quien vivió desde 1,869 – Delhi a 1,948.

El Líder Gladiador

Numerosas y variadas fueron sus iniciativas humanitarias:
- Instituyó colonias agrícolas.
- Hospitales.
- trató de eliminar las castas y religiones que dividían a su pueblo.
- En Sudáfrica inauguró un método de lucha, o mejor de resistencia que mantenía el respeto a la persona humana y evitaba la revuelta armada.
- Ya en África, en 1906, puso en práctica el "satyagraha" "obstinación por la verdad", conocido en Occidente con el nombre de "resistencia pasiva".

1914 regresa a la India de Inglaterra, 1918 a partir de este año, Gandhi fue prácticamente el líder del movimiento nacionalista. 1920 en el Congreso Nacional Indio en Calcuta y en la ordinaria celebrada poco después en Nagpur, Gandhi obtuvo un gran éxito personal, por cuanto en la primera fue aprobada y en la segunda ratificada la puesta en práctica de una gradual resistencia pasiva, deseada y ardientemente propugnada por Gandhi. La base de su filosofía que finalmente trajo libertad a su nación.

Así se convierte entonces en primerísima figura, líder, no sólo en el seno del Congreso, sino en toda la India, ¿cuál fue una de tantas claves? – así estaba motivado por lo que le aspiraba; y a este año se remonta el título de "Mahatma", que el mismo pueblo le confirió en un impulso espontáneo de entusiasmo y de devoción; y dicho apelativo, que significa literalmente "el magnánimo" y alude a sus dotes de "profeta" y de "santo" que las masas le reconocían, lo glorifica y lo señala para la posteridad. Este magnetismo fue sin duda el resultado del poder su aspiración.

Los Gandhi modernos no nacen de la casualidad sino que se hacen de la verdad que nadie que no tenga aspiración hará historia. Personas que están frente del público deben estar convencidas de lo que son, deben saber su misión de manera clara y obrar en favor de ello. Bendición de bendiciones cuando un hombre o mujer disfruta su trabajo. Bendita la empresa cuando goza de tal persona, individuo que sabe lo que es y lo que quiere. Eso es un líder de aspiraciones. En todo este proceso es glorioso experimentar este logro. Es en esta fase que muchas

Un Líder

personas se estancan, dejan de avanzar en su desarrollo como personas, jamás llegan a disfrutar ser líderes, dejan de aspirar un mejor carácter, posición y vida.

No podrá perfeccionarse, madurar nuestro liderazgo a menos que aspiremos, busquemos mejorar nuestro estilo, nuestra manera de ser. La aspiración es el camino a la cima del comienzo de nuevas fases de desarrollo individual a una atmósfera social, sin alejarse de las responsabilidades que el liderato demande. La aspiración es el vehículo a un nivel mucho más elevado y capaz de traer un cambio para el bien. Tiene el poder no solo de cambiar su vida sino aun si así se lo propone – a la humanidad.

Al saber quiénes somos, sabremos a donde vamos, que hemos logrado y que necesitamos, tener este conocimiento dará como ecuación *aspiración*, nos llevará a iniciar una limpieza, una renovación de conceptos y hábitos que dará como resultado una nueva imagen, un nuevo carácter y sin duda alguna un nuevo líder. Así es, la aspiración hace que usted sea nuevo cada mañana. Logra que usted vea los obstáculos como peldaños a un nuevo comienzo.

Una actitud **de aspiración** nos tendrá también alertas de nuestra siempre creciente necesidad de la fuente inagotable que nos permitirá ejecutar nuestro llamado con poder extraordinario. Mucho tiene que ver nuestra actitud que no es otra cosa que el vehículo que traslada la aspiración de un lugar a otro.

Un hombre que aspira, sabe de dónde ha llegado, donde está y que le espera en el futuro. Se conoce así mismo porque quiere ser mejor, él mismo está creciendo, progresa usando su potencial en bien de la sociedad. En sus debilidades encuentra en otros la experiencia como puente para superar sus temores, aprende cómo alcanzar sus deseos y vencer sus errores, faltas y debilidades. La aspiración en el rumbo correcto hace milagros y trae grandes cambios en la vida del individuo y sociedad.

Planea:
Consiguiendo llegar hasta aquí necesario se vuelve el planear, el organizarse de nuevo. Teniendo lo que se desea, logrando

llegar a lo pensado en el inicio, se proyecta planear otra vez. Este es un punto importante en el crecimiento y desarrollo de alguien que es líder. **En la vida no podemos avanzar si no se planea.** Dependiendo de los logros así se planea. Si la victoria que se desea es algo diario, entonces nuestros planes deben ser algo para el siguiente día. Si es algo grande para un mes o año entonces así debe ser el nuevo proyecto. Los planes son nuevos - caminos a recorrer.

El punto aquí es que todo momento, acción, aspiración debe ser creado, planeado con una precisión capaz de producir nuevos eventos. La agenda se vuelve a llenar y las aspiraciones son renovadas. Pero mientras hacemos esto es necesario recordar lo que dijo John Mason, "no comience a realizar un plan a menos que sea muy diferente y casi imposible de lograr." Planes así valen la pena, ellos reflejan a los verdaderos líderes. Todos planean lo mismo, quieren un trabajo, una casa, una familia y tal vez escribir, pero usted además de eso planea dejar una biblioteca, llegar a ser presidente de su empresa, establecer una universidad, traer ayuda por alguna institución establecida por usted en África o tu propio país. Una escuela en china, romper record es de líderes.

Alguien en este proceso debe saber que recibe para dar. Cumple la ley del maestro de maestros, Jesucristo: "de gracia recibiste dad de gracia" - Mateo 10:8. Esto nos mantendrá siempre en busca de recibir lo mejor, crecer al máximo porque hemos de transmitir todo eso en experiencia, en enseñanza. Cuando uno planea recibir para dar nuestro acre de conocimiento y experiencia se vuelve una parcela y de esta manera un campo de grandes cosechas.

Reconozca que no puede vivir sin producir. Con mucha propiedad Martín Luther King Jr. dijo: "ningún hombre habrá aprendido a vivir hasta que no supere sus cerradas preocupaciones individualistas a preocupaciones más amplias que abarquen a la humanidad". No puede faltar el planear para producir, se debe expandir nuestro concepto individualista a uno extenso, abarcante, humanista. Pero nada de esto ocurrirá si no se planea.

Nuestra forma de planear será en el contexto de cuanto bien puedo impartir a la humanidad. Seremos abiertos a la

Un Líder

creatividad, a las culturas, nuestra agenda está dispuesta a las ideas de otros. Nuestras mentes serán un ejército organizado para nuevos proyectos, nuevos campos a cosechar, nuevos alcances. Planear será algo nuevo cada vez que se esté terminando lo planeado anteriormente y así dejara que nuestro potencial sea utilizado.

Conoce:

El deseo de querer llegar lejos requiere si no es que es obligatorio que nos conozcamos, que sepamos donde estamos, es sumamente necesario preguntarnos ya seamos personas públicas o no. ¿Quién soy yo? ¿Cómo soy? ¿Qué busco en la vida? ¿Conozco mis debilidades? ¿Disfruto y uso mis puntos fuertes? ¿Cuáles son mis motivos? ¿Qué es lo que me inspira? ¿Cuáles son mis metas y blancos? ¿Soy un líder de mi vida, hogar, iglesia, empresa, institución o un presuntuoso? Conocernos, será el mejor paso que podamos realizar al enfrentar nuestro destino. El teólogo E.J. Waggoner dijo: **"no temas conocerte a ti mismo, que conocerse a sí mismo es poder."** Cuan cierto es.

El conocimiento propio salvará a muchos de caer en graves tentaciones. Evitará más de una deshonrosa derrota. A fin de conocernos a nosotros mismos, es esencial que investiguemos fielmente los motivos y principios de nuestra conducta, comparando nuestras acciones con la norma del deber.

Hilaire Belloc expreso: "El comprender la historia de una cosa es abrir los misterios de su presente y aún más abrirá profundidades de su futuro". El conocimiento de sí mismo abre un mundo de posibilidades. Ayuda cómo recuperarse de fracasos del pasado. Establece una vida segura y competente en el presente. Un futuro que se busca con entendimiento. No podremos avanzar y saber quiénes somos si no nos proponemos conocernos que somos y que buscamos, hacer esto nos indicará lo que nos forma. He allí donde sabremos si somos o no una persona con posibilidades de líder. Si no lo somos aspiraremos ser uno en verdad y si ya lo hemos logrado aspiraremos ser uno mejor. Conocernos nos hará poderosos.

Conocernos permitirá que estemos alertas. Todos aquellos que hemos sido llamados a estar al frente no podemos darnos el

El Líder Gladiador

lujo de desconocer nuestras limitaciones, nuestras debilidades ni mucho menos dejar pasar nuestros errores como viento de invierno. Todas nuestras antenas deben estar al tanto de los peligros que corremos tanto dentro y fuera de nuestra atmósfera. Con propiedad se dijo: "el que piensa estar firme mire que no caiga",- Apóstol Pablo. Solo alguien que se conoce sabrá enfrentar las circunstancias y firmemente buscar una vida mejor.

Ama:

El amor no puede faltar aquí. Es la espina dorsal de la personalidad de una persona de éxito. Podrán existir muchos líderes, lograr un sin número de hazañas, sin embargo no hay líder tan poderoso sin el arma del amor. Esto puede ejemplificarse así: muchos van a la guerra, pero no todos son soldados, algunos asisten a su nación por compromiso no por patriotismo y otros por deber y no por amor. Una guerra se gana mejor no por la cantidad de soldados sino por la cantidad de amor que ellos tienen por su nación. Un soldado enamorado por su misión no habla tanto como lo que realiza.

De igual manera un líder obra por su conversión a su llamado, no por ser elegido, guía, dirige no por lo que gana sino porque ama su trabajo, su empresa, iglesia e institución. El amor es el móvil de sus acciones. Seamos, "un líder enamorado". Vivamos lo que decimos ser. Líderes no son los que mandan sino los que ejemplifican el deseo. No son los que ordenan, sino los que obedecen a la ley del testimonio. El líder es un ejemplo de lo que añora, él vive o muere por su deber. Contrario a mandar él ordena sus pasos para que otros lo sigan. Todo lo hace dirigido y gobernado por amor. Se cuenta que un hombre de cierta edad vino a la clínica donde trabajo para hacerse curar una herida en la mano. Tenía bastante prisa, y mientras se curaba le pregunté qué era eso tan urgente que tenía que hacer. Me dijo que tenía que ir a una residencia de ancianos para desayunar con su mujer que vivía allí. Me contó que llevaba algún tiempo en ese lugar y que tenía un Alzheimer muy avanzado.

Mientras acababa de vendar la herida, le pregunté si ella se alarmaría en caso de que él llegara tarde esa mañana. - No, me dijo. Ella ya no sabe quién soy. Hace ya casi cinco años que no me reconoce. Entonces le pregunté extrañado: - Y si ya no sabe

Un Líder

quién es usted, ¿por qué esa necesidad de estar con ella todas las mañanas? Me sonrió y dándome una palmadita en la mano me dijo: "Ella no sabe quién soy yo, pero yo todavía sé muy bien quién es ella". Tuve que contenerme las lágrimas mientras salía y pensé: "Esa es la clase de amor que quiero para mi vida". Esta es la manera en que una persona debe amar al servir y ayudar a las personas a quienes deseamos dirigir.

El amor y las palabras de un líder son un río que atrae, motiva con sus acciones y firme determinación, siempre es un arco iris que recuerda y afirma la victoria. Sabe lo que ama, ama lo que realiza. Ama a los que guía y su amor es un amor inteligente, lo paga con su ejemplo, sus acciones, son hechos, no palabras.

Influencia:

La influencia más grande de una persona es que se deja influenciar por los principios, valores y el deber. No hay influencia más poderosa que un hombre realizando lo que pide que otros hagan. La responsabilidad, su deber, y el que lo ejecute primero no la posición es lo que ejerce influencia en el. No descansa hasta no realizar el compromiso con su llamado.

La Sra. De White expreso. "Se necesitan hombres independientes, de esfuerzo ardoroso, cuyos caracteres no sean tan impresionables como la arcilla. Aquellos que desean que se les dé el trabajo listo para sus manos, que una cantidad fija que hacer y un salario fijo, y que desean hallar un molde exacto sin la molestia de adaptarse ni prepararse, no son los hombres. Un hombre que no pueda adaptar sus capacidades a casi cualquier lugar, si la necesidad lo exige, no es el hombre para este tiempo. Hay hombres que se lisonjean de que podrían hacer algo grande y bueno si se hallasen en diferentes circunstancias, mientras que no hacen uso de las facultades que ya tienen, trabajando en las posiciones en que los colocó la Providencia...La Independencia y fuerza individuales son las cualidades que se necesitan ahora. El carácter individual no necesita ser sacrificado, sino que debe ser modelado, refinado, elevado..." Estos son las únicas personas que influenciaran en nuestra generación.

Dejémonos influenciar por los principios escritos, por personas que ya dejaron huellas de un buen liderazgo.

El Líder Gladiador

Seamos sabios aprendamos de su experiencia, logrando la nuestra propia para influenciar generaciones futuras. Nuestra influencia presente está determinada por la influencia que tengan los principios y deberes sobre nosotros. Unámonos en un solo cuerpo y logremos ese cambio que el mundo tanto necesita a nivel mundial. Es tiempo de reorganizarnos y ejecutar un verdadero liderazgo, un liderazgo que no tenga de que avergonzarse. Deseo con todo mi corazón que esta obra pueda colaborar e inspirarle a escribir historia de un ser ordinario a un extraordinario líder. Usted.

Esto lo vimos manifestado en una hora de gran crisis mundial. En mayo de 1940, con la invasión alemana de Francia gracias a un avance por sorpresa a través de los Países Bajos, fue claro que el país no tenía confianza en como Chamberlain en Inglaterra conducía la guerra. Chamberlain dimitió y Churchill fue nombrado Primer Ministro, formando un gobierno con todos los partidos. En respuesta a los críticos que aseguraban que no había habido un único ministro claramente a cargo de la guerra, creó y asumió la posición adicional Ministro de Defensa. El poder de su sabiduría e influencia pronto se dejó sentir y le dio una nueva cara a la segunda guerra mundial.

Los discursos de Churchill eran de gran inspiración e influencia para una Gran Bretaña en guerra. Su primer discurso como Primer Ministro fue el famoso "No tengo nada que ofrecer salvo sangre, trabajo, lágrimas y sudor". Durante la Batalla de Inglaterra siguió igualmente inspirado y su influencia solo dejo huellas; sus palabras testifican, "Defenderemos nuestra isla, cueste lo que cueste, lucharemos en las playas, lucharemos en los aeropuertos, lucharemos en los campos y en las calles, lucharemos en las montañas; nunca nos rendiremos", o "Por lo tanto, debemos lanzarnos a nuestros deberes, y hasta tal punto, que si el Imperio Británico y su Commonwealth duran mil años, los hombres seguirán diciendo, 'Esa fue su mejor hora'", o en la cúspide de la Batalla de Inglaterra, "Nunca en la historia de los conflictos humanos tantos han debido tanto a tan pocos". La nación fue inspirada e influenciada a ir a la victoria, la guerra se peleó gracias a este gran hombre en tiempo de crisis. *Los líderes gladiadores verdaderos influencian para la victoria y éxito.*

Teniendo estas cualidades ellos, los hombres y mujeres pueden saber que tienen la gran capacidad de llegar a ser

Un Líder

líderes, o hacer de su liderazgo algo mejor, están convencidos que sus vidas escriben historia, hacen historia, su influencia es necesaria. Ellos son personas que como Noé, seguro de su llamado se mantuvo firme contra todo un mundo que jamás había visto agua caer del cielo (Génesis 6-8) Su firmeza evitó la extinción de la humanidad por medio del diluvio. Ellos tienen determinación como Cristóbal Colón, se aventuran por la inquietud de beneficiar a generaciones que nunca vieron existir y si no les creen pelean hasta morir por su convicción como el apóstol Pablo, Abraham Lincoln o los Valdenses durante la edad media. Todos estos personajes influenciaron de una manera extraordinaria. *La mejor influencia que alguien puede ejercer es por su manera de vivir su convicción*.

Hitler pretendió que Berlín en las olimpiadas de 1936 fuera el escenario donde mostrar en la práctica la superioridad de la raza aria y mostrar las excelencias del sistema nazi. Jesse Owens una persona negra, hizo nulo los dos primeros intentos en longitud. El rubio alemán Luz Long le ayudó a clasificarse para la final colocando un jersey junto al lugar donde debía de iniciar el salto. Jesse Owens pasó a la final y la ganó. Mostrando su bajeza Adolf Hitler abandonó el estadio antes de tiempo para no tener que estrecharle la mano en la ceremonia de entrega de medallas. Lo que este relato nos muestra es que el líder sabe responder a las oportunidades y avanza aunque tenga que pelear contra su color, idioma, ideología y aun contra los Hitler modernos. Nada puede impedir a un líder ser líder más que su propia persona. La influencia no nace si no se logra, se obtiene y así se vence en el campo de lucha.

¡Oh si pudiéramos medir cuanto logra la convicción! Fue, es y será siempre una de las armas más poderosa de una persona, con grandes posibilidades de ser un verdadero líder gladiador su influencia determina la capacidad de lograr cambios y metas con un fin ilimitado de sueños, logros, posibilidades, oportunidades.

Para Reflexionar y aplicar
¿Qué fue lo que más le impresiono de este capítulo?
_____
_____
_____

El Líder Gladiador

¿Qué aprendió en este capítulo que pondrá en práctica?
_____
_____

¿Cuál es el punto más sobresaliente que compartirá con otros de este capítulo que han impactado su experiencia?
_____
_____

¿Qué es un líder para usted?
_____
_____

¿Cree usted que es un líder?
_____
_____

Mencione 5 cualidades de un líder que usted posee:
_____
_____

¿Podemos ser líderes sin vivirlo o experimentarlo?
_____
_____

¿Es usted un líder maduro?
_____
_____

En que promete trabajar para ser un líder exitoso:
_____
_____

El Llamado

"Nunca le diga a una persona joven que algo no se puede hacer. Tal vez Dios ha estado esperando durante siglos por alguien lo suficientemente ignorante acerca de lo imposible, para hacer precisamente eso." - Doctor J.A Holmes.

El don del liderazgo:

En el sendero de la vida, el cielo ha hecho un préstamo a todo hijo que nace, escrito esta que "Aquel Verbo era la Luz verdadera, que alumbra *a todo hombre que viene a este mundo*". - Juan 1:9. A esto se le llama don, vida, oportunidad, privilegio, ocasión y tiempo para todos de poder llegar a ser para lo que fueron creados. Sin pedirlo se nos da, pero nos toca a nosotros encontrar y saber cuál es nuestro don, en este contexto debemos saber si fuimos o no llamados al liderazgo. Si no lo fuimos y nos atrae entonces lo aprenderemos. "El líder intuitivo se lee así mismo. Entiende sus puntos fuertes, sus debilidades y su llamado personal." Así lo dijo John C. Maxwell.

Todos tenemos parte en este cuadro que hay que formar, en este gobierno de Dios hay un orden y dentro de ello Él ha instalado el don del liderazgo. Cuando se comprende esto, entonces buscaremos cumplir nuestra parte. Por lo tanto una persona con el privilegio de ser un líder primero sabe que *el liderazgo es un don* y luego acepta que fue llamado. Esta es una de las primeras características de que él lo es.

Empresas, organizaciones e iglesias enteras han fracaso por falta de un liderazgo convencido y convertido. ¿Convencidos y convertidos de qué? De que fueron llamados. Puede más uno solo que esté muy convencido y convertido, que una nación de temerarios. En el pasado Dios llamó y no ha dejado de hacerlo. El universo sigue buscando hombres que estén dispuestos a ser convocados, desea que logren la conversión al mismo llamado. Nadie sin experimentar esto podrá realísticamente lograr de una manera competente su destino en el liderazgo.

Hombres como convencidos necesita nuestro mundo, iglesias y hogares. Personas que comprendan su llamado y sepan actuar a donde van. Proponernos alcanzar esta experiencia nos exaltará a una culta posición de liderazgo.

No negamos que el liderazgo es un misterio para los que desean todo en la mesa. Por otro lado para muchos es una fuente de inspiración. *Debe comprenderse también que el percibir el llamado nos lleva a ver la falta de ello y allí nace la oportunidad de involucrarnos.* Es la necesidad de liderazgo lo que levanta otros líderes. Es la audacia de ver el hueco por falta de producción, efectividad y eficacia en nuestro alrededor lo que despierta a poderosos líderes.

Debemos promover la necesidad de hombres que comprendan y sin duda alguna desarrollen el don de liderazgo. En mi concepto muchos de los que están ya en posición de liderato deben ser reafirmados, otros despertados o lamentablemente desechados porque si no avanzan, obstaculizan. Sin ello, la misma palabra lo implica no habrá dirección. Se dijo que: "Todos hemos nacido por una razón, pero no todos descubrimos el porqué. El éxito en la vida nada tiene que ver con lo que ganas en ella o logras para ti. Es lo que haces por lo demás." - Danny Thomas.

El hombre que es líder primero sabe que fue llamado:

El primer principio de alguien que es llamado es que él debe saber que fue llamado. Tener este conocimiento establecerá la plataforma y creara en su mente un cuadro de lo que involucra esta vocación. Al hacerlo no solo afinara su mente con su corazón, o sea el conocimiento con su voluntad, deseos y planes. Aventurarse en el liderazgo tiene dos fases la primera es que estas personas llegan a ser realidad lo del liderazgo primero en su mente y luego en la vida, exteriormente.

Saber que fuimos llamados es importante porque crea un espíritu de responsabilidad. Ese conocimiento en si provee una base del porque existimos. Da una verdadera razón de vivir. La existencia del individuo será productiva, porque sabe lo que es y para que fue creado.

Saber el llamado que se nos ha dado y el por qué existimos nos dará la capacidad de tomar buenas y sabias decisiones para

El Llamado

el futuro de nuestra vida, familia, iglesia e institución en la cual trabajamos. En breve si usted no sabe de ante mano lo que quiere no sabe lo que busca, ¿si no sabe que es un líder obrará como tal?

Responden al llamado:

Conocer el llamado es el paso número uno, en seguida viene el dos que es responder, el que no responde es como el que tiene dinero en el banco y no lo usa. En otras palabras el pensamiento y conocimiento se vuelve acción. La razón por la que muchos fracasan es porque tienen el llamado pero cuando ven los obstáculos tropiezan en ellos, no buscan una salida a los problemas, sabiduría mientras esperan y capacitación en el transcurso de las oportunidades. Los obstáculos son más poderosos que su llamado y así tropiezan al iniciar esta carrera. Sin embargo responder a este llamado en la vida es visto en realidad no solo al inicio sino es una respuesta continua, nunca se para, es permanente hasta la muerte de la persona.

Sabemos que a pesar de la humilde cuna de Napoleón, cuando fue llamado a su destino, él respondió y llego a ser emperador y uno de los mejores generales que el mundo pudo haber tenido. La historia no deja de recordarnos que el que responde a su llamado, sabe buscarse camino para el cumplimiento del mismo siempre está respondiendo al llamado, en sus deberes, responsabilidades, riesgos, sacrificios y con gusto se paga el precio de cada decisión como la fe en espera del cumplimiento de lo que se desea y sueña.

Responder al llamado es una decisión personal, no asunto de suerte o el azar de la vida.

Ejecutan el llamado:

En el proceso de la divina vocación personas involucradas al llamado ahora no sólo dicen iré, hagámoslo, vallamos, sino que lo hacen, en un tiempo dicen como Moisés - debemos salir de Egipto. Ahora están en camino, cruzan el mar. Tal y como lo hicieron los líderes en el tiempo de la gran depresión en 1930 en estados unidos o después de la 2da guerra mundial.

El Lider Gladiador

Tales líderes manifiestan ese llamado en sus hechos. Sus palabras son acciones que buscan lograr el objetivo, la misión en vista es una realidad, se invierte en ello y se espera una cosecha. En esta fase no solo usan su mente para pensar, sino que su energía, sus habilidades y conocimiento se transforman en hechos, esos hechos en logros esos logros en dividendos. Nadie puede decir que es un líder sino se ve en sus acciones. La vida de una persona con potencial de líder es la moción de tal llamado.

Crecen en el llamado:

Muchos líderes equivocadamente buscan progreso a manera de microondas. Quieren todo rápido. He allí su primer error que si siguen así habrá desánimo y fracaso. El liderazgo cuando se recibe - el llamado viene a ser engendrado, debe ahora venir el nacimiento y así crecimiento. Aprendamos que en el llamado se debe y se puede si deseamos crecer, desarrollarse tal a ocurrido con varios en la historia como el primer ministro de Inglaterra Churchill y Mandela.

Es muy necesario entender que no hay rapidez en el liderazgo en potencia, todo tiene su tiempo y en ello existe la ley que dicta el crecimiento. Básicamente el crecimiento es el proceso de aprender, reevaluar, renovar y aplicar nuevas leyes, técnicas y verdades. Nadie que sepa y entienda el liderazgo verdadero querrá correr, sino aprenderá y aplicará tal y como la vida lo permita y provea. En el libro "El Mapa Para Alcanzar el Éxito" por John Maxwell cuenta lo que David D. Glass principal ejecutivo de las tiendas de Wall - Mart contesto a la pregunta. ¿A quién admira más? Su respuesta fue: A Sam Walton fundador de Wall - Mart - "Desde que lo conocí, nunca hubo un día en su vida que no mejorara en algún sentido". Así es con todo aquel que crece en el llamado, no hay día que no mejore. Siempre está creciendo.

Tropiezan en el llamado:

Es de sabios saber que en el llamado se vive tropiezos. Reconocer esto es básicamente decir que no lo sabemos todo y estamos aprendiendo. Los tropiezos en ocasiones dictan que

El Llamado

estamos aprendiendo y también nos avisan cuando estamos corriendo en algo que debemos estar solo caminando, es el alarma que avisa que en ocasiones el orgullo está entrando, que la humildad se está retirando y es tiempo de reevaluar nuestra posición.

En la vida de Beethoven se ve como a pesar de un gran golpe al perder la capacidad de poder oír, no se dejó intimidar y buscando camino a ese llamado de la música, lo expreso y nada pudo impedir que compusiera sus sinfonías. En cierto sentido tropezó con un gran obstáculo, el audio natural. Su fama testifica que esto no lo aplastó. Lo aceptó y aprendió con la inspiración interna a sobreponerse.

David se confió en el llamado y cayó, Salomón se dejó ganar por el orgullo y tropezó. Simón Pedro pensaba que lo sabía todo y su caída fue inevitable. Pablo teniendo la debilidad de agradar a todos tropezó, siendo encarcelado hasta su muerte - cuando fue a su último viaje a Jerusalén, todo por seguir los consejos de sus colegas mayores. Dios permita que podamos superar nuestros errores, aprender y crecer aunque hayamos caído. Debe saberse que todo es superable excepto la muerte. Podemos cambiar de rumbo si hemos caído. La Biblia dice: "Aunque hay esperanza para todo aquel que está vivo. Porque "mejor pero vivo que león muerto" - Eclesiastés. 9:4., los tropiezos se viven con dos opciones, 1) correr y perder. 2) permanecer y aprender.

Fracasan en el llamado:

Cuando uno no paga el precio del llamado, fracasa. Así como es importante saber que hemos sido llamados es de igual importancia saber que todos corremos el riesgo de fracasar si no tomamos las pautas dadas por la vida, organización u hogar. Tenemos el caso Antonio Martín Lara español (tránsfuga, PSOE, antes PP, antes GIL) Ronda, Málaga, IMPUTADO corrupción urbanística, cohecho, prevaricación, falsedad documental, tráfico de influencias, malversación y blanqueo de capitales; actualmente detenido. Descuidando el llamado del liderazgo y haciendo lo que él quiso, fueron claros ingredientes del fracaso personal y público.

Otro de los ejemplos del vivo fracaso es Judas Iscariote quien teniendo la oportunidad de ser uno de los grandes apóstoles,

El Líder Gladiador

su historia nos muestra que la codicia, amor a lo material y descuidando el llamado llegó a vender a su maestro. Traicionó el llamado y no pudiendo resistir la realidad de su fracaso se ahorco – fracasó terrible como líder.

El fracaso no respeta a nadie, es una ley inquebrantable cuando se trata de aplicar. La palabra dice: "**Confundíos** labradores, **lamentad** viñadores, por el trigo y la cebada; **porque se perdió la cosecha del campo**". - Joel 1:11. Estas escrituras siguen y serán siempre aplicables, al quebrantar la ley de no responder fielmente al llamado, obediencia y sumisión a él, los resultados son funestos tal y como ocurrió con uno de los más intelectuales, sagaces y prometedor de Wall Street, llamado Jess Levermore cosechó lo que había estado sembrando, fracaso y *finalmente se suicidó*. ¿Cómo está su liderazgo?

Triunfan en el llamado:

Así como hay fracasados también hay triunfadores. Los triunfadores han pagado el precio. Se entregaron de lleno a su llamado. Su vida es un testimonio de que viven lo que creen. Hombres tales son Louis Braille, Henry Matisse, Nick Vujicc. Entre las mujeres tenemos algunas como a Helen Keller, Margaret Thacher, Rosa Parks, María madre de Jesús, Ester, Débora y la sunamita de 2 Reyes 8:1-6. La experiencia de estos grandes testifica que nada impide el triunfo del que camino en su llamado.

Se cuenta que la danesa Liz Hartel fue plata en doma ocho años después de sufrir un ataque de polio y perder la movilidad en sus piernas de rodillas hacia abajo. Aunque necesitaba ayuda para subir y bajar del caballo, no fue un obstáculo para ella lograr su meta. No podremos hacer todo solo, necesitaremos ayuda para subirnos a nuestro caballo de éxito - el liderazgo. Pero en el caso de Hartel ni la polio ni el perder el poder mover sus piernas, rodillas abajo impidieron su objetivo. Nada de esto le impidió ganar en las olimpiadas en Helsinki en 1952. El éxito está en el interior, en lo que somos dentro y jamás depende de los obstáculos.

El triunfo tiene sus escalones y estas personas los suben. Sudan antes de decir 'lo logré'. Nadie que quiera llegar arriba

El Llamado

podrá alguna vez disfrutar el panorama a menos que "sude", pague el precio de su meta. En esta vida nada es gratis. Lo que quiero decir es que debemos hacer todo lo que está de nuestra parte - invertir tiempo, concentración y dedicación a ese llamado. Cuando uno hace todo esto, el resultado es natural - triunfo. El triunfo persigue a los que se esmeran, viven y se someten al llamado de su vida.

La biblia dice que el que "busca, halla" - Mateo. 7:7, si usted busca éxito, triunfo y victoria, eso encontrara cuando entendamos que el pensar, creer y actuar es ya un éxito. El éxito no se mide con el logro sino con la consagración con que se busca ese resultado. La verdadera llamada tendrá sus victorias y triunfos si así lo deseamos. No puede ocurrir de otra forma.

El liderazgo verdadero surge en tiempo de necesidad:

Por experiencia puedo decir que cada vez que vemos los errores de líderes, sus fracasos o alguna crisis que la iglesia, empresa o nación está pasando ese momento es crucial para los líderes en posición como para los que desean ejecutarlo, allí nacerá oportunidad inesperada de liderazgo.

Alguien dijo: **"La adversidad tiene el don de despertar talentos que en la prosperidad hubiesen permanecido durmiendo".**

La historia nos recuerda lo mismo en los días gloriosos de Egipto quien en tiempo de crisis prosperó, creció. Esto ocurrió porque Dios honro a esta nación con uno de los más grande líderes. Capaz, sagaz y apto para un puesto tan grande como el que José ocupo. Es interesante notar que este gran líder surgió en momentos difíciles, críticos para los grandes de esa nación, Faraón. "A la mañana su espíritu quedó agitado, y mandó llamar a todos los magos de Egipto y a todos sus sabios. Les contó sus sueños, pero no hubo quien los interpretara." - Génesis 41:8. Hombres ya con los títulos y posiciones no pudieron sacar a toda una nación de la situación reinante. Allí en momento crítico surgió la oportunidad para el líder José.

El libro sagrado dice: "Y dijo Faraón a sus siervos; "¿Hallaremos *a otro hombre como éste,* que tiene el Espíritu de

Dios?" - Génesis 41:38. En breve se dijo que: "Sin La tribulación de la esclavitud, José nunca habría experimentado el triunfo del liderazgo en una nación tan poderosa". - John C. Maxwell.

Dios llama a quien él quiere para que ejecuten su voluntad, especialmente en tiempo de crisis. Cuando averiguamos lo que hace y produce a los mejores líderes de una nación, iglesia o familia siempre se verá que algún problema, crisis o circunstancia nada agradable los trajo a la existencia o maduraron para enfrentar la demanda.

Comprendamos que el liderazgo lo ejercen los llamados. Los que tienen la capacidad usan y aceptan ese don, lo ejecutan. Los que reconocen que han sido convocados por la providencia a una gran misión, una misión que requiera que seamos la cabeza, la voz del verdadero liderazgo, aquellos que en lo que hacen se ve que fueron investidos con ese don que ahora tienen para el bien del mundo en que les tocó vivir, lo demuestran especialmente en momentos cruciales de la vida, familia, iglesia, empresa o nación.

John F. Kennedy en los 60, Martín Lutero en la edad media, el tiempo más obscuro de la iglesia.

En este contexto se escribió que: "El oro se purifica solo después de pasar repetidamente por el fuego. **Los diamantes se crean solo bajo presiones extremas.** Los grandes líderes se forman sólo a través de las tribulaciones." - John C. Maxwell.

Cuando la Vida llama - provee lo que se necesita:

La vida es una fuente de todo y por lo tanto cuando ella invita a cumplir una misión de vida sucede que ella provee lo necesario en:

- La oportunidad,
- sabiduría,
- inteligencia,
- ciencia en todo,
- ayuda – por medio de otros,

No sólo debemos estar seguros del llamado sino verificar que contamos con esas cualidades, apoyo que necesitamos como

El Llamado

líderes. Es imposible que usted sea llamado y no cuente con lo que necesita para hacer su tarea. La Vida lo hizo en el pasado, llamó y dio lo que necesitaban, así nosotros hoy también. Es entendible que lo que se requiere para alcanzar el plan dado es provisto en el camino a su ejecución. La fe para esperar y realizar lo que se tiene es importante.

Esto lo vemos en la historia de Gandhi discernió el llamado, respondió a pesar de todos los obstáculos, el arma más grande que la vida le dio fue la fe, el amor al prójimo y el coraje de pelear por la libertad de su nación - India del gran imperio Británico. Lo demás que el necesitaba la vida proveyó en el camino. La historia testifica de su éxito cuando respondió al llamado.

Es lamentable ver hombres y mujeres en posiciones importantes quejándose que no tienen esto y aquello, que no tienen la oportunidad o medios para lograr proyectos, hacer un cambio, aventurarse en ciertas áreas que necesitan su liderazgo. En tal ocasión o se aseguran que fueron llamados tarde o temprano abandonaran el puesto al cual no fueron nunca llamados. Es una regla que el que fue llamado manifestara que cuenta con lo que necesita para avanzar aun en las circunstancias más adversas, porque detrás de todo La Vida es quien provee todo a todos.

El principio del llamado es el mismo pero no la circunstancia:

El llamado es diferente en sus manifestaciones en ocasiones sorprende.

Son pocos los que disfrutan la sorpresa del destino, se dan cuenta que no llegó en vano, se deleitan mientras el llamado se empieza a formar con circunstancias que nunca invitarían a ser parte de su formación, sin embargo allí están, dispuestas a colaborar y abrir los ojos al liderazgo nato.

El llamado no respeta tiempo, lugar o educación, es manifestado en circunstancias muy diferentes para todos como ejemplo tenemos al presidente Abraham Lincoln fue llamado en la obscuridad de la pobreza. La famosa actriz Eva Longoria siendo simplemente mesera. Enzo Zidane Deportista teniendo como padre uno de los mas fomosos futbolistas Zinedine Zidane.

La diferencia entre dos personas llamadas:

La diferencia entre dos personas llamadas *es la capacidad de discernir* el llamado. No todos desarrollan la habilidad de utilizar su capacidad de notar, escuchar, detectar su propio llamado. La diferencia entre los grandes y los mediocres está en *la habilidad de utilizar el don del discernimiento.*

La oportunidad de servir llegara a la puerta de su vida, de aventurarse a esa luz interior hacia algo extraordinario de una vida, momento y posibilidad ordinaria cuando aprendemos que debemos utilizar la capacidad que tenemos de responder al llamado y el potencial de ejecutarlo.

Un gran líder dijo: "...el prudente se corona de sabiduría" - Proverbio 14:18. Notemos que la corona está allí, símbolo de éxito, poder, posibilidades, responsabilidades, oportunidades para todos pero a usted le toca ponérsela. Querer ser un líder gladiador no es difícil, pagar el precio y lograrlo lo es, **coronarse es la verdadera muestra de llamado y la meta a lograr. "Los mediocres ven al triunfador y lo minimizan, pero no se dan cuenta de que el triunfador ha dado la vida por sus anhelos".** *- Carlos C. Sánchez.*

La diferencia entre dos llamados está en la capacidad de poder discernir **y responder** al llamado. La verdad es que todos pueden ser llamados pero no todos lo disciernen y aplican.

Ojos invisibles para poder ver el llamado:

Este tipo de personas, tienen cuatro ojos, los naturales y los espirituales algunos le llaman intuición, otros clarividencia, algunos perspicacia y otras personas sagacidad. Lo que usted le quiera llamar no importa, lo importante es que usted use esa capacidad. En términos generales y profundos no es otra cosa que tener la conciencia bien despierta.

Todo esto es manifestado en aquellos que ven lo que la naturaleza no ve, esos ojos que trabajan para el discernimiento. "De prudente espíritu es el hombre entendido..." - Proverbio 17:27. Ellos no solo ven lo presente sino ven un futuro con posibilidades, ven un mundo diferente y nuevo, aunque no son los que cambiarán el mundo, si saben que ayudarán al cambio - sus ojos espirituales están en acción.

El Llamado

Hombres tales que ejercieron tal característica fueron Cristobal Colon, Moises, George Washington. Ellos no solo vieron el pasado sino vivieron el presente y lograron por experiencia predecir el futuro, dejaron un Apocalipsis para estudiar. Lograron esos ojos internos, esa clarividencia, visión o manifestación del Espíritu en poder hablar del futuro bajo la experiencia adquirida. Usaron sus ojos internos.

Estos ojos invisibles contribuyen al individuo a discernir sus responsabilidades, oportunidades y posibilidades de antemano. No son sorprendido estas listos. Saben lo que viene. "El hombre prudente obra con sabiduría..." - Proverbios 13:16. Se aventuran, no solo planean.

Estas personas son lo que quieren ser y llegan a su destino mientras otros solo miran, ellos se aferran a esa visión, convicción, sueño y deseo. La inspiración nace en esta experiencia. La vida del liderazgo gladiador se transforma por medio de ver internamente y hacer las cosas externamente. Todo para ellos tiene sentido y razón de ser cuando se ve de antemano el cuadro que se desea.

John Maxwell lo expreso así: "La intuición de liderazgo suele ser el factor que separa a los grandes líderes de los que son simplemente buenos... algunas personas nacen con una gran intuición de liderazgo. Otros tienen que trabajar duro para desarrollarla. Pero no importa la forma como se desarrolla, *el resultado es una combinación de habilidad natural y destrezas adquiridas*. La intuición informada hace que salten a la vista los problemas de liderazgo. La mejor manera de describir esta inclinación es una habilidad para asir los factores intangibles, entenderlos y trabajar con ellos para lograr las metas del liderazgo."

El objetivo universal de todo llamado:

El mundo fue bendecido en diferentes épocas por personas que diferían notablemente en posición social, económica, en facultades intelectuales y espirituales. Su historia presenta un contraste en su estilo como también diversidad en la naturaleza de los asuntos que desarrollaron y en las que se involucraron.

La verdad es que no por esta diversidad de posición social o estilo dejaron de ser convocados, de hecho fueron llamados por ser diferentes aun en vision, carácter y personalidad. Su molde fue diferente pero no el principio de la invitación - el llamado *a ejercer influencia* para el bien, el bien de su institución, nación o iglesia, a cumplir el más grande objetivo de llegar para beneficiar a la humanidad, el objetivo universal de todo exitoso líder gladiador. Escrito esta, "...el agua que yo le daré **será en él** *una fuente de agua, que brota para vida eterna"*. - Juan 4:14. Todos como hijos de Dios somos una fuente, una fuente de bendición. Debemos ser agua de esperanza, amor y de que todo tiene solución, que hay posibilidad y oportunidad para todos.

Personas tales son las que responden y obran a favor del llamado verdadero. Nada es imposible para ellos, cultura, sociedad, edad, dinero y circunstancia. Responden y las circunstancias aprovechadas con todas sus imposibilidades proveen éxito cuando se obedece. Logran sus metas, sufren en el proceso de ellas porque saben que fueron llamados a un solo y bendito objetivo y ese es el de bendecir a la humanidad.

Visto de cualquier ángulo la misión del liderazgo es uno y eso es en todo lo que dice, hace y se propone es y debe ser bendecir, servir, iluminar, guiar, inspirar, educar, amar, a la humanidad. Cualquier otra intención es desaprobada en esta ecuación de éxito universal. El ejecutar nuestro llamado en el liderato debemos estar convertidos a esta verdad que en si debiera ser el único motivo de inspiración en nuestro llamado como líderes.

Huellas que fuimos llamados:

Me fascina ver que sepamos discernir el llamado a ser cabeza, estar al frente, ser la voz de aliento, alarma, amor para el prójimo, esa esperanza en acción. Nada de esto es posible si no abrimos los oídos del corazón. Nuestra generación necesita ver líderes como el Apóstol Pablo, Steve Jobs, el profeta Isaías, los hnos. Wesley, Tomas Jefferson, John F. Kennedy, S. Honda y otros que vivieron en el pasado, dejaron de existir **dejando huellas** de verdadera comprensión y ejecución de su llamado.

No hay nación, empresa, institución que no aprecie a líderes que respondieron a su llamado sin dejar marcas que fueron sus líderes. No hay denominación que no le llene de orgullo de sus tan valientes hombres que dieron su vida por el surgimiento

El Llamado

de ellas y bien diría su existencia, pero entendamos que su preservación de la misma depende de líderes igual o mejores que los que las vieron nacer.

En las olimpiadas de 1948 en Londres Harrison Dillar (EEUU) ganó el oro en los 100 metros lisos. Cuando tenía 13 años, su ídolo Jesse Owens, le regaló los clavos de sus zapatillas. No solo vemos aquí que la edad no importa cuando sabemos que somos llamados a ganar, dirigir y ser un ejemplo de posibilidades. Además se nota que Dillar además de su esfuerzo, él estaba inspirado por otro triunfador el gran Jesse Owens quien **dejo huellas** de ser un gran atleta.

Cuántas empresas no han surgido por buenos y sagaces líderes. Muchas de ellas honran su nombre con la de los que lucharon para su existencia. Son su orgullo. Su recuerdo inspira a crecer y revolucionan el pensamiento de nuevos y veraces líderes para nuestra época. Soy de la idea que si aprendemos de ellos y uniendo lo nuestro, nuestra capacidad no puede dar como resultado algo igual, sino la divina ecuación que sería: La experiencia de estos hombres y mujeres más la nuestra, capacidad, renovación, superación, productividad y nuevos horizontes que trascenderán a lo que otros hicieron en el pasado. La promesa hacia estos hombres y mujeres es que: "De cierto, de cierto os digo: El que en mí cree, las obras que yo hago también él las hará; *y mayores que éstas hará*; porque yo voy al Padre." - Juan 14: 12. Esto no es otra cosa que un principio universal de que el que cree puede hacer eso y mas que los del pasado. ¿Aceptaremos el reto ante nosotros?

Estos hombres y mujeres llamados en el pasado han tenido diferente experiencia y cada quien según su historia ha dejado un legado para cada uno de nosotros que hoy deseamos y queremos ejecutar el liderazgo perdido en rutina, métodos y bajo sus propios contratiempos. Debemos reconocer que el liderazgo aunque todos pudieran ejecutarlo no es para todos porque éste es un don discernido por personas con conciencia despierta, pero por la falta de discernimiento pocos lo aceptan. Recuerde que el liderazgo verdadero solo se ejerce victoriosamente por aquellos que están bajo las 3 C. Conscientes, Convencidos y Convertidos que han sido "llamados" a una vocación única, porque tuvieron la audacia de discernirlo, aceptarlo y se aventuraron con humildad a ejecutarlo.

El Líder Gladiador

En (www.bbc.co.uk) hay una historia poderosa que nos ayudara a ver el proceso del llamado, como una misión y su triunfo está en la vida de un anglo - William Wilberforce político, filántropo y abolicionista británico, quien siendo miembro del Parlamento Británico, lideró una campaña en contra de la esclavitud. Propuso un proyecto de ley a la Cámara de los Comunes para eliminar la esclavitud en 1791. Y desde entonces defendió el proyecto abolicionista hasta 1807, año en que su proyecto de ley fue aprobado por el Parlamento Británico. Pero nada de esto fue fácil. Fue derrotado varias veces. En toda esta lucha por lo que él sabía había sido llamado le acompañaba la enfermedad. Esta fue su suerte y así vivió su convicción mientras cumplía con su misión.

1807, el tráfico de esclavos fue finalmente abolida, pero esto no liberó a quienes eran ya esclavos. No fue sino hasta 1833 cuando se aprobó un acta para dar la libertad a todos los esclavos en el Imperio Británico. Otros esfuerzos de Wilberforce para "renovar la sociedad" incluyeron la organización de la Sociedad para la Supresión del Vicio en 1802. Trabajó con el reformador Hannah More, en la Asociación para la mejor observancia del domingo. Su objetivo era proporcionar a todos los niños una educación oficial en lectura, higiene personal y religión. Se implicó estrechamente en la Sociedad para la prevención de crueldad a animales, también fomentó la marcha de misioneros cristianos a la India.

Cumplida su misión Wilberforce se retiró de la política en 1825 y murió el 29 de julio de 1833, poco después de que el acta por la libertad de los esclavos en el Imperio Británico pasara a través de la Cámara de los Comunes. Esta vida testifica que cuando alguien es llamado los obstáculos no tienen poder para impedir el cumplimiento del llamado, el tiempo que se requiere para lograr la meta es pacientemente soportado, todo dentro de lo correcto se intenta hasta tener victoria en lo que se quiere y sabe se debe lograr. Las enfermedades son palmaditas de ánimo, los enemigos razones para no darse por vencido. Las derrotas, faltas, errores y fracasos son el laboratorio de investigación del liderazgo. Finalmente el que está consciente, convencido y convertido al llamado nada lo detiene hasta lograr la razón su misión.

El Llamado

Sépase entonces que El llamado está allí como el aire que respiramos, el agua en el rio, la mar o fuentes de las montañas pero el líder de los lideres dijo: *"**Porque muchos son los llamados, y pocos los elegidos**"* - Mateo 22:14. Dejemos Huellas de que existimos como lideres gladiadores.

Preguntas para reflexión y aplicar:

¿Porque cree que usted ha sido llamado al liderazgo? De tres razones: _____
_____
_____

¿Qué precio ha pagado por el llamado?
_____
_____
_____

¿Qué tan cerca está de lograr su llamado?
_____
_____
_____

¿Qué tan feliz se siente en su llamado del 1 a 10? Subraye el número más alto.

1-2-3-4-5-6-7-8-9-10

¿Cree que usted es una persona triunfadora o fracasada?
_____
_____
_____

¿Ya logró la meta de su llamado?
_____
_____
_____

¿Cuáles son las huellas que está dejando para otros?
_____
_____
_____

El Líder Gladiador

¿En qué áreas de su vida trabajara más para ser lo que cree que es, Un líder?
- Intelectual
- Espiritual
- Físico
- Dieta
- Psicológico
- Carácter
- Personalidad

Un Líder Se Hace

La formación de un gran líder que el mundo pudo disfrutar fue Abraham Lincoln su infancia difícil, menos de un año de estudios formales. Fracasado en negocios en 1831, derrotado en elecciones para legislador, 1832. Otra vez fracasado en negocios, 1833, electo para la legislatura, 1834, muere su novia, 1835, derrotado en elecciones para orador, 1838. Derrotado para elector, 1840, casado con una mujer que fue una carga, 1842, solamente uno de sus hijos vivió más de 18 años. Derrotado en elecciones para el Congreso, 1843, Electo para el Congreso, 1846. Derrotado para el Congreso, 1848, el Senado, 1855, para vicepresidente, 1856, para el Senado, 1858. La sencilla verdad es que toda esta experiencia lo formo para ser Electo Presidente en 1860.

Cambiar de concepto:

Habiendo considerado claramente que un líder es llamado, habiendo dado ese paso, debe comprenderse que la vocación no florecerá ni se desarrollará por un milagro. Aunque no dudamos que la providencia nos ha llamado debemos comprender el divino concepto del *desenvolvimiento, evolución* de ese precioso don. Corremos el peligro de descuidar lo que la vida nos ha dado como líderes.

Muchos que hemos sido convocados por diversas razones en empresas, organizaciones, denominaciones, creemos que no necesitamos nada más que estar seguros que fuimos llamados por ellos. Otros han gritado: *"a mi me escogieron, me dieron el título de... yo soy el líder aquí y punto."*. De esta manera ignorando la necesidad del esfuerzo personal, la parte humana necesitada de crecimiento, evolución a travez de mejores conceptos, acciones y resultados en lo que representamos. Necesitamos constantemente desenvolvimiento y crecimiento.

Rompamos juntos el concepto erróneo de varios hombres y mujeres que están frente a organizaciones y empresas. Muchos confunden la convicción del llamado con el *"desarrollo de la vocación"* El llamado viene de estas instituciones, la vida, la necesidad, una crisis etc., pero su moción y crecimiento depende de nosotros y no de ellas. No podemos cubrir nuestra ignorancia, nuestra dureza, rudeza, falta de cortesía, conocimiento y ética con la seguridad que fuimos simplemente invitados al liderazgo. La convicción nunca debe robarnos la bendición *de nacer, crecer, evolucionar, y madurar* hasta dar frutos de un digno liderazgo. *Repito el liderazgo no es un milagro sino un proceso de todos los días que proveen experiencia, sabiduría, conocimiento y capacidad de ser una influencia para bien ya sea en la vida personal, familia, iglesia u institución.*

El primero en el liderazgo, es el primero en la escuela:

El deber y tarea a la que se consagra un líder verdadero no es ligera ni falta de importancia para estar cerca de la palabra 'liviana'. Él tiene una alta vocación a cuyo molde y color se adaptará toda su vida futura. El que se entrega a una obra tan importante debe dedicar todas sus energías a su realización. Debe tener un blanco elevado constante; nunca alcanzará una norma más alta que la que se proponga alcanzar.

No puede difundir la luz antes de haberla recibido. La verdad aquí es que debe aprender antes de poder tener suficiente sabiduría y experiencia para ser un ejemplo a seguir, solo la preparación y experiencia lo puede hacer a uno maestro, capaz de explicar con su ejemplo circunstancias incomprensibles a los que están en tinieblas de la ignorancia. Pero nada de esto ocurrirá si no asistimos a la escuela de la vida, de la experiencia.

Si Dios ha llamado a hombres para que sean colaboradores suyos en el planeta tierra, es igualmente cierto que los ha llamado para que procuren obtener la mejor preparación posible para representar debidamente las verdades sagradas y elevadoras que representan. *Las grandes organizaciones han llegado a ser grandes no por sus nombres, ni tampoco por sus riquezas, productos o servicios, porque muchas de ellas aún con fondos inagotables han desaparecido, pero por pequeña o grande que sea la organización se ha establecido, crecido y prosperado ha sido y es siempre por el tipo de líderes que posee.* Hombres que

Un Líder Se Hace

tuvieron la bendición de primero presentarse como alumnos antes que líderes son los líderes que han hecho historia en todo lo que se involucran. El primer paso es "modo alumno".

Para tal experiencia es necesario nuestro todo en tal educación selectiva. Los que deseen entregarse a la obra de dirigir deben recibir educación y preparación para esta obra, a fin de estar listos para desempeñarla inteligentemente. No debe creer que puede subir en seguida a los peldaños más altos de la escalera; los que quieran tener éxito deben empezar por el primer peldaño, aprender, educarse y subir paso a paso los niveles deseados. Así de simple ser alumno nos convierte en lideres extraordinarios.

Sin embargo hay personas que tarde reconocen que han errado en esto. Expresan: *"¡No oí la voz de los que me instruían, a los que me enseñaban no incliné mi oído!"* - Proverbios 5:13. Los resultados en la vida de estas personas cuando reaccionan a tiempo pueden y se han levantado. Otros lamentablemente nunca aprenden y así fracasan en su liderazgo. El problema básico de estas personas es que les falta tener un espíritu enseñable y allí es su primer tropiezo. Aunque tengas las mejores oportunidades o maestros nunca despertaran consciencia de que el primer paso es entrar en "modo alumno".

En todo ramo de liderazgo, todo buen líder no puede estar al frente y gozar de éxito sin antes haber estado en la escuela de la preparación. *Llegar a ser el primero en el ramo del liderazgo, hace necesario que seamos los primeros en el aula, la escuela de capacitación selectiva. Todo buen futuro tiene un inicio oportuno. Todo inicio tiene un precio. Todo precio tiene un trabajo, todo buen trabajo hace necesario una persona. De usted depende su futuro en términos humanos, su preparación no vendrá del cielo, nace en usted, su esfuerzo, energía, y pasión proveerán un simétrico ser humano para la prosperidad de lo que representa. Si quiere convertirse en líder, primero conviértase en alumno. Si quiere ser un líder gladiador entonces pague el precio del sacrificio, esfuerzo, sudor y sobre todo estar dispuesto a darlo todo para recibir todo.*

Desarrollo:

Como nunca antes, estoy convencido que el fracaso de muchos hombres a nivel de liderazgo ha ocurrido debido a la falta de preparación personal. Simplemente eso, no tiene desarrollo personal. Un líder sin equivocación no "nace" en la familia de los héroes - mis amigos, sino se "hace" **experimentando circunstancias** del llamado **conscientemente**, esto es, se prepara, se aventura al desarrollo de todas sus facultades, talentos y dones que la providencia le proveyó. Un líder exitoso es crecimiento constante.

"Los campeones no se hacen en los gimnasios. Los campeones se hacen de algo que llevan muy dentro de sí mismos: un deseo, un sueño, una visión." - Muhammad Ali

Tengo la esperanza de que la palabra "desarrollo" nos inquiete a conocer mejor nuestro don y talento, a tener un aprecio más profundo y admirable en favor de la humanidad. Ganar una visión más clara de la belleza y perfección de vocación es necesaria y entender mejor las alturas que podemos alcanzar en el desarrollo de nuestro propio carácter es inevitable si nuestra meta es ser líderes extraordinarios. A medida que nos vestimos en el manto de la justicia del deber nos esforzamos por llegar a ser completos en nuestra misión, un liderazgo siempre en proceso de ser mejor y fructífero.

No importa de quien y donde se trate cualquier líder éxitoso te aseguro que ha entrado a un desarrollo constante y bien consciente.

Es imposible que se lleve a cabo una gran obra a favor nuestro si nosotros no avivamos, encendemos o desarrollamos el don del liderazgo. Carlos C. Sánchez en su libro Volar sobre el pantano escribió: "Los seres ordinarios tienen pereza de pagar el precio. **Quieren llegar a la cima sin prepararse ni moverse.**" El punto es que si usted desea o quiere ser un líder de éxito debe entender que no puede llegar a allá si no experimenta la preparación necesaria para tal posición.

No vacilemos en reconocer nuestra falta de preparación constante ese es el primer paso en esta experiencia de éxito. De hecho allí está la clave del éxito verdadero, en la preparación de cada día, eso es éxito, preparación cada día. Comprendamos

Un Líder Se Hace

que mientras se nos concede un tiempo de prueba deberíamos ejercer nuestras facultades al máximo, para lograr todo lo posible, y mientras tratamos de lograr un elevado desarrollo intelectual, deberíamos comprender nuestra dependencia del desarrollo continuo. De otra manera nuestros intentos no producirán beneficios duraderos.

Al entender la necesidad de desarrollo vendremos a formarnos tal y como el deber lo demande. Existen dos tipos de personas: aquellas que se someten a la realidad de la vida, se preparan y crecen y aquellos que se lamentan y sucumben al ver lo que requiere el deber. Entonces seremos vencedores reconociendo la fuente de nuestro sustento en combinación con nuestro sincero esfuerzo.

Puesto que nos aguarda esta grande y eterna recompensa, deberíamos correr con paciencia la carrera, mirando el futuro con sus ricas recompensas producidas por el resistir presente en el *desenvolvimiento* del llamado con persistencia divina. El liderazgo es un proceso que requiere preparación.

El que se somete a esta verdad llegara a ser lo que se. El precio de tal futuro radica en tal preparación presente. El semillero de grandes resultados, victorias y triunfos de cada líder no está en lo que piense del mañana sino en cómo piensa y se alista, capacita y prepara hoy.

Compromiso personal:

La confianza en haber crecido lo suficiente debe desaparecer de nuestro diccionario, la ociosidad intelectual debe quemarse y jamás debemos dejar de ejercer nuestros músculos mentales, ellos harán de nosotros personas excepcionales, diferente a esos hombres y mujeres que **existen hoy solo por la necesidad** de dinero, halagos y posición. Debemos llegar a ser personas ejemplares y completamente diferentes a los líderes enanos en capacidad, conocimiento y sobre todo experiencia. *Esto requiere compromiso personal.*

En cualquier ramo, es la providencia, el universo quien permite que seamos llamados y con esta responsabilidad viene el compromiso personal, el deber individual al decir, "aquí estoy". Liderazgo excepcional depende de cuando comprometidos estemos, lo dema sse llama común.

El Líder Gladiador

Dichoso el individuo que entiende que aunque la vida lo ha llamado ve que eso no le quita el deber de crecer, madurar, alcanzar ser ese líder capaz, apto, profesional, sagaz y sobre todo cortes, poniendo todo lo que está de su parte para consagrarse al cometido de preparación antes de poder estar al frente de un pueblo que necesita hombres capaces de dirigir con sabiduría, organizando aquellos pasos que dejaran huellas de un sabio proceder bajo la administración de individuos que supieron invertir tiempo en tan bendita preparación "personal" existiendo con pleno compromiso.

Bajo el compromiso personal, el conocer el camino por donde llevaremos a otros es esencial, a esto se le llama experiencia, debemos informarnos primero antes de informar a otros, es urgente que abramos nuestros ojos a todo aquello que nos habilite ser hombres y mujeres de profundo compromiso y conocimiento tanto intelectual como experimental dando esos pasos que otros daran con gusto seguirán. Entendiendo que necesitamos cumplir con los requerimientos del llamado:

- Compromiso Personal,
- responsabilidad individual,
- esfuerzo inteligente,
- dedicación enfocada,
- y sacrificio personal.

Sin esto jamás se formará el Líder Gladiador dentro de nosotros.

Nuestra ignorancia debe morir:

Entendamos que el llamado no imputa lo que impartiremos, solo nos hace ver el capital que hay en nosotros con el cual hay que negociar invirtiéndolo en horas, días y años de capacitación. El ser convocado no obrará milagros en nuestro carácter, eso se tiene que desarrollar mientras abrimos las puertas a la intelectualidad, capacitación y experiencia.

El llamado jamás quitará nuestra ignorancia por arte de magia, suerte, ella desaparece bajo un arduo sumergimiento al estudio, al trabajo y deber por más sencillo u honorable que sea. Hablando sobre el verdadero liderazgo John Maxwell escribió

- "Todos iniciamos en un estado de ignorancia". Dar este paso de reconocimiento constantemente transformara el rumbo de nuestra vida pues es así como asesinamos nuestra ignorancia y vive el líder exitoso.

Uno de los hombres más sabios que hayan existido dijo: "adquiere sabiduría". Y no se cansó en decir "adquiere inteligencia". - Pr. 4:5. Si hay personas que deben adquirir sabiduría e inteligencia son los líderes, Jesús nos mandó a "examinar" - Juan 5:39, y en voz a cuello dijo, "buscad" - Mt. 7:7 estos son principios universales, algo superior a lo común y rutina, buscar aquello que realmente eleva nuestro carácter y nos identifica como mujeres y hombres dignos de ser llamados líderes. Estos líderes son asesinos, no le tienen piedad a la ignorancia, la matan sumergidos en la ardua preparación. Asesinos de la ignorancia porque; "Mañana solo cosecharas aquello por lo que hoy te partiste el alma". - Carlos C. Sánchez.

La lectura fomenta un carácter de líder:

La Biblia dice, "Dichoso el que lee..." - Apocalipsis 1:3. En este proceso donde los líderes no nacen, sino que se hacen, debemos comprender que no hay mejor escuela que la experiencia, adquiriendo, examinando y buscando toda jota y tilde de información que ayude en la transformación de personas ordinarias a líderes extraordinarios. Estoy convencido que para desarrollar la intelectualidad debemos leer, todo lo que fomente el bienestar de nuestro ser, hogar y sociedad. El grande poeta Paúl Sartre dijo: "Empecé mi vida como sin duda terminara, en medio de los libros".

Después del libro sagrado, la Biblia, los libros han sido mis mejores amigos y maestros, en ellos he encontrado hombres igual que yo, *historias que empezaron de la nada,* vidas que lucharon contra todo obstáculo y en medio de libros encontraron el mapa que los llevó lejos, a posiciones jamás añoradas. Lograron una culta intelectualidad no por haber asistido a una universidad sino porque creyeron lo que sus ojos leían, nació un cambio. La lectura tiene el poder de proveer información viva, nueva dirección y nace un nuevo rumbo en nuestra existencia. Con la buena lectura puedes crear un nuevo "Usted" y "nuevo destino".

El Líder Gladiador

También la historia nos habla de uno de los grandes líderes que ha sorprendido a nuestro mundo, fue Abraham Lincoln y honestamente me ha inspirado en mi propio liderazgo. Dirigió a nuestra nación con seguridad y digna sabiduría no porque nació con ello sino porque supo aprovechar sus ojos leyendo aquello que edificara su carácter para ser lo que llegó a ser, el presidente de EE.UU. Quisiera que recordáramos a este hombre de humilde cuna pero de grandes logros con sus propias palabras dignas de repetir "amigo es aquel que me regala un libro." expreso. Los libros lo llevaron lejos, porque personalmente supo aprovechar sus oportunidades que le deparara la vida. Llegó a grande debido *a su hambre de preparación*, leyendo *y digiriendo cada experiencia de la vida*. No se dejó convencer por sus límites ni mucho menos sucumbió en la falta de dinero para alcanzar una mejor educación.

El Escritor español dijo. "El que lee mucho y anda mucho, ve mucho y sabe mucho." - Miguel de Cervantes. Todo líder debe pasar esta escuela, la de leer todo aquello que ayude a crecer y lograr experiencia que hará que su posición brille. Todo líder brilla no por lo que habla sino por lo que sabe. La lectura no es una opción es una necesidad mortal que debe ser suplida continuamente en la vida de todo ser exitoso.

Guardar y proyectar – crecimiento intelectual sostenido:

Nadie que desee avanzar en cualquier ramo de la vida dejará de tener oportunidades que le permitirán ser mejor. A este tipo de personas se les conceden oportunidades y privilegios para progresar, y ellos deben hacer todo esfuerzo que esté a su alcance para aprender a lograr lo que han sido convocados a realizar. Carlos C. Sánchez dijo: "Se alcanza con el *crecimiento intelectual sostenido*. Atendemos esta zona al leer, estudiar, experimentar, investigar y ensayar con la finalidad de ser mejores. La monotonía y el aburrimiento rompen el equilibrio de esta zona." Hacer esto guardara nuestro don y proyectara nuestro liderazgo a metas superiores y elevadas.

Soy creyente de que este **crecimiento intelectual sostenido** hará maravillas en la vida de todo el que lo aplica. Ninguna empresa, iglesia, nación o institución crecerá o

Un Líder Se Hace

avanzará sin un buen equipo de líderes que aprendan y quieran guardar y proyectar el llamado del liderazgo bajo el crecimiento intelectual sostenido. Usted y yo debemos ser la conexión de esa posibilidad. Debe haber visible adelantamiento en el asunto de la obra especial de preparación para mantener este estilo de vida. En todas nuestras instituciones deben hacerse planes bien organizados y adiestramiento sostenido de aquellos que se han entregado a la obra de liderar, en este proceso se guardara el liderazgo y proyectara a nuevas alturas. No puede haber crecimiento intelectual sostenido si no se respeta y obedece los dictámenes de la fe, las leyes de la vida o estatutos de la organización. Nuestra consciencia debe estar plenamente despierta a este proceso eterno.

El avance de todo individuo e institución está en que el que dirige se aplique al constante crecimiento, se mantenga la fidelidad a los estatutos y leyes. Así no puede haber más que balance en guardar y proyectar nuestro futuro a algo más tangible y posible en el deseo de ser número uno en lo que hemos sido llamados a cumplir. Para tal objetivo es necesario la consistencia, perseverancia y sumisión en el crecimiento intelectual sostenido que nos guardara en el presente con una experiencia que nos proyectara para el futuro.

Los grandes no nacen sino se hacen:

Un turista americano viajaba por uno de los pueblos de Europa, sabiendo que grandes hombres habían surgido del viejo mundo, viendo a un anciano mecerse en su silla del pueblo que visitaba le preguntó: "disculpe señor, ha nacido algún grande hombre aquí", el anciano se quedó pensando por un momento y contestó: "vea amigo que yo sepa aquí solo nacen bebés". El americano vergonzosamente se retiró. *Sin duda alguna los grandes hombres nacen, para ser grandes líderes, pero como líderes no nacen sino se hacen conforme aprovechen la oportunidad de superación personal.* Ellos odian la ociosidad mental, codician el buen carácter, buscan con hambre esos libros que proveen conocimiento, aman toda circunstancia de la vida que les bautiza con el intelecto jamás esperado.

Este tipo de hombres son un imán que atrae toda información y conocimiento que les presenta la vida, la experiencia, los benditos problemas y jamás ignoran el consejo, experiencia de otros, son la esponja del saber ya sea en la vida o la universidad, esto hace que sean hombres de reputación insuperables, vinieron a bendecir a la humanidad con ese don. Mientras viajaba a Europa leí el otro día una revista que comentaba sobre los líderes y decía de ellos: *"los líderes nacen como todos pero crecen diferentes a todos los demás".*

Si estás creciendo intelectualmente, espiritualmente y socialmente como los demás solo estas ocupando un lugar de un humano y no de un líder. Un líder se identifica por su manera diferente de prepararse, ver la vida, las circunstancias y sobre todas las cosas es singular en el desarrollo de su carácter.

Uno de los hombres que no se quiso quedar corto en su llamado y que hizo historia en su tiempo, por su venturosa vida y grandes descubrimientos dijo: "los hombres pueden ambicionar saberlo todo sin caer en el pecado de creerse dioses". - El científico Alexander Von Humboldt. ¿Habrá hombres con tal mentalidad hoy, habrá hombres con tal ambición sin creerse dioses? Esos hombres son los líderes de hoy y de seguro del mañana que no dejaran de apropiarse de lo que los lleve lejos, muy lejos siendo lo que fueron llamados a ser, verdaderos líderes excepcionales. Se capacitaran, desarrollaran el don que está en ellos y no habrá día que podrán decir "ya lo logré" sino "estoy en proceso".

La historia nos cuenta que Classius Clay un hombre negro, ganó la medalla de oro de los semipesados con solo 18 años en las olimpiadas llevadas en Roma en 1960. Sin embargo cuando volvió a su país le negaron el paso a un restaurante de blancos. Lamentablemente Clay no supo proteger su triunfo, renunció al triunfo de su país y tiró la medalla en un río. Es irónico que muchos por no ser aceptados por otros terminen tirando la oportunidad del liderazgo por el rechazo de otros. Hay muchos Clay hoy día, no saben cuidar su llamado.

Para todos los que saben que en el liderazgo se hacen, se forman como líderes no nacen con la formación, él liderazgo será algo sagrado. En ocasiones tendremos que celebrarlo solos. No tiremos a la basura el privilegio del liderazgo, cueste lo que cueste cuidémoslo en su formación, su crecimiento es un tesoro, *experimentar el proceso* es lo que *nos hace* líderes.

Un Líder Se Hace

En Elmira Canadá nació Malcolm Glandwell. Su padre se negó llevarlo todas las mañanas camino de veinte millas a la práctica de natación. Esta desventaja en su vida le motivo y se puso a correr y de esta manera llego a ser no un campeón en natación pero si maratón en su escuela.

Más tarde él dijo de esta experiencia: "No pudiendo nadar me hizo correr y corriendo me enseño a mí la disciplina que yo necesito como escritor."

"Usted escribe que el talento y IQ no importa mucho como pensamos que es. ¿Qué es lo que realmente necesitamos para venir a ser exitosos?" Le preguntaron:

"Un don natural y cierta cantidad de inteligencia son importantes, **pero lo que realmente paga es la experiencia ordinaria.** Bill Gates es exitoso mayormente porque él tuvo buena fortuna de asistir a una escuela que le dio a él la oportunidad de gastar una enorme cantidad de tiempo programando computadoras – más de 10,000 horas, de hecho antes de que el empezara su propia compañía. El también nació en un tiempo cuando esa clase de experiencia era casi rara, lo cual lo puso a él aparte. Los Beatles tenían un don musical pero lo que los hizo a los Beatles fue una invitación al azar de tocar en Hamburg Alemania donde ellos participaban en vivo tanto como cinco horas cada noche, siete días de la semana. Esa oportunidad temprana de práctica hizo que ellos brillaran. ¿Talentosos? Absolutamente. Pero ellos sencillamente pusieron más horas que cualquier otra persona." – (Reader's Digest pg. 38-42.)

Preguntas para reflexión y aplicar

¿Qué cree usted que hace a un líder?

_____
_____
_____

¿Porque cree que usted es un líder?

_____
_____
_____

El Líder Gladiador

¿Qué evitaría pensar o hacer que impide que sea mejor líder?
_____
_____
_____

¿Qué dice la gente de usted como persona?
_____
_____
_____

¿Se ha desarrollado usted a su potencial?
_____
_____
_____

¿Qué plan de crecimiento tiene implementando?
_____
_____
_____

¿Qué plan de crecimiento implementara terminando este libro?
_____
_____
_____

El Pasado

"Lo pasado ha huido, lo que esperas está ausente, pero el presente es tuyo". – Proverbio árabe.

El pasado es una realidad.

Existen en general dos tipos de personas. Una de ellas es la que experimentó una vida negativa o dramática y se hunde con ello, la otra clase es la que lo acepta y avanza. Esa decisión de qué hacer con ello pone la base que determinará el futuro o manifestará una actitud que trata de ignorar el pasado buscando un mundo sin éxito. El pasado es algo de lo que nadie puede escapar porque es una realidad en el record de cada individuo.

Walt Disney fue un individuo con un pasado de derrota. Fracasó en los negocios en varias ocasiones y tuvo un ataque de nervios antes de que llegara al éxito. Su pasado de fracasos no fue el fin sino la oportunidad de intentar otra vez. El pasado jamás gobierna en uno a menos que uno lo quiera así.

Casi todos tienen un pasado con el cual vivir. El primer paso a la recuperación y proyectarse a un cambio de 180 grados involucra aceptar ese pasado tal y como ocurrió. El pasado es una realidad que se vivió. David lo dijo en las siguientes palabras, "Me sacó de una fosa mortal, del lodo cenagoso..." - Salmos 40:2. En el Psíquico el pasado está almacenado. Cuando se experimentó ese pasado que en realidad fue nuestra vida ayer, se registró esa información en el cerebro y por ello muchos que no lo han aceptado viven en él porque el pasado no deja de ser real.

Sobre el pasado se escribio: "Una vez que podamos admitir que tenemos un lado oscuro que hasta cierto grado afecta a nuestro ejercicio del liderazgo, podemos comenzar a explorarlo con seriedad y sinceridad. Es esencial que tal exploración comience con periodos de reflexión seria y a menudo dolorosa sobre nuestro pasado." – (Como sobreponerse al LADO OSCURO DEL LIDERAZGO pg. 155 por Gary L. McIntosh y Samuel D. Rima.)

El Lider Gladiador

El pasado es una realidad vivida. No podemos seguir viviendo y buscar un futuro prometedor si no reconocemos el pasado. En general si deseamos avanzar y lograr liberación del pasado debe reconocerse como un hecho vivido. El pasado es como un libro escrito que bien podemos leer, volver a leer y aprender de él o tirarlo dejando que nos mate. La clave de cómo avanzar con el pasado es aceptar que fue y es una realidad esto nos dará una libertad nunca antes vivida. Lograr esto nos dará la capacidad de encontrar que hacer con él.

Tratan de ignorarlo:

Las personas que saben que tuvieron un pasado negativo y que desean honestamente hacer un cambio y avanzar en la vida a una existencia diferente pero que en el proceso siempre se están comparando con alguien, en realidad solo están tratando de ignorar ese pasado. Al compararnos con alguien solo estamos tratando de demostrarle a esa experiencia que vivimos en el ayer que hoy estoy mejor pero que en realidad el pasado sigue siendo el margen de lo que pienso y hago al compararme con la vida de otros.

Cuando uno trata de demostrarle a alguien o algo que vivió ayer que si podemos mejorar y ese recuerdo es el eje del deseo de una mejoría básicamente lo que eso dicta es que aun vivimos en el pasado y solo hemos estado tratando de ignorarlo cuando en verdad existe todavía allí, es el centro del deseo de avanzar, es en sí una cárcel de la que somos prisioneros y nos llevara a fracasos.

En el libro Como sobre ponerse al lado obscuro del liderazgo, Gary L. McInctosh y Samuel D. Rima en pg. 14 escribieron: "Las características personales *que empujan a los individuos a tener éxito y a dirigir, a menudo tienen un lado sombrío* que puede lisiarlos una vez que llegan a ser líderes, y muchas veces causa un fracaso importante...".

Ese lado obscuro - el pasado que tratan de ignorar los líderes los convierte aun cuando triunfan en insatisfechos, crece un sentimiento de inferioridad y falta de éxito. El pastor Samuel D. Rima escribió de su vida: "A pesar de lo positivo que era ese ejemplo, la manera en que yo lo integre en mi vida proporciono las semillas de mi lado oscuro. Me encontré a mí mismo, aun

El Pasado

siendo un jovencito, necesitando la aprobación de los demás." En otra parte escribió, "Era una búsqueda que yo no podía entender o describir completamente. Yo no sabía que a pesar de la mucha aprobación que recibiese, nunca parecía satisfacer el anhelo que me carcomía en mi interior." Asi se encuentra la mayoría.

Este tipo de personas en una lucha por ignorar ese pasado tienen una experiencia mediocre en su vida y eso los limita extremadamente.

En breve una vida que solo trata de ignorar el pasado siempre está comparándose con otros, vive **buscando** éxito, siempre en competencia. Viven el síndrome de "quiero ser como el otros."

Al lograr cualquier victoria como nunca se sobre puso a ese pasado se enfrenta un anhelo insatisfecho y así es un líder errante que vive el fracaso del ayer. Es triste pero esta condición es vivida por muchos líderes. Lamentablemente vivir solo ignorando el pasado nos hará celosos de aquellas personas, que verdaderamente triunfan, el egoísmo se manifestará *a menos que nosotros hayamos triunfado más que esas personas*, por qué, porque el pasado nos inhibe queriendo ser únicos y nos hace aptos para no respetar el éxito de los demás, mientras a la misma vez nos mantiene insatisfechos del éxito logrado por nosotros mismos. Una vida tal es una doble tragedia, **primera desgracia** es la vida del ayer insuperable y **dos** el no poder disfrutar la vida del presente todo porque en el inconsciente el ayer gobierna y dicta el presente y futuro, una doble tragedia en verdad.

Superan el pasado:

Estas personas básicamente no tratan de ignorar el pasado. Todo lo contrario, *acepta el pasado*. Reconocen que existió y que afecto su vida negativamente. Aceptan el dolor que pudo haber causado. Las heridas hechas por circunstancias o personas las aceptan como parte de su experiencia, pero allí es donde aprenden que el mejor camino al olvido del pasado es aceptarlo tal y como fue y si es necesario se deciden perdonar. Elena de White dijo: "La obra es sumamente aflictiva para el alma, ***pero sólo mediante este proceso pueden ser removidos los escombros y las impurezas contaminantes.***"

El Líder Gladiador

Por eso "...el generoso *piensa* generosidades (grandezas), y por generosidades (y por pensar grandezas) será exaltado". – Isaías 32:8. El lograr el éxito de un pasado destructor a un presente exitoso o futuro prometedor depende radicalmente en nuestro raciocinio y voluntad. El que Piensa en grandezas eso tendrá. El que quiere corona - eso busca y vive por lograrlo. No tiene tiempo para perder en el pasado negativo. Tiene razones para ser indiferente a ese pasado y su pasión por voluntad propia es pensar en grandezas a niveles que la vida le permite experimentar y si no le llegan las oportunidades él las busca sabiendo que el que 'busca' encuentra – Mateo 7:7.

La actriz Marlo Thomas en el librito (Reader's Digest) cuenta como aprendió la lección más grande de su vida y eso fue perdonar y dejar el pasado en el ayer. El maestro de esta gran lección fue su padre Danny Thomas. Después de un incidente donde su padre no fue correspondido por alguien que él había ayudado, sus hijas le preguntaron que como podía el seguir ayudando a este hombre cuando no le quiso brindar ayuda cuando el necesitaba su ayuda. Su respuesta fue: "Yo no amarro mi espalda con el ayer". Aplicar esta frase será un alivio y tal vez el comienzo de una nueva dimensión en nuestro existir. Danny Thomas dijo: "Vive y deja vivir". Principio totalmente aplicado al Presente y Pasado.

Estas personas reconocen que no pueden darse el lujo si quieren un futuro con un presente prometedor *vivir* en el pasado. El pasado entonces llega a ser un obstáculo a superar para toda persona en general. Sin embargo para los verdaderos **líderes gladiadores** se aventuran y *toman el pasado como un libro de historias del cual aprender* y le sacan el mejor provecho para no volver a repetir esa vida. Otros cuando superan el pasado se aseguran que lo han olvidado o les allá enseñado algo.

Sin embargo, lograr esta experiencia de superar el pasado debe impulsarnos por nuestra propia cuenta a romperse con el pasado. Entendamos que esta es una experiencia que debe vivirse tal y como vivimos esa vida de ayer a diferencia que ahora es CONSCIENTE DEL POTENCIAL. Esto es una acción que requiere acción masiva hoy. En otras palabras, para poder superar el pasado debemos re - inscribir en él una vida por nuestra propia decisión y voluntad AHORA.

El Pasado

"Lo que hagamos hoy puede cambiar el curso de nuestra vida futura. Hoy es crítico. Hoy realmente cuenta." - Ralph S. Marston, Jr.

Romper con el pasado:

Todo hombre y mujer tiene la oportunidad de ejercer su misión, sin embargo, no todos están conscientes de la bendición del *poder* que poseen de evolucionar el don de la vida. Es una ley divina que todos puedan ver lo que tienen con lo cual negociar, produciendo resultados de gran esfuerzo, entrega y sacrificio. En este proceso debemos estar bien conscientes que todos *estamos equipados* con los suficientes recursos para llegar a ser algo en la esfera que nos tocó vivir. Sin embargo no estamos exentos de ser sorprendidos o controlados por pensamientos, sentimientos de temor, desesperación y especialmente culpabilidad por algo llamado *pasado*.

"Al que **piensa hacer mal, lo llamarán hombre de malos pensamientos**". - Proverbios 24:8. *Romper con el pasado radica en la decisión personal*. Muchos solo piensan en el mal, en la desgracia, en sus derrotas o malas experiencias del ayer. Tal persona encontramos que será llamado 'hombre de malos pensamientos.' Esto es terrible para vivir nuestro potencial. Es poderoso entender que en nosotros esta la capacidad de tener buenos o malos pensamientos. Somos los únicos que formamos los pensamientos que gobernaran nuestra vida.

En este camino del liderazgo, tiene sus decisiones que deben tomarse y una cosa es querer superar el pasado *y otra es decidir romper con ese pasado que nos ata a muchas limitaciones robando éxito a nuestro presente y sin vacilar lo hace con el futuro*.

El punto es que si nosotros en el momento de una nueva oportunidad de ser líderes oportunos dejamos que las cosas de casa, comunes, - del pasado nos aten a una posible demora al cambio de vida, cosecharemos resultados de estancamiento, desconfianza y fracaso emocional - el semillero de un pasado atormentador. Muchos viven en el "pero" déjame superar esto y aquello. De esta manera nunca deciden y nunca rompen con el pasado, esto es terrible para todo aquel que desea ser algo superior al ayer. Muchos hombres y mujeres han tenido el privilegio de entrar a una nueva etapa de su vida pero él no decidirse romper con el ayer los mantiene atados a un fracaso por su propia iniciativa.

Estas personas recuerdan y viven en un pasado que los cohíbe de su futuro, los aísla de la gran posibilidad frente a ellos. Jesús fue claro; querer regresar a casa, a ese pasado destructor, nada bueno es básicamente retroceder y amarrarnos por nuestra propia decisión a la derrota con crédito. Una actitud tal nos descalifica para vivir en libertad y elección de un futuro prometedor. De esta manera el reino será difícil de alcanzar, el liderazgo pesado. Nadie que pone la mano en el arado, deber, tarea, responsabilidad y puestos, "mira hacia atrás'. Se escribió que:

"No es bueno reunir todos los recuerdos desagradables de la vida pasada, sus iniquidades y desengaños, hablar de estos recuerdos y llorarlos hasta estar abrumados de desaliento. El hombre desalentado está lleno de tinieblas, echa fuera de su propio corazón la luz divina y proyecta sombra en el camino de los otros" - Elena de White.

Con el pasado el líder que quiere vivir productivamente solo puede hacer tres cosas:

- Romper con el ayer.
- Aprender de el
- Y Echarlo a la basura.

Cualquiera de las tres cosas que haga sépase que es una gran decisión que debemos tomar para lograr grandes cosas en nuestra experiencia de líder hoy día.

Algunos somos como Vera Nikolic de Yugoslavia quien en las olimpiadas realizadas en México en 1968 sin poder aguantar la presión, plusmarquista mundial de 800 metros, se retiró de su serie a los 300 metros, abandonó el estadio y trató de suicidarse en un puente cercano. Su entrenador lo evitó. Esta persona pensando no encontrar solución si perdía, lo primero que pensó fue correr y matarse. Pero gracias a Dios la vida le dio otra oportunidad. Por eso estoy de acuerdo con John Mason cuando dice: "Ayer termino anoche, así que hoy tiene más

El Pasado

valor mirar hacia adelante y prepararse que mirar hacia atrás y lamentarse."

De igual manera todos hemos venido a esta vida donde hemos experimentado reveces que quisieron torcer, robarnos y destruir la oportunidad de ser lo que se sabe podemos llegar a ser. En otras palabras nos hemos equivocado, hemos fracasado y cometido grandes errores que hoy podrían robarnos el ánimo e inspiración para lograr lo que sabemos debemos ser. En muchos casos el *pasado* es lo que rige nuestros pensamientos y así tristemente nuestra propia voluntad. Entiéndase que se acepte o no el pasado *tiene poder* y solo puede manifestarse si se lo permitimos. Sorprendente pero cierto algunos vivimos el presente *en el pasado* robándonos a nosotros mismos el privilegio de ser grandes y oportunas personas para el bien de la humanidad.

Para poder lograr un liderazgo excepcional debemos romper con el pasado, el pasado solo debe utilizarse como recuerdo de donde estábamos, y de ninguna manera debe gobernar nuestro futuro. El pasado debe ser un peldaño superado si deseamos ser personas fructíferas.

Casi todas las transformaciones importantes son resultado de una valiente ruptura de las formas pasadas de pensar. Así fue en el asunto de la ciencia - de un cielo común a descubrimientos de galaxias, organización - de un mercado ambulante a Wal -Mart y personal - de una prostituta (María Magdalena) a una misionera. El cambio radica en la mente, allí se dice adiós al pasado y comienza una nueva vida. Si sufrimos del pasado, debe ferozmente introducirse una disolución con las formas tradicionales existentes de pensar y actuar. Oliver Wendell Ommes expreso: "Lo grande en este mundo no es donde estamos, sino en qué dirección nos movemos". Eso es una gran verdad que debe gobernar para el cambio requerido en esa vida buscada para el progreso de una experiencia nueva y diferente.

Hoy veo que muchos no son lo que debieran ser. No han alcanzado el desarrollo de sus facultades y sueños porque viven con un paradigma equivocado, un concepto que sus padres, maestros y gente insertaron en ellos cuando eran pequeños. De alguna manera fueron encarcelados por los comentarios de personas con un pasado amargado. Invirtiendo sus errores, equivocaciones del pasado a criaturas que muy bien pudieron tener una educación diferente. Muy apropiado es el proverbio que dice: "Dime con quién andas y te diré quién eres" y personalmente lo cambiaria a decir: "Dime con quién andabas y te diré porque eres lo que eres".

Si deseamos avanzar en vida, debemos pasar al otro lado del lago de la vida, del pasado al presente, del presente al futuro; en estos asuntos debemos 'obligarnos' a realizarlo. El punto al final es que todo aquel que desea si no puede por sí solo debe permitir que otros le ayuden - "obliguen". Y en esto ayudan mucho las circunstancias, problemas, crisis y tropiezos.

Capturados por, el me decían:

La mente es la base de la formación de nuestra vida. Tanto lo que vemos, oímos o leemos forman nuestro carácter. En este sentido muchos sin poder decidir por ellos, los comentarios de personas se establecieron en la mente y así formaron un carácter, un destino en ellos sin saberlo que gobierna su vida. El apóstol bajo inspiración nos dice: "Yo sé, y confío en el Señor Jesús, que en sí nada es impuro. Pero **si uno piensa que** algo es impuro, para él es impuro." – Romanos 14:14. Todo según la biblia esta en como pensamos, eso lo hace malo, erróneo o le da la imagen a lo que pensamos así para lo negativo como positivo. Conozco a alguien que por años vivió como vagabundo por dejarse infectar por un solo comentario que su padre hizo de él cuando era niño, "No sirves para nada". Lo escucho con los oídos, creyó en su mente y aplico por su propia voluntad y decisión.

El destacado escritor John C. Maxwell dice: "**La gente no necesita cambiar sus problemas, sino sus perspectivas**". Necesitamos cambiar nuestra manera de pensar de la vida. Los problemas fueron hechos para resolverse, el pasado para aprender de él, aceptarlo y tirarlo. Hasta la muerte tiene solución porque si esta en Cristo debe saber que tiene vida eterna, entonces le pregunto: ¿Por qué hace que su vida se detenga? ¿Por qué caer en un negativismo - en el pasado? Si usted piensa en el pasado entonces eso le gobierna, todo está en la mente.

Algunos hoy son el *"eco"* de los sentimientos que muchos albergaron contra ellos, y todo esto ha obscurecido los valores y grandes dones con los cuales el cielo los ha investido.

El Pasado

Escuchaba la triste historia también de una mujer quien por llegar a tener un novio quien no fue de gusto de la madre, la madre la tildó de mujer de la calle, cuando nunca lo era. Debido a este comentario ella terminó controlada por tal observación que la llevó a martirizarse, empujándola más tarde en la vida a ser una ramera. Tan ciertas son las palabras de John Mason al decir: "Nosotros somos los que nos impedimos avanzar porque le permitimos al pasado que no nos deje vivir a plenitud en el presente ni en el futuro. El fracaso está esperando alrededor de la esquina a los que viven de los éxitos y fracasos del ayer."

Por el otro lado también conozco a un ejecutivo de una grande institución. Cuenta como él fue prisionero del concepto de sus padres. Siempre lo tildaban de animal. Cada vez que él se equivocaba en algo, le llamaban basura. Esto le robó el privilegio de desarrollarse en su juventud al máximo tanto en la vida personal como escolar. Este espíritu de estupidez y de tonto lo amarró al fracaso manifestado en una baja autoestima. Un día que lloraba sus errores controlado por este concepto satánico se dijo así mismo: *"No soy un animal, ni basura, Dios me ama, tengo una posibilidad, puedo ser lo contrario de lo que piensan de mí. Hoy me dispongo a poner mi pasado en lo pasado y lo que la gente piensa de mí en la basura."* Esto le abrió un nuevo sendero en la vida, más tarde una actitud nueva lo llevó lejos. Esta decisión lo trajo donde hoy está en una posición respetable y prometedora. Un proverbio expresa el pensamiento aquí establecido: "No importa como haya sido el pasado de una persona, su futuro es inmaculado".

Vivian Laramore dijo: *"Le cerré la puerta al ayer y tire la llave; mañana no me atemoriza, puesto que encontré el hoy."*

Es de importancia que evaluemos por qué tropezamos. Nuestros errores del presente pueden tener la raíz en el que decían de nosotros hace años. El fracaso de muchos está en que erróneamente quieren vivir libres con el pasado encima al mantenerse al margen de lo que ayer les decían que eran. *La verdad es que debe borrarse todo comentario, frase negativa y palabras que no tengan que ver con lo que deseamos ser, con lo que Dios dice que somos y podemos llegar a ser.*

El Líder Gladiador

Naveguemos a mares desconocidos:

Amigos creo sinceramente que en cada uno de ustedes hay hombres con grandes oportunidades, que el mundo necesita conocer. O debe saberse que no tenemos que quedarnos en Europa pues hay una América que descubrir. Un Asia o África nos espera. Todos pueden dejar su Cuba y llegar a su Miami si quieren. Cualquiera haya sido su pasado no es tan grande como el que usted lo haga. La posibilidad está aquí es más grande que su ayer. Nadie más que nosotros somos el obstáculo. Debemos destrozar los conceptos del pasado y *aventurarnos a lo que los demás creen que no podemos lograr*. Naveguemos a mares desconocidos en contra de todo obstáculo. Si se puede porque otros lo hicieron ayer y lo hacen hoy.

"No podemos dirigir al viento, ni nadie puede hacer que amanezca, pero si podemos ajustar las velas y disfrutar cada despertar." - Stephen Covey

Nuestra historia no depende de lo que la gente piensa y desea de nosotros, sino de lo que Dios dice y deseamos nosotros. Cambiemos el mapa tradicional de nuestros sentimientos de culpabilidad e inferioridad como lo hizo el valiente y desafiante Cristóbal Colón al cambiar el mapa de los mares (1451-1506.) Rompamos la línea limitada por el pasado y naveguemos a mares desconocidos al superar ese espíritu de inferioridad. En este sentido, "aprendamos a beneficiarnos del pasado y a invertir en el futuro". - John Mason.

Entre nuestro pasado y el futuro interferimos únicamente nosotros mismos. De nosotros depende el cambio. El paso al verdadero liderazgo de un pasado malsano o concepto erróneo esta en nuestra propia mente. El cambio de concepto tiene un poder irresistible que nadie puede interferir. Está basado en la convicción del llamado y pulido si así se decide por la experiencia de uno mismo. Así lo dijo otra vez John Mason, "En el mejor de los casos, la experiencia es solo la respuesta de ayer al problema de hoy. Solo debería ser una guía y no aprisionarnos." - ¿Por qué? Porque su - "pasado no es su potencial".

En otras palabras utilicemos el pasado como un gran ejemplo que 'nada' puede ser obstáculo para crecer y estar donde el deber nos invitara a realizar nuestra tarea. Nuestra es la decisión, en nosotros está el poder del cambio, así lo

El Pasado

expresan vidas como María Magdalena - una prostituta que cambio a una discípula de Cristo, Moisés asesino y en su huida logro la experiencia para ser el líder del tan famoso pueblo de Israel, Salomón de rey a un borracho, mujeriego, afeminado pero en la miseria de su experiencia cambio de concepto y llego a convertirse doblemente sabio tal y como se ve en su famoso libro de Eclesiastés. En todo somos nosotros los que decidimos cambiar de posición emocional, mental y social. Le invito a que se aventure a mares desconocidos, no perderá nada solo la posición presente de pesimismo, amargura, desilusión y emociones destructores.

El solo creer no basta:

Es una decisión la que debe tomarse siempre en los peldaños de superación. Es probable que esté hablando a alguien que ha sido gobernado por ese veneno de amargura, o chasco por como las pasiones y circunstancias nos han amarrado a tristes errores o hechos estúpidos. Por eso: "La fortaleza más común en la vida de las personas probablemente sea sus fracasos y errores pasados. Hoy es el día de sacarse las cadenas del pasado y movernos hacia adelante. El pasado es pasado; no tiene vida." - escribió John Mason. Es un hecho que no hay más grande derrota que dejarse dominar por sentimientos del pasado e ignorar la posibilidad de nuestro alcance. "La gente se arregla todos los días el cabello. ¿Por qué no el corazón?" – dice el proverbio chino. Lo creamos o no el corazón nos puede dar la pauta a seguir o detenernos.

Solo creer que se puede mejorar no basta. Solo creer sin acción no hay futuro. Acción es una decisión que radica en la fuerza de nuestra voluntad. La verdadera creencia produce imperios, personalidades envidiables, líderes excepcionales.

Entendamos que la ruptura con el pasado no cambia con solo creer en un cambio, pero sí empieza allí. El comportamiento bajo hechos, palabras, pensamientos hacia la meta, el blanco y no solamente idea, el deseo o sentimientos es lo que nos sacará de ese hoyo del amargo pasado con hechos convincentes. "Muéstrame tu fe sin tus obras, y yo te mostraré *mi fe por mis obras.*" - Santiago 2:18. Nuestro creer debe ser superado con hechos claros. Nuestras convicciones son las que gobiernan

El Líder Gladiador

nuestras acciones, acciones con propósito harán del creer hechos sólidos. "Ya veis que el *hombre es justificado por las obras*, y no sólo por la fe (creer)". - Santiago 2:24.

Evolucionemos de un pasado negativo:

"Los que se detienen nunca ganan y los ganadores nunca se detienen". A. Lincoln.

Despojémonos del pasado haciendo nuestras las palabras del apóstol Pablo: "no considero haberlo ya alcanzado; pero una cosa hago, *olvido lo que queda atrás*, **me extiendo** a lo que está delante". - Fil 3:13, esta es la mejor terapia que pone un mundo inexplotable ante nuestra vida. La manera en que el mundo hoy se evoluciona nos obliga a tomar una resolución que si deseamos ser buenos líderes, debemos vivir no el pasado sino en un presente donde el cielo nos presenta los grandes logros posibles si invertimos el don del liderazgo a principios puros y nobles de seguir. Este tipo de personas no se estancan. Caminan. "El justo camina en su integridad". Proverbios 20:7. Estas personas sin duda se evolucionan.

Evolucionaremos de un pasado negativo a nuevas oportunidades en integridad, con el poder del cielo y todas las posibilidades que nuestra época provee a hombres y mujeres si somos liberados del ayer. Evolucionar significa un cambio radical. Un cambio real. El cambio es visible y verdadero.

Recordemos que, si nos sentimos con libertad para quejarnos y murmurar acerca de padecimientos, de cosas que están en el pasado, cosas que no podemos solucionar, ni modificar, ni alterar, estaremos descuidando los deberes que en este mismo momento surgen en el camino. No hay líder efectivo que no mire a Dios el autor y consumador del llamado para ayuda. Dios requiere que ejerzamos ferviente persistencia en toda circunstancia y en armonía con los principios y ejemplo de Jesucristo buscaremos la victoria sobre las quejas, murmullos y culpabilidad del pasado que son los peores enemigos del progreso del verdadero liderazgo. El concepto de la evolución para superar el pasado es que: "Si te caes siete veces, levántate ocho". – Proverbio Chino.

El Pasado

Debemos recordar y repetirnos lo que dijo Daniel Meacham, - "Mantenga la vista en el camino, y use su espejo retrovisor (el pasado) solo para evitar problemas". En otras palabras el pasado solo debe servir como pautas para evitar repetir los errores del ayer. La iniciativa para una evolución positiva esta en nuestra propia voluntad, logrémosla, la evolución es una realidad así de pronto lo queramos y obremos se produce el cambio deseado.

Salir del pasado requiere más que una decisión:

"El pasado es un capitulo terminado. Usted debe estar dispuesto a dejar de lado parte de su vida previa." - John Mason. Decidiendo dejar a un lado nuestra vida pasada, debemos ir más allá que solo eso. Busquemos como verdaderos humanos y sobre todo lideres trabajar en algún ramo de su obra porque este es el fruto del verdadero cambio en relación del pasado. Apartemos la atención de los temas que nos entristecen, porque si no lo hacemos se convertirán en instrumentos en las manos del enemigo para aumentar el pesar y las tinieblas, de manera que la atmósfera que rodee las almas de nosotros será ciertamente tenebrosa y repelente.

Alguien nos dijo: *"Cuando la vida te presente razones para llorar, demuéstrale que tienes mil y una razones para reír"*. Escapar del pasado requiere más que una decisión. Debe implementarse un plan de transferencia. Actuarse en contra a todo elemento que impida nuestro progreso es necesario. Esas ideas, sentimientos y deseos negativos deben vencerse aplicándose a la disciplina de higiene mental. Debe avanzarse con un plan de limpieza, los recuerdos, todo comentario negativo debe ser sepultado por las obras, pensamientos y palabras correspondientes a nuestra decisión.

Aunque nos sobrevengan graves aflicciones, *tenemos que dirigir* la mirada hacia lo alto, para ver la luz de Dios. *Si nos dedicamo*s exclusivamente a meditar en nuestros propios pesares y tinieblas, y pensamos que Dios nos ha tratado mal, la religión y deberes no será elevadora sino deprimente. En otras palabras debemos sobreponernos, dirigirnos y dedicarnos exclusivamente a lo que nosotros queremos, la acción es el padre que engendra esa gran posibilidad que experimentan las personas de hechos y no solo pensamientos o palabras.

El Lider Gladiador

Al encerrarnos en nuestros propios pesares del pasado nos convertimos en una nube de tinieblas y quejas básicamente en un fracaso viviente. *Evitemos* el ladrón del pasado y corramos como quienes saben lo que quieren y pueden lograr. Los eventos del pasado dijo; Warren Bennis *"no se limitan a gobernarnos; nos inhiben y nos dejan en ridículo"*. Si queremos salir y triunfar sobre el pasado debemos ir más que la decisión de querer cambiar, debemos aventurarnos con todo el deseo, pasión y energía a una vida nueva real en acciones, cambios y hechos tangentes.

Lo que sí importa:

Por experiencia he visto que las personas que más han tropezado, las que más se han equivocado y sufrido son las que logran un liderazgo comprometido, responsable y eficiente. Es un hecho que no sabemos lo que Dios se propone hacer con hombres aparentemente sin futuro, es probablemente que algunos de nosotros estemos en esa lista. Recordemos que en lo pasado, la vida aceptado a personas que no eran más promisorias ni atrayentes, para que hiciesen una gran obra en el mundo.

El universo le da la oportunidad a todos a pesar del pasado y eso es lo que si importa pero esta en el individuo el reconocerlo y avanzar.

Bien apropiadas son las palabras del escritor Victor Tasho cuando dijo: **"Así que no importa lo que fuimos ayer, lo que importa es lo que hemos de hacer hoy, y lo que debemos ser de esta hora en adelante"**.

Todo aquel que en verdad sabe lo que sí importa sabrá aplicar lo siguiente Consejos:

- *"Amate a ti mismo y suelta tu pasado (fracaso).* Nada puedes hacer para cambiarlo, el pasado no vuelve. Lo que si puedes hacer es vivir el presente y anticipar el futuro. No vivas pensando en lo que pudo haber sido, valora la vida que tienes."

- *"Fortalécete en las promesas de Dios.* No te quejes de la situación, deja de enfocarte en los problemas y busca las bendiciones que Dios te ha dejado en su Palabra. Aduéñate de las promesas de Dios."

El Pasado

- **"Hazte preguntas que te lleven a mejores elecciones.** En vez de sentirte preocupado por los problemas, atemorizado por la situación que estás viviendo, tómate el tiempo para estudiar y analizar lo que estás viviendo. Hazte preguntas tantas veces como quieras hasta que encuentres las respuestas que te ayude a elegir el futuro que deseas. ¿Qué haría Jesús en esta situación? ¿Qué puedo aprender de todo esto?"

- **"Busca las oportunidades y diseñe un plan de acción de cinco pasos.** *Cada día sale el sol, así que hoy es el mejor día para comenzar de nuevo. La fe sin obras es muerta."*

- **"Recuerde, usted puede convertir el fracaso en un triunfo**. El fracaso no es una condición permanente. Es posible re-inventarse, aplicar la resiliencia. No importa lo que haya pasado, todo eso queda atrás tiene opciones y el poder de elegir. La clave es cultivar el arte de ver los problemas. Deje de vivir con la creencia de que está 'desamparado', 'arruinado', que es 'un fracaso'. Cambie todo eso por la idea de que está listo para el trabajo, sus finanzas están sanas, su familia es la mejor. Piense en actividad, movimiento; visualice: trabajo y servicio. Confía en que Dios está contigo y verá que todo llega a realizarse."

"La vida es una aventura osada o es nada"- Helen Keller.

¡Viva la vida completamente, sin reservas, con entusiasmo! - Así dijo Pedro Sifontes -Conferencista y Entrenador de Liderazgo y Coaching. Fundador y Director del Centro de Liderazgo Creativo. Pastor del Centro Familiar Internacional Las Buenas Nuevas, Panamá.

No os acordéis de las cosas pasadas:

La guerra de Vietnam dio lugar a muchas tragedias, algunas de las cuales son más conocidas que otras. Dejo un marcado pasado en la vida de la niña de La fotografía. No solo su vida sino una foto le recuerdan vívidamente su pasado durante la guerra de Vietnam. Se la ve en la foto corriendo desnuda por la carretera, con su piel ardiendo a causa del NAPALM.

Este pasado demostrado en la foto cambió la forma en la que el mundo contemplaba la guerra de Vietnam y de hecho esa

El Líder Gladiador

fotografía se vio en todo el mundo y, con posterioridad, ganó el premio Pulitzer. La niña que aparece en la fotografía es Kim Phuc. Nació en 1963 y se crio en la aldea de Trang Bang, situada a 30 minutos al norte de Saigón.

Nick Ut, fue el fotógrafo de la agencia (Associated Press) que estaba allí cubriendo el ataque. Conmovido por su dolor, la llevó a toda prisa a un hospital sudvietnamita. Luego pasó 14 meses recuperándose en el Hospital Barsky, el hospital estadounidense de Saigón, donde su atención fue pagada por una fundación privada. La fotografía de Kim tomada por Ut sigue siendo una de las imágenes más inolvidables de la vida pasada de Kim en la guerra de Vietnam.

Quemaduras de tercer grado cubrían la mitad de su cuerpo y necesitaría muchas operaciones y años de terapia. A los dos años, contra todo pronóstico y con la ayuda de los médicos que se dedicaron a su cuidado, fue capaz de volver a su aldea así ella y su familia pudieron empezar a reconstruir sus vidas.

Ella además de todo este trauma nos cuenta que: "Diez años más tarde, en 1982, tuve que sufrir otra prueba muy dura en mi vida. Yo había ingresado ya en la facultad de medicina de Saigón, pero por desgracia los agentes del gobierno se enteraron un día de que yo era la niñita de la foto y vinieron a buscarme para hacerme trabajar con ellos y utilizarme como símbolo. Yo no quería y les supliqué: "¡Déjenme estudiar! Es lo único que deseo". Entonces, me prohibieron inmediatamente que siguiera estudiando. Fue atroz. No lograba entender por qué el destino se encarnizaba conmigo y no podía seguir estudiando como mis amigos. Tenía la impresión de haber sido siempre una víctima. A mis 19 años había perdido toda esperanza y sólo deseaba morir."

Más adelante en su vida corría el año 1986, Kim aprovechó una oportunidad para estudiar en Cuba, *pero allí* también fueron interrumpidos sus estudios. Tuvo varios problemas de salud, incluyendo diabetes, la cual empañó su visión. Durante su estancia en Cuba conoció a Bui Huy Toan, otro estudiante vietnamita. Se casaron en 1992 y pasaron la luna de miel en Moscú. En su vuelo de regreso a Cuba, la pareja desertó cuando su avión aterrizó en Gander (Terranova) para repostar combustible. Con la ayuda de algunos cuáqueros se establecieron en Canadá, donde su marido, especialista en

El Pasado

computadoras, obtuvo un empleo como ayudante de enfermería en el tratamiento de discapacitados.

En 1996, el Fondo para el **Vietnam Veterans Memorial** (el monumento conmemorativo a los veteranos de Vietnam) invitó a Kim a las ceremonias del día de los Veteranos que tuvieron lugar en este monumento en Washington D.C. Allí Kim se dirigió a miles de veteranos de la guerra de Vietnam. Les habló de sus experiencias del pasado tras el ataque con napalm a su aldea y de cómo había, por fin, encontrado la felicidad y la libertad del pasado tras años de dolor y sufrimiento. Habló de la paz y del perdón.

Conoció a Ron Gibbs, un veterano de la guerra de Vietnam y miembro de la junta directiva del Fondo para el monumento conmemorativo. Compartieron sus experiencias de la guerra y sus esperanzas para el futuro. De este encuentro con el pasado nació la idea de la "Fundación Kim".

En diciembre del 2003, Durante una presentación en una iglesia en los Estados Unidos Kim dijo: **"El dolor nunca desaparece. Apenas aprendes cómo lidiar con él."** Ella también demostró el poder del perdón para superar, aprender y dejar el pasado en el pasado. Públicamente manifestó su perdón al piloto que erróneamente había vaciado las bombas sobre su aldea. El hombre piloto dijo: *"Es como un mundo entero que es quitado de mis hombros"*. Phuc y el piloto se abrazaron emocionados.

Aunque ella no concluyó con sus estudios médicos, Phuc dijo que ella ha encontrado su propósito en vida, **"de compartir la importancia del tener una relación con Cristo así como saber la importancia de la libertad".** - (Daniel E. Dañeiluk. Aporte de Caro Fuente: Canadian Identity, Fundación Kim, Unesco - El ojo protestante) La verdad de esta historia es que tenemos dos opciones con el pasado, una es hacer del pasado el camino a una nueva vida como Kim o dejar que el pasado nos destruya y nos lleve al olvido. Yo escogí lo primero y usted como líder ¿qué escogerá?

Preguntas para reflexionar
- ¿Tiene un pasado?
- ¿Acepta el pasado?

El Líder Gladiador

- ¿Qué ha hecho con el pasado?
- ¿Qué ha hecho el pasado con usted?
- ¿Cuál es su siguiente paso en la vida, vivirá en el pasado, presente o futuro?

El mensaje es claro con respecto al pasado: "**No os acordéis de las cosas pasadas, ni recordéis las cosas antiguas.** *Yo hago algo nuevo, pronto aparecerá.* ¿No lo sabréis? *Otra vez abriré camino en el desierto y ríos en la soledad.*" - Isaías 43:18,19.

"En un año a partir de hoy, pudiésemos estar deseando haber comenzado hoy". – Karen Lamb

Preguntas para reflexión y aplicar:

¿El pasado lo controla a usted o usted utiliza el pasado?
_____
_____
_____

¿Qué ha aprendido del pasado?
_____
_____
_____

¿Qué planes tiene para no repetir los errores del pasado?
_____
_____
_____

El Eje del Líder

Lo que debe hacer pensar y obrar:

Son incontables las personas que sus títulos los hacen llamarse, fuerzan en ellos la palabra líderes, directores y ministros pero a pocos se los ha podido reconocer por lo que sus títulos declaran. Es una minoría que camina en el sendero de su nombre. Es fácil hablar y colgar títulos en las paredes pero cuán difícil es verlo en los actos, palabras y hechos sencillos y prácticos, mucho menos en las responsabilidades grandes del liderazgo capaz y moderno.

Es una verdad y realidad divina que el carácter, integridad y correcta productividad en una persona, especialmente en un líder gladiador, proviene de vivir basado en leyes, principios, estatutos - *el eje* que debe forjar el pensar, motivo, obrar y dirigir al líder excelente y eficaz. No debe dependerse de títulos que en hechos avergüenzan el nombre por falsa representación. Entonces no podremos ejercer el verdadero liderazgo a menos que existan verdaderos **principios** en nuestro carácter, principios de origen divino.

"Obra de modo que la máxima de tu voluntad pueda ser en todo tiempo principio de una ley general." - Immanuel Kant -

La prosperidad en el campo del liderazgo depende de la fidelidad de uno a las leyes universales del bien y existencia. Tengamos como meta que, "La ley es último resultado de la sabiduría humana que opera sobre la humana experiencia en beneficio del público." - Ben Jonson

Lograr este estilo de vida de vivir por leyes y principios es un reto en sí que pocos desean experimentar. Este estilo de vida sobre un comportamiento común. Debe aceptarse, es una decisión que debe aprenderse tarde o temprano tendremos que enfrentarlo, es una opción a la cual se debe si así lo desea, someter la humanidad si piensa sobrevivir en este siglo. Por lo contrario se cosecharan los resultados de nuestra elección como lo vemos en las elecciones de Marilyn Monroe, Hitler,

El Líder Gladiador

Kurt Cobain. La viva verdad del que se engaña quebrantando los principios del liderazgo sufrirá resultados tristes.

Alguien podría decir vivir con leyes o principios no es importante, que la base de sus acciones está basada en su libertad. Tal vez lo sea así en su concepto pero esto es como cuando un hombre dice: 'yo no creo en la ley de la gravedad', sin embargo al caerse de un edificio de 12 pisos ¿cuál sería el resultado?, fatal. El no creer en algo que es necesario e indispensable no impedirá sufrir las consecuencias al quebrantar tales leyes.

Así es con las leyes - morales, espirituales, físicas y naturales. Obedecerlas o desobedecerlas tiene en su propia naturaleza consecuencias que nadie puede evitar a largo plazo. Si no me cree pregúntele al ladrón que no cree en las leyes cuando lo atrapan, ¿podrá la falta de creencia evitar que sufra las consecuencias de robar? No. ¿Pregúntele al intemperante en la comida que no cree en las leyes de salud, cuando sufre del colesterol alto, obesidad o alta presión si su incredulidad le salvó de enfermarse? NO. ¿El adultero podrá esconderse de los resultados de desobedecer la ley de moralidad? No. Si no sabe de lo que hablo preguntémosle al rey David, o al ex presidente Bill Clinton.

Se cuenta que en las olimpiadas de 1904 Fred Lorz llegó primero en la maratón con un tiempo sorprendente. Todo fue bien y encantador para este atleta hasta que se descubrió y verifico que había hecho parte del recorrido en coche. Lamentablemente su triunfo fue corto y sufrió el resultado de ser desobediente al principio de fidelidad y a la ley de la honestidad. Fue calificado como el triunfador mientras él se engañaba pero como resultado natural al fin fue descalificado. El punto es que no importa cuántas victorias tengamos y logremos si ellas son el resultado de infidelidad a las leyes eternas, estatutos que rigen todo el universo, mundo e individuos cosecharemos resultados tristes y como Fred Lorz se nos quitara lo que pensamos habíamos ganado. Esto en si es la consecuencia que tarde o temprano tendremos que enfrentar y vivir.

En su libro Los 7 Hábitos de la Gente Altamente Efectiva, Stephen R. Covey lo dice así: **"La ética del carácter es basada en la idea fundamental de que hay *principios que gobiernan la efectividad humana* - leyes naturales en la dimensión humana que son tan reales,**

El Eje del Líder

incambiables, indiscutible "allí" como leyes tales como la gravedad es en la dimensión física."

Es de suma importancia saber y basar nuestro carácter en leyes fijas e inflexibles prometiendo prosperidad no siempre a corto pero si a largo plazo. Si es así de importante entonces preguntamos, ¿qué son los principios o leyes? Así entonces establezcamos que los principios son: "Norma o idea fundamental que rige el pensamiento o la conducta". Y leyes: "Regla y norma constante e invariable de las cosas, nacida de la causa primera o de las cualidades y condiciones de las mismas".
- Diccionario Lengua Española.

Lo aceptemos o no todo fuera de leyes o principios traerá un descontrol en la vida personal, familiar, iglesia y organización. En la mayoría de los casos lo sepamos o no los fracasos y un sin número de errores se debe a la infidelidad a ellas. Somos los constructores de nuestro futuro y destructores al desobedecer los principios o leyes inquebrantables. Nadie puede ser próspero y exitoso sosteniblemente sin ellas.

Es de alta importancia preguntarnos: ¿Qué es lo que forma nuestra personalidad, carácter y motivos? Formar y tener un carácter basado en los estatutos básicos y generales proveerán una base a largo plazo de éxito y prosperidad, si los motivos están basados en estas leyes habrá un éxito no tanto externo aunque se lograra también en su debido tiempo, pero más hablo de ese éxito interno. El éxito de lograr una conciencia tranquila, paz interior, amor activo y sensibilidad a lo malo, incorrecto y falso. Un carácter de esta índole sabrá perdonar al ofensor, es paciente en la espera de resultados, es constante en la búsqueda de un mejor carácter, nunca es perezoso, y siempre sabrá reconocer el lugar que los demás ocupan.

La razón que muchos de nuestros líderes fracasan, tropiezan es que o ignoran o quebrantan a sabiendas esos principios que deben saberse y practicarse como el respiro del mismo aire. Si dejáramos de tener oxígeno, realmente nos quitaríamos la vida. Así es sin las leyes. Experimentamos tantos errores y caídas porque fracasamos en aplicar y vivir esas leyes, base de la verdadera prosperidad.

El punto es que los principios, leyes, estatutos deben ser la base de todo pensamiento, deseo, buen impulso y sin duda alguna acción. Ellos son el eje de todo lo que nuestra voluntad dirija. El centro de lo que señalara el bien del mal, lo correcto de lo falso, el amor del odio, la verdad de la mentira.

La falta de ellos en la vida producirá una escasez de voluntad firme hacia lo correcto y será el camino de una vida desbalanceada y sin sentido de existencia. Una vida así es vivir a medias, estaremos incompletos y casi siempre mendigando en la vida, éxito, fortuna, amor y paz. Existirá una inestabilidad invencible y un derroche de energía en propósitos mal invertida.

Por eso nuestra meta y diario deseo debe ser evitar una vida sin rumbo con las leyes, principios dentro de nuestra conciencia, corazón, mente así evitar una vida sin rumbo y destino. Personas con grandes puestos pero sin principios y leyes en ellos mismo son lo que han sido responsables de la condición de nuestras empresas y sociedad. Todo esto por lo que somos en casa, en nuestros hogares, en nuestras vida. Este es el resultado de vivir sin leyes. Los principios o leyes *es al final,* lo reconozcamos, lo ignoremos o no el eje que puede dar pensamiento, emoción y acción en la dirección correcta en todo.

La respuesta - muchas preguntas:

Un sin número de preguntas han surgido en el transcurso de nuestra vida individual, familiar y social. Algunas han sido, ¿por qué es que no prospero? ¿Qué evita que yo logre ser más eficaz? ¿Qué está impidiendo que tenga éxito en la crisis? ¿Por qué me derrotan los problemas? ¿Por qué la gente manifiesta poca confianza en mí? ¿Dónde está la fidelidad de mis pensamientos? ¿Qué ocurre con mi comportamiento? Estas y otras preguntas si bien se considera el asunto a profundidad se observara que hay necesidad de una base estable que rija el pensamiento, sentimiento y comportamiento. Preguntas tales necesitan respuestas, respuestas que o bien nos den solución o nos provean un margen a seguir.

Observando al mundo que nos rodea se puede comprobar que al analizar este asunto varias de las respuestas a estas preguntas demostrarían carencia y la gran falta de principios en todo lo que pensamos *como en* lo que nos motiva a obrar. Con razón se ha aconsejado con mucha insistencia: **"Cultivemos**

El Eje del Líder

diligentemente los puros principios". -Elena White, Review and Herald, 3-6-1884.

Comprender en general que nadie podrá sobrevivir en tiempos como los nuestros inestables, revolucionarios y en grande escala con avanzada tecnológica a menos que su carácter este fundado en principios eternamente ordenados, será un buen fundamento. Es necesario comprender que el éxito verdadero esta en vivir por valores supremos, leyes que logren un carácter aprobado por la verdad, honestidad y transparencia. El amor, la paz y el perdón como murallas del paraíso deseado, flores de esta vida en leyes que dan vida y salud al alma sumergida en ellos. Una vida fuera de esas leyes o principios no vale la pena y créanme que fracasara.

Nuestra *conciencia debe ser despertada* a esta realidad descuidada como líderes. Pondrán muchos proponer un camino más fácil para alcanzar éxito o prosperidad en cualquier meta con solo emocionar a las personas con ejemplos e historias pasajeras - como motivación personal, dinero, depender de talentos o la seguridad de 'poder' para lograr algo. Sin embargo debe entenderse que las leyes no son prácticas, ni acciones abstractas sino el eje de ellos, la fuente. La fuente de la verdadera vida. Son un flujo de sangre que da vida al que quiere vida y prolongada prosperidad a los que dependen de ellas.

La prosperidad universal no solo es espiritual, familiar y social sino también económica. Es una dimensión suprema que dirige e invade toda el alma. Cuando nuestra conciencia despierta a esta verdad nace una responsabilidad individual. Los conceptos se alinean con la verdad y solo la verdad y organizan sus pasos con sus pensamientos y palabras. Son transparentes en todo lo que hacen y llegan a ser estables en todo lo que buscan y quieren. Una vida así afirma un carácter simétrico y logran vidas sinérgicas, proactivas y dignas de confianza. Lo importante es saber que como humanos tenemos dos opciones al enfrentar nuestra existencia y ellas son vivir *con o sin* valores, principios y leyes.

Feliz o lamentablemente es una ley que "viviremos lo que somos por dentro". ¿Qué es lo que usted es? ¿Es feliz con lo que usted ha llegado a ser? ¿Tiene paz en su conciencia en lo que piensa y quiere? La mente solo producirá lo que está en

El Líder Gladiador

el corazón y así lo que somos en corazón y mente seremos en la vida diaria. O somos personas de leyes y principios o sentimientos pervertidos y confusión.

Algunas personas son buenas para esconder su verdadero carácter pero la vida nos muestra que no por mucho tiempo. Tarde que temprano la verdad de cada persona se manifiesta. Nadie puede por buen tiempo guardar lo que es en verdad. Aunque podemos tratar y lograr una doble vida no hay como decidirnos una vida gobernada por leyes y principios que traen grandes recompensas al alma, la conciencia y el vivir diario en la oficina y hogar.

Una de las figuras más grandes del mundo manifestó que, aunque famoso y en la posición más grande del mundo, el presidente Richard Nixon su vida era de dos caras, junto a otros líderes, el 17 de junio de 1972 comenzó todo a destaparse en el país más poderoso del nuevo mundo. Información de los dramas de la guerra de Vietnam, asuntos del Pentágono y especialmente lo forma en que el presidente Nixon busco la reelección fueron escondidos, manipulados por el mismo gobierno de Estados Unidos para engañar al país de la verdadera situación así afirma el periódico nacional del (Washington Post (WP) en inglés) Por un buen tiempo nada se supo, se hizo todo para cubrir los errores y engaños de su administración. Se le mintió a la nación y finalmente al mundo mismo. La reelección del presidente Nixon fue un fraude. Este fue uno de los casos más escandalosos, conocido en Estados Unidos como "WATERGATE", donde fue investigada la administración y el liderazgo del presidente Richard Nixon. - (http://www.washingtonpost.com/wp-srv/politics/special/watergate/timeline.html)

Él es un gran ejemplo como un líder que cuando se quebrantan las leyes, los principios de honestidad y fidelidad al llamado se sufre consecuencias graves. El resultado a este estilo de vida que él decidió experimentar fue renunciar el 9 de agosto de 1974 a la presidencia de la nación más poderosa del mundo, y otros enjuiciados y condenados a prisión. La verdadera vida de cada individuo no se puede esconder seas líder o no, tu vida será publicada. Dios nos ayude a tomar conciencia de esta gran verdad.

Sobre este asunto se escribió: "En última instancia, el estilo de liderazgo que se puede adoptar surge del núcleo de

El Eje del Líder

ideas y sentimientos sobre la naturaleza del hombre *que uno tiene*. Sea lo que fuere lo que alguien tiene en el centro de su vida - el trabajo o el placer, el amigo, el enemigo, el cónyuge o uno mismo, *los principios o* las pasiones -, eso afectara su percepción. Y la percepción es lo que gobierna las creencias, las actitudes y los comportamientos." - El Doctor, Sthephen R. Covey.

Aprendamos - Reconozcamos:

Adquirir este conocimiento que yace en la biblioteca natural - principios y leyes, como el fundamento de todo lo que pensamos y nos motive a obrar *será la inversión* más grande de nuestra parte y meta honorable a apoderarse. Escrito esta: "Hijo mío, guarda mis razones, y *atesora* mis Mandamientos en tu mente". Dice el Sabio Salomón - Proverbios. 7:1.

Es mi intención en todo este libro *El Líder Gladiador* enseñar, no como obtener seguidores y ejercer poder, sino experimentar y aplicar el pensamiento y ley que dice: "Si usted le da un pescado a un hombre lo alimentara un día. *Si le enseña a pescar lo alimentara toda la vida."* Aplicándolo en este capítulo es como sigue - no necesitamos hablar del éxito, prosperidad como un fin, sino de la importancia de aprender, saber y experimentar por nosotros mismos que la buena productividad en términos generales, espirituales, económicos y físicos está basada en una simple pero poderosa verdad - *buenos y eternos principios, leyes en el carácter del individuo.* Poseyendo este conocimiento tendrá el poder de ser exitoso. Esto será el capital más grande en toda su vida. Sabrá pescar y pescara siempre en lo que se disponga realizar o tener.

Es una necesidad en general en nuestras empresas, instituciones, negocios, hogares que aprendamos juntos a como pescar (tener principios/leyes) y tendremos alimento todos los días (resultados). Esto se logrará entendiendo otra ley que enseña, *"no podemos enseñar lo que no sabemos,"* debemos primero aprender a pescar para decirle a otros como hacerlo, lo cual trae a existencia otra ley, '*la ley de la experiencia propia*', nadie puede, nadie tiene el poder y la autoridad de decir que hacer a menos que viva otra ley que dicta la necesidad de *"vivir lo que sabemos, enseñamos y esperamos de los demás"*. Entonces *"Escojamos* para nosotros el juicio. *Conozcamos* entre nosotros cual sea lo bueno." Primero. - Job 34:4.

Personas que se disponen a vivir por principios:
- Su primer paso es reconocer la existencia de ellos.
- El segundo es aprenderlos
- y el tercero es aplicarlos.
- El cuarto paso es compartirlos.

"Las personas centradas en principios *son educadas* constantemente por *sus propias experiencias*. Leen, *buscan* la forma de capacitarse, toman clases, escuchan a los demás, aprenden tanto a través de sus oídos como de sus ojos. Son curiosas, preguntan constantemente. A menudo amplían su competencia, su capacidad de hacer cosas. Desarrollan nuevas habilidades y nuevos intereses. *Descubren que cuanto más saben, más se dan cuenta de que no saben...*" - Stepen. R. Covey.

Debemos entender que no hay camino más próspero que el que se aplique a una vida basada en principios que le mantiene aprendiendo. Los principios deben ser la esencia del buen comienzo, centro y fin de todo lo que hagamos. *Los principios son la base de todo carácter, intención y razón de vivir.*

Sabiendo esto se notara que el querer vivir bajo principio será una lucha, un pleito entre lo que generalmente se vive y lo que se piensa como común y esencial, entre el que vive por vivir y el que sabe vivir independiente de las circunstancias y emociones. Toda su visión, misión y existencia no nace de lo que otros dicen o quieren sino de lo que dictan el libro de las leyes y principios eternos.

Sabrá vivir, actuara no para sobrevivir entre tumultos emocionales y descontrol en objetivos sino tendrá una meta con claras pautas inquebrantables en el sendero de una vida exitosa no por los logros externos sino por la paz, tranquilidad y seguridad que existe en el corazón de quien sabe lo que hace por lo que tiene dentro de sí, principios tan poderosos que no le ayudan a sobrevivir sino a vivir felizmente con un sentido natural y no en lo que otros piensan o dicen de él, ni mucho menos de lo que dictaría los reveces de esta vida. Tiene un norte porque disfruta una brújula – los principios universales.

El Eje del Líder

Para conocer y saber si estamos viviendo gobernados, por principios eternos, debemos primero ver que es vivir sin principios. Una vida basada en lo circunstancial, hereditario y psíquico nos ayudará a comprender donde estamos. Analizar esto hará más clara la comprensión de este tema y si somos honestos a nosotros mismos nos dará un norte al cual seguir.

Estudiemos tres conceptos que rigen nuestra cultura moderna lo cual *no está basado en principios sino en ideas poco productivas hacia un bien superficial* y carnal pero que si prospera en obstaculizar nuestro destino.

1 - Carácter circunstancial:

Este tipo de persona tiene la idea de que su vida es el resultado de lo que le rodea. Proclama que es como es porque su esposa, esposo, padres etc., es así. Le echa la culpa a su familia, su esposo. El jefe tiene la culpa de cómo se siente porque el jefe la o le trató mal. **Su comportamiento está basado en lo que le hacen.**

Este tipo de personas es el resultado de lo que le dicen o hacen. La atmósfera de afuera de su entorno dicta sus emociones, pensamientos y carácter. Si el día esta lluvioso se imaginan que tendrán un desastroso día. Piensan que si les va mal es porque están malditos.

2 - Carácter hereditario:

Estas personas por lo contrario a las personas circunstanciales su carácter se ha formado con la idea que tienen una personalidad hereditaria. En otras palabras heredaron las características de sus padres. Tienen el temperamento que poseen gracias a sus antepasados. Sus caracteres giran en rededor de lo que piensan eran sus padres o abuelos.

Estas personas que tienen estos caracteres creen que su voluntad, su vida y su destino esta profetizado por lo genético. Cuando se le pregunta porque son así, expresan; 'mi padre no fue prospero por lo tanto yo seré igual a él.' 'Yo no puedo hablar en público porque nadie en mi familia fue orador.' 'Nunca podré ser un líder porque mi familia siempre trabajo bajo alguien.'

El Líder Gladiador

Además de todo esto al otro extremo no faltan personas en nuestro entorno que digan, 'eres igualito a tu madre'. Etcétera. Así se vive la vida hereditaria creyendo que no podemos cambiar porque así nacimos. ¡Qué mentira más satánica!

3 - Carácter psíquico:

Personas con este tipo de carácter creen que sus padres los dañó lo suficiente que su mente, voluntad y carácter está afectado. Su niñez fue formada por la actitud de sus padres, maestros o vecinos. La manera en que fueron creciendo impacto su destino. No pueden realizar nada por ellos mismos. Son dependientes del pasado.

Viven e inhalan el pasado como las pautas que determinan el paso a seguir. Ya tienen dentro de ellos un escrito que señala su futuro. Personas tales tienen un vivo recuerdo del rechazo. Su mente es fiel en recordar el abuso. Alguien se aseguró de compararlos con alguien que era mejor que ellos. Todo esto ha formado un concepto en tales personas que su carácter está fundado en arena que tarde que temprano estalla en desesperación y desaliento.

Si nos encontramos en alguna de estas características es más que seguro que no vivimos por principios, nuestra vida es una ola que nos lleva de aquí a allá. La inestabilidad es pan de todo los días. Estas personas no mantienen su empleo por mucho tiempo, solo piensan en correr cuando los problemas los asechan, se divorcian frecuentemente o no pueden mantener un hogar. Entre más viven socialmente tienen una vida deformada y todo al final es un problema. No son felices.

Si nos encontramos entre ellas, podemos dar un paso a la mejoría. Tenemos el poder de cambiar. Hoy podemos romper con esa inestabilidad - clara muestra de la ausencia de leyes que rijan la vida en general. Es posible lograrlo. Por lo tanto es de suma importancia que reafirmemos o empecemos a ser personas totalmente de principios, regidos por leyes divinas y universales.

El Eje del Líder

Líder Gladiador Carácter basado en Principios y Leyes:

Personas de principios y leyes son aquellas que reconocen que la naturaleza humana tiende a errar, sin educación y disciplina se ha desviado del sendero de la justicia, de la verdad y amor. Estas personas no culpan a nadie de la condición del mundo. Aceptan la realidad del desvío y buscan en la vida la ayuda para encontrar y sacar dentro de ellos mismos ese gigante escondido a vivir una vida basada en principios y leyes universales.

La vida del Pastor Rick Warren que vive en Estados Unidos de religión, Baptista sureña nos muestra una vida establecida en principios y los frutos de esa vida se dejan sentir en la política de nuestro país. "¿Quién es? Como pastor fundador de una de las mayores iglesias de EE UU, con una congregación de 23.000 feligreses en el condado de Orange (California), Rick Warren posee influencia moral y política en Estados Unidos y en todo el mundo. El libro que publicó en 2002, *The Purpose Driven Life* (*Una vida con propósito*), es la obra de tapa dura más vendida (40 millones de ejemplares en todo el planeta) en la historia de este país. Los predicadores poderosos no son nada nuevo en la política estadounidense – el reverendo Billy Graham dio consejos a presidentes, desde Dwight D. Eisenhower hasta George W. Bush-, y Warren parece perfectamente situado para asumir la responsabilidad en nombre de una nueva generación de votantes evangélicos."

"Warren permaneció neutral en las elecciones presidenciales del 2004, pero su recordatorio de que ciertos temas eran "innegociables" -el aborto, el matrimonio homosexual y la eutanasia- dejó claro su apoyo tácito a Bush. Sin embargo, el mensaje moderado del pastor, que subrayaba la realización personal e incluso asuntos tradicionalmente progresistas como la pobreza, el cambio climático y el sida, hace que resulte atractivo para mucha gente ajena a su base conservadora. Un foro televisado en agosto en su Iglesia Saddleback fue la primera ocasión en la que los dos candidatos presidenciales aceptaron compartir el escenario después de haber vencido en sus respectivas primarias. La estrecha relación de Warren con Barack Obama -han aparecido juntos para hablar del sida- ha suscitado la ira de la derecha, pero el pastor Rick piensa a largo plazo..." – (http://www.mdzol.com/carta-lector/101577/)

Hombres de este calibre necesitamos que no solo crean en principios, sino que se mantengan con ellos y que su influencia se sienta en todo ámbito, ultimadamente esa es la meta de todo líder religioso. Estas personas pudieron tener un pasado que golpeo sus facultades intelectuales, emocionales, espirituales o aun físicas pero cuando aprendieron el estilo de vida basado en principios encuentran un mar de oportunidades, una montaña de verdades que traen libertad a la conciencia, poder al corazón para intentar esa vida nueva en el éxito del deseo buscado. Nacen de nuevo y se aventuran a tener otra vida exitosa, en lo que son para lograr lo que quieren.

Las personas de éxito, prosperidad y buen ejemplo en la historia con este estilo de vida cuando se analiza sus vidas es visto de manera clara que sus intenciones, palabras y acciones estaban basadas en leyes y principios que gobiernan a todo individuo que busca el bien propio en términos de un carácter intachable y progreso de la humanidad.

Buenas intenciones – malos Fundamentos:

Al obtener y comprender los principios estaremos en la condiciones de responder a muchas preguntas que invaden la mente como líderes. Me he encontrado con muchas personas, instituciones, empresas, iglesias maravillosas que tratan de mejorar la calidad de su vida, buscando grandes resultados. Sin embargo he visto como ellos han tratado de lograrlo con enfoques incorrectos aunque investidos de sinceridad buscan mejorar sus relaciones y producciones de manera equivocada. Así dice el libro antiguo: "Hay generación limpia en su opinión. Si bien no se ha limpiado su inmundicia." - Proverbios. 30:12. ¿Por qué? Porque la enseñanza no empieza por fuera sino interiormente, allí está el campo más descuidado, un grande lugar que jamás dejara de existir como el centro de todo lo posible en la vida tanto bueno o malo, lograr la experiencia que deseamos ver en otros nace dentro de nosotros mismos si deseamos tener fundamentos estables.

Las buenas intenciones se forman por la información que introducimos en mente, depende de nuestra educación. Gente

El Eje del Líder

que nos influencia. También puede adquirirse por la lectura de buenos libros, escuchar un buen sermón o una presentación motivadora, carismática. Pero la ironía es que todo aquello que despierte las mejores intenciones si no se practica, remplazara un carácter que esté basado en emociones pasajeras. Cada semana tienen que ser como inyectadas y siempre están enfermas. No sanan porque nunca buscan la raíz de su problema. Estas personas no caminan al cambio después de una buena intención tropezaran otra vez. Personas tales dicen al terminar un lindo libro, escuchar un lindo sermón o presentación motivadora. "Qué lindo estuvo todo esto", así regresan como siempre *a su linda* y antigua manera de vivir. No hay cambios solo lindas y buenas intenciones.

El Doctor Sthephen R. Covey escribió: "Intentar cambiar una organización o un estilo gerencial sin antes cambiar los propios patrones de comportamiento, equivale a intentar perfeccionar nuestra forma de jugar al tenis antes de desarrollar los músculos que posibilitan los mejores golpes de raqueta. Ciertas cosas preceden necesariamente a otras. No podemos correr antes de caminar, ni caminar antes de gatear. Tampoco podemos cambiar nuestro estilo gerencial sin antes cambiar nuestros hábitos personales."

Buenas intenciones son pasajeras en la mayoría de las personas. Ejemplo de esto es cuando en ocasiones se decide comenzar una nueva dieta, los primeros días la emoción gobernó y nos pusimos a comer mejor y hacer ejercicio. ¿Pero cuánto duro esa buena intención? Oh alguien nos recomendó ir a una presentación de liderazgo, vamos y salimos de allí pensando que tenemos un gran potencial y debemos actuar en base a ello, prepararnos y ser lo que se nos enseñó hacer. De igual manera empezamos a leer un libro. Iniciamos cambios en la familia, el trabajo, eso es todo. Deseamos o intentamos. ¿Después de eso cuanto logramos? ¿Por qué dejamos de seguir en ello? ¿Qué paso con la buena intención? ¿Dónde está la información que dijo que tenemos potencial? Se disipó porque tenía mal fundamento, no hay principios y leyes que gobiernen nuestra vida si no están arraigados en nuestros deseos, pensamientos y actos.

"La verdad del asunto es que siempre sabemos lo correcto que hay que hacer. Lo difícil es hacerlo." - *Norman Schwarzkopf*

Todo este conocimiento adquirido sigue allí en mente, pero sin fundamento es como nubes que vienen y se disipan con cualquier viento. No hay principios, valores que impulsen y permitan la consistencia entre el deseo y la acción. En breve entonces el fracaso de tantas personas, especialmente los líderes no se debe a otra cosa más que a la falta de depender de leyes únicas y universales - perseverancia, estabilidad, consagración a lo recto, justo y verdadero.

El punto aquí es que los buenos principios son como una roca, hacen que las personas sean estables, puedan como el águila volar alto pero con sentido. Los principios hacen que las personas no solo tengan conocimiento sino que logran si así lo permitimos resultados persistentes y sobre todo estables en todo asunto de la vida. "Quienes se adaptan bien a los medios cambiantes **poseen, por lo general, dentro de sí mismos un marco de valores inmutables, y se comportan de forma congruente con ellos,** esta integridad estimula su autoestima y les brinda un sólido cimiento de seguridad en el cual se basan para lidiar con las circunstancias cambiantes". Expresó - Sthephen R. Covey. Personas tales, su regla es caminar por la razón, lo correcto, obteniendo grandes consecuencias a largo plazo basado en los sagrados principios. Rotundamente no se dejan regir por las circunstancias o emociones que traen buenas intenciones pero nada o poco resultado.

Un interior, el centro de la vida basado en principios **tiene el poder de dirigir** a una vida, familia y sin duda alguna una organización. Es posible dejándonos influenciar y gobernar por ellos, formarían en nosotros una fuente de poder, sabiduría y experiencia que nos llevaran tan lejos como Jhon F. Kennedy en EE.UU, decididos como Malala Yousafzai en Pakistan y productivos como El apóstol Pablo en el mundo que le toco vivir como misionero, líder y escritor. Intrépidos como Martin Lutero en la edad media. Madre Teresa manifestando la ley de la bondad de manera internacional.

Necesario y no una opción es que evitemos ser personas, organizaciones con buenas intenciones, pero malos fundamentos ya sea por *no tener* principios o *no aplicar* lo que si sabemos. ¿Entonces cuál es la fuente de tal estilo de vida? Principios, leyes y valores tan profundos como el mar, anchos como el universo y estables como el sol y la luna. Serán siempre una fuente de vida y poder para el que los posea.

El Eje del Líder

La fuente de todo buen principio.

Los principios que deben formar nuestro carácter y regir nuestra personalidad están basados en el mandamiento que dicta: "Amarás a tu prójimo como a ti mismo". - Mateo 22:39. El amor es la fuente de todo buen principio. Notemos que el mandamiento dice que debemos amar a nuestro prójimo.

Preguntamos, ¿Entonces quien es nuestro prójimo? Nuestro prójimo es todo aquel que nos rodea. Nuestra familia, nuestros compañeros de trabajo, colegas en los negocios, en el emprendimiento etc. La sociedad en que vivimos. Cada cultura. Toda nación entra en el término prójimo. Debe saberse que este prójimo aquí cubre a nuestros enemigos también. Todo el que respira que nos hace bien u obra mal contra nosotros él también *es* nuestro prójimo. La escritora White escribió: "La verdadera religión lleva a cabo los principios de la ley de Dios: amor a Dios y al prójimo." Así que la base del paradigma aquí presentado es la antigua y eterna verdad del amor. El amor es la fuente de todo buen principio tales como los siguientes, pero no limitados a la posterior lista:

- Justicia.
- Integridad.
- Rectitud.
- Bondad.
- Honestidad.
- Confianza
- Paciencia.
- Humildad.

Así plantamos los principios de la verdad en nuestra alma y revelamos los principios correctos en nuestro carácter. Estos principios mencionados aquí debemos comprender que no son cambiables. Nacen del amor, el amor es Dios y por lo tanto son eternos. No son emociones ni deseos. El amor no renuncia al deber, expresa "hágase tu voluntad" en los momentos más cruciales de su misión. Todo lo contrario, ellos (principios) si se les permite gobiernan el pensar de toda persona. Ellos no decretan solo muestran el sendero a seguir. Su trabajo de ellos es evitarnos gozar hoy y lamentar mañana. Por naturaleza su deber es traer amor, felicidad, paz, prosperidad y madurez a largo plazo, como resultado final un hombre "perfecto, instruido para toda buena obra". – Pablo.

Debe evaluarse nuestro vivir y ver si vivimos en esta atmósfera de principios. No aplicarlos y depender de ellos trae confusión y desorden en el carácter del individuo. Estos principios son una cadena y engranaje que fusiona un carácter y personalidad envidiable. Los principios hacen a unos firmes a lo recto, aunque esto involucre la deshonra, la pérdida del trabajo, posición y aun la perdida de la vida, etc.

Copérnico escribió en De Revolutionibus Orbium Caolestium, - "Atribuirle movimiento a la tierra puede parecer absurdo a quienes durante siglos han aceptado que la tierra está situada en el punto central del universo y es inamovible. Pero no me acobarda las críticas de ningún hombre. A través de prolongadas y frecuentes observaciones y siguiendo un conjunto de principios inmutables, he descubierto no solo que la Tierra se mueve, sino también que cada uno de los órdenes y magnitudes de todas las estrellas y esferas, y más aún, los mismos cielos, están tan vinculados entre sí que en consecuencia, nada podría salirse de su sitio en ningún lugar sin producir confusión en todas las partes del universo en su conjunto."

Esta verdad descrita por Copérnico es aplicable también al hombre quien es parte del universo, el no entregarnos consagradamente a estos principios, leyes y valores traerá confusión a nuestra vida, ministerio, organización tal y cual ocurriría si una de las cosas creadas dejaran de obedecer a los santos principios del universo. Como base el amor es el centro del eje de principios y leyes que debe gobernar al hombre. Fuera de ello estaríamos excavando para nuestro propio entierro, la muerte en lo que concierne al liderazgo y no dudo la vida privada y personal.

El principio que todos debemos aplicar:

Uno de los primeros principios que debemos evaluar es el principio que *"todo empieza en uno mismo"*. No podemos amar a nuestro prójimo a menos que nos amemos a nosotros mismos. Entonces una persona de éxito, líder, ejecutivo, ministro, directivo, presidente eficaz refleja siempre madurez en estado de "continuo". Su progreso constante se llega a marcar con

El Eje del Líder

victorias privadas porque aprende la lección que, para llegar a ser grande, primero debe ser pequeño y para triunfar en público debe primero triunfar en privado. "Primero digámonos a nosotros mismos lo que queremos ser, entonces hagamos lo que tenemos que hacer". – Epictetus.

Mahatma Gandi su gran historia comenzó consigo mismo, obtuvo primero una victoria privada para disfrutar una pública. Allí está la clave de grandes, triunfadores, aprendida será nuestra también.

El comenzó con sí mismo. Él se propuso. Él quiso y pidió o sea avanzo a una vida pública porque fue fiel a su vida privada. Todo es progresivo así los malos rasgos de carácter como los hábitos buenos. No puede pedirse una vida regida por principios a otros a menos que su propia vida lo esté.

La razón principal porque debemos empezar con nosotros mismos, todo cambio y visión para con otros es porque por naturaleza nosotros mismos somos los primeros que necesitan un cambio radical. Si ya estamos en el sendero de vivir por principios entonces necesitamos ser renovados constantemente.

Necesitamos vidas que cambien primero por dentro. Que sean radicales con ellos mismos. Que gobierne la disciplina, el amor, la paz en ellos. Hombres y mujeres que sepan que liderazgo empieza con ellos, adentro. Allí es donde debe primero existir la victoria.

Personas tales obtienen primero victorias internas, privadas en lo íntimo de sus almas sabiendo que obran por principios no por emociones, ni mucho menos bajo las presiones que hoy están robando a un sin número de hombres y mujeres la victoria a largo plazo por obtener satisfacción instantánea, su peor derrota. El que empieza todo con si mismo tiene el poder de ejercer el principio que; *"nada producirá eternos resultados a menos que su propia vida sea el campo a cultivar primero"*. Las cosechas después de cuidar su propia parcela - su corazón, su mente, su alma, son grandes, abundantes y reproductivas. Cuando una persona trabaja consigo mismo primero, logra una experiencia que nadie podrá quitar, robar o destrozar, porque esta persona ha puesto un inmovible fundamento.

"La verdad no necesariamente está del lado de quien habla más fuerte". – **Tagore**

El Líder Gladiador

Líderes eficaces son aquellos que aprenden que nada tendrá poder en lo que intentan presentar a otros a menos que ellos mismos lo hayan experimentado. Si no conocen lo que desean implantar en otros ellos buscan informarse, lo ponen en práctica, vencen primero ellos los obstáculos que otros han ignorado y sobre todo practican e implementan aquellos estatutos que indiferentemente han sido burlados por la mayoría de personas y líderes hoy. ¿Cómo sé que lo que digo es tan cierto como el día y la noche? Lo sé porque lo vemos en las noticias diariamente de cómo grandes líderes de organizaciones religiosas, empesas y estatales han fallado a su cometido.

Esta verdad es vista frecuentemente en amoríos y adulterios de pastores, desfalco de dinero en los grandes cargos de nuestra nación. Todo esto testifica que los títulos no señalan ni es garantía de que tales individuos son personas de principios. Tenemos al pastor Rober Folkenberg quien en 1999 falló a la ley de la honestidad demostrado en un gran desfalco en el mundo adventista tanto que tuvo que renunciar a su posición de presidente de la Conferencia General de Los Adventistas del Séptimo Día. Evangelistas y pastores como Lee en 1995 y Jim Baker en 1987 en el mundo protestante por ser infieles a los principios y leyes de la moralidad. En el mundo estatal tenemos a Bill Clinton ex presidente de la nación quien se lo encontró mintiendo a toda una nación, en esencia fue fiel a la mentira hasta que no pudo esconderse más, así fue infiel a su matrimonio en 1998 en el caso Lewinsky. Eliot Spitzer en el 2008 ex gobernador de Nueva York acusado y conectado con la prostitución, - "Quien cimentó su carrera profesional en la rectitud moral y en la lucha contra la corrupción y las irregularidades financieras, siendo conocido en sus ochos años de fiscal como el 'sheriff de Wall Street' y 'Mr. Clean' (señor limpieza)." – (Nortecastilla.es)

Es el carácter que manifiestan en su trabajo en público que demuestra que tan bien la persona ha trabajado en su vida privada y cuan fiel es a los principios reconocidos y establecidos por el universo en la vida de cada individuo, lo reconozca o no está sujeto a la verdad que, 'cosecharemos lo que sembramos'.

El Eje del Líder

Los principios - una segunda naturaleza:

Entonces afirmamos que si usted se pregunta: ¿Cómo puedo balancear mi vida personal con la pública y sobre todo profesional? ¿Cómo mantener el control, dirigir a la gente y al mismo tiempo permitirles la libertad que necesitan para ser efectivos en sus deberes? ¿Qué me dará seguridad sin sentirme amenazado por supuestos rivales? ¿Cómo disfrutar el éxito y progreso de otros sin molestarme? ¿Cómo hacer todo, bien y en su tiempo, sin ser dominado por las presiones de esta sociedad? ¿Qué me dará la bendición de obtener tanto personal, familiar y organizacional - calidad total? Una es la respuesta. Conocer, comprender y aplicar los principios, leyes de origen divino – implementados por una segunda naturaleza.

Los seres humanos nacemos con una naturaleza la cual es reflejada en nuestra personalidad. Tendemos a caminar por los deseos. La mente cede a lo fácil. Es natural vivir dentro de las emociones negativas y malas. La envidia se ve constantemente. Los celos son gran parte de nuestro vivir. La rivalidad nos invade en la mayoría de los casos.

Nos vemos entonces necesitados de implantar *una segunda naturaleza*, esa que no nace con la que nos trajo a este mundo. Esta segunda naturaleza viene de una posibilidad y oportunidad que provee la providencia. Dios que rige un universo que hasta hoy después de 6,000 años sigue sorprendiendo a los científicos. Naturaleza que trae, establece y nace en hechos, leyes que traen estabilidad y propósito de existencia. Esa naturaleza, aunque tiene su fuente en lo divino, es integrada por nuestra propia elección. Ella está basada en principios que obran contrario a nuestra naturaleza común, y decidida por nosotros y sí puede proveer un total nuevo estilo de vida.

La naturaleza que sugiero es una que tiene su base en leyes universales que dictan un mundo nuevo. Amor en lugar de odio. Paz en lugar de ira. Seguridad, confianza en lugar de temor, desconfianza. Propósito contrario a inestabilidad. Emprendimiento en lugar de la mediocridad y quejas, criticas. Productividad en lugar de consumismo.

Repito y compréndase que la nueva naturaleza como personas y líder es una engendrada *por nuestra propia elección,* es *la decisión* de *renacer* nuestra voluntad y así *reanudar* nuestra imagen. La personalidad fundada en rocas y fundamentos de cemento en el carácter surge de leyes, principios y valores que reconocemos, escogemos y decidimos aplicar, allí nace el nuevo ser. Esta segunda naturaleza proyectada por nuestra propia decisión y deseo es establecida por iniciativa nuestra y muy consciente. Este estilo de vida traerá guía segura. Proveerá la sabiduría no para tratar sino obrar el bien. Fortalecerá nuestro carácter. La vacilación será desarraigada y firmeza y constancia establecida.

Lo más interesante es que esta naturaleza nace en nuestra mente. Es fomentada por nuestra voluntad. Crece por el ejercicio continuo del buen pensar. Los intereses internos se alinean con el pensamiento. De esta forma en todo deseo, idea y acción hay equilibrio. Así nuestra personalidad allá gracia entre el hombre y Dios. Las posibilidades se acrecientan porque nace una nueva imagen y establece carácter con propósito y destino. El destino más bello de alguien con estos principios integrados en su segunda naturaleza es hacia el bien y productividad.

Eje de toda verdadera dirección:

La mayoría de líderes fracasan porque constantemente están aplicando tácticas emocionalitas, sensacionalistas del momento llegando a ser como un hombre sin pies, con un cuerpo sin corazón, con cabeza pero sin cerebro. Logran casas por así decirlo, muy atractivas pero cuando el viento golpea se dan cuenta que no tenían fundamento. Actúan como ruedas pero lamentablemente sin eje. Así se preparan para ser beneficiados y no beneficiar, buscan como aprovecharse de otros dando rienda suelta al egoísmo con la sanción de programas de crecimiento personal, basado en el "yo debo ganar y tú debes perder". Claro no lo dicen audiblemente pero sus acciones lo gritan.

Estas personas no tienen eje pero si un enfoque a lo rápido, burlándose de las leyes, principios y ética siempre y cuando sean recompensados con algo de manera instantánea, aprobado por conceptos que tarde o temprano desaparecen porque no cuentan con fundamento - los principios eternos, el eje que rige al verdadero líder.

Los principios, concibamos son el eje de toda verdadera dirección. Los principios son leyes naturales que rigen en el

El Eje del Líder

ámbito espiritual, emocional, social y profesional en todo sentido de la palabra, no hay excepción. Sin embargo por habernos alejado de la fuente de toda sabiduría, buena voluntad y amor hemos sido enmascarados en una naturaleza egoísta, carnal, subyugando nuestra personalidad a una vida sin principio y propósitos errados que carcomen el amor y servicio al prójimo.

En un lenguaje figurado el escritor Sthephen R. Covey escribió que: "**Solo crece lo que ha sido regado. El liderazgo centrado en principios exige que las personas "trabajen en granjas" sobre la base de los principios naturales de la agricultura, y que sitúen esos principios en el centro de sus vidas, sus relaciones, sus acuerdos, sus procesos gerenciales y sus líneas de acción.**"

Es triste pero cierto muy pocos son los beneficiados por los principios, porque son pocos los que se han encontrado con ellos y utilizado inteligentemente. *Si nuestros líderes en general fueran hombres de principios nuestras iglesias, instituciones y organizaciones serian una montaña estable y árboles productivos.* Por la falta de esto en nuestras instituciones, tenemos como resultados tantos fracasos. Una ineficiente representación de lo que decimos ser. Hipocresía de la peor clase y así los "necios sostendrán ignominia". - Proverbios 3:35. Este es el triste resultado de los que descuidan o desprecian los principios, porque tales principios son de aplicación universal. Ver el fracaso de alguien en cualquier área no es más que el resultado de la desobediencia a alguno de ellos. Dios no creo seres fracasados solo grandes posibilidades y la realidad de ello es que está en nuestras propias manos.

Stephen R. Covey explico: *"...si uno se concentra en los principios, confiere a quienes los comprendan el poder de actuar, sin tener que estar conduciéndolos, evaluándolos, corrigiéndolos o controlándolos constantemente. Los principios son de aplicación universal. Y cuando son incorporados como hábitos, dan poder a la gente para crear una amplia variedad de practica con las que resolver diferentes situaciones."*

Démosle una nueva dirección a nuestra vida. Busquemos beneficiar a la humanidad. Busquemos, dependamos de ese eje de toda buena dirección. Ese es el deseo del cielo. "Dios desea el servicio voluntario de nuestro corazón. Nos ha dotado con la facultad de razonar, con talentos que nos capacitan y con medios e influencia que han de ejercerse para el bien de la humanidad...*La verdadera religión lleva a cabo los principios de la ley de Dios: amor a Dios y al prójimo.* (Review and Herald, 14-2-1888).

Vivir por principios requiere un cambio de conceptos:

Vivir por principios equivale a aceptar que habrá cambios de conceptos, ideas, costumbres y hábitos. Esta es la ley de la consecuencia. Si nos damos cuenta que no estamos donde quisiéramos estar es porque no hemos iniciado la práctica de alguna información, deber y responsabilidad. No se puede vivir *en* principios si no se reconocen. Y si se reconocen deben tener no sólo la cabida en uno como buena información moral sino darle el poder de llevarnos a un cambio de conceptos, así de ideas y sin duda de prácticas que formaran nuevos hábitos, si hábitos que en consecuencias formaran un mejor carácter y ese carácter forjara un destino, **ese es el poder de los principios en la vida de todo ser humano**. Un nuevo concepto, un nuevo habito, un nuevo carácter. Una total NUEVA PERSONA.

Este cambio de concepto el vivir por principios, leyes y no de emociones, ideas vagas tiene la inclinación bien dispuesta a progresar de lo peor a lo mejor. Si hoy no nos proponemos establecer principios en nuestro carácter no podremos producir esa personalidad que tanto añoramos. Intentarlo requerirá una nueva manera de pensar pero intentarlo y hacerlo tiene el poder de renacernos.

Este tipo de cambio provocará nauseas mentales porque engendrará una mentalidad diferente, nueva a lo que en general se acostumbra. Sin embargo, esta decisión de vivir por lo que dictan los principios nos pondrá donde veremos y actuaremos en una altura que provee la ventaja de saber que en términos eternos será fructífera.

Llegar al punto de cambio es matar un hombre y resucitar a uno nuevo - así lo expreso un gran líder: "A que *dejéis la pasada forma de vivir, el viejo hombre* que está viciado conforme a los deseos de error." - Efesios. 4:22. Trae dolor porque contrariará lo común tanto psíquico como social. Esto es lo que muchos evitan, aunque sepan lo que se requiere de ellos. Así contentan con una charla emotiva o libros de índole carismática y novelera. Viven en castillos falsos y fortalecen una vida mediocre. Por lo contrario, personas nuevas en conceptos buscaran esa librería de libros, aquellos escritos que proveerán principios y sabiduría duradera. Entendiendo que "...los principios no son prácticas". - Sthephen R. Covey. Los principios son conocimiento que regala base, dirección y provoca prácticas, acción con sentido. Estas personas escucharan e invertirán en toda charla, presentación que contribuya a su conocimiento, crecimiento personal basado en principios que transforman.

La persona que ha llegado al punto donde debe evaluar su posición al destino es cuando entiende que debe pedir permiso y no lo hace. Debe amar y lo ignora. Perdonar a su enemigo y lo evade. Ese momento donde en lugar de decir NO dice SI por inclinación emocional. En otras palabras en nosotros *esta* la oportunidad *de saber cuándo* nos hemos alejado del verdadero eje / carácter. Tal vez nunca hemos tenido el privilegio de saber, entender para lo que hemos sido creados. Entonces allí está la oportunidad de recrear nuestra imagen, nuestra persona en el cambio de concepto. El apóstol escribió, "...Cada uno esté plenamente convencido en su mente". - Romanos 14:5. , "*Renovad* la actitud de vuestra mente" - Efesios 4:23. Por lo tanto es importantísimo recordar en este proceso que: "Es frecuente que no podamos asumir un nuevo paradigma mientras no hayamos abandonado el viejo". - Sthephen R. Covey.

Nacer de nuevo, hombre nuevo empieza en su propia ciudadela, la mente. Sus deseos se alinean con los principios o se desechan conforme se vea necesario según lo dicten los principios impregnados en este nuevo **archivo o paradigma** por el cual gobernarse. El milagro más grande es aquel cuando tomamos la decisión de implementar, establecer o ser fieles a los principios que dictan un sendero aunque poco transitado pero con seguros resultados. A esto se refiere Pablo al decir: "*Vestir* el nuevo hombre..." - Efe. 4:24. El cambio es indispensable. Lo que se piensa se cambiará, **así el vocabulario no dirá trataré, sino que, lo haré**, las emociones dictaran una cosa, pero es un hecho que a esta etapa los principios gobernaran el deber y responsabilidad, no las emociones, personas, gustos, avaricia, cohecho, influencia de otro, deseos, ideas, ni las circunstancias.

El Lider Gladiador

Teniendo esta base, podremos seguir edificando:

Personas de principios cumplir con lo recto y justo es su blanco siempre. La justicia será el sendero a caminar. No habrá más vacilación en lo que se debe hacer. No importa la posición que ocupemos. Desde estar en el departamento de limpieza hasta ser el ejecutivo a cargo, se hará lo correcto, lo justo y todo lo que beneficie. No obraremos por lo que tienden nuestros sentimientos. Ni por conexiones familiares o amistad sino por lo que dicta la justicia, tanto en aumento de salario como el barrer debajo del sofá. Las acciones serán hechas no por lo que sentimos o el dólar recibido sino por la convicción de realizar siempre lo justo y recto. Tener tal personalidad requiere constante edificación de carácter. Un carácter tal no nace, se hace, se edifica, se forma. En este sendero no hay fin. Se expreso en este contexto, "Mas la senda de los justos es como la luz de la aurora, *que va en aumento hasta* que el día es perfecto". - Prov. 4:18.

Un líder en este estado obra por lo que sabe debe hacer, decir y obrar no por sus sentimientos sino por lo que sabe debe vivir. Si desconoce lo que desea y debe hacer, aprende. Siempre está buscando ser lo que requiere su posición o responsabilidad. Simplemente es lo que esos principios dictan. Entiende que al amar a Dios, **lo lleva amarse asi mismo, amar a su prójimo, la humanidad**. De manera *continua* crece a la altura que desea llevar a otros.

La vida al permitirnos existir nos dio el material, el conocimiento y voluntad. Nosotros debemos ser los constructores. Aquí es donde muchos se desaniman, desean que este cambio de carácter ocurra por un milagro. O piensan que con la lectura de un simple libro podrá, renacer una imagen. No, nada de esto. La transformación lleva tiempo y mucho trabajo. La belleza de esta construcción toma su proceso y al final trae grande paga. El carácter llega a ser simétrico con mucha consciencia y dedicación. La empatía y humanidad viene a ser real y no hipócrita. La honestidad e integridad es manifestada. Una persona tal vale la pena en cualquier puesto. No olvidando que tiene su proceso y vive en "continuo" a aprender y desaprender para cumplir el propósito para el cual fue creado.

Luz que va en aumento hasta que el día es perfecto, la vida y misión logra su perfección. Siempre estará perfeccionando sus caminos.

El mapa que te dice cómo llegar, no te puede llevar:

El eje entonces de todo pensamiento y hecho tiene como base principios que obran como verdadera brújula, tan claros como el sol y la noche expresa su existencia bajo la rectitud, justicia, integridad, bondad, honestidad, confianza, equidad, paciencia, humildad, y sobre todo amor la fuente verdadera de todo bien. Si alguno de estos principios llegara a faltar, el hombre, la familia, la iglesia, la organización o empresa estarán des - balanceadas y sin duda alguna habrá desconfianza, temor y falta de comunicación productiva trayendo un caos en nuestra vida personal e interpersonal. Oh cuán importante para nuestra prosperidad en todo sentido es el someternos a los principios y leyes universales.

Entendamos entonces que los principios son un mapa en nuestra vida, no el camino, no el pasajero. Los principios son como el mapa de un país que muestra la dirección a seguir, señalan donde están las principales ciudades, autopistas y calles pero aunque tiene esta buena información para no perdernos, de nada servirá si no la usamos, si no seguimos su dirección. De igual manera los principios no podrán dirigirnos si no los invitamos a ser parte de nuestro diario vivir. Nosotros tenemos el poder de usarlos o ignorarlos. Usar correctamente los principios nos proveerá éxito y prosperidad.

Muchos de nosotros tenemos esos mapas, tenemos el entendimiento de lo que es correcto. Esto es demostrado en *las luchas* que enfrentamos con emociones y deseos. Cada vez que nos cuestionamos si debemos o no realizar esto o aquello es señal que la información de lo que se debe hacer basado en los principios está allí en nosotros, el mapa está allí presente. Sin embargo en muchas ocasiones *preferimos* perdernos en lugar de aceptar nuestra ignorancia echándole un vistazo al mapa o pararnos y preguntar si vamos en buena dirección. ¿es este el camino basado en principios?

Demasiada gente vive perdida aun teniendo el mapa y todo porque no sabe usarlo o no quieren usarlo. Así es, debemos no solo saber que hay principios los cuales deben regirnos sino que debemos estudiarlos, comprenderlos y saber aplicarlos. Toda buena información tiene poder cuando es recopilada se sabe y usa. "Ten el consejo no lo dejes. Guárdalo, porque eso es tu vida." - Prov. 4:13, dice el libro sagrado.

Personas de principios filtran las críticas, no se dejan dominar por ellas:

Es común en este sendero que seremos criticados. La mayoría de la gente se siente incómoda al vernos manifestar principios. Al no poder hacer otra cosa se ponen a criticar cada palabra, paso y acción que hagamos. En tal vida es importante lograr una buena autoestima, tener en claro en nosotros mismos **del porque hacemos** lo que hacemos y como lo hacemos. Las personas eficaces en todo sector de la vida son personas de principios, **ellos logran no evadir las críticas sino las filtran regresando a los cimientos de su conducta.** En otras palabras, las críticas son recibidas, filtradas por lo que se sabe. Son analizadas bajo los dictámenes de la justicia, integridad, honestidad y amor.

Si tal persona erró exclama "he hecho lo malo delante de tus ojos". - Salmos. 51:4. En tal circunstancia se fortalece buscando ser mejor. Hace todo por corregir el mal. Supera el error y llega a ser más experimentado y capaz de discernir el camino y acciones que debe evitar y cuales seguir. Toda persona de principios, leyes y estatutos al ser criticada declara a cada paso de su vida, "Enséñame tú lo que yo no veo. Que si hice mal ya no lo hare más." - Job. 34:32. Las críticas son usadas para su bien, son peldaños de crecimiento, son una palanca para brincar de una posición a otra mas elevada. Jamás se desanima por las críticas al contrario sabe que ellas son una medida de que está haciendo algo. Cuando nadie te critique preocúpate ya que el que no hace nada, nada le dicen.

La conciencia el mejor amigo de los principios:

Todo verdadero líder gladiador reconoce que cuando su conciencia lo lleva a preguntar, ¿estoy haciendo bien? ¿Honro a mi Dios y prójimo con esta conducta? ¿Hago esto en beneficio de mi familia, iglesia, empresa, organización por principio o porque lo hago? Debe saber que está a punto de comprometer sus principios. Si los ha sacrificado debe entonces actuar inmediatamente a recordarlos, recuperarlos y superar lo que su conciencia le está indicando está haciendo mal o estaba a punto de hacer.

"La clave para obrar de adentro hacia afuera, el paradigma de la grandeza primaria, consiste en educar y obedecer a nuestra conciencia, ese don humano exclusivo que distingue la congruencia y la disparidad con los principios correctos y nos eleva hacia ellos." - Dijo, Stephen R.Covey.

De esta manera entonces el mensaje de este capítulo es: Caminad y obrad siempre por principios y leyes. Este es el único eje que permitirá una vida exitosa estable. Los que reconozcan y permanezcan fieles a los principios tendrán la capacidad, conciencia en acción positiva de enfrentar toda desventaja y sobreponerse a los reveces de la vida. Personas tales ejercerán fe hasta el fin. Serán seres establecidos, equilibrados y fructíferos. Vencerán la tentación, el mal obrar, la impaciencia y deshonestidad en todo.

Lograr una conciencia capaz de dirigir las decisiones de nuestra vida requiere educación y fiel disciplina. Stephen R. Covey lo expreso así: "Así como la educación de los músculos y los nervios es vital para el atleta y la educación de la mente lo es para el erudito, la educación de la conciencia es vital para la grandeza primaria. Pero adiestrar la conciencia aun demanda aún más disciplina."

En conclusión, la temática aquí presentada se encierra en que tal persona, aquella de principios, *obrara por lo que es y no por lo que siente y opinan de él*. Todo pensamiento, palabras y acciones entonces nacen desde el punto central de nuestra alma y tal será el resultado. El eje de la vida floreciente son los principios y leyes eternas que harán de nosotros esas personas altamente poderosas y productivas en todo bien.

Preguntas para reflexión y aplicar:

¿Es su carácter basado en principios y valores correctos?

El Lider Gladiador

Escriba 5 principios que gobiernan su vida
_____
_____
_____

¿Cuáles son los valores que usted posee?
_____
_____
_____

¿Qué principios y valores integrara para ser mejor persona?
_____
_____
_____

Organización Personal

Toda institución es personas:

Organización general es otro de los puntos importantes que debe tener lugar en nuestra agenda. Así como debe haber en cada institución organización, no podremos crecer con ella a menos que entendamos que toda "organización" se compone de gente, personas. Individuos que sin duda alguna deben ser organizadas para lograr una *organización*.

Todos debiéramos entender este concepto pero lamentablemente se dijo en el pasado que solo, **"algunos tienen el don divino de la organización"**. - Alza tus ojos pg. 271. Aunque esto es una realidad que pocos son los que tienen ese don, no es porque todos no pueden si no porque no quieren. Sin embargo si no tenemos ese don, la noticia es que podemos aprenderlo, desarrollarlo y aplicarlo. Lo que no se tiene pero se piensa se puede adquirir y poseer.

El concepto aquí compartido es que si *nosotros mismos* no somos organizados tendremos no una organización sino una *desorganización completa*. Es imperativo entonces buscarla y una urgencia aplicarla. Esta idea crea la necesidad de saber qué organización personal es altamente esencial para el éxito de todo individuo, familia e institución.

Estoy convencido que muchos hombres y mujeres en el área del liderazgo han caído, fracasado y se han frustrado en la organización donde trabajan o en su vida personal porque NO son personas organizadas. Así que estudiemos que el orden es imperativo de índole divina para tener éxito.

El orden es divino.

Dios es organizado. Es comprobable en su organización universal, lo que impele ser reflejado en sus criaturas. Todo hijo del universo, de la vida, de la verdad debe manifestar conscientemente orden. El orden es un principio común, universal.

Es interesante notar que Dios hizo el mundo con su poder pero puso todo en orden *con su saber*. Como humanos Dios nos ha dado el poder de poder realizar las cosas, proyectos y cualquier visión. De igual manera es importante entender que es con el conocimiento, **con el saber que podremos ordenar nuestra vida o mantenerla** en ella y con nuestro poder – voluntad implementarlo. Este conocimiento entonces debe ser adquirido.

Si el Creador es detallista en el universo en su creación, ¿creen queridos amigos que el universo espera algo menos de nosotros sus creaturas? Claro que no. Por experiencia puedo decir que muchos hemos fracasado por falta de esto. Profesamos ser hijos del universo y a la misma vez somos las personas más desordenadas en la vida. **La verdad es que su vida personal, en casa y su oficina dice mucho del orden que hay en su mente.** Y como esta su mente así sus acciones.

La experta en temas sobre cómo organizarse, Ronni Eisenberg dijo: ***"Organización es ser capaz de encontrar lo que estás buscando - terminar las casas - estar en control de tu vida."***

Es un asunto personal pero tiene como resultado dividendos externos, nuestra vida para con los demás y lo que nos rodea. Involucra individuos y estos una organización que mantiene y tiene el control. Si no podemos tener la vida en orden como esperamos manifestar el orden del universo. La idea de organización personal es divina. Tanto el deseo como el implementarlo nace con ese poder que nos creó y con nosotros debe ser manifestada y termina.

Indudablemente debemos comprender el concepto de "organización personal". Nosotros que creemos o pertenecemos a una institución, organización o denominación debemos implementar sin tardanza organización personal ***primero***, la cual es la base de una organización estable y fructífera. En otras palabras el futuro de nuestra "ORGANIZACIÓN, EMPRESA, IGLESIA" depende de cuan organizados seamos como individuos, líderes y ejecutivos. ¡La organización empieza con la persona no con el producto, servicio o sistema!

Organización Personal

El éxito tiene sus condiciones:

"El éxito sólo puede acompañar al orden y a la acción armónica". - Profetas y Reyes pg. 393.

De acuerdo a esta cita se muestra dos palabras importantes, como hermanas, gemelas diría yo. Orden y acción. Orden debe ser la primera palabra a considerar. Palabras que ayudarían a comprenderla, sinónimas es ley, alineación, regularidad, armonía, hábito, táctica, congregación, sucesión, disciplina.

Organización nace del orden implementado por individuos no de ninguna otra forma. Orden entonces significa afinidad de los pensamientos e ideas. Alineación entre el deseo y el pensar. El orden es un sistema y un sistema no es una sola cosa sino varios elementos o personas, no es un independiente sino dependiente de otros factores. Sistema que bien puede aplicarse de varias formas reflejando siempre organización. Orden es algo que busca las formas o medios que da como resultado un todo - concierto entre las independencias pero que forman partes que crean un completo.

"Pero hágase *todo* decentemente y con orden". – 1ª. Corintios. 14:40. Sin discusión TODO debe ser con ORDEN. Pregunto ¿hacemos todo en orden? ¿Somos personas organizadas? ¿Qué tipo de sistema nos gobierna o representamos? ¿Respetamos la palabra orden? ¿Vivimos esa palabra?

Leyes:

Organización requiere en términos generales leyes que puedan regir la vida, agenda, el proyecto y acción. Sin leyes, pautas a seguir es imposible tener y gozar de un orden en ninguna institución y claramente no lo habrá porque es necesaria en la vida personal de todo individuo que compone la sociedad y organización. Así entonces todo aquel que guste avanzar hacia la organización personal **debe establecer leyes que gobiernen su manera de vivir**, antes de poder verlas en los demás.

Ejemplo de ello es: *Tendré un estilo de vida saludable*, involucra, me levantare todos los días temprano. Yo hare ejercicio los fines de semana. Tendré una agenda. Escribiré todas mis actividades. Leeré un libro constructivo por mes. Evaluare mis acciones cada semana. Amare sin buscar recompensa. Seré servicial. Honestidad, fidelidad, humildad son mis pasos a seguir. Esto por mencionar algo. A propósito, no dije la hora que se levantara todos los días. La idea es que la ley es que se levantara temprano, la hora usted la establece. La ley de que tiene que levantarse todas las mañanas *temprano* no cambia, la hora en que lo hará en términos "temprano" es variable. Una ley en si es la base de lo que dictan sus acciones en general no los detalles.

Las leyes que establezca, deben ser la base del orden a seguir. Las leyes son el libro que aconseje y muestre el plan a implementar. Las leyes básicamente son la asiento, es el margen y señala el límite de nuestros pensamientos y acciones si es que deseamos no solo implementar ese orden sino mantenerla.

Recordemos que las leyes no cambian. Son una constitución personal en el mundo del orden. Todo debe ser regido bajo estas leyes, leyes que establecen el mapa a seguir. La vida, la organización y el universo tienen sus leyes y ellas reclaman obediencia si se desea un orden exitoso.

Alineación:

Entrar a este sistema de orden es necesario experimentar *alineación* entre deseo y pensamiento. Muchos desean ser valorados en sus hogares, en sus instituciones. Es todo lo que ocurre en muchos, solo deseos que se espuman sin aplicación. Entonces estamos diciendo que, para un orden apropiado, debe unirse, alinearse el deseo con el pensamiento y así con lo que la mente está dirigiendo en el exterior. Esta acción de alinear el deseo con el pensar, aunque suena tan sencillo es tan difícil de lograr porque la capacidad de alinearlos es una característica que debe adquirirse como hábito en todo ser humano que traerá una acción positiva y productiva.

Sin esta alineación jamás habrá productividad exitosa. Todo lo contrario, tendremos sin buscar una buena desorganización y sin duda alguna grande estrés, confusión y derrota. Esto es lo que muchos de nuestros hombres y mujeres logran - derrota porque, aunque quieren hacer grandes cosas, piensan que

Organización Personal

milagros ocurrirán o que la suerte vendrá en su ayuda sin prestar seria atención en lo que es alineación y hacer que las cosas ocurran. El deseo investido de la voluntad y la buena idea en el pensamiento, la agenda donde está escrito y el orden de acción debe estar alineado. Este es el precio del sistema de organización personal.

Muchos buscan implementar un orden exterior porque así es cierta persona, ellos quieren ser igual a otros. El inicio de todo orden en la vida empieza dentro del ser, es en el interior que debe alinearse el deseo, pensamiento y emociones.

Querer ser como otras personas no es la base del orden. Se logrará cierto orden pero será pasajero. Todo nace en nosotros y por nosotros, el orden aquí presentado debe ser original, no el producto de otra persona. No hacer esto traerá un desbalance innecesario que robará energías necesarias en la meta. Alinear nuestro ser interior es un gran paso, alinearlo con el exterior será un éxito. Proponernos esto es una meta digna de buscar y vivir.

Regularidad:

Regularidad viene a ser parte de la familia que compone el objetivo. Para lograr este orden en nuestra mente y corazón debe someterse a una regularidad en lo propuesto. No hay nada más grande que mate un sueño que ser irregulares. Un sistema, una relación, una persona con irregularidad es una gran señal que no son personas con falta de orden, sino perezosas de aplicar lo que saben deben ser y así producen desorganización.

En lo que se ha dicho y se hace debe existir regularidad; es importante. Muestra de irregularidad es no caminar lo hablado. Todo lo que se propone el corazón si está alineado con la mente, debe entrar en acción con plena y estable regularidad. Debemos fomentar esta cualidad en nuestras vidas para poder gozar de una organización fructífera y prospera, regularidad es el padre de resultados duraderos.

"Si los Jóvenes (Cualquier Persona) forman hábitos de regularidad y orden, mejorarán en salud, en energía, en memoria y en carácter". - Elena de White.

El Lider Gladiador

Todo ser humano, líder gladiador debe ser alguien con hábito de regularidad en todo lo que hace. La regularidad en deseos despertaran aspiraciones, esas aspiraciones pensamientos y así se formaran sueños y si persistimos en ellos con suficiente regularidad vendrán acciones y esas acciones formaran en nosotros hábitos y los hábitos consistentes un carácter. Así que recordemos que hábitos que resistirán el mañana serán aquellos formados por medio de la regularidad en los buenos pensamientos, deseos y acciones. Los pensamientos positivos deben ser constantes. La práctica de lo iniciado con enfoque a la meta debe ser hecha con persistencia dictada por la regularidad que traerá grandes resultados.

Se cuenta que: "Enrique Martyn, como hombre tanto como misionero, dependió notablemente de sus hábitos de regularidad. Los cumplió en tal grado que en la universidad fue conocido como el estudiante que nunca perdía una hora. . .Cuántos jóvenes que podrían haber llegado a ser hombres de utilidad y autoridad, fracasaron porque en su vida temprana contrajeron hábitos de indecisión que luego siguieron a través de la vida para estropear todos sus esfuerzos. De vez en cuando se sienten llenos de un súbito celo por hacer alguna cosa grande, pero dejan su obra a medio terminar y nunca llegan a nada. Una paciente perseverancia en el bien hacer es indispensable para el éxito." - Alza tus ojos pg. 144.

Armonía:

Habiendo establecido estas leyes, el deseo y la acción con tal regularidad debemos asegurarnos que exista la armonía entre lo que tenemos como base, eso sería el deseo y el pensamiento. Esto debe armonizar con nuestro interior. Nuestro interior será visto en lo que hablamos y hacemos. Cuando hay armonía, deseos serán reflejados en nuestros pensamientos y ellos en nuestras palabras y hechos.

Al haber armonizado todo esto en nuestro interior ahora debemos ver y saber que esté en armonía con lo que representamos como individuos, familia e institución. Para que nuestra familia, empresa o iglesia goce del beneficio de nuestro servicio, amor y fidelidad debe existir armonía entre nuestra agenda y la de ellos. La razón porque muchas instituciones son

Organización Personal

bloqueadas de producir al máximo es porque muchos obran por un trabajo no por una ideología. No por lo que creen. No hay armonía entre lo que representan porque ellos mismos no están en orden y así su todo no está conectado con la misión de la organización. No hay armonía entre lo que hace y es.

Llegar al punto de tener todo en armonía no es otra cosa que madurez. Esta vida está ahora basada no en solo deseos y pensamientos. Ahora son el reflejo de nuestros hábitos, por ellos son el resultado de lo que se ha acumulado en nuestro centro de información. En esta cadena del desarrollo de un buen orden lleva a formar hábitos que concuerden con la visión tanto del individuo como de la institución. La misión entonces será el resultado de la avenencia entre lo que creemos y lo que representa la institución.

Así entonces vendrá a existir una transparencia en lo que somos y lo que representa nuestra organización. Para tal armonía debe lograrse una higiene de pensamiento y deseo es muy necesario. Pero entiéndase que los hechos ahora ya no son una opción, es un resultado que debe concertar con esa higiene interior. Así lo testificaran nuestros hábitos. Toda persona de poder que ha influenciado es alguien que ha formado ciertos hábitos que son inmovibles. Logrando esto hace más viva y efectiva la organización personal porque armonía es una realidad en todo lo que se desea, piensa y actúa.

Activarlo:

El deseo de vivir una vida ordenada no es suficiente. Este deseo que crece en un pensamiento *tiene que activarse.* El mismo anhelo de organización debe ser ordenado. Implementarlo solo nace cuando se activa. La mayoría de líderes llegamos hasta este punto el deseo y la intención está allí, *activarlo es en verdad la prueba.*

El consejero David Allen sobre organización en su libro "Organízate Con Eficacia", expresa:

"Todos somos responsables de definir que tenemos que hacer para que sucedan ciertas cosas en nuestro mundo y en la relación que tenemos con los demás. En algún momento deberemos tomar una decisión

sobre la acción siguiente necesaria para obtener un resultado con el que estemos interiormente comprometidos. Sin embargo, existe una gran diferencia entre tomar esa decisión cuando las cosas surgen o hacerlo cuando estallan."

Para lograr esta acción armoniosa en organización personal, es necesario empezar, **el inicio no es más un pensamiento, una palabra es** *un acto*. Debe activarse. Se debe saber que nada de esto nace en la desidia. La acción tiene un inicio. Para ponerse en moción esto se logra con nuestra voluntad propia. Se decide y avanza. Teniendo esto listo cualquier plan es posible, pero no necesariamente se dicta con esto prosperidad o fracaso. Esto tiene que ir acompañado del arduo trabajo.

Trabajo:

"Conozco el precio del éxito: dedicación, trabajo duro, y una devoción que no se rinde a las cosas que queremos que pasen." – Frank Lloyd Wright.

Por naturaleza se añora las cosas de manera fácil. Sin embargo en este mundo de organización personal es altamente necesario el trabajo. Trabajo es aquello por lo que nos pagan hacer, también el trabajo del que hablo aquí es aquel que nos apasiona o conscientemente aceptamos por nuestra misión vida y propio bien. Trabajo es también aquel que no gusta, pero hacemos.

Esa actividad que nos place realizar es trabajo así si no nos gusta, la utilizamos de todos modos para lograr el propósito. En este sentido aplicamos un proverbio chino que dice: "Hablar no cuece el arroz". El arroz - propósito, plan debe ponerse a la lumbre. Lo que se desea comer debe cocerse. El hambre solo no llenara el estómago, debe cocinarse - prepararse algo para ingerir. El trabajo desde el inicio de la humanidad es parte de lo que hace del ser humano especial.

Madurez es lograda al punto donde al no gustarnos la actividad donde estemos en el momento lo realizamos sabiendo que el arduo trabajo trae una paga mayor que el dinero, trae experiencia. Sin embargo, en este proceso - *"tu trabajo consiste en descubrir cuál es tu trabajo y entonces, entregarte a el de corazón".* - Buda.

Organización Personal

El arduo trabajo de nuestra parte nos permitirá ser tan disciplinados porque nuestras manos siempre estarán llenas de deberes que cumplir abriendo una posibilidad para nuestro futuro. Ninguna organización de nuestra parte será vista sin buen trabajo.

"Cuando comience a hacer que sucedan cosas, realmente empezará a creer que *puede hacer que ocurra*. Y eso es lo que hace que las cosas sucedan." - David Allen.

Esta capacidad de hacer que las cosas suceden se llama, voluntad investida de trabajo persistente y consistente.

Disciplina:

"Si usted sabe tiene un talento y ha visto bastante moción - pero poco resultado concreto - usted puede estar falto de disciplina personal". - *John C. Maxwell.*

Mucho más podría decirse en relación a la palabra orden, pero no puedo entrar a otro punto sin señalar la necesidad que para lograr ese orden en las características ya mencionadas debemos ser personas de disciplina. "El que atiende la disciplina está en el camino de la vida, el que la desatiende se extravía." - Proverbios. 10:17.

La disciplina nunca es mala ni demasiado al contrario siempre hace falta. Aplicarnos a una vida ordenada pide que seamos personas disciplinadas, ella ha edificado la vida de los grandes del pasado. Ella es benévola en su tiempo. Sabe corresponder a los que son persistentes. No esperemos entonces ser algo que no requiera un precio a pagar, algo que no requiera disciplina. Todo aquello que nos llame a ser diferentes tendrá un precio, requerirá una disciplina. Por lo contrario, todo el que la desprecia, "Morirá por falta de disciplina" - Proverbios. 5:23.

La disciplina es despreciada por muchos porque no es del todo dulce o suave al tratar con nosotros. Existen dos tipos de personas. Una que se queja de la disciplina y ven todo el sistema de disciplina como algo que da miedo y molestia, el otro tipo que reconocen y aceptan la disciplina como algo benéfico, provechoso. Saben que es necesaria. No la ven como una opción sino como algo necesario. La disciplina es divina y es el camino de los grandes hombres y mujeres del liderazgo productivo.

El consejo más grandioso en este tema es: "Desarrolle un plan para hacer de las disciplinas un asunto diario o semanal parte de su vida". - John C Maxwell.

Sucesión:

El orden entonces requiere aplicar la ley de la sucesión también. Esto no es más que poseer un espíritu enseñable y dispuesto a dar lugar a otros tanto en opinión como en ayuda. Esto trae a vista que no hay organización en nada y nadie *si no permitimos la sucesión* en los pensamientos, deseos y hechos. Debe saberse a esta altura que todo tiene un efecto, un resultado, una sucesión para bien o mal. Muchos de los hombres y mujeres que han llegado a momentos oportunos no pudieron avanzar porque se estancaron en el momento en que pudieron continuar. No permitieron la mente de otros, ideas y sugerencias. La sucesión es imperativa en la vida de un líder.

Bien puede aplicarse las palabras de Sydney Harris al decir: "Un ganador sabe cuánto todavía él tiene que aprender, aun cuando él es considerado un experto por otros. Un perdedor quiere ser considerado un experto por otros antes de que él aprenda lo suficiente para saber cuán poco sabe."

La sucesión es necesaria y es parte del ciclo de la vida del ser humano hacia el bien o el mal. Este evento debe ser reconocido y aceptado. Debe haber sucesión en todo pensamiento, los deseos deben aumentar y los deberes cumplidos deben ser sucedidos por otros mejores. En otras palabras, organización personal es amplia, extensa y siempre está en posición de continúo *siempre*.

Nada puede evitar esa sucesión de cosas y eventos a menos que nosotros nos opongamos. Nosotros tenemos la capacidad de discernir la oportunidad en cada momento de poder dejar el camino a la sucesión en nuestra vida personal y sin duda pública. Entonces si al evaluarse no nos agradan los resultados obtenidos sería bueno recordar un letrero que estaba en una tienda. "Si a ti no te gusta lo que estas cosechando, revisa la semilla que estas sembrando."

Organización Personal

Al implementar esta información ayudara a establecer una plataforma de magnifica organización personal y así institucional. Esto llegara a ser una ley inmutable, *que* debemos lograr - ese orden en toda organización comenzando con nosotros aplicando organización personal bajo disciplinas al Activar, Trabajo, Esfuerzo, Proceso y verlo como un Deber, es la escalera que abrirá caminos.

Esfuerzo:

Otras de las cualidades en personas ordenadas es el esfuerzo. Una entrega total a la misión no dejara que los obstáculos roben el plan establecido. Todo lo que requiera organización pedirá esfuerzo continuo. Este tipo de esfuerzo es aquel que te lleva a planear y ejecutar sin vacilación. El esfuerzo es lo que le da brío en el proceso a lo que añoramos. Cualquiera sea la meta no podremos ver gran esfuerzo si no hay esfuerzo continuo. Se dijo: **"El que desea lograr verdadero éxito en la vida debe mantener constantemente en vista esa meta digna de su esfuerzo"**. - La Educación pg. 262.

Vemos entonces que el tener buenas intenciones y sueños no bastan. Se observara en el transcurso del camino que una de las santas cualidades del líder en potencia es el esfuerzo continuo. Se requiere esfuerzo al tener que ir esa milla extra. Una noche más metido en el proyecto. Al tener que aceptar que se debe escuchar más que hablar y si solo tenemos el don del habla tendremos que esforzarnos en callar. En todo lo que hagamos al desear ser organizados nos veremos necesitados de un esfuerzo continúo entendiendo que todo es un proceso.

"Se osado y fuerzas poderosas te acompañarán."
Mark Twain

Proceso:

Donde muchos fallan al querer hacer un cambio en su vida, como el ser organizados es que *no entienden el concepto del proceso*. Desde que nacemos hasta el morir existe un proceso. Así con la vida, así con las cosas hechas por nosotros los humanos. Es tan simple en palabras, pero tan escaso en la

El Lider Gladiador

mente del ser humano. Especialmente en esto fallan muchas personas porque ignoran esta ley del proceso.

Para lograr un hábito de orden en nuestra vida, desde el punto de vista privado como público, desde una familia o una empresa debe saberse que tiene su proceso. Primero se adquiere ya sea deseo o la información sobre ser organizados. Luego se implementa lo cual en su misma atmósfera de implementación abran reveses. No todo lo que se desea sale como planeado. Pase lo que pase ese tiempo del inicio al final se llama PROCESO.

En el transcurso del aprender a ser o vivir organizados tiene un desarrollo y esto trae sus preguntas. Tiene sus cambios y en ocasiones tendrá que reiniciarse todo. El proceso es arduo, nuevo en ocasiones y maravilloso si somos pacientes porque traerá grandes resultados y enseñanzas. Lo más lindo del proceso es que nos hará personas maduras y experimentadas al final.

Tácticas:

Teniendo la maquinaria creada por Dios en acción es importante tener espacio para aplicar nuevas tácticas, aquellas que viene por la experiencia de otros o por las nuestras al desarrollarnos en esta vida. Las tácticas de las que aquí hablo son aquellas que surgen de las lecciones de la vida y otros como han logrado aprender, mejorar o avanzar en la vida privada y pública. Al renovar nuestra manera de vivir, practicar y buscar vivir la vida será un aliciente en la lucha de crear y formar ese carácter reconocido.

"Algunos no tienen firmeza de carácter. Sus planes y propósitos no tienen forma ni consistencia definida. Son de poca utilidad práctica en el mundo." - Obreros Evangélicos pg. 307.

Implementar nuevas o conocidas tácticas está en que usted tenga una cualidad llamada capacidad de discernimiento, intuición para usar nuevas tácticas que sería algo como un plan B o seguimiento a lo ya planeado con objetivos fijos y posibles, solo que renovados.

"Su capacidad de manejar las sorpresas es lo que determinara sus límites competitivos, pero en un

momento dado, si no se pone al día y asume el control de las cosas, ocuparse tan solo del trabajo que le cae en las manos hará que disminuya su efectividad. Además, en el fondo, para saber si debería dejar de hacer lo que está haciendo y dedicarse a otra cosa *deberá tener una conciencia bastante clara de lo que exige su trabajo y de cómo encaja eso en los demás contextos de su vida.* **Y la única forma de lograrlo es someter su vida y su trabajo *a una buena evaluación a múltiples niveles.*"** - David Allen.

Estas tácticas deben ser esas líneas que colaboren a mejorar nuestro ser. Tácticas que prosigan esa construcción en lo que contribuya al orden en nuestra vida. Deben ser planes o sistemas que progresen nuestros pensamientos en acciones que no solo provean una mejor y efectiva manera de vivir, sino que contribuyan a un orden visible e envidiable en el mundo del liderazgo ejercitado.

Deber:

Comprender estas caracterizas es más que importante para poder tener una vida organizada exitosa. Una pero no limitado a otras cualidades que *deben* implementarse en este asunto es el deber. A menos que establezcamos todo como un deber y sin vacilación cumplirlo al pie de la letra, del conocimiento ya adquirido no podremos gozar de organización personal sostenible. El sentido de deber le da al objetivo vida para lograrse, hay detrás de esa palabra un secreto que le da el poder de la posibilidad.

Si es nuevo en el deseo y pensamiento de ser una persona organizada debe ver todo lo que se desea hacer como un deber, no una opción. *Debe* someterse a lo planeado sin voltear a la derecha o izquierda, a menos que pueda hacer lo mismo de otra manera más rápido y fácil sin quebrantar los principios. Independiente a los cambios que la vida traiga y presente, el consejo es: "...manténgase con el trabajo iniciado". - Ronni Eisenberg. *Todo lo que quiere hacer, lograr y debe hacer hágalo un deber no una opción.*

En este punto la disciplina es importantísima como ya se mencionó. Al organizarnos debemos disciplinarnos a escribir todo lo que se desea hacer. Tanto personal como de trabajo es necesario escribir, anotar y organizar los pasos a proseguir. Si se establece todo lo planeado como un deber créame que hará historia. Empiece con lo insignificante y se sorprenderá lo que estará logrando.

Además de lo que nos proponemos por escrito en nuestras empresas debemos nosotros tener nuestra propia escritura de los deberes, y a propósito utilizo la palabra deberes porque eso nos limitara realizar todo como deber y evitar el, *tal vez debe hacerse*. Todo lo que ha de realizarse es necesario que este escrito bajo el título, "Se hará".

Ronni Eisenber en su libro "Organícese", recomienda - *"ponga su persona en un estricto y consistente itinerario. La rutina pronto viene a ser una segunda naturaleza y hace más fácil seguir moviéndose y realizar las cosas."*

El levantarnos, dormir, estudiar y trabajar debe estar bajo un horario y esto ya no es una opción para alguien que desea ser organizado, es una disciplina de todos los días. Y si así se prosigue será un hábito natural. De esta manera si no contamos con una disciplina en nuestra manera de pensar, ordenar e implementarlo seremos un fracaso por voluntad propia y los únicos culpables seremos nosotros mismos. Dedicar tiempo a esto nos abrirá un nuevo sendero o ampliará nuestras posibilidades en esta vida.

De adentro para afuera:

Se dijo que: "Cada árbol da fruto según su género, como lo engendra. Una corriente no puede levantarse más alta que de donde procede." - Victor Tasho.

Es imperativo que iniciemos un cambio inmediatamente si somos nuevos a este pensamiento de organización personal. Si ya estamos en este camino debe renovarse nuestro ánimo para buscar nuevas formas de mejorar e implementar nuevos hábitos, tácticas y planes.

Entonces la capsula es que debemos ser cuidadosos, debemos examinar lo que somos y como realizamos las cosas. Es tiempo de saber que el triunfo de nuestra organización e

Organización Personal

institución depende de nuestra *organización interna*, la del alma, esta se extiende a una llamada organización personal y así en nuestro hogar de allí brilla en el trabajo, calle, mundo en general y finalmente florece con hechos visibles en lo que hoy llamamos organización, la institución en la que trabajamos.

Nuestra vida debe estar a tono con el orden de Dios. El orden interno, nos pondrá en plena comunión con el cielo y el cielo con el hombre. ¡Qué organización maravillosa!

El escritor V. Tasho escribió: "Una persona verdaderamente religiosa, **tiene que primero organizar su entero ser**, debidamente controlando, coordinando, y empleando su fuerza, su energía, sus recursos, y su tiempo y Él debe, en breve, eliminar cada movimiento malgastado, igual que cada duplicación irreflexiva e indirecta y repetición innecesaria de acciones, que no trae resultados, sino solamente reduce su reserva de energía." *Y afirma que la obra, vida de una persona así comprometida* "**nunca será hecha de una forma descuidada y desorganizada.**"- Respondedor 5. Pg. 24,25.

Deseo con todo mi corazón que los líderes entendamos esto y con todo nuestro esfuerzo la organización se logre. Deseo que los que no lo entiendan puedan proponerse entenderlo porque de ello depende el éxito de nuestra MISION en cualquier organización. Si hoy una sola persona llega entender este concepto presentado aquí creo que he logrado mi objetivo con este tema. Sé que hay más que UNO.

Hombres de organización personal son los que traen éxito

El apóstol Pablo fue un hombre de orden, fue un ser organizado. No pedía lo que no tenía sino ofrecía lo que poseía, organización. Hacia lo que debía diciendo: "Las demás cosas las pondré en orden cuando yo llegue". – 1ª. Corintios. 11:34. Hombres con tal mentalidad necesitamos. Hombres que vean esa grande necesidad de organizarse primero en su ser para después implementarla en su institución.

Hombres de organización personal, hombres con victorias internas para lograr las externas. Hombres de orden para lograr una institución organizada son los que traen éxito.

El Lider Gladiador

Concluimos entonces que implementar el concepto de organización personal, creara una triunfante organización y sobre todo un liderazgo efectivo y exitoso. Todo esto clama entonces por acción armoniosa.

Acción armoniosa:

Después de todo lo dicho **acción armoniosa** es lo que debe implementarse para que podamos gozar de *un sistema organizacional*. Una institución como la nuestra será aprobada por el universo cuando *"Todos"* nos propongamos ser ordenados, hasta que logremos ser organizados individualmente tendremos organización e institución estable, triunfante y prospera.

Esto impone la necesidad de acción, esa acción que concuerde con todo lo que profesamos. Acción que demuestre armonía en su origen, moción y meta. Acción y armonía debe ser el pleno reflejo de lo que se dice y se hace tanto individuo como organización. Faltando esto en nuestra vida de seguro que sufriremos en nuestro liderazgo e allí otra de las razones del porque muchos han fracasado y se han retirado al banco de los que solo ven y no se mueven con nuevas intenciones, planes y deseos. La acción armoniosa no solo traerá resultados, sino que despertará nuevas ideas y encontrará nuevos caminos para el avance de nuestras convicciones.

Como algo básico le sugiero lo siguiente para organizarse:
- **Limpie, ordene su vida, tanto en deseo y pensamiento.**
- **Limpie su casa/cuarto. Manténgalo como si siempre tuviese visitas.**
- **Organice su ropa/zapatos y otros.**
- **Cómprese una agenda.**
- **Escoja un lugar, cuarto y llámele – oficina (en su casa).**
- **Un escritorio con las cosas básicas.**
- **Un calendario grande para poner notas, citas de trabajo, doctor, ver maestro de su hijo etc.**
- **Organice su tiempo. Evite a toda costa la dilación. Planee con tiempo. Espiritual/meditación, trabajo/proyectos, físico/ejercicio/nueva dieta.**
- **Organice sus libros de estudio. Libros de administración**

Organización Personal

liderazgo, salud, biblias/diferentes traducciones, libros espirituales, etc.
- **Organice sus archivos. Papeles importantes.** Banco/pagos/recibos/tarjetas de crédito. **Sermones. Presentaciones/notas, historias/algún recorte.**
- **Compre y lea libros sobre organización personal y administrativo.**

Implementados estos pequeños consejos llegará lejos en la vida y será muy productivo.

Preguntas para reflexión y aplicar:

¿Es usted una persona organizada?
_____
_____
_____

Haga una lista de las cosas que empezara a organizar:
_____
_____
_____

¿Cuál es el precio que tiene que pagar para aplicar cambios inmediatamente?
_____
_____
_____

¿Qué le impacto más de este capítulo?
_____
_____
_____

Liderazgo Efectivo - Productivo

Todo líder intenta hacer algo en su llamado pero todo exitoso líder trata lo que quiere y busca nuevas oportunidades para producir lo que sueña, cree y quiere, deja de hablar y se dedica a producir. La historia de Rubén Blades nos lo demuestra. Músico, cantante y compositor ganador del Grammy. Nació en la Ciudad de Panamá, Panamá, el 18 de julio de 1948. Blades creció rodeado de música. Su padre tocaba el bongó y su madre era pianista, cantante y actriz de radio. La primera vez que cantó ante un público fue en 1963, al lado de su hermano Luis Blades viajó a Nueva York para grabar su primer disco, *De Panamá a Nueva York: Pete Rodríguez presenta a Rubén Blades*. Lanzado en 1970, lamentablemente no fue un éxito comercial, por lo que Blades regresó a terminar su carrera de Derecho en la Universidad de Panamá.

Trabajó como abogado, pero nunca abandonó sus aspiraciones musicales. Luchando por su sueño la carrera musical de Blades obtuvo un gran impulso cuando empezó a cantar con el grupo de salsa de Ray Baretto a principio de los setenta. En su nuevo intento de lograr éxito en la música también comenzó a colaborar con el músico de salsa Willie Colón en 1976. Juntos, Colón y Blades crearon diversos álbumes exitosos como *Siembra* (1978), el cual ha sido considerado uno de los álbumes de salsa más famosos en la historia. Blades grabó un gran número de discos como solista, como *Buscando América* (1984), *Nothing But the Truth* (1988) y *Mundo* (2002). Una buena parte de sus canciones trata de temas sociales y políticos.

Finalmente Blades ganó su primer Grammy en 1986 con el disco Escenas, en la categoría de mejor interpretación latina tropical. Éste incluía un dúo con Linda Ronstadt. Blades ha ganado cinco premios Grammy a lo largo de su carrera. El más reciente fue en 2004 con *Across 110th Street*, en la categoría de mejor álbum de salsa/merengue. En su vida no se quedó solo con lo de la música, además de contar con una carrera musical

Liderazgo Efectivo - Productivo

exitosa, Rubén ha actuado en un gran número de películas, entre ellas *Crossover Dreams* (1985), *The Milagro Beanfield War* (1988), *All the Pretty Horses* (2000) y *Once Upon a Time in México* (2003).

Durante la década de los noventa, Blades decidió emprender un papel más activo en la política de su país natal y se lanzó como candidato a la presidencia de Panamá en 1994, no ganó pero tan poco se quedó allí, desilusionado. Al contrario aprovechó la nueva oportunidad de estar involucrado en lo que él quería, se convirtió en Secretario de Turismo en el 2004. (rubenblades.com/biografias/)

Sin duda alguna un liderazgo maduro entiende que es una "rama" metafóricamente hablando parte de un árbol / sistema que lleva y produce frutos. Este tipo de personas saben de quien dependen. Saben lo que quieren, a donde van, su objetivo, meta y blancos. Es importante contestar: "¿Eres un peregrino o un vagabundo?" Un peregrino es alguien que sabe a dónde se dirige. Un vagabundo es un simple azotacalles que no tiene ni meta ni propósito." - T.C. Innes.

Al tener conocimiento sabemos que si la vida nos *ha llamado* es porque *ella sabe que podemos "producir"*. Ese es el plan del universo, de nosotros depende que sea una realidad. Producir:

- El carácter aprobado.
- La madures necesaria.
- La experiencia.
- Las responsabilidades dadas.
- Los deberes.
- Objetivos señalados.
- El liderazgo encomendado.
- El éxito. El éxito no nace se Produce.

Limpieza es inevitable:

Sin embargo, es importante que comprendamos que un liderazgo para ser efectivo debe primero ser **"limpiado"**. A menos que estemos dispuestos a ser limpiados de todo lo que impide que la vida nos use no podremos jamás ser "productivos". Logrando el carácter necesario para tal posición. Este es el obstáculo de muchos hombres de responsabilidad, desean la posición, pero se defienden contra la limpieza. La limpieza es el proceso de toda una vida de la que no se puede correr.

Pero, ¿limpiados de qué? De todo aquello que evite que seamos prosperados. En primer lugar veo que hay una gran necesidad de limpiar el alma. Muchos de los que estamos en puestos de responsabilidad tenemos demasiado orgullo y por experiencia puedo decir que el orgullo es ponzoñoso que impide que seamos eficientes porque nos roba la libertad de obrar en bien de nuestra propia vida, organización y los demás.

Sin duda alguna los malos sentimientos interrumpen nuestra productividad, todo mal y error acariciado nos evitan ser efectivos y así acomodando tanta basura en el alma dejamos de obrar por el bien que fuimos llamados a representar. Muchos de nosotros no podremos ser líderes productivos si no corregimos los males de nuestro carácter que es el manual que la gente, nuestros empleados, compañeros y miembros leen. Hay necesidad de limpieza general, de mente, corazón y desesperadamente de nuestro carácter.

Un líder productivo es aquel que acepta su suciedad, debilidad, su situación verdadera. Ve su necesidad. Este tipo de hombre y mujer el cielo busca porque ellos harán lo primero, primero. Se limpiarán a ellos mismos. Buscaran limpiarse para ser utilizados por Dios. Ellos reconocen su situación y buscan en Jesús su ayuda. Saben que sin el Señor ellos son "nada". En otras palabras la clave de un verdadero y futuro líder es que reconozca su situación y necesidad de un carácter aprobado que requiere limpieza.

Reconocer lo que somos realmente sin titubear nos habilitara ser lo que Dios quiere que seamos, en nuestro caso líderes, lideres efectivos y productivos. Gladiadores victoriosos. Para tal experiencia estudiemos tres leyes indispensables.

- La ley de inversión.
- La ley de adición.
- La ley de multiplicación.

Liderazgo Efectivo - Productivo

La ley de la inversión:

Un líder efectivo y productivo "**siempre**" está en el proceso de limpieza y permaneciendo en este proceso lleva fruto.

Aquí se aplica la ley de inversión productiva. Esta ley es la que conocemos todos, para poder cosechar hay que sembrar. No hay cosecha si no sembramos. Pregunto entonces. ¿Estamos siendo limpiados? ¿Se ve que estamos en el proceso de limpieza, hay frutos, en nuestro carácter, en nuestro hogar, soy un universitario, maestro, líder y ejecutivo productivo? Si la respuesta es *no* es muy probable que queramos cosechar lo que no hemos sembrado. En otras palabras, el líder productivo es aquel que 'siembra', primero y luego busca cosechar.

Así ocurrió con George Whitefield se dejó limpiar, sembró, luego con la fulminante energía que poseía podía hablar a 100,000 personas en un campo como si sólo fueran dos–y trajo a millones al arrepentimiento. Esas son las cosechas de los hombres convencidos de su llamado.

En este concepto de inversión productiva lo encontramos en Larry Ellison quien fue desechado por su madre, sus padres adoptivos, fuera de la universidad, de empleo a empleo y aun así se sometió al cambio, a la limpieza y dando todo lo que tenia creo una base de datos para la CIA que lo llevo a la cima y creador de su propia empresa que tantas entradas le han dado.

Todos no contamos con "TODAS" las cualidades ni experiencia para ejercitar nuestro llamado, pero si todos contamos con la bendición de poder aprender la ley de "inversión". Cuando aprendemos esta ley sin duda alguna seremos en todo sentido de la palabra, LIDERES PRODUCTIVOS. El deseo, la voluntad y la capacidad de invertirlo todo en lo que deseamos nos romperán la entrada, el camino hacia lo deseado.

En otras palabras, el líder productivo a pesar de todo es aquel que invierte todo lo que tiene para seguir creciendo en su vida económica, espiritual, moral y social.

Vivir esta ley nos llevara a entender que toda persona de éxito:

- Invierte tiempo para evaluar su vida.
- Invierte tiempo para meditar.

- Invierte tiempo para reorganizarse.
- Invierte tiempo para consagrarse a lo deseado.
- Invierte tiempo para planear como vencer sus errores, faltas y malos sentimientos,
- Invierte tiempo para aprender cómo ser mejor en sus deberes de hogar, trabajo y liderazgo.
- Invierte su talento o don a lo que desea, no espera tener lo que no tiene, usa lo que tiene ahora.
- Invierte su dinero en lo que desea comprar, producir, construir una carrera, empresa, iglesia.

Que nadie piense que los milagros ocurrían a nuestro favor si no invertimos lo que tenemos a mano. Los milagros los permite Dios pero nacen con nosotros cuando estamos dispuestos a invertir todo, todo en lo que se añora, desea y suspira. Hacerlo es ya un milagro encubado.

Este tipo de líder siempre está avanzando de lo peor a lo mejor en todos los ámbitos, son inversionistas arriesgándose con mucha fe. Elena de White la cofundadora de una de las Denominaciones más influyentes y prestigiosas del mundo dijo: "El estar vestidos de humildad **no significa que hemos de ser enanos intelectualmente, deficientes en la aspiración y cobardes en la vida, rehuyendo las cargas por temor de no poderlas llevar con éxito. La verdadera humildad cumple el propósito de Dios** *dependiendo de su fuerza.*" - Palabras de Vida del Gran Maestro pg. 298.

Claramente vemos que un "líder eficiente y efectivo" no lo llega a ser por casualidad. Este tipo de gente sabe lo que es:

1. Consagrarse al llamado.
2. Limpiarse.
3. Evitar ser enano "intelectualmente"
4. Evitar ser "cobarde".
5. Tener "aspiraciones"
6. Jamás rehúye a los deberes, responsabilidades y obligaciones del momento.

Liderazgo Efectivo - Productivo

7. Cumplir el "propósito" de Dios dependiendo de Él usando sus capacidades al máximo.

Toda esta experiencia reclama la necesidad de invertir su tiempo, energía y voluntad para lograr ese futuro y construir para su propio éxito convirtiéndose en la verdad fundamental del éxito de su familia, organización e iglesia.

"Bebemos construir un nuevo mundo, un mundo completamente mejor, uno en el cual la eterna dignidad del hombre es respetada". – Harry S Truman.

La ley de añadidura:

Si usted refleja lo contrario de lo expuesto indiscutiblemente usted no es "UN LÍDER EFECTIVO, NI MUCHO MENOS PRODUCTIVO". El líder efectivo entiende que no puede vivir sin el plan de inversión, mucho menos sin el plan de añadidura.

En la historia de Pedro el inconverso, terco y tosco vemos como el plan funciona. El cómo todo discípulo fue llamado y la biblia nos dice que respondió. Sin embargo, en el transcurso de su experiencia fue manifestado cuanto necesitaba mejorar su personalidad como se ve en Marcos 14:67-72, y así el bajo la dirección de Dios pudo aprender la ley de añadidura.

Años más tarde en su vida de líder nos dejó escrito una bella escalera de adición:

"Vosotros también, **poniendo toda diligencia** por esto mismo, **añadid** a vuestra fe virtud; a la virtud, conocimiento; al conocimiento, dominio propio; al dominio propio, paciencia; a la paciencia, piedad; a la piedad, afecto fraternal; y al afecto fraternal, amor. Porque si estas cosas están en vosotros, y abundan, no os dejarán estar ociosos, **ni sin fruto** en cuanto al conocimiento de nuestro Señor Jesucristo. Por lo cual, hermanos, (lideres) tanto más **procurad hacer firme vuestra vocación y elección;** porque haciendo estas cosas, no caeréis jamás. Porque de esta manera os será otorgada amplia y generosa entrada en el reino eterno de nuestro Señor y Salvador Jesucristo". - 2 Pedro 1:5-8.

El Líder Gladiador

La escalera que Los Lideres Gladiadores suben, o sea añadir en su experiencia después de invertir es:
- Diligencia, prontitud, rapidez, constancia.
- Fe, sueño, visión, claridad.
- Virtud, integridad, justicia, honestidad.
- Conocimiento, discernimiento, sensatez, intuición.
- Paciencia, esperanza, aguante, perseverancia, imperturbabilidad.
- Piedad, carácter, caridad, misericordia, compasión, ternura.
- Afecto fraternal, comprensión, tolerancia, perdón, comunicación.
- Amor, Dios así amor a uno mismo y nuestro prójimo, familia, sociedad.

Se comenta que: "Las palabras de Pedro nos presentan los pasos sucesivos Y Aquellos que están así obrando de acuerdo *con el plan de adición* en la obtención de las gracias cristianas, tienen la seguridad de que *Dios obrará según el plan de multiplicación* al otorgarles 'los dones de su Espíritu." – (Mensaje para los jóvenes pg. 113,114.)

Es imposible que profesemos representar las oportunidades de la vida, universo, empresa, institución en cualquiera de las formas sin saber, entender y aplicar *este plan de adición*. Una vida consciente de su potencial es fructífera, en ella hay crecimiento.

Veamos nuestro liderazgo y véase si se tienen estas virtudes y si no se debe producir. La capacidad de y añadirlas traerá una experiencia nueva, poderosa y trascendental.

La ley de multiplicación es aplicada:

En otras palabras todos los que están invirtiendo disfrutaran el plan de adición trabajando con el plan de multiplicación. Es importante tener la autoestima alta, lograr objetivos es extraordinario pero si nuestro carácter no manifiesta las virtudes en la escalera del líder gladiador es preocupante y cuestionable. Mis amigos si seguimos como nos encontramos hoy, sin mejoría, estamos descalificados. Necesitamos estar descontentos con nuestra situación de estancamiento, aun en

Liderazgo Efectivo - Productivo

el éxito de alguno de los proyectos pues pueden llegar a ser el obstáculo al progreso. Invirtamos todo lo que somos y tenemos a lo que queremos y veremos maravillas manifestadas en nuestra vida.

Recordemos esto, porque en una conferencia dada por el Doctor Alejandro Graham Bell acerca de la evolución del teléfono, contaba que su padre les animaba a él y a sus hermanos para que se ideasen cosas nuevas, y por esto precisamente el Doctor Bell, antes de cumplir dieciséis años, realizó importantes descubrimientos. Aquellos estudios y aquellas investigaciones sistemáticas y constantes realizadas de muchacho a instancias de su padre, sirvieron más tarde a Bell para inventar el teléfono, lo cual demuestra que la educación puede contribuir en gran manera a crear inventores y cualquier tipo de profesión si tan solo se invierte, trabaja y se busca multiplicar esa enseñanza, idea y plan.

Es necesario crecer y mantenernos en camino a ser cada vez mejores y efectivos multiplicando nuestra capacidad y eficacia. El verdadero humano, líder, director, ejecutivo, está siempre de acuerdo al plan de Dios no solo añadiendo sino "MULTIPLICANDO" sus talentos, sin duda alguna es una persona exitosa y sabe que es un productor - una persona que produce muchos dividendos en su atmósfera de trabajo, vida y carácter. Algo menos que esto es solo un vagabundo en su profesión. Recuérdese que:

"Como agente humano Dios depende de usted para hacer lo mejor que está a su alcance, de acuerdo con sus **talentos que él mismo desea multiplicar**". - Recibiréis Poder pg. 163.

Multipliquemos las posibilidades en nuestra personalidad. Invirtamos con fe para que se nos añada. Cuando todo se allá realizado de nuestra parte la vida, el trabajo arduo y la bendición multiplicara nuestros intereses.

Intentar todo para crecer es bueno, pero Dedicación a lo que amamos es de sabios:

Para abrirnos el camino en la vida debemos estar dispuestos a intentar de todo. Trabajar en todo lo que venga a nuestras manos. Toda ocasión de posibilidades es importante en el

El Líder Gladiador

desarrollo de nuestro destino. En todo esto encontraremos para lo que hemos sido creados. Pero aunque intentemos de todo es necesario y en especial en la vida de todo líder tener una claridad de la meta y dedicación en el propósito de nuestra vida.

Recordemos que:

"*El éxito en cualquier actividad requiere una meta definida. El que desea lograr verdadero éxito en la vida debe mantener constantemente en vista esa meta digna de su esfuerzo...Multitudes serán llamados a ejercer un ministerio más amplio.*" - La Educación pg. 262, 263.

Sin duda alguna un liderazgo efectivo y productivo sabe lo que necesita de quien depende y sobre todo "SABE" lo que debe hacer y lo hace. Enfoque es necesario para lograr los máximos resultados.

El experto en administración Peter Dructer expreso: "**Concentración es la llave de los resultados de economía. Ningún otro principio de efectividad es violado constantemente hoy como el básico principio de concentración...nuestro lema parece ser, 'hagamos un poco de todo'.**

A menos que nos concentremos en lo que más nos guste, en lo que más deseamos y más importa, aun entregarnos con todas nuestras fuerzas, mente y alma a lo que es prioridad y necesario podremos romper record y lograr milagros.

Victor Tasho escribió sobre esto al decir: "**Necesariamente, para obtener un éxito real en la vida, uno tiene que adquirir un predominio de habilidades, superioridad en unas pocas, y una superioridad indudable en una**; también un deseo anhelante de agradar **y bendecir a otros primero**, y sólo secundariamente satisfacer a sí mismo. El que *comprende plenamente la operación de esta ley divina, y la obedece sin vacilación, es el único que realmente tendrá éxito en la vida.* El hecho que los que hacen el interés de su patrón el negocio principal de sus vidas, *son los únicos que reciben promociones y quienes logran posiciones altas y responsables, muestra que esta ley divina opera aun entre los no cristianos.*" - El Respondedor tomo 5, pg. 9.

Liderazgo Efectivo - Productivo

Compañeros la vida quiere "promovernos" a una posición más grande. Darnos más responsabilidades y proveernos el éxito anhelado. Pero la pregunta es ¿estamos dispuestos a pagar el precio? Si hasta aquí no hemos sido líderes enfocados en lo que el cielo nos ha encomendado, a una meta u objetivo como prioridad, efectividad y productividad será solo un sueño. Debemos revisar si tenemos un enfoque fases como inversión, añadir y multiplicación en nuestra vida personal para lograr algo en público.

Las personas que desean ser líderes efectivos y productivos gritan *SI* quiero producir y para ello debo cumplir con las tres leyes, las de invertir, añadir y multiplicar. Entiéndase que entre la realidad y deseo nosotros somos el botón: "La imposibilidad radica en vuestra propia voluntad" - Elena de White.

El escritor A.J. Jacobs cuenta la charla que nunca olvida por el Gobernador de N.Y. Mario Cuomo. Él tenía 13 años cuando el gobernador le dio un gran consejo. "En esta vida tú debes leer todo lo que tú puedas, probar todo lo que puedas probar, conoce a todos lo que puedas conocer. Viaja a cualquier lugar que puedas viajar. Aprende todo lo que puedas aprender. Experimenta todo lo que puedas experimentar." Haría bien que sigamos este consejo en nuestra vida al invertir, añadir y multiplicar nuestras oportunidades.

Para reflexionar y aplicar:

¿Invierte tiempo para evaluar su vida?
_____
_____

¿Es usted productico?
_____
_____

¿Es usted una persona efectiva en lo que hace y se propone?
_____
_____

El Lider Gladiador

¿Está dispuesto reorganizarse?
_____
_____
_____

Explique que es estar consagrado a algo que se desea:
_____
_____
_____

¿En que se comprometerá hoy para ser mejor en sus deberes de hogar, trabajo y liderazgo?
_____
_____
_____

Consejo: Jamás piense que un milagro cambiara el rumbo de su vida, la productividad y efectividad tiene un precio y es un asunto personal y de decisión propia del individuo.

Liderazgo Inefectivo

-Solo Tienen el Título-

No tienes que ser religioso y como enseñanza y principios aplicables a cualquier persona leamos la siguiente parábola: "El reino de los cielos es también como un hombre, que al salir de viaje, **llamó a sus siervos, y les confió sus bienes.** A uno le dio cinco talentos, a otro dos, y al tercero uno. A cada uno según su capacidad. Y se fue lejos. El que había recibido cinco talentos, en seguida negoció con ellos, y ganó otros cinco. Del mismo modo el que había recibido dos, ganó otros dos. Pero el que había recibido uno, cavó en la tierra, y escondió el dinero de su señor. *'Y de miedo, fui y escondí tu talento en la tierra.* Aquí tienes lo que es tuyo'. Su señor respondió: *'Siervo malo y negligente*, sabías que siego donde no sembré, y junto donde no esparcí. "*Y al siervo inútil echadlo fuera*", - Mateo 25:26-30.

En este relato tres personajes son presentados por Jesucristo. Dos de ellos logran sus objetivos porque saben de quien recibieron las ordenes ellos hacen su deber, lo que pueden y por ello reciben más de lo que esperaban. Estos hombres saben que: "La vida es demasiado corta para tener pensamientos complejos". - John Mason. Se dedican a lo que saben y quieren hacer. No se complican la vida es demasiada corta.

Sin embargo el último personaje es a quien deseo llamar la atención. Debemos dar por sentado que al recibir talentos, deberes y responsabilidades podríamos considerarlos líderes, en este sentido el siervo "líder" recibió algo para poder trabajar para el Señor a favor de la humanidad.

Siervo:

Dos palabras resaltan aquí y ellas son siervo y talento. Siervo es todo aquel que acepta o desea servir. Llega a ser un benefactor a su familia, a su organización o a la humanidad.

Un siervo es un asistente. Se le denomina siervo porque está al servicio de algo o alguien.

Estas personas en breve reflejan cuatro características indispensables:

1. Por sus amos son llamados siervos.
2. Cumplen todo lo que se les encomienda.
3. Están convencidos de su posición.
4. Demuestran estricto cuidado por los que sirven.

Es así que todo aquel que se propone ser un líder no está más que aceptando el título de siervo. En la vida al involucrarnos en el liderazgo llegamos a ser siervos fieles o infieles. El que se cumpla es decisión nuestra. La oportunidad está aquí. Es interesante que se comprenda que en general la vida siempre nos llamara a cumplir una misión de vida, entender esto hará que nuestro presente tenga sentido en medio todas las bendiciones y en medio de todos los problemas y conflictos que puedan surgir.

Es nuestra elección que decide el tipo de siervo que llegamos a ser. Productivos, consumidores o más triste aun obstáculos, es un asunto de elección propia. Un siervo no tiene muchas elecciones en término de ser o no un agente de servicio, porque es un siervo, pero si tiene el poder de elegir como utilizar y realizar las oportunidades, responsabilidades y deberes encomendados.

Talentos:

En este sentido estos siervos reciben algo que no era natural en ellos, talentos con los que uno no viene a este mundo. Todo lo contrario recibió talentos para lograr su trabajo o responsabilidades encomendadas con las que uno no nace. Entonces esto inquieta saber que es un talento.

En términos generales un talento es:

"Conjunto de facultades o capacidades tanto artísticas como intelectuales: tendrás talento como escritor, pero como pintor no vales nada". - Diccionario elmundo.es

En este contexto un talento tiene un valor en facultades, talentos, posesiones. Así los siervos de la parábola de Cristo vemos recibieron algo para invertir, trabajar o negociar. Este talento en términos Judaicos se comprendía que era algo para negociar.

Uniendo ambas definiciones tanto general como histórica no es difícil afirmar que un talento es algo que se recibe u obtiene de una fuente no nuestra. Se recibe para el logro de algo. Entonces concluimos *que un talento no es un don*, algo con lo que uno nace, sino que se recibe u obtiene. En otras palabras, no es algo natural. Se aprende. Se recibe. Se obtiene.

Un talento es un capital que nos da la providencia, la vida para lograr objetivos. Para cumplir responsabilidades se nos provee de talentos. Estos talentos son esas cualidades adquiridas para el cumplimiento de alguna profesión. Responsabilidad para cumplir.

En conclusión "El uso figurado del vocablo "talento" deriva de la parábola de los talentos, según la cual los siervos los recibieron **de acuerdo con su habilidad para hacer inversiones productivas** (Mt. 25:14-30)." - Diccionario Bíblico A.S.D.

Los talentos son provistos o adquiridos para que hagamos grandes inversiones y así se logren extraordinarios resultados. Llegan a ser nuestros ya sea por la educación académica, personal o experiencia en la práctica de algo. Son ese espacio en nuestra vida que nos provee de oportunidades o abre el camino a esas grandes posibilidades en tiempo de nuestra existencia.

La cantidad varía dependiendo de la personalidad de las personas. Todos estamos en vida representados en la parábola. Recibimos este capital de una y otra manera para poder trabajar y lograr bienes para el cielo, humanidad y así para nosotros mismos.

En la parábola es visto que los tres tipos de personas *recibieron* el título de siervos y talentos para ser algo en esta vida.

El Líder Gladiador

Tu personalidad determina tu capacidad con tus talentos:

Analizando nuestra vida hoy podríamos preguntar, ¿qué tipo de siervos somos? ¿Estamos usando nuestros talentos o talento queridos amigos? Básicamente no le estoy hablando a aquellos que están en el cumplimento de su misión. Me dirijo aquellos que se preguntan por qué es que no pueden lograr lo que otros han logrado. O por qué ellos no pueden influenciar o dirigir de manera similar a su jefe cercano. Oh, no reflejan la capacidad de predicar como cierto ministro.

Los sabios son en sus primeros años al formar su futuro son niños muy observadores y curiosos, generalmente buenos y callados, pero que a pesar de esto tienen problemas en la escuela. Son niños que no brillan como los músicos o los poetas, a los que los profesores no comprenden y tratan de torpes. Niños que los padres creen locos, que pueden proseguir con su vocación porque algún pariente o maestro los apoya pero que sólo de adultos son reconocidos como genios. Es el caso de Pasteur, de Ameghino, de Gassendi y especialmente de Linneo, cuya infancia es una larga sucesión de fracasos escolares. En fin, son infancias que ningún niño envidiaría pero allí es donde nace, se forma y transforma ese hombre sabio y líder. Logra una personalidad que hace ver que está formado.

Personas que no tienen confianza de tener éxito se frustran con la falta de progreso y prosperidad. A personas con dificultad de desarrollarse a una mejor experiencia llega esta verdad que si no se utiliza lo que si tenemos e invertimos tiempo, concentración y nuestro todo a ello no tendremos lo que deseamos ni influenciaremos como otros que según la parábola si lo han hecho.

Enrico Caruso fracasó tantas veces con sus notas altas que su maestro de voz le aconsejó que se diera por vencido. No lo hizo. Conociendo su personalidad en lugar de darse por derrotado, persevero y se convirtió en uno de los tenores más grandes del mundo. La perseverancia tiene su paga. El mundo puede estar en tu contra, pero si experimentas la capacidad de perseverar tendrás el privilegio de ver tu triunfo.

Encontremos juntos el secreto de por qué en lugar de ser siervos fructíferos somos inefectivos sin producción y el éxito

Liderazgo Inefectivo -Solo Tienen el Título

no es parte de nuestra vida. La razón está en que según el relato el siervo que solo recibió un talento, lo "escondió" - Mt. 25:25, porque era muy poco según él. La otra razón es que no le dio importancia a lo que recibió. Y una verdad aquí es que no le dio lugar a su posición de siervo. Sin embargo aquí es donde es necesario mostrar discernimiento. Debemos ser cuidadosos por más insignificante sea el capital provisto.

El gran entusiasta líder Miguel Ángel Cornejo explico: *"Hay que reclamar tu propia naturaleza, saber que tus talentos son los dones que Dios nos concedió para servir a los demás, ser responsable de lo que has recibido y estar consciente que esos dones los tienes que devolver acrecentados."*

El punto en mi humilde opinión es que jamás debemos dejar que la pobreza, la falta de educación o alguna posición especial debe impedirnos utilizar lo que si tenemos. La más insignificante capacidad debe ser utilizada. Dejemos claro entonces que Dios no espera del hombre que tiene un solo talento lo que espera del siervo que tiene cinco.

Esta es la lección que debemos aprender aquí, es la que No todos tenemos las mismas capacidades. Ellas son provistas según nuestro carácter y esfuerzo. Nuestra personalidad juega un papel importante aquí. "La cantidad de talentos es proporcional a las habilidades poseídas por cada uno". Escribió Elena de White.

En la revista (Review and Herald, 1-5-1888) se escribió: **"Los que han recibido la bendición de poseer talentos superiores no deberían despreciar el valor del servicio de los que son menos dotados que ellos.** *El talento más pequeño es un talento dado por Dios.* **Un solo talento que sea utilizado diligentemente con la bendición de Dios, será duplicado, y los dos empleados al servicio de Cristo se convertirán en cuatro; y así el instrumento más humilde puede aumentar su poder y utilidad. El propósito ferviente, los esfuerzos abnegados, todos son vistos, apreciados y aceptados por el Dios del cielo... Sólo Dios puede apreciar el valor de su servicio, y ver la abarcarte influencia del que trabaja para dar gloria a su Hacedor".**

El Lider Gladiador

Este siervo que recibió un solo talento como los otros debía "invertir" Mt. 25:27, este capital en el banco. Negociar con lo que tenía *era su deber no una opción*. Pero vemos que él hizo tres cosas que lo hacían culpable de negligencia. En otras palabras él era el único culpable de su pobreza, situación y posición actual de mediocridad. Siervo con título pero sin productividad.

Cuando se repartieron talento el recibió uno.

Es importante señalar que Dios fue el primero en reconocer que este siervo *tenía* la capacidad de negociar. Dios mismo le dio la oportunidad de ejercitar la capacidad de invertir lo que tenía.

Pero nada de esto lo hace tan culpable de su fracaso como el que *él mismo haya recibido* el talento. En otras palabras *él fue el que quiso aceptar* la responsabilidad de recibir ese único talento. *Por su propia voluntad decidió tomar la posición* de siervo como los otros. Ninguno sino el mismo era el originador de su desgracia o éxito.

Presento excusas:

En esta parábola encontramos que al pedírsele cuentas a los siervos él fue buenísimo en presentar solamente *excusas del por qué no negoció con ese único talento*. Es interesante que el siervo tuviera un criterio muy negativo de la vida. Especialmente de su jefe. Imagínense estaba presente cuando todos estaban recibiendo deberes, responsabilidades para ejecutar. Él pudo decir gracias No puedo o No quiero porque te conozco y creo que eres esto y aquello y yo No trabajare para ti.

Esta era una persona realista a varias cosas, primero a que solo se le dio un talento, después de un tiempo al pedirle cuentas, categóricamente, Mateo 25:24 dice, Señor:

- Te conocía que eras hombre duro.
- Que siegas donde no sembraste.
- Y recoges donde no esparciste.

Su capacidad de ser realista no le ayudo en esta ocasión. Muchos podremos ser realistas a la situación, a lo poco que hemos

Liderazgo Inefectivo -Solo Tienen el Título

recibido y tal vez del carácter de los que están administrando la empresa. Un gran líder escribió por experiencia que: "Encontrarán que los grandes líderes raramente son "realistas" de acuerdo al estándar de otras personas". John Mason. Es muy bueno e importante ser realistas pero si nos quedamos allí nada ocurrirá. Debemos actuar con lo que tenemos o se nos da, allí radica el poder de ser diferentes al montón.

Émile Zola (París, 2 de abril de 1840 – ibídem, 29 de septiembre de 1902) fue un escritor francés, considerado como el padre y el mayor representante del naturalismo. Pero lo impactante aquí es que Zola aprendió a escribir siendo ya bastante grande, pero entonces, deseoso de concluir, quizás aspirando solamente como todos los colegiales a salir lo más pronto posible del encierro, saltó un grado y entró en seguida en 3º. Cuando se dio cuenta de un deseo interno, nada impidió, no había excusas, lo intento y lo logro. No hay excusas cuando se quiere algo.

Este tipo de personas a quien la parábola representa vemos que tienen la capacidad de criticar, de ver la vida muy negativamente, aun a su Señor. Su jefe es visto por ellos con una mentalidad amargada. Sus energías para pensar y proponerse invertir o negociar con el talento es pasado por alto, es descuidado o para ser utilizada mal criticando a los demás. Lo que si logran es la desdichada capacidad de criticar y vivir en mediocridad.

No busco formas de invertir lo poco que tenía:

Así en lugar de buscar maneras de invertir lo que tenía dice que se poseyó de este siervo lo que ocurre con muchos de nosotros - el miedo, Mateo 25:25. Vemos que es funesto el no utilizar lo que tenemos. Su mentalidad negativa lo llevo a criticar la fuente de su trabajo, el jefe. Por su manera de ver la vida, su trabajo tuvo el descaro de criticar a su patrón y dejarse poseer del miedo.

"Cuando tenemos miedo, todo cruje". **Sófocles**

Este tipo de personas solo pueden ver obstáculos, así ocurrió con los Israelitas en los días de Josué y Caleb, cuando fueron a espiar a Canaán antes de poseerla, su fe, su vida, su mente solo pudo ver obstáculos, gigantes y su fe no fue más allá que murmullos. - Números 13. Todo esto los llevo a tener miedo y así se atrasaron cuarenta años. Números 14. "La raíz de sus problemas fue el miedo. Josué y Caleb observaron la tierra de Canaán y solo vieron potencial. El resto del pueblo vio y solo miro escollos y peligros. Aun cuando Dios mismo les había prometido la tierra." - John C. Maxwell.

La falta de apreciación en este siervo a lo que sí tenía invirtió su espíritu al miedo. La capacidad de poder llegar a duplicar sus responsabilidades y deberes así su posición que traería grandes dividendos, llegó solo a ser dominada por el temor. Lamentablemente este es el factor que es el obstáculo de muchos hoy día, hace de ellos firmes en un posición negativa y sin dudar trae desgracia y casi siempre fracaso.

Es necesario entonces preguntar ¿estamos conscientes que nosotros somos lo que decidimos recibir, alguna responsabilidad - talento? ¿Sabemos que el presentar excusas solamente es el reflejo que somos responsables de no haber hecho nuestra parte? ¿Que el criticar y dar razones de nuestra falta de buenos resultados, éxito es muestra que no cumplimos con nuestros deberes y debido a eso nos dominaron sentimiento de cobardía, celos, envidia, desidia y miedo?

Amigos lideres es de sabios saber que el futuro de nuestra vida está en nuestras propias manos. El Universo - la fuente nos provee la oportunidad de llegar a ser grandes, pero no obliga nuestro destino, el universo no lo puede producir si no le permitimos. Nosotros somos lo que dejaremos que se nos pueda decir "Buen siervo y fiel" - Mt. 25:21, o de igual manera es nuestra propia decisión que el expresé: "Malo y negligente" - Mt. 25:26.

Se escribió: "La mayoría de la gente puede hacer más de lo cree puede, pero por lo general hace menos." - John Mason.

Evitemos ser siervos negligentes:

Una de las primeras razones del porque no somos más de lo que somos hoy día es porque nuestro ego nos ha separado de la fuente de poder y prosperidad. Nosotros mismos pavimentamos el camino a la negligencia.

Liderazgo Inefectivo -Solo Tienen el Título

La negligencia es un mal que nace por nuestra propia voluntad. La vida no obliga pero si espera recibir resultados después de que nosotros recibamos lo que él nos dio, oportunidades, responsabilidades y posibilidades.

Es indiscutible lo que el cielo nos ha provisto. Sin embargo en este punto existen tres tipos de personas:

1. Los que No lo saben.
2. Los que No los usan.
3. Los que Si los usan.

Los que No lo saben:

Por razones misteriosas existen personas que no saben que tienen la capacidad de discernir esos talentos oportunos. Dependen del pasado. Son martirizados por alguna experiencia que les recuerda lo inútiles que son. Estas personas no se dejan instruir porque creen que son torpes y como no tienen las oportunidades que fulano tiene o el dinero que zutano posee. John Mason lo expreso así: "creer que una idea es imposible, es hacerla imposible. Considere la cantidad de proyectos muy buenos que han sido frustrados debido a una forma de pensar estrecha, o han sido sofocados al nacer por causa de una imaginación cobarde."

Su ignorancia es el resultado de sus propias decisiones. De esta manera viven mendigando en lugar de dar. Son buenos para culpar a todos de su desgracia. Recordemos entonces que: "La respuesta a su futuro se encuentra fuera de los límites de lo que tiene ahora. Si quiere ver si en realidad sabe nadar, no se frustre en las aguas poco profundas." - John Mason. Si no sabe apréndelo. El célebre Edison dijo una vez que en su opinión la "inventiva' puede enseñarse y aprenderse si el discípulo tiene ambición, energía e imaginación".

Los que No lo usan:

El otro tipo de personas son aquellas que han despertado a la realidad de que todos en algún momento tenemos oportunidades de avanzar en algún proyecto. Tienen la capacidad de mejorar en la vida, en el carácter o negocio pero sencillamente No lo hacen, No porque No puedan sino porque No quieren. No culpan a muchos porque se sienten satisfechos con lo que son y tienen.

Que pérdida y aun peor del que No saben que si tan solo invirtieran lo que tienen les esperaría grandes oportunidades. Son haraganes. Es tiempo a que despertemos y logremos la oportunidad de escribir nuestros nombres entre los que llegaron a usar aquello que no usaban. "Haga historia y conmueva al mundo" - escribió Art Sepúlveda.

Los que Si los usan:

Finalmente están los que nacieron como todos, pero viven diferentes a todos. No siguen la masa de gente sin destino. Esta tercera clase de personas no dejan que la pobreza o desgracia les impida ser lo que quieren ser. Dependen no del dinero o circunstancia sino de los privilegios providenciales. Se aventuran con lo que tienen No con lo que no poseen. Porque ellos saben que: "uno de los grandes placeres de la vida es hacer lo que la gente dice que no se puede". - John Mason.

Estas personas son visionarias porque buscan un futuro. Son visionarias porque planean e implementan sus deseos. Están alineadas con la oportunidad de progresar. Tienen un futuro en mente. Utilizan lo que tienen, corazón, mente y manos. En otras palabras utilizan su corazón para desear grandes cosas, aun aquellas que no tienen jurisdicción para lograrlas. Su mente porque con ella piensa, planea, Sueña en grande. Sus manos porque saben que lo que desean No caerá del cielo. Trabajan arduamente.

Henry Ford estaba en la ruina cuando tenía 40 años, lo cual muestra que el que quiere puede si se lo propone. Henry Ford no solo tuvo éxito al traer un carro al pueblo común en América sino que nos heredó la verdad que el que intenta y cree tiene futuro.

Estas personas están convencidos que los milagros no nacen, sino que se hacen. Están convencidos que el milagro del éxito está en sus manos. Así es, utilizan lo que tienen a mano, usan su voluntad para aventurarse, su inteligencia para planear y su corazón para no darse por vencidos. Son siervos efectivos No inefectivos no porque sean más que otros pero si porque intentan grandes cosas más que los otros.

"No hay emoción alguna al navegar con facilidad cuando los son cielos claros y azules. No hay gozo al hacer lo que cualquiera puede hacer. Pero hay una satisfacción de probar: Cuando usted llega a un lugar que creyó que nunca podría alcanzar." Escribió Spirella.

Ellos usan tres talentos que las personas ineficientes no utilizan.

Tres talentos importantes:

1. Tiempo.
2. Capacidad.
3. Influencia.

Tiempo:

Nuestro talento de tiempo, debe invertirse para el cielo. ¿Lo estamos haciendo? El tiempo es el tesoro más grande que se puede tener. ¿Quién no tiene tiempo? ¿Quién no sabe que el tiempo es vida, dinero y futuro si se utiliza correctamente?

"Todo lo que se quiere debajo del cielo tiene su tiempo, todo tiene su tiempo, todo tiene su hora". - Eclesiastés 3:1.

Independiente de nuestra misión para toda meta hay enemigos, y si nuestra meta es servir a Dios o la humanidad tendremos un enemigo.

Hay entre nosotros muchos siervos inútiles porque ellos a lo quieren y sin duda son ayudados por el enemigo. La ley es si usted no invierte tiempo para consagrarse, tendrá crisis espiritual, si usted no invierte tiempo al estudio de cómo ser mejor líder, padre, esposo, empresario, siervo. ¿Cómo vendrá a ser libre para servir con inteligencia? Si no invierte tiempo para prepararse, estudiar, aprender de manera consecutiva y sistemática ¿cómo esperar "cosechar"?

"El que allega en el estío es entendido, el que duerme en el tiempo de la siega es indigno". Proverbio 10:5.

El Líder Gladiador

Si usted y yo no usamos nuestro talento de tiempo como esperamos ser reconocidos como verdaderos líderes en el tiempo de necesidad. Es increíble pero sobreabundan estos líderes "**inútiles**", normalmente se lamentan de todo y se quejan de todos y sin pensar exigen de los demás lo que ellos no hacen.

Lamentablemente este tipo de personas normalmente tienen una "baja estima". Honestamente se sienten inútiles. Claro al no utilizar su tiempo para algo bueno, ¿qué más utilizaran? "Nunca preguntes: ¿Por qué todo tiempo pasado fue mejor que el presente? Porque nunca preguntarás esto con sabiduría." - Eclesiastés 7:10. Hoy es el tiempo, hoy es nuestra oportunidad no ayer.

Es importante entonces no dejarnos encarcelar en la inactividad, debemos usar bien el tiempo, prepararnos y ejecutar el cometido. El tiempo es oro para el líder sabio, evite ser un siervo inútil invirtiendo muy bien su tiempo.

"Vi algo más debajo del sol. Que no siempre la carrera es de los ligeros, ni de los fuertes la guerra, ni de los sabios el pan, ni de los prudentes la riqueza, ni de los elocuentes el favor; sino que el tiempo y la ocasión acontecen a todos." Eclesiastés 9:11.

El talento de la Capacidad:

"Mucho mejor es el tratar cosas difíciles, y luchar por triunfos gloriosos, aunque estén marcados con fracasos, que el tomar lugar con los pobres espíritus que ni disfrutan ni sufren, porque ellos viven bajo una luz gris que no conoce ni la victoria ni el fracaso."
– Anónimo.

El siguiente talento es el de "Capacidad". El diccionario Lengua Española dice que es: **"aptitud o conjunto de condiciones que posibilitan para la realización de algo"**.

Amigos Dios a todos nos ha dado - capacidad para hacer ALGO. ¿Lo está haciendo usted? Ninguno de los que vienen a este mundo nace inútilmente. Dios ha investido a todos con

Liderazgo Inefectivo -Solo Tienen el Título

la capacidad de lograr algo para él. Este talento es el que la mayoría descuida o desconoce.

Tal vez en el momento no tengamos la habilidad de representar lo que somos, pero ese genio sigue dormido, una vez despertado nadie puede detenerlo. La capacidad reconocida hace a los genios que lo sobrepasan todo pero sin embargo en su niñez los maestros, las normas, los límites los desconocen. Como Beethoven, cualquier genio es de "un temperamento excesivo en todo; era un dios y tenía enfurecimientos dignos de Júpiter" en otras palabras un carácter pésimo, sin embargo no por eso dejo de manifestar su gran capacidad de músico. O como Víctor Hugo, que al nacer era *tan* débil que apenas podía respirar; *tan* delgado que casi no se le veía, *tan* feo que su hermanito Eugenio tuvo miedo; *tan* escogidito que cuando se le puso en una butaca después de habérsele envuelto en los pañales, se pudo ver que había sitio en aquel asiento para una docena de niños como él." Semejante comienzo no admite medias tintas. Los genios son superlativos y esa es su marca de enunciación más notable.

Muchos piensan que como ellos no tienen esto o aquello o porque no están en cierto lugar no pueden avanzar o lograr objetivos en la vida. "Nuestro Padre celestial **no exige ni más ni menos que aquello que él nos ha dado la capacidad de efectuar**. No coloca sobre sus siervos ninguna carga que no puedan llevar. "Él conoce nuestra condición; acuérdese que somos polvo". Todo lo que él exige de nosotros podemos cumplirlo mediante la gracia divina."

"**No debemos hablar de nuestra propia *debilidad o incapacidad*. Esto es una manifiesta desconfianza en Dios,** una negación de su Palabra. **Cuando murmuramos a causa de nuestras cargas, o rechazamos las responsabilidades que él nos llama a llevar, estamos prácticamente diciendo que él es un amo duro**, que exige lo que no nos ha dado poder para hacer." - Palabra de Vida Del Gran Maestro pg. 297.

Todos tenemos el talento de "capacidad" por lo tanto podemos hacer ALGO. Investiguemos con oración nuestro talento y utilicémoslo porque por lo contrario vendremos a ser líderes inefectivos, siervos inútiles que el cielo terminara quitando y el pueblo de seguro ignorando.

El Líder Gladiador

Los buenos líderes aprecian todo la vida les ha dado, utilizan cada átomo de conocimiento que obtienen y siempre están buscando servir, siempre están creciendo y nunca se quejan de los demás, toda circunstancia es beneficiosa, agradecen todo lo que se cruza en su camino porque con ello llegan a ser más capaces de beneficiar a la humanidad. Estos saben utilizar lo mucho o lo poco que tienen. Jesús les dice: "Sobre poco *has sido fiel*, sobre mucho te pondré". - Mateo 25:21

La clave del éxito no es un secreto para los que quieren triunfar aquí están los cinco pasos de Glandwell's para el éxito:

1. "Encuentra significado e inspiración en tu trabajo.
2. Trabaje duro.
3. Encuentre la relación entre esfuerzo y recompensa.
4. Busque trabajo complejo para evitar aburrimiento y repetición.
5. Se autónomo y controla tu propio destino hasta donde te sea posible."

Así que es importante: "Dar una vuelta de ciento ochenta grados le hará darle la espalda al fracaso y lo llevara al éxito. Tenga siempre presente esta fórmula: actué siempre como si fuera imposible fracasar." - John Mason.

Talento de la Influencia:

Y el tercer talento. Influencia. El diccionario lengua española dice que es: "efecto producido". Honestamente queridos líderes aquí imploro que revisemos nuestro recorrer en este mundo desde que llegamos a él. ¿Qué tipo de efecto hemos tenido con nuestra influencia en la vida, en nuestro trabajo y claro en nuestro hogar, con nuestros compañeros líderes en el trabajo, en la iglesia o institución? Por eso se escribió que: *"El liderazgo es influencia nada más, nada menos". - John Maxwell.*

Así lo demuestra la vida Gran Ayatolá Alí al Sistani en su país Irak, su religión es, Islam chií. **"¿Quién es?** Al Sistani, Uno de los clérigos chiíes más influyentes del mundo, también está considerado Como el líder más importante en Irak desde la invasión. Sus seguidores, que se calculan en millones

Liderazgo Inefectivo -Solo Tienen el Título

y están concentrados en Irak e Irán, le llaman marja al taqlid, "objeto de emulación" Después de la caída de Sadam Husein, una vez roto el aislamiento, se convirtió rápidamente en una figura muy poderosa que controla la devota mayoría chií de Irak y está ampliando su red internacional a través de sus oficinas abiertas en 15 países. Y también se encuentra en el Internet. Su centro de medios de comunicación posee la web más influyente del mundo chií y responde a casi 1.000 preguntas diarias de sus seguidores."

"El clérigo demostró su poder en enero de 2004, cuando organizó sin ningún esfuerzo enormes protestas no violentas para exigir elecciones democráticas e insistió en involucrar a Naciones Unidas. Las imágenes de Al Sistani siempre están presentes en las concentraciones chiíes y, en el pasado, los partidos políticos las han utilizado para obtener apoyos en sus campañas, una práctica que la ley iraquí actual prohíbe. Hoy, ante la proximidad del plazo límite para llegar a un acuerdo sobre la retirada de tropas estadounidenses, el Gobierno del primer ministro Nuri al Maliki está presionando intensamente al ayatolá para que respalde un pacto." – Fuente, FD en español/internet

Una persona que no utiliza su influencia para bien será un siervo inútil, un líder fracasado quien siempre está utilizando negativamente su influencia. Así como el siervo malo está acusando al que está ejerciendo la influencia correcta, siempre lo está condenando de influenciar mal a la gente porque él *no* lo puede hacer. Se siente rebasado. Incapaz. No le queda más que utilizar mal el talento de la influencia. Que pérdida. Es común entre los líderes ver este mal espíritu.

Es divino influenciar para bien. La influencia es un talento del que el cielo ha puesto en TODOS. Nadie deja de tener este talento. ¿Sabía usted que tiene el talento de influencia? Sépalo hoy todos tenemos influencia para bien o mal.

A esto se refería Jesús cuando dijo: "vosotros sois la luz del mundo..." - Mateo 5:14. Influencia, luz, verdad. "Vosotros sois la sal de la tierra" - Mateo 5:15. Influencia, sabor de vida, la diferencia entre todos.

Ambos elementos (luz,sal) son sinónimo de influencia, ¿Por qué me dirán? Porque la sal sirve para dar SABOR A LA

El Líder Gladiador

COMIDA, nuestro deber al influenciar para bien le damos sabor a la vida de la gente, de igual manera La Luz irradia tanto en buenos como malos. Así es la influencia, nuestra influencia afectará a todos. La influencia es poderosa. Todos tienen sal y luz, todos.

Sin embargo el siervo inútil, el líder fracasado cuenta con el título, pero no con el efecto de su título, tiene el conocimiento pero no lo sabe usar. Tiene el talento pero lo usa para mal. Es mala influencia para la gente. Este tipo de líder siempre está amargado quejándose de todos. Criticando y siempre desanimando a los que están caminando.

La gente consciente de lo que pueden añadir a otros son felices al realizarlo y se escribió que: "Todos los jugadores tienen un lugar donde añaden el más grande valor" - John Maxwell

"El espíritu que Uds. manifiestan, *sus palabras e influencia*, causan impresiones en las mentes de otros. Si la atmósfera que rodea el alma es mala, será como una malaria espiritual que envenenará a los que estén alrededor. Pero es beneficioso para el alma tener una atmósfera que sea para otros sabores de vida para vida. Cuando el ser está lleno de la verdad que obra por el amor y purifica el alma, lo impregna una atmósfera celestial. "El que anda con sabios, sabio será; mas el que se junta con necios será quebrantado" (Prov. 13: 20)." - Alza Tus Ojos pg. 25.

"Tan frágil, tan ignorante, tan sujeta a mala inteligencia es la naturaleza humana, que cada cual debe ser prudente al apreciar a su prójimo. Poco sabemos de la influencia de nuestros actos en la experiencia de los demás. Lo que hacemos o decimos puede parecernos de poca monta, cuando, si pudiéramos abrir los ojos, veríamos cuán importantes son los resultados que de aquello dependen para bien o mal." - Consejos Sobre la Obra de la Escuela Sabática pg. 114.

"La obra de cada uno pasa bajo la mirada de Dios, y es registrada, e imputada, ya como señal de fidelidad, ya de infidelidad...la influencia ejercida para bien o para mal, con sus abarcantes resultados, todo es registrado por el ángel anotador." - Cristo En Su Santuario pg. 129.

Liderazgo Inefectivo -Solo Tienen el Título

Jamás podremos ejercer la debida **influencia** si no nos dejamos **influenciar** por lo correcto. En otras palabras, lo que hace a un buen líder influenciar para bien es la vida basada en buenos principios, los principios divinos que tienen un efecto en los demás.

¿Quiénes somos en verdad?

Es importante que hagamos un "**inventario**" de nuestro liderazgo y veamos si estamos o no utilizando nuestros talentos. Ningún título, conocimiento hará bien a menos que lo sepamos utilizar. Debemos asegurarnos para que no lleguemos a ser líderes inefectivos, siervos inútiles. La parábola sugiere que habrá personas que lo serán.

¿Cómo terminan los líderes inefectivos? *"Siervo malo y negligente. Quitadle el talento, y dadlo al que tiene diez talentos. Y al siervo inútil echadlo fuera...*" - Mateo 25:26, 28,30.

Todo el que viene a este mundo, Dios le ha dado el privilegio de ejercitar sus talentos, al no hacerlo nos descalifica y destronara del deber y responsabilidades dando al que menos lo pensábamos oportunidades de seguir creciendo y produciendo. "Quitadle el talento, y dadlo al que tiene diez talentos. Porque al que tiene, *le será dado, y tendrá en abundancia. Y al que no tiene, aun lo que tiene, le será quitado.*" Mateo 25:28,29.

Así amigos líderes:

"Nadie diga: No puedo remediar mis defectos de carácter. Si llegáis a esta conclusión, dejaréis ciertamente de obtener la vida eterna. *La imposibilidad reside en vuestra propia voluntad. Si no queréis, no podéis vencer.*" - Mensaje Para Los Jóvenes pg. 97.

Líder inefectivo - Siervo inútil esta por ser echado fuera. ¡Hoy es tiempo de que tome una y propia decisión! Recuerde que: **"Si apuestas a la vida un centavo, la vida te pagará un centavo" - Miguel Ángel Cornejo.** Lo que quieres eso es lo que tendrás u obtendrás.

El Lider Gladiador

Para reflexionar y aplicar:

Escriba 10 cosas donde una persona muestra ser infectivo:
_____
_____
_____
_____
_____
_____
_____

Escriba 10 áreas donde usted desea ser productivo y efectivo:
_____
_____
_____
_____
_____
_____
_____

El Lìder en La Crisis

El general romano Julio Cesar fue de aguante, sabiduría y después de sus guerras peleadas podía decir, ***"Veni, Vedi, vici";*** *traducido al español* ***"Vine, vi, vencí".***

Julio César, quien por experiencia podía afirmar el proceso de sus victorias. Esta frase es una locución latina dicha por el general y cónsul romano Julio César en 47 a. c. César usó la frase dirigiéndose al senado romano, describiendo su victoria reciente sobre Farnaces II del Ponto en la Batalla de Zela. El comentario breve - traducido "vine, vi, vencí" - a la vez proclamaba la totalidad de la victoria de César y sirvió para recordar al senado su destreza militar, recuérdese que aun César todavía luchaba una guerra civil. Alternativamente, el comentario se puede ver como una expresión del desdén de César para el senado patricio (optimates), que tradicionalmente representaba el grupo más poderoso de la antigua república romana.

Los julios Cesares de hoy saben que no se puede evitar la crisis, y sus problemas mientras se busca un destino. Ellos saben que el tiempo llega cuando podrán decir: "Vine, vi, vencí".

La Historia de Honda

El famoso Sōichirō Honda nacio el 17 de noviembre de 1906 y murió el 5 de agosto de 1991. Fue un empresario fundador de 'Honda Motors.' Su historia es tan inspiradora para todos aquellos que hemos experimentado desastres y obstáculos para poder avanzar, su vida es una fuente de aliento para aquellos que aún no nos hemos dado por vencidos, para aquellos que veamos la crisis de la vida como medios para aprender, crecer y desarrollarnos **ese mundo deseado**. Nacido en el seno de una humilde familia. Desde muy joven Honda fue un apasionado por los artefactos mecánicos. Su padre era propietario de un taller de reparación de bicicletas.

Se cuenta que en la escuela en una ocasión siendo condenado por su maestro por no entregar una tarea Honda se fue de la

El Líder Gladiador

escuela y dijo que un diploma de la escuela tenía menos valor que un ticket al cine. A la edad de 15 años, Sōichirō se mudó a Tokio para trabajar en la automotriz Hart Shokai. Su primer trabajo fue insignificante, por un año cuido del infante de su patrón. Tomando cuidado del niño a su responsabilidad muy seguido curioseaba el garaje mirando a los mecánicos y haciendo sugerencias. Mientras Honda vivía entre motores y el cambio de pañales y mamilas vino a ser obvio que su fuerza no estaba en cuidar niños sino en construir motores.

A la edad de 21 años, retornó a su pueblo natal convertido en un experto mecánico, como jefe de una sucursal de dicha automotriz. Sin embargo, enseguida se independizó y montó una fábrica de pistones que pronto fracasó. Posteriormente se inscribió en la universidad y, más tarde, reabrió su pequeña fábrica. Al finalizar la Segunda Guerra Mundial, Sōichirō perdió todo en medio de la devastación que produjo el bombardeo estadounidense. Esto trajo crisis en su vida, país y negocio. Pero nacido para algo mejor que la desgracia y la autocompasión, nació de nuevo y busco un nuevo camino, se asoció a otra persona y formo una nueva compañía.

En la desgracia que dejo la segunda guerra mundial **él no se dio por vencido y usando lo que tenía que** era su poderosa mente y voluntad en 1948, se asoció a Takeo Fujisawa, y juntos fundan la Honda Motor Company con el objetivo de fabricar motocicletas, ya que los bombardeos habían devastado el parque automotor japonés. Aunque esta nueva idea puesta en práctica abrió la puerta a un nuevo mercado, fracasó. La idea original consistió en fabricar bicicletas con motor, aunque el primer motor utilizado fue demasiado pesado y enseguida la empresa quebró. Sin embargo insistiendo en su innata voluntad a un deseo no satisfecho se las ingenio y fabricó un motor más liviano, rápido y silencioso e, inmediatamente, sobrevino el éxito. La producción fue aumentando vertiginosamente y se instalaron fábricas en todo Japón. La reputación de la empresa creció y así llego a existir lo que se conoce hoy como las motos Honda. NO solo esto trajo reputación sino comenzaron a ganar en competencias internacionales.

Después de sus desgracias personales y de sus derrotas vino el éxito. A principios de 1960, Sōichirō expandió sus actividades

El Líder en La Crisis

industriales dedicándose de lleno a la industria automotriz. Se fijó como meta ganar alguna carrera de Fórmula 1 con un vehículo de su fabricación, lo cual logró en 1965. Buscando abarcar un mundo nuevo y prometedor se aventuró de motocicletas a producir motores para carros. Maravillosamente desde 1967, Honda comenzó a producir vehículos pequeños. Y es interesante que así como uso sus fracasos y la gran crisis que dejo la Segunda Guerra Mundial produciendo sus "motocicletas", una vez más cuando se desató la crisis del petróleo en 1973 él la uso y produjo un carro económico y se aumentó la producción del Honda Civic de bajo consumo, con lo que la empresa se posicionó de modo insuperable en todo el mundo.

La historia de este pequeño japonés es poderosa para despertar a todo a aquel que ha dejado que las circunstancias de la vida le dicten un fracaso tras otro. En las crisis emocionales, espirituales, económicas, políticas tenemos dos opciones darnos por vencidos o aprender de ellas y buscar como "utilizar estos fracasos y crisis" para nuestro bienestar, hacer eso es una experiencia invalorable porque tiene el poder de hacer de nosotros nuevas personas, abrir nuevas puertas y pone en nuestras manos las más grandes posibilidades que jamás hallamos soñado.

Para todo hay un tiempo:

En el transcurso de nuestro liderazgo encontramos muchas cosas por la cual nos regocijamos, se nos aplaude, hacemos fiestas, reímos, este es un tiempo de alegría y éxito. Pero también tiempo de tristeza, otros momentos por las cuales lloramos, suspiramos y sin comprenderlas renegamos y muchas veces nos desanimamos. Es importante que comprendamos que la crisis es parte de lo que visita a un líder, en otras palabras fue dicho así por Salomón que vendrían: "Tiempo de guerra...". Eclesiastés 3:8. La vida de un líder no es cosa fácil de describir, es muy compleja en sus profundidades. Sin embargo es precisamente eso lo que nos lleva a ser lo que somos, líderes.

La mayoría de los que estamos al frente de alguna organización sabemos que todos los días son diferentes aunque el sol sea el mismo, el agua y la casa, puesto de otra manera, tendremos las mismas reglas con las cuales avanzar personal, familia, gente con la cual tratar y trabajar. No así con los retos, blancos y obstáculos son todos los días *distintos*, sí muy diferentes y para ello tenemos que estar preparados y evitar confiarnos al punto que nos sorprendan los golpes inesperados. Porque el sabio dijo por experiencia que hay: **"Tiempo de llorar** y tiempo de reír. **Tiempo de endechar** y tiempo de bailar." - Eclesiastés 3:4.

Si un líder no reconoce que la vida ante el público nos traerá reveses, conflictos y problemas no hemos despertado a la realidad de un líder gladiador. El líder *gladiador* dirige, soluciona, muestra la ruta que hemos evitado o perdido. Todo esto traerá sus pautas, luchas y lágrimas. Para todo hay tiempo de éxito, de alegría así de momentos de crisis que pondrán a prueba nuestro llamado y carácter.

Crisis:

Todo líder experimenta crisis en su vida. ¿Entonces que es la crisis? El diccionario nos dice:

1. Mutación considerable en una enfermedad tras la cual se produce un empeoramiento o una mejoría
2. Cambio importante en el desarrollo de un proceso que da lugar a una inestabilidad:
3. Otras palabras: riesgo, trance, aprieto, vicisitud, depresión, apuro, cambio, ruina, brete, peligro, compromiso, mutación, recesión, crac, desequilibrio, dificultad - **Diccionario elmundo.es**

"En esta vida hay que morir varias veces para después renacer. Y las crisis, aunque atemorizan, nos sirven para cancelar una época e inaugurar otra." - Eugenio Trias Filósofo español.

Perder y fracasar es bueno:

Es increíble como muchos son inconscientes de esto y por lo tanto *sucumben* al enfrentarse con los problemas y esas crisis que carcomen toda alegría. Es importante entonces comprender que estamos involucrados en un juego donde debemos saber cómo jugar y entrenados *mentalmente* incluyendo *los sentimientos*. Debe saberse en que en el campo del liderazgo; en ocasiones se gana y se pierde. Hay éxito y fracaso. Gozo y crisis. Si se sabe planear y entrenar antes de tiempo, casi siempre se sale ganando *aun cuando se está perdiendo, en crisis o fracaso*. ¿Saben por qué? Porque aun perdiendo, en crisis o fracaso obtendremos más experiencia para el siguiente juego, un buen jugador sabe siempre ganar aun cuando pierde, ese es el punto que te lleva a madurar, crecer aprender y experimentar nuevas pautas.

"Puede sonar irónico pero si usted ha experimentado bastantes derrotas usted está en una mejor posición de lograr el éxito que personas que no han experimentado lo mismo. Cuando usted cae, y cae y cae otra vez y se mantiene levantándose para estar de pie y si sigue aprendiendo de sus fracasos usted está construyendo fuerza, tenacidad, experiencia y sabiduría." - John C. Maxwell

Entiendo que cuando se inicia en este campo, es difícil entender y aceptar esta realidad. Por ello es importante que o le damos tiempo al tiempo que nos enseñe o aprendemos antes de que nos sorprenda la posición de liderazgo. La ventaja de aprender antes de ese tiempo de prueba es que nos afectara pero no tanto como no haberlo sabido. Es muy triste pero la razón muchos han fracasado es que no han entendido el poder del fracaso cuando se está dispuesto a aprender de él.

El poder de aceptar la realidad:

"El éxito es aprender a ir de fracaso en fracaso sin desesperarse", decía el conocido estadista e historiador británico Winston Churchill. Con razón alguien decía que *"conocimiento es poder"*, lo es porque al saber los peldaños que hay que subir y obstáculos que enfrentar tendremos el poder de encararlos con sabiduría y buen ánimo aunque los sentimientos combaten por rumbo contrario. Recordemos que *"la negligencia será tributaria"*. - Proverbios 12:24. Evitémosla si deseamos vencer en la desgracia, crisis o problema.

Sin embargo si hemos experimentado crisis en la vida o estamos en ese proceso en lugar de tirar la toalla decidamos usarlo para bien, para crecimiento y apertura de nuevas aventuras en la vida. **"En las grandes crisis, el corazón se**

El Líder Gladiador

rompe o se curte". Honore de Balzar, Escritor francés.

Esto es lo que ha llevado a muchos al fracaso **por no prepararse** a las sorpresas que los deberes, responsabilidades y vida nos traen. Tenemos que dedicar más tiempo a preguntarnos, ¿estoy preparado para las pruebas del mañana? ¿Está mi ánimo listo para enfrentar desafíos que trae mi trabajo, mi familia? ¿Estoy capacitado para resolver problemas sin involucrar mis sentimientos? ¿He vencido hoy mis tentaciones? ¿Pude lograr victoria sobre la impaciencia? ¿Qué tipo de actitud demostró al llegar una crisis? ¿Hasta qué punto puedo soportar a mis enemigos? El contestar esas preguntas nos darán una idea de cuan preparados estamos para enfrentar los desafíos de la vida.

El arma más poderosa es aceptar la realidad. La primera de ellas es que en la vida siempre abran problemas. Vivir hoy los problemas del día, obstáculos y desafíos. Hoy tenemos el poder de aprender cómo vivir y cómo sobrevivir en los momentos más difíciles. El sabio dijo: "el necio se arrebata y confía". - Proverbios 14:15. Aprendamos a confiar pero con entendimiento y no como los necios pensando tener todo en control les sorprenden cuan errónea era su confianza. Este tipo de gente siempre alude de estar listos para las pruebas pero cuando llegan son los primeros en dejar su deber. ¿Usted quién es, el que corre o enfrenta con buen ánimo esos problemas?

Se requiere utilizar un poder interno para aceptar y vivir los problemas con sabiduría. Esta es una realidad que debe aprenderse a aceptar. Si nosotros los líderes aprendemos aceptar las crisis, problemas y conflictos como parte de la vida y especialmente en nuestro llamado nos ayudaremos de ante mano el cincuenta por ciento para enfrentarlos y con la ayuda de Dios solucionarlos.

El líder verdadero se manifiesta en la crisis:

En el libro sagrado encontramos la historia de alguien que **enfrento tantos problemas internos y externos para poder llegar a la cima del honor.** El nombre de este gran líder *gladiador* fue David. Encontrándose el pueblo en una gran crisis salió Dios en busca de un rey para su pueblo. Envió a su profeta Samuel en busca de él. Después de examinar

El Líder en La Crisis

a siete personas el Eterno no aprobó a ninguno de ellos, fue aquí donde empieza Dios a manifestar su elección. "Entonces Samuel preguntó a Isaí: ¿Se acabaron tus hijos? El respondió: *Aún queda el menor, que apacienta las ovejas.*" - 1 Samuel 16:11.

En momentos de Crisis es cuando se buscan y ven los grandes líderes. ¿Y quiénes son estos hombres y mujeres que resplandecerán en momentos oscuros y difíciles? Personas como David. Nada popular, ni de importancia, si notan en la historia de David al principio no fue invitado a la fiesta para elegir un rey porque incluyendo a su padre no miraban a David digno de tal puesto. Su propia familia no apreciaba la posibilidad que David pudiese tener en el futuro.

Aquellos que son ignorados y cumplen con los deberes más comunes cuidar ovejas hoy son los que en momentos de crisis la vida los llama, eleva, exalta y honra. Muchas veces nos preguntamos por qué permite la vida problemas y crisis en nuestras familias, empresas, organizaciones religiosas, negocios y estatales, hemos encontrado una sola respuesta, la vida está limpiando, llamando a alguien a ver, elevando, relevando a alguien. Crisis en general viene con la intención de reenfocarnos a la misión, la visión viene a ser más completa y clara.

En la gran depresión que pasaba EE.UU en 1929 y la crisis que esto creo de manera nacional como internacional hizo que apareciera en 1933 el hombre Franklin Delano Roosevelt un gladiador quien ayudo al país enfrentar sus grandes problemas económicos, políticos y quien sin miedo y gran valor enfrento aun la 2da guerra mundial. Por esto es que Roosevelt esta entre los grandes presidentes de EE. UU que estuvo en la presidente por más de 2 términos hasta 1945.

La crisis trae a flote a las personas menos esperadas y manifiestan un valor que muchos experimentados se niegan a mostrar. En tiempos difíciles se mide el carácter del verdadero líder. ¿Cuál es su actitud en la crisis? ¿Cómo ve la crisis? ¿Qué logra en la crisis? ¿Cómo sale de una crisis? El poder de su personalidad es vista en tiempos difíciles.

"Cuando experimentes crisis sepamos que Unos están por bajar y otros por ser exaltados"

El Lider Gladiador

Dicho de otra forma en un momento difícil es cuando se ven quienes son líderes de verdad, resplandecen porque se habían preparado para ello. Ellos permanecen de pie no importando la circunstancia. Sorprendiendo a todos Dios dijo con respecto a David, claramente, "*úngelo que este es*." - 1 Samuel 16:12. Repito en momento de Crisis se sabe quién es en verdad un líder gladiador.

La crisis hace que se reporten los líderes:

En momentos de crisis los verdaderos líderes **gladiadores** se reportan tal y como la historia lo registra. En la sequedad espiritual mundial apareció Jesucristo, en la necesidad de un ejemplo de humanidad apareció Gandhi, la madre Teresa. En un tiempo de esclavitud espiritual el cielo trajo en la escena a Juan Hus, Jerónimo, Lutero, en la vida de Inglaterra durante la segunda guerra mundial un Churchill quien le cambio la cara a la guerra. Tal y cual ocurrió en la formación de la nación más poderosa del mundo en un momento de luchas políticas, ideologías y la formación de la constitución más citada apareció en su ayuda, Thomas Jefferson. La crisis es la mejor plataforma para reportar a los líderes gladiadores.

"Se necesitan hombres enérgicos, hombres que no estén a la expectativa de que les emparejen el camino y les quiten todo obstáculo; hombres que infundan nuevo celo a los lánguidos esfuerzos de obreros descorazonados." - Obreros Evangélicos pg. 307.

En tales circunstancias debemos recordar los siguientes puntos y escribirlos en nuestro corazón para resistir y lograr grandes y poderosas victorias.

- Saber que fuimos llamados.
- Analizar nuestra conversión al llamado.
- Saber lo que creemos y creer lo que sabemos.
- Recordar que estamos aún "corriendo", nunca olvidemos la meta.
- Haga lo que sea correcto y deje que el *tiempo* hable por sí solo.

El Líder en La Crisis

- Acepte el problema, la crisis le hará bien y obrara en su favor.
- En tiempo de crisis, decida ser **M**ediocre, **M**urmure o **M**ejore.

Por experiencia le puedo decir que en momentos de crisis no podemos depender de nuestros sentimientos por lo contrario debemos regresar a lo que *creemos* tal como lo demostró en tiempo crisis interna en este país, Abraham Lincoln no solo se reportó en tiempo de crisis en la nación sino que trajo al sur y norte a ser una nación, dio libertar a los esclavos porque no solo sabía lo que creía sino que actuó en ello, hizo historia en un tiempo crítico. Controlo sus emociones, las emociones de toda una nación y por principio, por lo que sabía debía hacer, realizo milagros durante la guerra civil. Así nosotros en tiempo de crisis se verá si lo que creímos y creemos es cierto.

Sépase que cuando la adversidad nos abrasa nuestra única victoria dependerá de nuestra creencia, principios y valores. Pero ¿qué podremos recordar si no tenemos una convicción y conversión a nuestro Dios, creencia, principios y muy lejos están nuestros valores del entendimiento personal? Es en momentos turbulentos que sé que mide nuestra relación con Dios, el carácter de un líder se mide en la crisis y allí se reportan para cosas grandes.

Este punto se vio en David aunque impopular sabía **quién** era, quien lo llamaba y porque lo llamaba. Dios no se equivoca cuando invita a alguien a su empresa. El Señor sabe escoger. Ellos en momentos de crisis saben responder porque se prepararon para ello. Sepamos entonces que:

"Los líderes en momentos de crisis no se hacen, sencillamente se reportan". - Miguel Martin

Increíble pero cierto Dios escogió y llamo a David pero después que el lo eligió; ahora su propio rey lo llamo al no poder enfrentar el y su ejército a Goliat, la gran crisis en su gobierno lo invito, y él como buen líder se reportó como inteligente siervo al decir: "dijo David a Saúl: "No desmaye ninguno a causa de él. **Tu siervo irá, y peleará** con ese filisteo." - 1 Samuel 17:32.

¿Usted qué hace en la crisis se reporta o corre?

El Líder Gladiador

Carlos Slim nos dijo de la presente crisis financiera de Estados Unidos que ahora afecta a México, "Con la crisis "surgen numerosos genios, pero también muchos 'Rambos financieros', 'Rambos', adrenalinas que no les interesa ni ganar la guerra, ni tener el poder, les interesa estar en la guerra".

Aprovecha y se aventura en la crisis:

Aprendamos dos cosas aquí, un verdadero líder no empieza dando órdenes o dirigiendo una grande empresa, nación o denominación sino muy lejos de ello enfrenta los desafíos que otros rehúyen emprender al entrar al liderazgo.

- Numero uno: aprovecha la crisis.
- Numero dos: se aventura por lo que él sabe puede realizar en la crisis.

Personas tales hablan sin titubeo – "tu siervo ira". Hoy hay una grande necesidad de hombres y mujeres que se pongan al frente del conflicto contra la perplejidad, desánimo y miedo. Necesitamos personas que sepan decir yo "peleare". Tener esta actitud es oro. Estas personas no surgen por casualidad sino que solo estaban esperando su oportunidad, su preparación florece cuando dicen, "Heme aquí" – Génesis Isa. 22:1.

La mayor parte de las dificultades de la vida, sus cotidianas corrosivas preocupaciones, sus dolores de cabeza, sus irritaciones, son el resultado de la falta de dominio propio... El dominio propio es el mejor gobierno del mundo. Si nos revistiéramos del ornamento de un espíritu humilde y tranquilo, el noventa y nueve por ciento de las dificultades que tan terriblemente amargan la vida se podrían economizar.

Personas que en lugar de apachurrarse en la crisis se aventure a nuevas metas, retos y logros por el bien de su iglesia, familia u organización. Ellos saben que no hay - "nada que motive a una persona como la adversidad", expreso el escrito John C. Maxwell. La crisis en una oportunidad de crecimiento, aprendizaje y evaluación. Ellos se aprovechan y aventuran a nuevas metas, experiencias y posibilidades.

Evadir con determinación la voz más cercana de negativismo:

Pero es aquí donde debemos estar listos y preparados para no escuchar a nuestras emociones, temores y dictados del corazón con su negativismo, ser sordos a las circunstancias y personas que aparentan confiar en nosotros que roban nuestras energías y lo mejor de nuestras emociones es una cualidad que no debemos ignorar. *"Saúl dijo a David:* "*Tú no podrás pelear con ese filisteo,* **porque tú eres joven**, y él un hombre de guerra desde su juventud." - 1 Samuel 17:33. David no se acobardo por la opinión de su gran jefe, aun la realidad que le presentaron de ser joven no lo desvío de su convicción.

En los días de Moisés después de que el pueblo vio como Dios abrió el camino desde Egipto hasta el desierto uno creería que la fe sería más fuerte y capaz de visualizar la victoria para el resto del camino. Lamentablemente esa no es la historia y lo más triste es que el negativismo de avanzar no vino del pueblo sino de los diez más grandes líderes de Israel, ellos en tiempo necesario de manifestar su fe en lo posible por todas las maravillas ya vistas gritaron: "..."No podremos subir contra esa gente, porque son más fuertes que nosotros"." - Números 13:31. El negativismo será manifestado en el momento menos oportuno y por las personas jamás imaginadas.

"Es el miedo al fracaso, no el fracaso lo que deja lisiadas a las personas." – Baudjuin

Los obstáculos en momentos complejos y difíciles es cuando más engordan (metafóricamente) y crecen pero debemos estar capacitados para analizar, observar y meditar de quiénes somos y porque nos reportamos al deber en primer lugar. En tales circunstancias es necesario evitar ser controlados por las emociones y tomar el tiempo apropiado para investigar la problemática para obrar y caminar por principios y no por sentimientos, esa será nuestra primera victoria y las demás vendrán por sí solas.

Al realizar eso no seremos ignorantes de las razones que se nos expongan como lo hizo Saúl a David.

- La edad, la experiencia.

El Líder Gladiador

- El tamaño del problema no será un obstáculo sino un desafió, una *ofensa* a nuestra capacidad de acuerdo a Dios.

- No seremos ciegos al Goliat que nos toque enfrentar sino revisaremos como Dios en la escalera de la vida nos ha guiado mientras subíamos los peldaños y si hasta hoy nos sostuvo es imposible que nos deje, porque unido a él nos **preparamos** para lo que hoy encaramos.

"Nada tan concluyente prueba la habilidad de un hombre para dirigir a otros como lo que él hace día tras día para dirigirse a sí mismo" - Thomas J. Watson.

Debe entonces desde temprano negarnos a aceptar el negativismos en nosotros, expuesto por otros y las circunstancias. Todo lo contrario debemos construir un cielo en un infierno circunstancial, un puente en el océano de problemas y un camino en donde solo hay obstáculos. Una barrera contra lo negativo es necesaria. En una asquerosa mazmorra atestada de reos y libertinos, Juan Bunyan respiró el verdadero ambiente del cielo y logro vencer el negativismo, allí en tanto desprecio escribió su maravillosa alegoría del viaje del peregrino de la ciudad de destrucción a la ciudad celestial.

Por más de doscientos años aquella voz habló desde la cárcel de Bedford con poder penetrante a los corazones de los hombres. El Viador y La gracia abundante para el mayor de los pecadores han guiado a muchos por el sendero de la vida eterna. Nuestra historia pasada puede testificar que si hemos logrado victorias y logros en la vida podremos enfrentar este nuevo desafío. El negativismo o nos vence o lo vencemos. Juan Bunyan nos recuerda que lo podemos usar y hacer historia para Dios y la bendición de almas, esa es la meta de todo líder consciente.

Recordar las victorias pasadas:

Es fascinante ver como en circunstancias desafiantes *es necesario* recordar lo que hemos aprendido en la experiencia de la vida. Enfrentando los grandes obstáculos expuesto por alguien de "experiencia", David respondió a Saúl: "Tu siervo era pastor de ovejas de su padre, y cuando venía un león o un

El Líder en La Crisis

oso, y tomaba algún cordero de la manada, *yo salía tras él, lo hería, y lo libraba de su boca.* Y si se levantaba contra mí, yo echaba mano de la quijada, *lo hería y lo mataba."* - 1 Samuel 17:34,35.

David enfrentaría la crisis porque se había capacitado por su obrar diario, su preparación fue día con día. Tenía victorias en su record. "La guerra te puede matar, pero vivir sin victorias ni gloria es morir todos los días" - Napoleón Bonaparte

Su éxito presente no dependía del buen ánimo actual sino de su celo por ser fiel a sus deberes diarios. David fue integro no a su padre sino a sus ovejitas, seres que no podían hablar, seres que muy bien podían dejarlas morir pero él por el contrario obro en su bien y sin darse cuenta eso lo capacito para enfrentar a alguien grande de estatura pero sin cerebro. Además de esto encontramos que este gran líder inicio su carrera librando ovejas de leones, osos y si venían contra él los *hería y mataba.*

David al enfrentar la crisis recordó y expuso sus esfuerzos, logros y victorias pasadas. Es importante entender que por más insignificante que sea la victoria, la meta lograda es en si el puente para cruzar el río. Esa brecha futurística es cruzada con victorias pasadas y pequeñas.

Día a día nos capacitamos o nos descalificamos para el futuro:

Nadie había escrito y hecho notorio todo esto pero el si lo escribió en su corazón y ahora podía enfrentar otro desafió. Se había preparado. Con razón el sabio dijo, "La mano de los diligentes se enseñoreará". - Proverbios 12:24. David había sido diligente en todo y en este momento sencillamente florecería su preparación.

""Confía en Jehová". *Cada día tiene sus* preocupaciones, zozobras y perplejidades; y cuando las enfrentamos, cuán dispuestos estamos a hablar de nuestras dificultades y pruebas... Algunos siempre están temiendo y buscando problemas. *Cada día están* rodeados por las señales del amor de Dios, *cada día disfrutan de la abundancia de su providencia*; Podéis estar perplejos en los negocios; vuestras perspectivas pueden tornarse cada día más oscuras, y podéis estar amenazados por cuantiosas pérdidas. Pero no os desaniméis; echad vuestra preocupación sobre Dios, y permaneced tranquilos y gozosos."

"*Comenzad cada día* con una ferviente oración, sin dejar de ofrecer alabanza y agradecimiento. **Pedid sabiduría para conducir vuestras ocupaciones con prudencia y prever así pérdida y desastre. Haced todo lo posible para que haya resultados favorables**...No siempre será ganancia desde el punto de vista mundano; pero posiblemente el éxito habría sido lo peor para vosotros... Necesitamos considerar la gloria de Dios en todos los negocios de la vida; necesitamos una fe viviente que se aferre de las promesas de Dios" - (Review and Herald, 3-2-1885. A Fin de Conocerle pg. 234.)

De crisis en crisis crecemos. Cada día nos capacitamos para enfrentar con persistencia el siguiente desafío. De igual manera día con día nos descalificamos para enfrentar, ver y luchar por el futuro si somos negligentes, desapercibidos del tesoro que hay detrás de cada día vivido. En la crisis recordemos como el cielo nos ha permitido prepararnos día tras día por medio de deberes, responsabilidades o muy probablemente con problemas, perplejidades y circunstancias adversas, todo al fin al líder convertido a su llamado redundara para bien y éxito propio porque sabe lo que *cree* y porque esta donde la crisis lo encontró para llevarlo a una posición mejor.

No es lo mismo enfrentar la crisis sin experiencia y solo. El mejor socio en esto es Dios bueno en mi caso es así. Las victorias pasadas capacitan a las personas para crisis futuras. Cuando uno sabe que Dios ha estado con nosotros en el pasado que hemos tenido victorias debemos entonces escuchar al decir hoy en tiempo de crisis: **"Oh Judá y Jerusalén, no temáis ni desmayéis; salid mañana contra ellos, porque Jehová estará con vosotros." 2 Crónicas. 20: 17.** Cuando existe esta clase de convicción nuestras peores situaciones no nos sorprenderán, sino que enfrentaremos porque Dios está con nosotros.

Al vivir día con día debemos recordar que construimos para nuestro futuro o nos descalificamos a un horizonte prometedor. Recuerde: "Todo lo que usted hace hoy tiene sus bases en lo que hizo ayer". Así lo dijo John C. Maxwell. La vida diaria es la mejor universidad de cada persona para llegar a ser lo que soñó,

El Líder en La Crisis

pensó o quiere. No pensemos en futuro sin vivir un presente con energía y toda nuestra voluntad - allí está la enseñanza, fuerza y sabiduría que nos hará grandes mañana.

Es natural no ver el fin desde el principio:

En la vida diaria nos sobrevienen muchos problemas intrincados que no podemos resolver. Hay algunos que desean arreglar cada dificultad y resolver toda pregunta antes de continuar. Los tales seguramente fracasarán. En el mundo de los negocios se escribió lo cual creo se aplica a todo lo que involucre avanzar. *"Octubre. Este en uno de los meses donde es particularmente peligroso especular con acciones. Los otros son julio, enero, septiembre, abril, noviembre, mayo, marzo, junio, diciembre, agosto y febrero."* - **Mark Twain**

Al fin de cuentas, el futuro será tan incierto y los problemas tan intrincados como cuando comenzamos a especular. Es siguiendo los deberes diarios que nos dio la vida como recibimos mayor capacidad para enfrentar los del mañana. Es natural que no veamos el fin desde el principio.

"Lo que cuenta no es lo que vas a hacer sino lo que estás haciendo ahora". - Explico Napoleón Hill. Es increíble pero tan cierto que lo que hacemos hoy determina nuestro mañana. El futuro en verdad está en nuestras manos en lo que respecta al éxito. Avancemos en respuesta al llamado de Dios sabiendo que él dice lo que quiere a nosotros nos toca construirlo. Cuando El señala la obra que debe ser hecha, emprendamos esa tarea en su nombre, con plena convicción y tendremos victorias como David en momento de gran crisis.

Es natural *no ver* el fin desde el principio pero es antinatural al líder verdadero no aprenderlo. Las perplejidades pueden rodearnos y lo harán sin misericordia. Nuestros jefes, compañeros, amigos, hermanos y sin duda alguno los enemigos; pueden decirnos que hay leones en el camino, y osos en la esquina. ¡Que griten y murmuren! Sin embargo, avancemos, diciendo: **"La Vida desea que esta visión se realice y no fracasaré ni me desanimaré. Haré mi parte".**

Recordemos la siguiente fórmula: Son crisis personales las que nos preparan para las del hogar, son las del hogar que nos preparan para enfrentar las de la empresa, institución o iglesia, estas a las de las nacionales. Así ocurrió en la vida de David y sin duda a nosotros. Construyamos nuestro futuro en mente primero, formemos las victorias en nuestros pensamientos primero y lo creamos o no estamos viendo el futuro desde el principio. Aceptar la crisis como el inicio de algo nuevo es realmente ver el porvenir desde el fin.

Sepamos que hay críticos que, si se escucharan sus palabras, le robarían todo el ánimo y la esperanza a uno, de hecho son profesionales en ello. Debemos cuidarnos de los enemigos internos y externos. No permitan que ellos los desanimen. Gritemos: "Dios permanece fiel; Él no puede negarse a sí mismo" - 2 Timoteo. 2: 13. Ha dado a cada hombre su tarea, y a todos llama para que comiencen la obra donde estamos. Recordemos que Dios no puede hacer lo que desea hasta que el instrumento humano haga su parte.

Necesitamos hacer nuestra parte. Nuestra parte no vendrá de lo natural sino de esa naturaleza que nace en la crisis. La persistencia es la que deja que Dios se manifieste en nuestro favor. Seamos persistentes en ver el fin desde el principio de cualquier pensamiento, acción, proyecto y propuesta.

Las promesas brillan en tiempo de Crisis:

A veces el brazo de la fe parece demasiado corto para recordar las promesas, estudiar y aun para aplicar las mejores creencias, pero allí está la promesa, respaldada por FE en los momentos más difíciles. Aquí tienes que recordar tus referencias, ideales, creencias, razón de existencia y seguir

Es importante que nosotros mismo logremos ser una bendición y ayuda para aquellos que luchan como nosotros, a todos nos visitan circunstancias y debemos desarraigar ese dedo amenazador, el hablar mal contra nuestros enemigos y compañeros. Proveamos ayuda cuando se nos pida no importando quien la busca, crisis es el lugar que pone en contacto la humanidad del verdadero líder. Allí en la crisis relucen y se manifiestan las promesas del cielo y aquellas de la perseverancia y fidelidad. "Cuando salgas en guerra contra tus enemigos, y veas caballos y carros, un ejército más numeroso que el tuyo, *no les tengas temor,* porque el Eterno tu Dios, que

El Líder en La Crisis

te sacó de Egipto, está contigo." - Deuteronomio 20:1. Esta es una promesa que es aplicable a todo temor, problema y circunstancia amenazadora.

La Vida nos dio la oportunidad de existir pero jamás prometió que no habría sequía, problemas o crisis. Todo lo contrario. Las promesas del cielo son verdades envueltas de otras verdades. La verdad de tener a Vida y Oportunidad es la que abre la verdad de un conflicto continuo.

Esto es lo que sorprende en lo que el liderazgo no ha madurado es cierto que es un hecho que nos visitan problemas y crisis, pocos de los grandes líderes se dan cuenta del porque las promesas están allí como monumentos a nuestro favor. Toda promesa es una salida del túnel, una fuente de agua en el desierto, la mano que sostiene nuestro ser en un día turbulento. Es el suspiro de Dios a nuestro favor. Las promesas son la luz en las tinieblas de la vida.

En tiempo de crisis, se murmura, se es mediocre o se mejora:

A Dee Ricks inesperadamente le llegó la crisis en que fue diagnosticada con cáncer de seno. Como madre y mujer tuvo muchas preguntas pero debido al problema tuvo que cortarse un seno inmediatamente. *Más tarde esta crisis y descontrol en su vida la llevo a nacer como una gran líder activista sobre el cáncer.* En lugar de murmurar ella aprovechó esta desgracia y lo hizo al hacerse propagadora en cómo prevenir y buscar ayuda para el cáncer de mama. Pero lo más interesante es cuenta ella. "Quien iba a pensar solo pocos años después de su misión del cáncer (El atleta Lance Armstrong) y yo nos uniría". La vida nos da sorpresas y las da con gusto, ojalá tuviéramos la paciencia para esperar y aceptar la vida después de todo lo que hacemos tal y como viene. En el caso de esta mujer su desgracia y crisis la vio renacer como una voz nueva de cómo prevenir el cáncer la guio a unirse con el atleta Lance Armstrong. La verdad es que toda crisis tiene su recompensa, la pregunta es ¿estaremos listos cuando llegue?

"Sepamos, también, que la crisis y el fracaso no es una persona, es un evento pasajero". - *Miguel Martin*

El Líder Gladiador

Hay un manantial listo para todo aquel que sabe porque existe y obra de acuerdo a la necesidad y no circunstancia, de acuerdo al deber y no a los sentimientos, de acuerdo al llamado y no al dinero. El universo es el manantial de poder, ayuda, sabiduría, experiencia y sugerencias para mejoramiento del carácter, vida y posición en la escalera del líder oportuno.

Sepamos que en ocasiones surgirán preguntas que no podrán ser resueltas por el pensamiento humano. No perdamos tiempo tratando de resolverlas. Emprendamos la tarea que está esperando que se la realice, confiando en será nuestra sabiduría la que nos afirmara.

Está en nosotros entonces la capacidad de murmurar en las crisis de la vida o de aprender a controlar la lengua del alma de la mente. La murmuración es debilidad moral, debilidad interior, debilidad de espíritu. Murmuración no es otra cosa que cobardía, es la voluntad vencida. La murmuración es el paso a la muerte del líder dentro de ti.

De igual manera la distancia entre la murmuración y la mediocridad es el tiempo. Todo el que murmura en la crisis y los problemas básicamente está dándole lugar a dejar que lo no creado se manifieste. La mediocridad es un estilo de vida escogido por gente vencida, personas dispuestas por sí mismas a colaborar a su destierro. Los mediocres nacen dentro de los problemas de la vida. Nacen en las quejas, en la búsqueda de cosas que desean fácilmente. No es difícil encontrar a los que voluntariamente se destronaron de la realidad de la vida, ellos sufren el pasado, la ofensa de alguien, el comentario de alguien los tiene cautivos. La mediocridad es el resultado de no querer luchar en el conflicto, ir esa milla extra cuando todo parece estar fuera de control.

Por lo contrario querer mejorar en lugar de murmurar o vivir en mediocridad es natural de un líder en potencia. No ignora que debe enfrentar los problemas, los reveces de la vida, del deber, pero también sabe que todo trae recompensa y así entonces se tira a la voluntad de la providencia, deja que la enseñanza de la crisis lo mejore por voluntad propia. Estas personas en realidad en lugar de tropezar con la crisis la utilizan como maestros logrando un avance en la experiencia del llamado.

El Líder en La Crisis

Su justicia brilla delante de nosotros, y las preguntas que nos perturban se contestarán solas cuando en la crisis nos dejamos utilizar por la providencia. El líder en la crisis no se hace sino se reporta al deber, no se prepara sino refleja su capacidad de líder. El líder en la crisis, no *murmura* de lo que podría haber pasado, 'si tan solo hubiera', como un *mediocre* lamentando lo que no pudo, 'lo que pude ser', sino *mejora* para ser honrado con la mejor posición que puede alcanzar.

Uno de los más grandes empresarios y ricos de México llamado Carlos Slim enfrentando esta crisis de Estados Unidos en lugar de murmurar y desanimarse la ve como una oportunidad de volverse a organizar, de estructurarse y aprender de ella. Él dijo: "Esta crisis nos va a permitir soluciones estructurales de verdad, no sólo a México, sino a Estados Unidos". Los líderes en los problemas y crisis solo quieren mejorar y seguir adelante.

Por lo tanto escrito esta que: "El hombre puede amoldar las circunstancias, pero no se debe permitir que las circunstancias amolden al hombre. Debemos aprovechar las circunstancias como instrumentos con que trabajar. Debemos dominarlas, pero no permitir que nos dominen."

"Los hombres de poder son a menudo los que encontraron oposición, impedimentos y estorbos. Poniendo sus energías en acción, los obstáculos que encuentran les resultan en beneficios positivos. Aprenden a fiar en sus esfuerzos. El conflicto y la perplejidad piden que se ejerza confianza en Dios, y aquella firmeza que desarrolla poder." – Obreros Evangélicos pg. 309.

Finalmente John C. Maxwell experto en liderazgo escribió sobre estos líderes: "Ellos no pueden determinar cada circunstancia de la vida, pero pueden determinar que elección de actitud tomaran hacia cada circunstancia".

En un problema, muerte o crisis, húndete o nace con ella en nuevos deseos, aspiraciones, intenciones, oportunidades y posibilidades. En 1982 Nancy Brinker le prometió a su hermana Susy que estaba muriendo que ella buscaría una cura para el cáncer de seno. Esa promesa guío a investigaciones, innovación de tratamientos médicos, educación y búsqueda de medicina para tal enfermedad. Esta promesa de una hermana que con tristeza vio a su hermana morir motivo a establecerse una Fundación para tal causa – **"The Susan G. Komen Breast Cáncer Fundación"**.

El Líder Gladiador

Decida en la crisis, que se lo come y destruye o que se lo come y digiere aprendiendo. Si murmura, se convierte en mediocre o mejora a la luz de las nuevas enseñanzas y oportunidades creando su propio mundo lleno de oportunidades.

Para reflexionar y aplicar:

Escriba lo mucho que ha hecho la crisis en usted:
_____
_____
_____
_____
_____
_____

¿Qué le diría a alguien en crisis de liderazgo?
_____
_____
_____

Usemos Lo Que Tenemos

Todos tienen posibilidad:

La posibilidad da cabida a lo que nunca se imaginaba tal y como lo vemos en el mundo del gobierno, **tenemos mujeres *gladiadoras*** que respondieron al llamado usando lo que tenían cuando los hombres dejaron de ser líderes en sus países, el pueblo escogió a mujeres que aprovecharon esa bendita oportunidad de la vida. La capacidad de poder usar lo que si tenemos lo vemos con grandes mujeres en el liderazgo.

Mujeres que han destacado su capacidad de usar lo que si tiene esta Gloria Macapagal Arroyo, presidenta de Filipinas desde 2001, reelecta en 2004, fue mencionada en la revista (Forbes) como la cuarta mujer más poderosa del mundo; Megawati Sukarnoputri, presidenta de Indonesia de 2001 a 2004; Mary McAleese, presidenta de Irlanda desde 1997 hasta la fecha; Mireya Elisa Moscoso en Panamá de 1999 a 2004; Vaira Vike-Freiberga, presidenta de Letonia desde 1999 hasta hace unos días, fue reelegida en 2003; Violeta Barrios de Chamorro en Nicaragua de 1990 a 1996; Corazón Aquino en Filipinas de 1986 a 1992; Vigdís Finnbogadóttir en Islandia de 1980 hasta 1996 que decidió retirarse, considerada la primera mujer presidenta de un país y en todo el mundo elegida a través de las urnas. En Bangladesh ha habido más de diez años de gobierno femenino con Sheij Hasina, de 1996 a 2001, y Jaleda Zia de 1991 a 1996 y de 2001-2006; Chandrika Kumaratung, presidenta de Sri Lanka de 1994 a 2005; Agatha Bárbara, presidenta de Malta de 1982 a 1987; Mary Robinson, en Irlanda de 1990 a 1997; y Janet Jagan, en Guyana de 1997 a 1999.

La verdad de estas mujeres es que cuando se usa lo que uno tiene, todos tenemos la posibilidad de ser figuras que beneficien a la humanidad independiente de los obstáculos, conceptos convencionales y realidades que han vencido a muchos en la experiencia del liderazgo.

Uno de los grandes errores de los humanos es que dependemos de lo que la gente dice de nosotros y como si fuera

El Líder Gladiador

poco *dependemos mucho de los medios para lograr objetivos*. Digo - un e – r – r – o - r porque los grandes hombres, mujeres que han hecho historia, lo hicieron **con lo** que tenían **no con** lo que decían de sus limitaciones. Tampoco dependieron de lo que no tenían o añoraban. Tan increíble parece ser que lograron grandes metas, objetivos y blancos contra *todo, especialmente con* el concepto popular de su tiempo. Puesto de otra manera *ni siquiera* las circunstancias estuvieron de parte de ellos y así lograron metas. En muchas ocasiones si no es que en todos sus logros y victorias fueron sin grandes medios y apoyo popular. Esto testifica que todos **si quieren tienen todo tipo de posibilidad** si saben discernirla y aprovecharla.

Se cuenta que en 1938, una granada **destrozó la mano derecha** del diestro Karoly Takacs. Pero esto no le impidió en las olimpiadas de 1948 ganar. En estos Juegos, alcanzó el oro en tiro rápido con pistola **disparando con la mano izquierda**. Dime ¿qué puede impedir lograr nuestras metas? ¿Quién no tiene la posibilidad si así lo desea? Todos la tienen si así lo desean.

La biblia nos dice: "Vi algo más debajo del sol. Que no siempre la carrera es de los ligeros, ni de los fuertes la guerra, ni de los sabios el pan, ni de los prudentes la riqueza, ni de los elocuentes el favor; **sino que el tiempo y la ocasión acontecen a todos**." - Eclesiastés 9:10,11.

Sepamos qué:

"Un hombre inteligente puede más con convicción que con extra apoyo, o medios - si sabe lo que tiene".
- Miguel Martin

Una vez más para asuntos de liderazgo, administración y organización es la vida que da el llamado pero nuestra es la decisión de aceptar o rechazar, la oportunidad solo dice "sígueme". Llamadas de esta índole es la que convierte a muchos en reales líderes, todo porque experimentan y responden al llamado, he aquí la clave de su éxito; **usan y aprovechan** la posibilidad que se les presenta.

Usemos Lo Que Tenemos

La posibilidad nos introduce a grandes oportunidades:

Siempre habrá en la vida posibilidades. La clave está en verlas, usarlas y el secreto es que en ellas aparecen oportunidades que te llevaran a otros niveles. Esto sin embargo requiere convicciones profundas. Verdades fundamentales.

Lamentablemente el poeta alemán escribió: "Un amigo me preguntaba por qué no construíamos ahora catedrales como las góticas famosas, y le dije: **"Los hombres de aquellos tiempos tenían convicciones; nosotros, los modernos, no tenemos más que opiniones, y para elevar una catedral gótica se necesita algo más que una opinión"."**
- Heinrich Heine *(1797-1856) Poeta alemán.* Si usted desea hacer grandes cosas como los antepasados, lograr grandes hazañas debemos cambiar nuestros conceptos, pensamientos e indudablemente nuestras convicciones.

Si no estamos conscientes, atentos a las posibilidades no veremos las oportunidades, esas oportunidades que transformaran tu existencia.

Limitaciones superadas por nuestra convicción:

Debemos superar nuestras limitaciones, no podemos depender de lo que creemos que necesitamos para lograr algo en la vida, especialmente en el campo del liderazgo sino usar lo que el cielo nos ha dado ya. Algunos por falta de convicción - la herramienta más poderosa experimentan el fracaso y se les aplica el siguiente dicho ruso que reza:

"Hay quienes que cuando van al bosque solo ven leña para el fuego".

Cuán importante es que nosotros veamos cuanto realmente tenemos. Cambiemos nuestro concepto de lo que necesitamos por lo que ***si poseemos.*** El bosque tiene mucho, mucho más que solo leña para el fuego. Imploremos al cielo para poder ver los grandes dones, talentos, capacidades y cualidades que si tenemos en lugar de lamentar por lo que no poseemos y que creemos necesitamos para lograr metas y objetivos.

El Líder Gladiador

Usando lo que si poseemos cambiaremos nuestra situación presente, superaremos nuestras limitaciones y de seguro seremos líderes extraordinarios **usando lo ordinario, lo común, lo que no cuesta nada, eso que está aquí dentro de nosotros,** dones, talentos, convicción y deseos el capital más poderoso en la vida de todo ser humano.

Ella nació el 27 de junio 1880 al año y medio de su nacimiento quedó ciega y sorda. ¿En estas condiciones tendría futuro esta persona? La mayoría diría que no. Pero en su vida apareció alguien llamada Anne Suvillan quien se propuso ayudarle a superar estos obstáculos. A pesar de estas limitaciones esta niña aprendió a leer y hablar. Sabe esta niña ciega y sorda llego a dar discursos sobre su vida. Logro llegar a la universidad y se graduó con honores. Escribió libros sobre su experiencia en su vida no para murmurar de lo difícil que había sido su trayectoria sino para mostrar e inspirar posibilidades en todo ser humano. ¿Qué fue lo que llevó a alguien sorda y ciega tener estos grandes logros? No hay duda que aprovechó sus oportunidades y no le tuvo miedo a la vida porque estaba *convencida* que tenía un destino, podía hacer algo y llegó a ser la famosa Helen Keller. Nada es imposible cuando se cree y se actúa. Las limitaciones no son obstáculos sino motivo de inspiración para lograr lo añorado.

"El individuo ha luchado siempre para no ser absorbido por la tribu. Si lo intentas, a menudo estarás solo, y a veces asustado. Pero ningún precio es demasiado alto por el privilegio de ser uno mismo."
Friedrich Nietzsche (1844-1900 Filósofo alemán.)

Convicción le prospera:

Lucy Alexis Liu Yu Ling, una actriz estadounidense de origen chino, nacida el 2 de diciembre de 1968 en la ciudad de Nueva York. Empezó a trabajar a los 11 años, inmigrantes en estados unidos de descendencia china. Vivió en lugar demasiado reducido en Queens New York lleno de cucarachas.

Pero a pesar de estas cosas sus convicciones de prosperar eran tan grandes que estudió en la Universidad de Nueva York, en la Universidad de Míchigan, invirtiendo lo que si tenía se pudo graduar en Lenguas y Culturas Asiáticas. Una gran actriz sin duda pagada por el valor y persistentes convicciones.

Muchos en lugar de convicciones manifiestan celos, envidia de los que han logrado avanzar en el liderazgo. Solo critican y así dejan de usar lo que ellos tienen para subir en la escalera de posiciones. Solo ven leña para quemar, no tienen ni la capacidad de pensar de que si se proponen y se convencen pueden llegar a ser lo que otros han logrado y más. Pero la envidia los ciega y el orgullo los destruye hablando mal de otros. *La convicción no tiene lugar para el odio, celos y envidia en los hombres y mujeres que se forjan el destino de posiciones en la vida.*

El punto es que utilizar lo que tenemos no podrá cambiar todo el mundo pero si puede iniciar el cambio en nosotros para hacer la diferencia en el mundo. Convicción es poder ser capaz de poner *este hecho en moción*. La organización, empresa, iglesia que cuente con este tipo de personas demostraran resultados que son incontables e insuperables por el tipo de personas invocadas, no faltando el potencial manifestado – *convección como esencia de su potencial.*

Cuando uno realiza lo que se le pide sin poseer lo que uno cree debe tener para lograr la misión es cuando se refleja carácter de líder capaz. Era *convicción* lo que hizo que ella hiciera su parte. Fue *convicción* lo que hizo que ella fuera el medio de que estos eventos se realizaran. Eso fue todo lo que hizo para que hoy este entre los famosos. La fama, los logros, el éxito no son el resultados de la ignorancia y falta de convicción al contrario son los frutos de una convicción profunda.

Aprendamos esta ley de liderazgo; si nosotros invertimos *todo lo que tenemos*, el paquete creceré en nuestro favor, la multiplicación depende de cuan dispuestos estemos en dar, utilizar e invertir lo que si tenemos que esperar lo que *no poseemos*. *La convicción prospera a todo el que quiere prosperar y crecer en el camino del liderazgo.*

Convicciones, Esencia de La victoria:

No amarguemos más nuestra vida lamentándonos por lo que otros tienen y no nosotros. No obstruyamos nuestro

El Líder Gladiador

progreso por no experimentar la victoria de otros, su riqueza, conocimiento y cualidades. El éxito depende más no de lo que no tenemos o poseemos sino de que hoy hagamos lo que podamos con lo que si tenemos, invirtiendo todo lo que si tenemos multiplicaremos lo que jamás nuestro corazón y mente imaginó. ¡Oh! si supiéramos cuanto realiza la convicción.

Con razón debemos escribir en nuestra mente que la: *¡Convicción es esencial para triunfo! – Miguel Martin.*

Fue niño pobre, trabajó desde muy pequeño para sobrevivir. Creció y no fue sino hasta más tarde que pudo educarse profesionalmente. Sin embargo nada de esto le impidió llegar a ser licenciado, diputado y finalmente en el año 1860 llegó a ser presidente de los Estados Unidos. Su nombre fue Abraham Lincoln. ¿Cuál fue la esencia de su éxito? La convicción de lo que quería. Este hombre usó lo que tenía, él deseaba aprender y crecer. Se cuenta que en las noches leía después del arduo trabajo. Se devoró libros, los aprovechó, los volvía a leer y amo a los que les regalaban libros. Era de voluntad fuerte y su convicción le dio grandes victorias. El testificó más tarde:

"Pero, yo ignoraba muchas cosas. Sabía leer, escribir y contar, y hasta la regla de tres, pero nada más. Nunca estudie en un colegio o academia. Lo que poseo en materia de educación lo he ido recogiendo aquí y allá, bajo las exigencias de la necesidad." - Abraham Lincoln.

Me emociono al ver que no se necesita de una gran ciencia para emprender este principio. Sin duda alguna al estar *convertidos* a nuestras *convicciones* realizaremos "milagros". Aunque los milagros son divinos entendamos que son realizados en y por personas ordinarias, personas que terminan por su firme convicción siendo extraordinarias en la arena de la vida.

Cuando se tiene convicción sabemos que: "Un hombre con coraje hace la mayoría". – Andrew Jackson.

Escrito esta para todo el que cree que él tiene lo que necesita para comenzar si quiere. "Porque con ingenio harás las guerras". -Proverbios 24:6. Cualquier guerra, lucha o deseos puede lograrse si **usas el ingenio** palabra que se traduce como agudeza, chispa sutileza, perspicacia, intuición, viveza, inspiración, penetración mental. La posibilidad está en sus

Usemos Lo Que Tenemos

manos *si* tiene el deseo y el poder de usar la convicción, el ingenio, esencia de las victorias.

Avanzar con lo que tenemos nos da el Poder de lograr más:

La mayoría de veces las victorias de una nación han dependido de las convicciones de sus líderes y no tanto por la cantidad de su ejército, de igual manera la historia registra lo contrario de aquellos que ignoraron su valor, convicción y lo que si tenían. Estoy convencido por experiencia que uno puede tener muchas cosas pero si no posee convicción es como tener una mansión pero sin poder vivir allí.

Aceptando el llamado damos el primer paso, *haciendo lo que podemos* es el segundo paso, *usando lo que tenemos* es el tercero, esto se multiplica dando como resultado el poder - capacidad para hacer y lograr nuestro cometido con lo que tenemos como cuarto paso.

Escuchando atentamente las instrucciones de la vida en nuestra vida y experiencia podremos llegar muy lejos. ¿Cómo?, aprovechando toda oportunidad, privilegio y sobre todo, toda posibilidad que tenemos porque en ella esta siempre la oportunidad. Entiéndase que haciendo lo que podemos obtenemos el poder para lograr más.

La historia de Dale Carnegie nace en Marysville, 1888 - Forest Hills, y vive hasta 1955. Llegó a ser un Escritor norteamericano muy exitoso pero antes de eso tuvo muchas cosas que vencer. Se graduó en la Escuela Normal de Missouri en 1908 y, a partir de entonces, se dedicó a una vida ambulante - en ocasiones, cercana al vagabundeo - en la que abarcaban objetivos tan dispares como la obtención de cualquier trabajo, lograr un centavo de cualquier forma posible. Escribió deseando el éxito pero fracaso. Independiente de su condición su convicción de llegar a ser alguien grande avanzó contra todo, usando la simple verdad que el que "quiere puede", uso lo que tenía, utilizo "su convicción", fue el taladro en su vida para poner el fundamento de su éxito.

Se cuenta que tenía el hábito de levantarse a las cuatro de la madrugada para poder ir a la escuela, se hizo de vendedor

El Lider Gladiador

de cursos a los rancheros, trabajó para la compañía Armour & Company todo esto mejoró su vida pero no lo sacó de su continua condición llena de pobreza. Ahorró dinero y se fue a New York intentando ser actor en lo que también fracasó. Quiso ser un maestro de lectura en la institución más famosa para adultos en el este del país, Chautauqua lo que no pudo lograr. Terminó quebrado sin dinero, regresó a cero. En 1912 en toda esta situación crítica y crisis emocional de tropiezos obtuvo la idea de enseñar como 'hablar en público'. Esta convicción de buscar lo que se quiere lo hizo buscar algo que lo llevara a triunfar entre tantos tropiezos. Le fue tan también que en 1916 logró rentar su propio salón para dar sus seminarios sobre cómo hablar en público, mejoramiento personal, curso práctico para hombre de negocios, etc. Transformándolos en libros para 1926-1932.

Le fue mal en la escuela, en los empleos pero no por ello dejó de luchar por encontrar su llamado. Tras varias tentativas de escasa repercusión, el éxito le llegó realmente en 1936, a raíz de la publicación de su obra titulada *Como ganar amigos e influenciar a la gente,* que inmediatamente se convirtió en un *best-seller* internacional, con cientos de miles de ejemplares vendidos en todo el mundo, más de un centenar de ediciones y múltiples traducciones a diferentes idiomas. *Hasta hoy su nombre habla de su éxito.* En verdad la experiencia enseña que avanzar con lo que tenemos nos da el poder de lograr más.

La convicción es realista pero no es influenciado por lo que le rodea:

Otro hombre que obro por convicción que por lo que había a su alrededor fue Noé. "Así dijo Dios a Noé: "Decidí poner fin a todo ser viviente, porque toda la tierra está llena de violencia a causa de ellos. Por eso los destruiré con la tierra. **Hazte un arca de madera de ciprés**. Harás aposentos en el arca y la embetunarás con brea por dentro y por fuera." - Génesis 6:1,2.

Veamos primeramente que Noé no tenía la experiencia para tal obra, porque nunca había construido un arca. Numero dos encontramos que jamás había llovido hasta ese momento, mucho menos un diluvio y tres la generación en la cual le tocó obrar y liderar fue la peor de su tiempo y está escrito en Génesis

Usemos Lo Que Tenemos

6:5 - "El Eterno vio que la maldad de los hombres era mucha en la tierra, y que todo designio de los pensamientos del corazón de ellos era de continuo sólo el mal." Todo en contra no impidió su deber.

Se cuenta que el maestro de Thomas Edison lo llamó ignorante, y después él fallo en más de 6,000 ocasiones antes de perfeccionar la primera bombilla eléctrica. *El fracaso no es puerta para salir corriendo cuando se tiene convicción y cree que allí mismo donde se fracasó radica la oportunidad de hacer historia.* Así ocurrió con Tomas Edison, su convicción fue más poderosa que sus errores, fracasos y obstáculos. Nadie lo pudo desviar del camino deseado.

¿Noé, con todo esto en su contra que hizo? Lo que el deber demandaba. Un arca, esa fue la orden y eso hizo. ¿Honestamente que hubiera hecho usted? Si a mí se me hiciese esa pregunta, conociendo mi pasado yo hubiera rehuido esa tarea. Esto llamaba a una aventura desconocida. Era una tarea sin precedentes, se necesitaba de alguien que realizaría su obra más por "convicción" que por las cosas, circunstancias, experiencia y atmósfera alrededor a su favor o en contra.

Hoy vivimos en un tiempo no mejor que la de Noé. Hoy como en el tiempo de él necesitamos hombres dispuestos a obrar, dirigir y realizar hazañas. Todo el mundo puede hacer lo común pero usted no. Usted y yo hemos sido llamados para pensar, actuar y ejecutar por convicción no por aprobación o apoyo general, que es el veneno por el cual la mayoría se mueve y actúa.

Hoy el reto es el mismo, se debe construir un "arca" para salvar a nuestros colaboradores, compañeros lideres quienes en su mayoría están sumidos en una seguridad falsa. El diluvio viene y no estamos listos para enfrentarlo. La falta de esto es lo que nos ha dado como resultado un liderazgo desanimado, inestable y dispuesto a renunciar por cualquier ataque u obstáculo.

La verdad es que el mundo ha carcomido y desaparecido a hombres y mujeres que bien pudieron hacer historia como Noé. No se puede ignorar que: "Los que renuncian son más numerosos que los que fracasan". - **Henry Ford**

Necesitamos hombres y mujeres que estén dispuestos a utilizar más por su convicción que su posesión de riqueza y apoyo humano. Hoy es el tiempo en que hemos de obrar más bien por certeza que por circunstancia, gente, personal o familia a favor. Es el momento de aventurarnos a enfrentar tareas desconocidas, blancos nunca alcanzados utilizando esa linda herramienta llamada, "convicción". Si no estamos convencidos al deber y los retos hemos alcanzado nuestra primera derrota y no dudo que escribiremos nuestros nombres en la lista de los fracasados.

Superemos esos obstáculos como lo hizo Noé. Propongamos que si nuestra iglesia, institución u organización nos encomiendan tareas que no hemos realizado nunca, es porque Dios, el pueblo y jefes superiores ven potencial en nosotros. Las nuevas aventuras son la señal de ir más lejos. Los errores solo reflejaran que podemos aprender y avanzar. Para lograr hacer historia debemos cuidarnos de no ser influenciados por lo que nos rodea o nos dicen los cercanos o lejanos, la clave es la convicción. Ella es poder en la vida de todo líder.

Renuévate:

Podemos contar con unos buenos medios, personal y aun apoyo, sin embargo si nuestra - convicción no está renovada diariamente no iremos más lejos que el primer intento. Debemos renovarnos día a día.

Llegando a este punto es súper importante que evaluemos quienes somos, a donde nos dirigimos. Renovarnos involucra responsabilidad. Disciplina en revisar lo que gobierna nuestra convicción, motivos y acciones.

Es importante que repasemos nuestras creencias diariamente para saber nuestras convicciones y exclamar como el apóstol Pablo - "Yo sé a quién he creído". - 2 Timoteo 1: 12. Si *nuestras convicciones están vivas y renovadas es casi seguro nuestro triunfo* aunque nos lleve 120 años como Noé para realizar lo encomendado o deseado por uno mismo.

Renovar nuestra convicción es revisión. Esto es la convicción debe estar alineada con la meta, esta verdad la vemos en Jesucristo al decir, "...porque sé de dónde he venido (convicción)

Usemos Lo Que Tenemos

y adónde voy (meta). Pero vosotros no sabéis de dónde vengo, ni adónde voy (sin propósito)." - Juan 8:14. Jesucristo con su convicción alineada con la meta le abrió la gran posibilidad y oportunidad a la humanidad.

A Noé lo llevó muy lejos, salvo a su familia y fue el progenitor de la humanidad después del diluvio. Tan importante es el papel que jugaba su convicción que *fue él a quien Dios utilizo para salvaguardar a la humanidad posdiluviana*. Sin la convicción Jesucristo nunca hubiera abierto el camino de regreso al Edén para el hombre. Sin ese hombre Noé, rechazado por la humanidad de su tiempo y burlado por su convicción no estaríamos con la gran posibilidad de cumplir un gran cometido usted y yo hoy aquí.

Tanto Jesús como Noé cada día su fe era renovada con cada paso en la tierra santa y martillazo en el mundo antediluviano. A Noé su convicción renovada a diario le dio la victoria por su perseverancia al fin de 120 años. ¿Entonces que hizo Noé? Obro por convicción renovada tal como testifico en 120 años, logro que la especie humana no fuese raída de la tierra. Renovarnos da el poder de realizar de manera completa nuestro llamado. Seamos en todo lideres gladiadores, realizados y victoriosos.

Lo poco es el padre de lo mucho:

"Hijo mío, la felicidad se encuentra compuesta de pequeñas cosas: un pequeño yate, una pequeña mansión, una pequeña millonada de dólares." - **Groucho Marx**

Comprendamos que la convicción no obra en ignorancia aunque si obra sin tener todos los medios que otros esperarían para lograr objetivos. Sencillamente en este capítulo estoy diciendo que la convicción transforma nuestras pocos medios, dones, talentos, capacidad en riquezas, nuestros obstáculos en escalones, nuestro temor en valor, nuestra flaqueza en fortaleza y nuestras murmuraciones y quejas en silencio elocuente para analizar cómo dar el siguiente paso y lo más importante entender es que traduce todos nuestros impedimentos en progreso, éxito y triunfo.

Demóstenes, el famoso orador Griego, tuvo fracasos antes de hacerse famoso. Su padre se murió cuando Demóstemes

El Líder Gladiador

tenía sólo siete años dejándole una gran herencia. A la edad de dieciocho años, a través de un debate público, él quiso reclamar su herencia de su deshonesto tutor. Desgraciadamente, no sólo era tímido, pero también tenía un impedimento del habla el cual le causó no poder comprobar sus derechos de propiedad. Pero como todo enfocado líder este fracaso le proporcionó una motivación que le dio la determinación para perseverar hasta que se convirtió en uno de los oradores más famosos de la antigüedad.

Nadie sabe quien recibió su herencia, pero 2,300 años después los estudiantes aun saben de Demóstenes. En breve la verdad es que "lo poco es el padre de lo mucho". En este concepto se dijo que, "puede más el sabio que diez leones". Porque la victoria no depende tanto de lo que tengas para lograrla sino de cómo utilices con sabiduría lo que sí tienes. Esto se ve en la historia de David cuando demostró sabiduría y más poder que Goliat al solo utilizar una piedra y una honda - 1 Samuel 17:49. Lo poco tiene poder en la mano del que quiere hacer algo con eso.

Debemos como líderes estar descontentos con el no seguir creciendo, madurando y mejorando con lo que ya tenemos. John C. Maxwell dice: "la mejor manera de asegurar el éxito es comenzar a crecer hoy mismo. No importa donde comience, no se desaliente; todo el que llegó donde esta comenzó en donde estaba." De hecho un líder siempre estará en busca de mejorar y superar sus limitaciones sin embargo debe llegar allá invirtiendo hoy todo lo que sí tiene.

Como regla al comprender las instrucciones no esperemos nuevas órdenes. Convirtámonos a esas reglas ya dadas y nuestra convicción florecerá en las circunstancias más adversas porque invertiremos lo que tenemos. Así lo poco se convierte el padre de lo mucho. Lo poco en las manos de gente de convicción tiene poder para muchas y grandes cosas, resultados y victorias.

La desconfianza debe llegar a ser su fuerza:

Un ejemplo más bastara para mostrarnos que en asuntos de verdadero liderazgo su éxito y prosperidad nunca depende de cuan preparado, capacidad y talento tenga sino de cuan

Usemos Lo Que Tenemos

dispuesto esta en multiplicar su capacidad presente en posibilidades futuras, usándolas hoy.

Este paso requiere que aunque tengamos convicción en algun momento hay desconfianza de uno mismo. Pareciera que esto no va pasar. Que es imposible ser alguien. Es exactamente cuando eso pasa que nace el yo triunfador. Cuando todo esta obscuro en uno mismo es cuando sale la luz que lo llevara a uno a recorrer el mundo. La desconfianza es un arma de dos filos pero si sabes usarla será la forma en que conozcas al yo triunfados. Nunca temas de la desconfianza en tu experiencia simplemente es la plataforma para que nazcas otra vez y de lo que en verdad tienes en ti.

Frascasado un japonés llamado Akio Morita creó una olla para hacer arroz con la que quería ser millonario. Fracaso rotundamente. Casi vencido por la desconfianza de que no podrá tener éxito y ser alguien grande volvió a comenzar y creó la compañía SONY. Si la famosa Sony por Okio Morita.

La verdad es que entre menos dependamos de nosotros mismos diremos: **"Déjame sólo un poco de mí mismo para que pueda llamarte mi todo"**. - **Rabindranath Tagore (1861-1941)** *Filósofo y escritor indio*. Solo hasta que estemos dispuestos a dar todo lo que somos podremos tener todo lo que nos merecemos.

Respetar la desconfianza atrae enemigos:

Se le dijo a Moisés: "Échala en tierra". El la echó en tierra, y se convirtió en culebra. Y Moisés huía de ella." - Éxodo 4:3. La vara se convirtió en culebra y ¿que hizo Moisés? Huyó. Grande error. Cuan triste es ver correr a los líderes con grande potencial. Sin embargo esto es natural el que corramos de grandes responsabilidad ya sea porque no comprendemos o desertamos por la cantidad o capacidad del enemigo.

Esto se dejó escrito para dejarnos una grande lección. La lección es la siguiente, si nosotros no usamos por convicción lo que tenemos, lo que tenemos aunque poco e insignificante se volverá nuestro peor enemigo. Básicamente esto es un asunto de actitud. Sin embargo este tipo de actitud atraerá enemigos. El no invertir lo que tenemos y poseemos se convertirá en nuestro peor obstáculo y convertirá la vara, símbolo de poder en una serpiente enemiga de toda causa, sueño e intento. Debemos avanzar en el llamado no en base a aparente obstáculo o prosperidad sino en base a nuestra convicción. Lo poco o insignificante llega a ser poder al que sabe usarlo. No dejemos que la desconfianza se vuelva nuestro obstáculo sino dejemos que ella nos haga dependientes de la Verdad de que podemos transcender.

Hemos llegado a donde nos encontramos porque "sabemos lo que creemos y creemos lo que sabemos". Estando convertidos a nuestra convicción, nuestras limitaciones, impedimentos y obstáculos no nos detendrán de realizar lo que debe realizarse si así demanda la ocasión. Ya se dijo *"**Todo lo que te venga** a la mano para hacer, hazlo con toda tu fuerza"*. - Eclesiastés 9:10. De manera clara se dijo que deberíamos obrar basado en lo que tenemos, "hazlo con *toda tu* fuerza". Los resultados serán grandes cuando cambiemos de actitud con respecto a la desconfianza. La verdadera confianza es en si la fe en acción. Esa fe que obra con lo que tiene, con lo que sabe y con lo que espera.

La desconfianza es vencida con la perseverancia:

No huyamos de nuestra aparente incapacidad, falta de sabiduría o medios para realizar nuestras tareas. Si permanecemos como un árbol en la tormenta, floreceremos. "Entonces el Señor le dijo a Moises: "Extiende tu mano y tómala por la cola". Y él extendió su mano y la tomó. Y volvió a ser una vara en su mano." - Éxodo 4:4. La lección más bella que encuentro aquí es que si permanecemos firmes a pesar de nuestros grandes temores y obstáculos, esos mismos obstáculos y temores vendrán a ser una bendición al revelarnos lo que desconocíamos.

La desconfianza será superada al permanecer firmes aprendiendo de esos temores, superando la desconfianza obedeciendo ese deber, responsabilidad del momento. Pero es irónico como en el caso de Moisés Dios sabía que él iba a correr sin embargo dejo que el miedo lo visitara para que el pudiera ver la fragilidad de su propio carácter.

Es también notorio que en ese mismo evento de desconfianza en la vida de Moisés, *el valor escondido se manifestó*. La vida

Usemos Lo Que Tenemos

misma mismo dejó que le persiguiera la culebra, se le dijo que tomara la culebra por la cola. La Vida le dio al enemigo la oportunidad *de probar a* Moisés de igual manera la oportunidad *de ser* probado. El miedo visito a Moisés pero de igual manera ese momento difícil hizo que se manifestara la capacidad existente en Moisés.

Se le dejó finalmente que Moisés por su propia voluntad el pudiese controlar la situación, no la situación a él. La Vida sabía que si Moisés tan solo utilizaba lo que tenía y aprovechaba la oportunidad el llegaría muy lejos en su experiencia como líder. La historia confirma que así fue. Es lo mismo que debe repetirse con nosotros.

Al final entiende que para la vida, el universo, la oportunidad, para Dios no es el tamaño, ni la circunstancia lo que vale sino el interés del individuo, el bendice toda prioridad en nuestra vida si tiene el objetivo de bendecir y dirigir a la humanidad al amor, salud, paz y prosperidad.

Usted puede:

Al proponernos triunfar es importante que usted **crea que en verdad puede.** La persona que cree que puede aún en los fracasos veremos y experimentaremos que nuestras limitaciones sólo mostraran nuestra grande convicción de poder hacer lo que queremos, lo que soñamos, lo que aspiramos, si se puede, si se quiere.

Nació en Alemania, como sólo sabía alemán su madre le aconsejo que aprendiera francés e inglés para algún día encontrar trabajo fuera de Alemania y así mejorar su vida. A los 15 años de edad su madre le buscó un trabajo de aprendiz en un restaurante local, lo cual el detesto. Curiosamente un incidente en su vida le preparó la oportunidad de su futuro convirtiéndose en un chef.

Bernhard Brender su primer trabajo profesional lo tuvo en Divos, Switzerland, más tarde trabajó en prestigiosos hoteles y restaurantes en London, Filipinas e Indonesia. Después de siete arduos años de chef en el hotel intercontinental en Bali Indonesia cambio el rumbo de su vida de cocinero a la oficina con el puesto de manejador de comida y bebida. Desde allí dirigió las operaciones de comida en hoteles en Tailandia, Kenia y Hong Kong.

En 1990 subió de posición a manejador asistente ejecutivo del Sheraton Hong Kong Hotel & Towers. En el 91 se movió a Seúl Corea como Resident Manager de Sheraton Grande Walkerhill y promovido en 1999 a General Manager. Más tarde dirigió el Westin Chosun Hotel. En 2004 brincó a la gran cadena del Hotel Hilton desde entonces administra el Grand Hilton.

Reflexionando su pasado nos dice:

"Ella (su madre) me aconsejo que fuese al extranjero, conocer nueva gente de diferentes culturas y que les ayudara a entender que no todos los alemanes son malos como era Hitler".

"Yo comencé en esta industria de una manera difícil".

"Pero mi experiencia (como chef) me llevo a mí a lugares donde yo aprendí el valor del Networking, tener una relación con los invitados, escuchando y evaluando".

"Yo tenía miedo al principio a venir a Corea" "Pero yo quería un reto". Ese paso lo llevó a vivir 17 años en esta parte del mundo donde se abrió un mundo nuevo en su profesión. Toda nueva oportunidad e inicio tiene sus temores y obstáculos que vencer pero detrás de ello están el futuro que añoramos al soñar y actuar.

"La lección más grande que he aprendido es no estar satisfecho con el conocimiento que he adquirido pero que entusiásticamente debo ir por nuevas cosas y ser más flexible, con una mente abierta y actitud".

Alguien le pregunto dónde ha adquirido sus mejores consejos sobre negocio y su respuesta fue de libros. En ese contexto dijo: "Yo siempre voy y trato de poner la teoría en acción, lo cual es difícil pero importante en hospitalidad". The Wall Street Journal – Monday May 18, 2009.

Si somos líderes de valor y coraje (gladiadores), nuestra grande capacidad de transformar lo pequeño en grande, malo en bueno, obstáculo en victoria, temor en valor y falta de confianza en convicción verdadera hará de nosotros hombres

Usemos Lo Que Tenemos

y mujeres ilustres. Cuando se nos asigne alguna tarea, misión o responsabilidad no veremos nuestra incapacidad, ni mucho menos dependeremos de lo que la gente pueda pensar de nosotros, ni de los medios porque ellos vienen y se van, pero si debemos analizar nuestra convicción como está, que puedo hacer con ella y pensar en grande, porque si ella falta todo falta.

Se cuenta que George Eyser, gimnasta americano, en las olimpiadas de 1904 logró una medalla de oro, dos platas y un bronce. Todos dirían que bien. Magnificó, sin embargo lo interesante es recordar que su pierna izquierda era de madera. El que quiere puede y todo depende de cuan dispuesto estemos de querer lograrlo. Use lo que tiene y créame que hará historia como George Eyser.

La convicción quiere y puede llevarnos a una experiencia más grande y creo a una posición mucho más alta, no la descuidemos. Usemos pues lo que tenemos, lograremos más de lo esperado y no nos amarguemos o murmuremos por lo que no tenemos ese nunca ha sido el lema de los grandes hombres y mujeres. "Si consistentemente hacemos lo mejor que podemos, con integridad, nos lamentaremos menos y avanzaremos con mayor facilidad." - Brian Koslow. Hoy debemos superar la falta de convicción disfrutando libertad en cumplimiento de nuestros deberes pequeños de hoy para convertirnos en los grandes del mañana. Esta es la actitud y el camino de los verdaderos *gladiadores*.

"Los campeones no se hacen en los gimnasios. Los campeones se hacen de algo que llevan muy dentro de sí mismos: un deseo, un sueño, una visión." -Muhammad Alí

Para reflexionar y aplicar:

¿Reconoce lo que, si tiene en la vida, en carácter, en potencial en ideas para usarla?

_____
_____
_____

El Líder Gladiador

Cuente alguna historia de cómo ha podido triunfar usando solo lo que tenía en el momento:

_____
_____
_____

Informate Antes De Actuar

La sabiduría personal tiene el poder de destruirle y destruir a su liderazgo:

En general en la vida, ministerio y deber llegan momentos en que debemos actuar como todo verdadero líder lo haría, informado. Así nos visitan momentos cruciales donde hemos de tomar y ejecutar decisiones muy serias. Debemos pues cuidarnos de no ser en tales ocasiones controlados por nuestras emociones, pasiones y criterio personal. Antes de obrar y realizar decisiones importantes debemos asegurarnos que estemos bien informados para no lamentar como muchos lo han hecho después. Un vivo ejemplo de este punto es el presidente GEORGE W. BUSH.

Este presidente en sus dos administraciones demostró claramente la habilidad de estar obrando por su manera de pensar terca y mal informada al actuar dejando que su sabiduría personal y la de su administración obrara con tal de llamar la atención de estar haciendo algo pero con falta de fundamentos para obrar con honestidad y gracia con un país que le dio el privilegio de liderar a una etapa diferente y prospera al pasado.

Esta debilidad en su carácter manifestado en el poder lo llevó a consecuencias que viviremos por un buen tiempo y que la historia no podrá borrar tal como recordamos los resultados del 9/11 en el 2001, el huracán Catrina en New Orleans en cual no sabía qué hacer, tanto que cuando obro era un poquito tarde y como olvidar y explicar la crisis económica en las que nos metió en el 2008. En la prensa de Panamá por Internet se escribió lo siguiente de él:

Un presidente fracasado

Betty Brannan Jaén

"Washington, DC. -Por Internet circulan anuncios para toda clase de relojitos y llaveros que llevan una cuenta regresiva de

El Lider Gladiador

los días que quedan hasta que George W. Bush salga de la Casa Blanca el 20 de enero de 2009: son 624."

"También circulan camisetas, calcomanías, calendarios, y hasta juguetes de perro que se burlan de Bush. Hay muñecos parlantes que repiten las estupideces de Bush cuando uno les da cuerda. Hay letreros con mensajes irrepetiblemente rudos. Hay casas con letreros que dicen cosas como *Impeach him* (háganle juicio político) y *Out of Iraq* (fuera de Irak)."

"Las encuestas señalan que si bien Bush no es todavía un hazmerreír total para su pueblo, sí es fuertemente repudiado. Solo el 35% de los estadounidenses todavía aprueba la gestión presidencial de Bush, mientras que 60% desaprueba (5% no sabe); los historiadores señalan que este es un bajo nunca antes visto en Estados Unidos. Una clara mayoría de norteamericanos estima que la guerra en Irak ha sido un error y hasta hay una encuesta que indica que 22% de los norteamericanos opina que Bush supo de antemano de los ataques de 9-11. Bush ni siquiera puede contar ya con el respaldo de sus co-partidarios, que lo culpan por la derrota en las elecciones legislativas del año pasado, donde los demócratas obtuvieron mayoría en ambas cámaras del Congreso."

"Con casi dos años restantes en su gestión presidencial, George W. Bush está solo", escribió en marzo el columnista Robert Novak, normalmente el más fiel de los derechistas. "En medio siglo, no he visto un presidente tan alejado de su propio partido en el Congreso -- no a Jimmy Carter, ni siquiera a Richard Nixon", agregó Novak."

"Mientras tanto, mi percepción es que entre ciudadanos ordinarios ya no se discute si Bush es un presidente bueno o malo; más bien se discute si es el peor de la historia estadounidense. En *www.washingtonpost.com*, Eric Froner, un profesor de historia en Columbia University, opinó que "no hay alternativa" a la conclusión de que Bush es el peor presidente de la historia estadounidense. Con más cautela, Sean Wilentz, profesor de historia en Princeton University, escribió el año pasado en la revista **Rolling Stone** que aunque luce probable que la gestión de Bush terminará en fracaso rotundo, habrá que permitir un tiempo prudencial para que la historia juzgue dónde situar a Bush en el *ranking* de los presidentes estadounidenses. Aun

Infórmate Antes De Actuar

así, es indudable que Bush estará "en el renglón más bajo" de los presidentes estadounidenses, señaló Wilentz".

"Resulta que los historiadores norteamericanos rehacen este *ranking* anualmente, según va variando la perspectiva histórica y el descubrimiento de nueva información. Hay bastante unanimidad en que los presidentes "grandes" de la historia estadounidense son George Washington, Abraham Lincoln, y Franklin Roosevelt -mandatarios que supieron encarar grandes retos y dejar al país en mejor estado de cómo lo encontraron. Por contraste, los peores presidentes -generalmente se incluye a James Polk, Andrew Johnson, Herbert Hoover, y James Buchanan- mostraron un estilo de gobernar que dividió al país en tiempos difíciles en vez de unirlo, y dejaron al país en peor estado que al comienzo de su gestión. La falla común, explica Wilentz, es "una adhesión inquebrantable a una ideología simplista que tilda de herejía cualquier desviación del dogma, lo cual impide todo ajuste pragmático a las realidades movedizas". No hay duda de que esa es una de las características más alarmantes de Bush."

"Cuando yo trato de pensar en todos los errores de Bush, no sé por dónde comenzar. En breve, su política financiera borró el superávit que Bill Clinton le había dejado y ha creado un déficit fiscal más grande que el de todos los presidentes anteriores en conjunto, endeudando al país por décadas y debilitando su solidez económica, sin hablar de beneficiar a los ricos y castigar a los menos afortunados. Su política extranjera ha sido deshonesta y catastróficamente incompetente, debilitando la fuerza moral y militar de Estados Unidos ante el mundo. Su política doméstica, no solo incompetente sino también plagada de un muy reprochable oportunismo político, ha mostrado un desprecio antidemocrático por los principios básicos de gobierno constitucional, debilitando las libertades ciudadanas y los poderes judiciales y legislativos frente al poder del Ejecutivo."

"En otras palabras, estoy convencida de que Bush dejará a su país peor de cómo lo encontró y terminará considerado como el peor presidente de la historia estadounidense. Ojalá me equivoque." – (Betty Brannan Jaén, www.laprensa.com)

Es claro ver que lo que se opina por estos grandes historiadores como por la prensa es el resultado de las propias elecciones y decisiones del presidente Bush. Pero especialmente en su segundo periodo fue claro ver que le mintió a la gente, a su partido y a su nación y todo por dejar que la sabiduría personal y de su administración los condujese a un callejón del cual vimos un desarrollo de eventos que marcaron la historia y sus consecuencias serán vividas por nosotros y por nuestro hijos que están por venir por muchos años más.

El sabio nos dijo por experiencia: **"No seas demasiado justo, ni sabio con exceso; ¿por qué destruirte a ti mismo?"** - Eclesiastés 7:16. En otras palabras no obremos basados en nuestra justicia, entendimiento o sabiduría porque traeremos ruina personal y pública de nuestra iglesia o institución, y como nación. Depender solo de nuestra inteligencia y opinión es probable que nos atrape y nos destruya. Esta actitud es común entre los líderes de hoy y sin duda a traídos grandes reveses como se vive en este país, Estados Unidos después del liderazgo de George Bush. La sabiduría personal independiente de otros ha hecho estragos al poseedor.

¿Qué es de nuestro liderazgo en nuestra vida personal, familiar y organizacional? ¿Si nuestra familia tendría que darnos un puntaje de nuestra manera de obrar y tomar decisiones que porcentaje nos darían? ¿Qué porcentaje nos daríamos a nosotros mismos al repasar nuestra vida y las decisiones con todas sus consecuencias en nuestra existencia? ¿Hay satisfacción con los resultados que estamos cosechando como líderes del siglo XXI?

La idea es que aunque debemos ser personas de decisión y llenos de sabiduría es no solo importante sino necesario que cuidemos de obrar basados solo en nuestro propio pensar, propias conclusiones y conocimiento. Al hacer esto estamos en grave peligro de sucumbir a la vuelta. Sabiduría del líder en el siglo XXI radica en aventurarse, decidir y redimir el tiempo juntando cerebros, conocimientos, planes, críticas y errores pasados para abrirse el camino a senderos nuevos o decisiones de grandes consecuencias.

La esencia en Toda decisión en el líder:

En mi experiencia como líder gladiador creo en que informarse no solo es ser intelectual, audaz, apto y capaz sino

Infórmate Antes De Actuar

también usar el arma de la oración. No todos creen esto y se respeta. No estas obligado a practicarlo si no lo crees pero se que si lo meditas lo suficientes tendras que suplir la oración con algo que te provea esa seguridad que ese es el camino, la acción, o decisión que debe tomar. Con esto aclarado digo que el gran éxito de Salomón fue informarse de antemano en oración, depender de Dios antes de entrar de lleno a la posición de líder. Él dijo al iniciar su liderazgo: "Dame sabiduría y ciencia para saber conducir a este pueblo. Porque, ¿quién podrá gobernar a este tu pueblo tan grande?" - 2 Crónicas 1:10. Si desea ser un líder de éxito no puede orar cuando quiere solamente sino debe hacerlo antes de cualquier actividad, decisión o inicio de planes o evaluación de su vida o ministerio.

El rey Ezequías en tiempo de crisis al ser atacado por los sirios una nación poderosa en su tiempo buscó a Dios en oración, escrito esta, "Y Ezequías oró al Eterno..." - 2 Reyes 19:15. Estos fueron grandes líderes gladiadores que querían saber qué hacer y Dios, el universo, la intuición divina les contesto oportunamente. ¿Usted como líder en el siglo XXI cuál es el primer paso que da al tomar una decisión? ¿Es la oración su amiga más grande al ejecutar su liderazgo? ¿Qué hace al enfrentar la crisis? Se que de esto no se habla en el área de desarrollo personal pero aquí si lo creemos y lo recomendamos. Es una de las mejores herramientas para el éxito.

Una de las primeras fuentes previas a tomar una decisión y obrar entonces es la oración, el rezo, la meditación, reflexión etc. Jesús al entrar a su misión final dijo: "...les dijo: Sentaos aquí, mientras voy allí a orar". - Mateo. 26:36. La oración fue clave en el liderazgo de Jesucristo antes de tomar decisiones y obrar. "Padre mío, si esta copa no puede pasar de mí sin que yo la beba, hágase tu voluntad". - Oro, - Mateo. 26:42. **En el líder gladiador la oración es indispensable antes de todo, especialmente antes de hacer algo la oración debe manifestarse para encontrar iluminación.**

Se cuenta que cuando la asamblea encargada de redactar la Constitución de los Estados Unidos llevaba cuatro semanas de esfuerzos estériles, Benjamín Franklin le escribió a Jorge Washington las siguientes palabras: "He vivido muchos años; y cuanto más vivo, más convincentes son las pruebas que veo de esta verdad. Dios gobierna los asuntos de los hombres, creo que

El Líder Gladiador

sin su auxilio no tendremos más éxito en este edificio político de quienes construyeron la torre de Babel. Seremos divididos por nuestros pequeños intereses parciales y locales; nuestros proyectos serán confundidos. ***Pido, por lo tanto, permiso para hacer una moción que de ahora en adelante, cada mañana se tengan en esta asamblea oraciones para implorar la asistencia y bendición del cielo sobre nuestras deliberaciones.*** " Los resultados ustedes los conocen - *una constitución nunca superada en el mundo.*

Una vez más se refleja lo que venimos ablando "*Avisaron a David* que los filisteos combatían a Keila, y robaban las eras". - 1 Samuel 23:1. David tenía que tomar una decisión. ¿Qué hicieron para con David? Le informaron. Como todo líder era su deber obrar, especialmente donde estaba la familia de su gente y sus esposas como dice el relato. Pero él no actuó con la única información que poseía ni mucho menos por impulso sino se informó a un más. "¿Entonces David *consultó al Eterno*: Iré a combatir a esos filisteos?" - 1 Samuel 23:2. Esta manera de informarse por medio de la oración, reflexión, rezo, meditación, silencio con uno mismo siempre fue clave en las victorias del líder David. Todo un gladiador inteligente.

Si nosotros tomáramos este ejemplo a pecho cuantos errores evitaríamos. Impregnar este hábito de orar, meditar, hacernos un par de preguntas en silencio antes de actuar. ¿Qué debo hacer? ¿Por qué tengo que actuar? ¿es esta la decisión que beneficiara mi empresa, negocio, familia, iglesia? Hacer esto antes de tomar una decisión nos librara de grandes errores y de seguro evitaremos fracaso.

Cuantos fracasos no recordáramos si tan solo estableciéramos un hábito de orar, meditar, o preguntar al universo no solo cuando estamos en la iglesia sino antes de cualquier paso en la vida, trabajo, negocio, venta, transacción y asunto familiar. Aprendamos a consultar a Dios en oración es una de las herramientas gladiadoras más poderosas.

Después de todo esto busquemos a los amigos más cercanos, a otros líderes que han recorrido el mismo sendero, y claro también los libros sobre el tema o problema y si hemos madurado lo suficiente escuchemos aun a los enemigos quienes, aunque no lo creas pueden proveernos cierta información que

Infórmate Antes De Actuar

los amigos nunca nos darían por cariño. Todo esto en función ser convertirá en la fuente de dirección para nuestras decisiones.

En estos ejemplos vemos que en toda información acumulada todo buen líder busca a Dios. Dios sabe proveer ese conocimiento, valor y capacidad para realizar grandes deberes y sobrepasar esos obstáculos cuando sabemos orarle pidiendo humildemente su dirección.

Escuchar primero, da información que nos ayudará:

Escuchar es un requerimiento en todo líder si desea y quiere tener éxito en todo lo que decide realizar. Debe entenderse que escuchar no quiere decir que todo lo que se le dice es verdad solo permite conectarse con otro universo, entender el otro punto de vista. Tampoco que está de acuerdo con el que habla solo se expande sus notas mentales.

Al hacer esto sencillamente estamos diciendo que estamos dispuestos a informarnos, considerar antes de actuar. Escuchar es el espacio entre el mediocre y el inteligente.

Si, escuchar no es otra cosa que darle espacio entre nuestro estado presente y el futuro. Es señal de respeto a todo y a todos los involucrados. Escuchar no es otra cosa que ventaja a nuestro favor dando a los demás la oportunidad de ser ellos mismos al expresar sus convicciones, opiniones y deseos.

Escucha a los que te rodean:

"Los siervos de Saúl *hablaron esas palabras a David.* Y él les dijo: "¿Os parece poco ser yerno del rey, siendo yo un hombre pobre y de ninguna estima? Y Saúl dijo: "Decid a David: 'El rey no quiere dote alguna, sino cien prepucios de filisteos, para tomar venganza de los enemigos del rey'". Pero Saúl pensaba echar a David en manos de los filisteos...David partió con su gente, hirió a doscientos filisteos, y trajo sus prepucios, que entregaron al rey, para que él llegara a ser su yerno. *Y Saúl le dio su hija Mical por esposa.*" - 1 Samuel 18:23-27.

En este relato *David escuchó* a los siervos de Saúl y esto al analizarlo y decidirse por lo que él quería le proveyó una esposa.

El escuchar no solo nos informa sino que nos ayuda a lograr lo que se desea. Recuerden que para ganar no necesita

El Líder Gladiador

el engaño, ser político, diplomático o un orador. Dedíquese a escuchar y créame que formará un puente entre lo que es hoy a lo que será mañana.

Escuche a sus amigos:

"Entonces Jonatán llamó a David, *le comunicó esas palabras. Después, él mismo presentó a David ante Saúl, y se quedó a su servicio como antes. Después, de nuevo hubo guerra, y David salió y peleó contra los filisteos con gran estrago, y huyeron ante él.*" - 1 Samuel 19:7,8. Nuevamente este gran líder tenía una poderosa cualidad, la de escuchar. Este hábito lo hizo vivir en el palacio y estar al servicio del rey de Israel por escucho a Jonatán.

Los verdaderos amigos tendrán información que necesitamos, lograr este hábito de relaciones humanas nos dará una ventaja sobre mil cosas, entre ellas, a una nueva posición en la vida tal y cual le sucedió a David.

Un amigo como Jonatán es más sabio que mil medios amigos. La verdad es abrir los oídos a la oportunidad de saber algo que nos abrirá puertas o nos ayudara a saber que hacer sin lamentar en el mañana.

Escuche a sus enemigos:

"Entonces Abner envió mensajeros *a David*, que le dijeron: "¿*De quién es el país? Haz alianza conmigo,* y mi mano será contigo para volver a todo Israel a ti. *Y David respondió: "Bien, haré alianza contigo.* Pero una cosa te pido, no te presentes ante mí sin traer a Mical, hija de Saúl, cuando vengas a verme"." - 2 Samuel 3:13,14. Es claro ver que David fue hábil en escuchar. Sabía cuándo dejar las cosas en las manos de Dios, si necesita un milagro.

Entendía la manera de escuchar cuando era necesario aun de sus enemigos, esto lo llevo a pactar con ellos sin comprometer sus valores tal como vemos aquí con Abner capitán del enemigo más grande que tuvo, Saúl. En esta crisis de su vida cuando peleaba por su propio reino él nuevamente manifiesta la capacidad de escuchar, lo hizo y como siempre logro la victoria.

Infórmate Antes De Actuar

David uno de los grandes líderes que el cielo permitió vivir dio ese vivo ejemplo de orar a Dios, investigar y escuchar - primero. Recordemos que este gran líder quien comenzó en un puesto muy humilde nunca perdió una guerra, con las ovejas, con Goliat, ni fugitivo y jamás como rey de Israel. ¿Por qué no? ¿Que lo hizo siempre victorioso? *Jamás actuó por emoción siempre se informaba primero, busco a Dios y supo escuchar a aquellos tanto enemigos y a quienes él podía confiar.*

Un verdadero líder no obra simplemente, controla sus emociones, se da el espacio para analizar la problemática, solo si es necesario actúa independiente, jamás, jamás obra en ignorancia y solo. Hombre diestro para estar al frente de alguna denominación o institución son aquellos que escuchan primero antes de actuar. "Escucha el consejo..." nos pide la palabra de Dios. - Proverbios 9:20. Ellos escuchan aun lo que no es buena noticia. Este asunto es uno de los problemas de los seres humanos pues las escrituras nos amonestan:

"Por eso, mis amados hermanos, todo hombre sea pronto para escuchar, lento para hablar, lento para enojarse". - Santiago 1:19.

Toda decisión tiene poder cuando es respaldada por otros.

La verdadera sabiduría no es una isla, no es un pájaro solo en el cielo. Al obrar a favor del pueblo, organización e iglesia debemos buscar toda información disponible antes de aprobar, condenar o cambiar de planes. El futuro es incierto en la mayoría de los casos cuando se obra sin entendimiento. Pero fatal cuando esa decisión involucra al pueblo sin considerar la opinión, información de otros. Los resultados son grandes y podemos tomar cualquier decisión y enfrentarlo estando bien informados.

La biblia nos presenta un bello ejemplo del éxito cuando este principio es aplicable. Esdras fue un poderoso líder en el tiempo cuando había que reconstruir los muros de Jerusalén. Debemos notar que él no obro solo, tuvo el respaldo del poderoso rey Artajerjes. La inspiración dice: "Artajerjes, rey de reyes, a Esdras, sacerdote, **escriba erudito en la Ley de Dios** del cielo. Paz. *Yo decreto* que los israelitas de mi reino, incluyendo sacerdotes y levitas, que quieran ir contigo a Jerusalén, que vayan. **De parte del rey y de sus siete consejeros** *eres enviado a visitar a Judá* y a Jerusalén, conforme a la Ley de tu Dios, que está en tu mano, Y a llevar la plata y el oro **que el rey y sus consejeros** voluntariamente han ofrecido al Dios de Israel, que mora en Jerusalén;" - Esdras 7:12-15.

Este tipo de líderes si desean logros mayores y aprobados ellos logran un equipo que les aconseja y sobre todo que les provea toda la información y ayuda que necesite obtener. Es importante escuchar primero antes de hablar y obrar. Rodearnos de un buen equipo de informantes como proveedores dentro de cualquier organización, si es que deseamos realizar una buena decisión y trabajo es indispensable. Por qué, porque: "Los planes fracasan donde no hay consejo, pero con la multitud de consejeros prosperan." - Proverbios 15:22.

Mientras David huía de Saúl el necesitaba de todo buen informante. Escrito esta que: "Abiatar *avisó a David* que Saúl había muerto a los sacerdotes del Eterno". - 1 Samuel 22:21. Claro que cuando David escucho esto hubo una reacción. Supo lo que debía hacer. De acuerdo al relato esta información ayudo a David divisar ese plan que ejecutaría. El punto es que hay necesidad de Abiatares en nuestro medio y eso es posible solo por nuestro amor a Dios y al pueblo quienes podrán proveérnoslo si aprendemos a escuchar y analizar cada, cada situación.

Si deseamos librar buenas guerras y obtener los mejores resultados es necesario dejarnos informar por otros que desean nuestro progreso como enemigos que desean destruirnos, parque la verdad es que al final si nosotros prosperamos ellos también.

El orgullo, El padre de fracasos:

Escrito esta que el "Avisado ve el mal y se esconde". - Proverbios 22:3. Nosotros como líderes puedo decir por experiencia que en muchas ocasiones obramos basado en nuestra propia opinión e información y los resultados han sido desastrosos. Cuantos no hemos perdido nuestro trabajo, oportunidad, negocios, empresas, contratos, ventas por actuar

Informate Antes De Actuar

imprudentemente. Tal vez hemos perdido un hijo o esposa por decisiones arrancadas por el orgullo. Estoy hablando de la razón que ha destruido a muchos líderes y personas en general. Este error fatal no es solo visto en el mundo secular sino lo peor es que es ignorado en el ámbito espiritual. El peor orgullo es el que se manifiesta entre los humanos – el espiritual. Es desastroso.

Triste decirlo pero muy cierto que el orgullo reina en la mayoría de líderes que profesamos ser altamente educados, intelectuales o depender de Dios. El orgullo o nos hace obrar solos o dependemos de creencias, ideas equivocados y No de principios y valores.? El orgullo nos hace actuar independientemente de los demás, especialmente de aquellos que están en contra nuestra. El orgullo no nos deja pensar, orar y evaluar. Dios y la sabiduría universal no es parte de nuestra agenda cuando reina el orgullo.

La palabra nos cuenta la historia de Uzías. Su caída debe ser una lección para nosotros como líderes hoy día. "Pero después que Uzías se fortaleció, *su orgullo lo llevó a la ruina*; porque se rebeló contra el Eterno su Dios, y entró en el templo del Señor para quemar incienso en el altar del incienso". - 2 Crónicas 26:16. Su orgullo lo llevo a la ruina. La misma ley sigue vigente contra de todo el que no pone atención a su espíritu al profesar ser un representante del universo.

Es común que el orgullo nos atrape. Ha atrapado a muchos y la historia nos dice que fracasaron indefinidamente. El orgullo nos ha alejado de una conducta sabia antes de actuar. No solo de Dios sino esos hombres o mujeres que tienen la experiencia o sabiduría deben ser consultados. El orgullo y el ego de cualquier éxito dice, No. Al depender de solo nosotros alguien dijo, **"no hay más grande estupidez que obrar solo cuando hay más mentes a nuestra disposición".** Es un deber no una opción como líder gladiador buscar a Dios y utilizar la opinión, consejos y ayuda de otros antes de tomar alguna decisión, actuar solo bajo nuestra opinión u orgullo vendrá a ser el padre de nuestro fracaso.

De nada sirve la información correcta sino ejecutamos:

El punto es informarnos, obtener un pleno conocimiento antes de dar un paso que involucrara nuestra vida o toda una

El Líder Gladiador

organización. Los líderes verdaderos son sabios no en su propia información y opinión sino en la multitud de consejería a su alrededor. Lograr una experiencia de esta índole no solo trae éxito a la institución a la cual servimos sino lo más importante es que nos proveerá una madurez como individuos. La ganancia finalmente es personal cuando buscamos el éxito de los demás al tomar nuestras decisiones y ejecutarlas con toda la información disponible.

Cuando uno con toda sinceridad busca ser aconsejado el cielo provee lo que realmente necesitamos saber y debemos tener nuestro espíritu dispuesto a escuchar y seguir esa información provista ejecutando lo que se debe, cuando David está en una encrucijada se le dijo al preguntar que hacer: "Y *el Eterno respondió*: ***Ve, hiere a los filisteos***, y libra a Keila." - 1 Samuel 23:2. Todo líder bien informado no tendrá miedo y le sobrara el valor para realizar su deber. De nada servirá obtener la información necesaria si no tenemos el valor, la capacidad de obrar. Debe ejecutarse lo planeado, esa será el mejor resultado de la información acumulada.

Muchas veces tomar decisiones nos costará amistades, el puesto o afectara a ciertas personas esto no debe ser la preocupación. Si fue con todo la información obtenida que obramos debemos dejar que el tiempo nos dé resultados inesperados. Resultados de éxito. Por lo contrario también si actuamos en indiferencia y no nos informarnos, los resultados sencillamente serán la consecuencia de lo que realmente somos e invertimos en esa decisión.

La regla es que cuando uno se informa, debemos obrar en lo que sabemos debe realizarse. Así lo hizo David. Así lo han hecho los grandes personajes de la historia, han ejecutado con conocimiento y eso no es es otra cosa que ser un líder gladiador.

La información negativa y crítica siempre existirá:

Me he dado cuenta que en los momentos de tomar decisiones y ejecutarlas siempre hay otros que nos proveerán información para desanimarnos y si no lo logran empiezan a criticar. He allí donde debemos demostrar la capacidad de líder, tomar decisiones ya no por los comentarios de personas fracasadas

Informate Antes De Actuar

sino por lo que ya hemos investigado, sabemos y debemos obrar por experiencia de otros y nosotros mismos.

David ya estaba informado tanto del problema como de su solución, ahora enfrenta lo siguiente: *"Pero los que estaban con David le dijeron: Aquí en Judá estamos con miedo, ¿cuánto más si fuéramos a Keila contra el ejército filisteo?"* - 1 Samuel 23:3. Cuando un líder esta por dar el paso después de buscar todo lo que necesitaba saber sobre la problemática, obstáculos inesperados aparecerán.

Los problemas se vuelven internos. Aquí vemos que los que estaban con David fueron los que tenían miedo. Ellos solo estaban pensando en el problema y no en una solución, mucho menos informarse para saber qué hacer. Cuando uno en momento de conflicto se aferra al obstáculo en vez de soluciones, el miedo, la cobardía y el deseo de correr se apodera de nosotros. Cuando esos sentimientos y personas internas de nuestras organizaciones se presentan con sus miedos es cuando más debemos obrar con o sin ellos. En otras palabras en momento de tomar decisiones tendremos información positiva y negativa. Influencias que obraran en nosotros para avanzar o recogernos al grupo de los que nunca logran nada.

Este espíritu de desánimo se manifestó en diez espías en los días de Moisés. Ellos gritaron: "También vimos gigantes allí, hijos de Anac, raza de gigantes. Nosotros, a nuestro parecer, éramos como langostas. Así les parecíamos a ellos". - Números 13:33. En lugar de enfocarse en información positiva se detuvieron en lo negativo. Se sentaron a explicar los obstáculos. Este espíritu negativo los hizo retroceder cuando tenían que avanzar a conquistar Canaán. Ignorar este espíritu de negativismo nos traerá grandes reveses en el liderazgo, existe y debemos enfrentarlo. Sea prudente, fiel a escuchar, positivo y tendrá el negativismo en cada lugar que usted se presente. La verdad es que existe pero aun así no debemos ser distraídos por ello, avancemos. Siempre avancemos.

Revisar la información nuevamente:

El don de analizar es esencial en el liderazgo. Esta capacidad nos permitirá siempre revisar la información y los planes, hacer esto jamás será pérdida de tiempo. Analizar las soluciones y el mismo problema nos hará más sabios. *"Entonces David volvió a consultar al Eterno.* Y el Señor respondió: Desciende a Keila, que yo entregaré a los filisteos en tus manos." - 1 Samuel 23:4. El verdadero líder no será imprudente revisará su situación, analizará y buscará si está por obrar presionado por la situación, circunstancia, principios o deber con toda la información ya obtenida. El no obra en ignorancia pero estará dispuesto en correr los riesgos que tenga que correr con la plena seguridad que tiene la información correcta después de revisarla otra vez si es necesario.

Cuantas instituciones e iglesias han fracasado por falta de correr a la evaluación. También clamando a Dios por dirección es lo que hace que la providencia nos de milagros en lo que solo se visualiza fracaso. La correcta consejería es necesaria y jamás debe faltar la información pero cuidado no solo información sino la *correcta información evaluada*.

Hombres y mujeres han cometido los más grande errores de su vida, negocios, familia, iglesia y organización, y aún más han sido los causantes del derrumbe de ellas porque no tienen la costumbre de investigar, informarse antes de cualquier decisión o hecho realizado. De alguna manera dependieron de la información sin revisar. Dejaron a Dios fuera de sus planes. Con David Dios le dio la oportunidad de informarse, buscar la voluntad divina, después de ello se le había dado la orden de avanzar y eso fue lo que hizo. Debemos pues asegurarnos de estar en la línea correcta del deber siempre y eso se logra con el habito de la evaluación. Apreciemos investiguemos toda información antes de tomar cualquier decisión, revisarla jamás será pérdida de tiempo, será la oportunidad de ver nuevas oportunidades, nuevas soluciones y nos proveerá la sabiduría para nuevas tácticas - de eso dependerá el futuro de nuestras organizaciones y vida personal.

Informándote puedes encontrar tu destino:

El joven David sin ser más que un simple pastor de ovejas, traducido a hoy era empleado y realizaba tareas comunes. Salió un día obedeciendo a su padre a visitar sus hermanos que estaban en el ejército de Saúl. En medio de la guerra el refleja el principio que deseamos resaltar aquí. "Entonces David dejó la

Infórmate Antes De Actuar

carga en manos del guarda del bagaje, y corrió al escuadrón, y *preguntó por sus hermanos si estaban bien*. Mientras hablaba con ellos, salió Goliat, el filisteo de Gat, y habló las mismas palabras, *y David las oyó*." - 1 Samuel 17:22,23. Aquí vemos que él cumpliendo sus deberes diarios primero *preguntó* y luego *oyó*. Esto le informó a él la necesidad de un hombre capaz de enfrentar a este Goliat. Cuando investigas, preguntas, observas, te informas la crisis, necesidad, situación de una persona o empresa es la oportunidad para ti líder gladiador de emprender.

"Entonces David preguntó a los que estaban junto a él: "¿Qué harán al hombre que venza a ese filisteo y quite la ofensa de Israel? Porque, ¿quién es ese filisteo incircunciso, para provocar a los escuadrones del Dios viviente? *Y le respondieron* las mismas palabras, diciendo que **eso harían al hombre que lo venciera**." - 1 Samuel 17:26,27. En breve David salió un día cumpliendo con sus responsabilidades de hijo. Nunca pensó David que ese día su vida cambiaria. Allí informándose de lo que ocurría a su nación conoció su destino. Allí surgió un héroe de Israel, más tarde un rey bendecido y prospero.

Se cuenta que la conquista de México por los españoles estuvo motivada por la aventura de hombres que deseaban un rumbo nuevo. Arriesgaron sus vidas y salieron a buscar lo que deseaban pero hay alguien que leyendo su historia no fue imprudente al salir a conquistar, *se informó y logro mucho*. Su nombre fue Hernán Cortés antes de 1518 ni su nacimiento, estudios, negocios, aventuras ofrecían características de líder o alguien grande en su tiempo.

Fue por este año que empieza a lograr fama con una dimensión casi universal. Se dio a conocer como una persona sufrida, valeroso, un hábil diplomático y un talentoso administrador. Entre las luchas de la vida se abrió paso a un futuro que nunca había imaginado.

Más tarde sufrió enfermedad la cual lo dejo sin trabajo, se trasladó de Medellín a Nápoles pero solo llego a Valencia donde en una situación nada envidiable se informó del nuevo mundo, escuchando a sus compañeros sobre esas tierras lejanas busco toda información a su alcance; así vino a saber cuál era su destino. Un conquistador. Conoció la oportunidad y la persiguió.

El Líder Gladiador

Muchas veces sufrimos de desánimo porque no prosperamos en lo que estamos involucrados. No hay éxito en nuestra profesión. Quedándonos en esa condición nunca sabremos si hay un mundo nuevo para nosotros en la vida. Pero en todas esas desgracias comunes de la vida, allí si somos cuidadosos podemos encontrar el tesoro de la vida que nos hará poderosos, grandes, capaces de hacer historia. **Es imperativo entonces que nos informemos de otras cosas, de otros problemas, necesidades - esto abre puertas a nuestro verdadero destino.**

Quien se informa utiliza lo que tiene para lograr su objetivo:

Este punto es visto en la vida de hombres ilustres de la biblia. Uno de ellos fue Eleazar hijo de Dodo, de los valientes de David. "...cuando desafiaron a los filisteos que se habían juntado en Damim. *Los israelitas habían retrocedido, pero él se mantuvo firme, e hirió a los filisteos hasta que su mano se cansó y quedó contraída a la espada.* Aquel día el Eterno obró una gran victoria, y el ejército volvió sólo para juntar el botín." - 2 Samuel 23:9,10. Se dio cuenta que el pueblo había sido casi vencido. Retrocedieron. El al saber eso hizo su parte usando solo lo que tenía, *una espada y su mano*. Dios estuvo a su favor y les dio triunfo. ¿Cuántos hombres se necesitaron? Uno solo.

Cual fue la clave:

- Informarse,
- Ver lo que estaba ocurriendo
- Usar lo que tenía.

En 1504 Hernán Cortez viaja a La Española y se estableció allí como escribano. 1511 participa con Diego Velásquez en la conquista de Cuba. El 18 de 1518 sale rumbo a Yucatán México al frente de una escuadra de once barcos. Siendo esta aventura nueva, su viaje a estas tierras traían sorpresas a cada paso, se encuentra con indígenas con quienes él no podía hablar, informándose de ellos y su situaciones *recogió a un náufrago* llamado Jerónimo de Aguilar quien vino a ser su intérprete.

Más tarde teniendo su primer encuentro con los autóctonos en Tabasco México se dio cuenta, *se informó* de que esta gente

Informate Antes De Actuar

creía en dioses, diferente al suyo. También se le aviso que estos indígenas se sorprendieron al ver a *sus "caballos"*. El nada tonto se dio cuenta de que tenía en su posesión el arma para conquistar a esta gente. ¿Cómo lo logro? ¿Con sus once barcos y alrededor de quinientos soldados que venían con él? No. Todo esto contribuyó a sus conquistas en el territorio mexicano pero más que esto su mente abierta, dispuesto a analizar la situación *e informarse* antes de pelear por lo deseado fue su clave y es y será la clave para todo líder.

Es interesante notar en la vida de Hernán Cortés, aunque su necesidad lo llevo a desear conocer el nuevo mundo no lo hizo en ignorancia, ni su viaje de La Española, mucho menos su deseo de conquistar y ganarse la fama universalmente. Usó prudencia, usó su cerebro, la información sometida para su consideración no dejó de utilizarla, usó a sus hombres y especialmente sus "caballos", de esta manera logró sus grandes conquistas. Usó lo que tenía - información.

Solamente un líder inteligente haría esto. Hombres que tengan esta tenacidad de mente podrán alguna vez conquistar, vencer sus temores, miedos y obstáculos. Hernán Cortés utilizo toda información a su alcance y así se introdujo al mundo de conquistas. De la misma forma nosotros podremos alguna vez como líderes vencer y si lo dispone el destino, llegar a ser famosos. Cortés en 1519 después de su primera guerra ganada, establece Veracruz.

Cuando se utiliza la información correcta se tiene éxito:

El sabio rey dijo: "Entonces pensé: Mejor es la sabiduría que la fuerza, aunque la ciencia del pobre sea menospreciada, y no sean escuchadas sus palabras." - Eclesiastés 9:16.

Informándose se da cuenta que la única manera de llegar a la sede de México era aliándose con los tlaxcaltecas enemigos del gobierno de Moctezuma. Una vez más llegando a Choluta uno de los más firmes aliados de Moctezuma fueron recibidos con hostilidad, Cortés fue informado de que se preparaba para dar muerte a los indeseables extranjeros y el informándose no hizo tardar sus órdenes muriendo alrededor de dos mil indígenas. Pero Cortés mientras realizaba esto envió a varios

El Líder Gladiador

de sus aliados indígenas que invadieran a toda resistencia entre esas tribus, y fue un éxito.

Todo buen líder obra con todo lo que tiene pero no imprudentemente. Sabiamente toma decisiones bajo la experiencia de otros, sabiduría e información necesaria. Esto es clave para triunfar en toda organización. La información nos da sabiduría, saber utilizarla nos hace sabios y la correcta y sabia ejecución nos da éxito.

Ningún líder podrá lograr éxito si no empieza a apreciar lo que puede obtener por medio de toda información disponible *y la que no existe la busca*. La biblia nos dice que: "El que anda con los sabios, sabio será;" por lo contrario todo líder que no aprecia la sabiduría e información de los demás dice la palabra, "el que se allega a los necios, *será quebrantado*." - Proverbios 13:20.

El fracaso en si no depende de la situación, lugar o circunstancia sino más bien *del hombre y mujer que lo enfrenta*. Si supiéramos que tesoro se posee al estar bien informados antes de actuar, de tomar decisiones y ejecutar proyectos lo valoráramos en el de obtener éxito.

La verdadera información no evitara desgracias o imprudencias de otros:

Finalmente se cuenta que Hernán Cortés llegó a la capital de lo que hoy es México, Tenochtitlán el 8 de noviembre de 1519. Después de varios eventos Moctezuma fue sometido a los españoles y más tarde muere. Aunque este hombre Cortés tuvo éxito en casi todo lo que se proponía el 30 de junio 1520 se conoció como la "noche triste" y todo por la imprudencia de Alvarado a quien Cortés había dejado a cargo de Tenochtitlán mientras él se protegía de Pánfilo de Narváez quien venía a cobrar cuentas con él.

Alvarado pensando evitar un ataque mandó a matar a todos los indígenas que según el venían a matarlo. Esto sí que despertó a los indígenas que se levantaron contra los españoles. Esta imprudencia de Alvarado trajo grandes pérdidas a ambos.

La biblia también nos cuenta la historia de un imprudente, su nombre fue Gaal. Sin considerar las consecuencias de sus

Informate Antes De Actuar

palabras encendió la ira de Zebul y así no solo perdió lo que había obtenido sino que costó la vida de muchas otras personas. "**Gaal** hijo de Ebed vino con sus hermanos, y se establecieron en Siquem. Y los de Siquem confiaron en él. Salieron al campo, vendimiaron sus viñas, pisaron la uva e hicieron fiesta. Después entraron en el templo de su dios, comieron y bebieron, y maldijeron a Abimélec. *Y Gaal hijo de Ebed dijo: "¿Quién es Abimélec y qué es Siquem, para que le sirvamos?* ¿No es hijo de Jerobaal? ¿Y no es Zebul su asistente? Servid a los varones de Hamor padre de Siquem. *¿Por qué hemos de servirle a él? ¡Ojalá estuviera este pueblo bajo mi mano! Yo echaría a Abimélec.* Le diría: 'Aumenta tu ejército, y sal. **Cuando Zebul**, gobernador de la ciudad, oyó las palabras de Gaal hijo de Ebed, *se encendió su ira*." - Jueces 9:26-30.

Los resultados de este imprudente fueron desastrosos. Gaal hijo de Ebed salió, y se puso a la entrada de la ciudad. Y Abimélec y sus soldados, se levantaron de la emboscada. Cuando Gaal los vio, dijo a Zebul: "Mira la gente que desciende de la cumbre de los montes". Y Zebul respondió: "Tú ves la sombra de los montes como si fueran hombres". Pero Gaal insistió: "Mira, la gente desciende por el medio de la tierra, y un escuadrón viene por el camino de la Encina de los Adivinos". *Y Zebul respondió: "¿Dónde está tu hablar, que decías?: '¿Quién es Abimélec para que le sirvamos?' ¿No es éste el pueblo, que tenías en poco? Sal ahora, pues, y pelea con él".* **Y Gaal salió delante de los de Siquem, y, peleó con Abimélec. Pero Abimélec persiguió a Gaal, y muchos cayeron herido**s hasta la entrada de la puerta." - Jueces 9:35-40.

Una de las verdades que no podemos evitar es que toda vida y organización tiene sus Alvarados y Gaales. Habrá hombres que no solo no se informaran, confiaran e importando lo que hagamos actuaran por su propia voluntad, trayendo grandes desgracias. Bueno aquí también hay otra verdad que cada uno forja su propio destino. Aprendamos la lección de que no podemos evitar desgracias aun si nos informamos y desgracias vendrán pero asegurémonos que no sea por nosotros.

El Lider Gladiador

La prudencia cuando se informa siempre le coronará de Éxito:

El héroe judío Nehemías hablando de su ejemplo de prudencia en relación a informarse antes de actuar nos dice: *"Me levanté de noche,* llevé conmigo unos pocos varones, *y no declaré a hombre alguno lo que Dios había puesto en mi corazón que hiciese en Jerusalén;* ni tenía cabalgadura conmigo, excepto la que yo cabalgaba. Salí de noche por la puerta del Valle hacia la fuente del Dragón y a la puerta del Muladar, **e inspeccioné las murallas de Jerusalén que estaban derribadas,** y sus puertas consumidas por el fuego. Pasé luego a la puerta de la Fuente y al Estanque del Rey. Pero no había paso para mi cabalgadura. **Siendo todavía de noche, subí por el torrente y examiné la muralla.** Después regresé por la puerta del Valle. Los oficiales no supieron dónde yo había ido, ni qué había hecho. *Hasta entonces yo no lo había declarado* a los judíos y sacerdotes, ni a los nobles y oficiales, ni a los demás que hacían la obra." - Nehemías 2:12-16.

Esta cualidad fue manifestada en Nehemías un gran hombre que la historia nos registra que logro lo que se propuso. El universo lo bendijo con éxito. ", Así el 25 de elud (septiembre), *la muralla quedó terminada en 52 días.* Cuando lo oyeron nuestros enemigos, temieron todas las naciones vecinas, se abatió su ánimo y **reconocieron que por nuestro Dios había sido hecha esta obra."** - Nehemías 6:15,16.

En todos los ángulos que lo veo cuando un hombre o mujer es convencido de su llamado es imposible que no logre victoria en la obra encomendada. Pero también no cierro los ojos a las verdades que esos hombres y mujeres son personas que crean un carácter que aplica su conocimiento, educan sus vidas, logran la inteligencia de la experiencia y manifiestan sabiduría y prudencia en cada paso, en cada acto y cada plan. Son personas hechos y derechos en la luz que deben manifestar.

Cuando el fracaso es visto en la vida de cualquier líder esto es posible pero es inconcebible por ellos si son enviados por el universo. Porque lo que es fracaso para la sociedad no lo es para la vida, no pueden fracasar si obedecen la ley del esfuerzo, esfuerzo en prepararse, actuar, informarse y vigilar sus pasos en la toma de sus decisiones.

Infórmate Antes De Actuar

Así en 1,521 a pesar de que Cuauhtémoc lucho con todas sus fuerzas contra la gente de Cortés Tenochtitlán fue conquistada. Y así en 1,522 Cortés fue nombrado gobernador y capitán general de México. En 1,528 regresa a España como un héroe.

Creo que es digno de recordar a Hernán Cortés por sus magníficas conquistas, tanto personales como territoriales no tanto por los medios que uso sino por como utilizo toda la información a su disposición. Deseo que pueda el deber motivarnos a investigar cual es nuestra situación como líderes de organizaciones quienes necesitan personas sabias y prudentes.

La verdad aquí es no actuar sin informarnos primero. El oído de todo buen líder está abierto a consejos. Jamás ignora a los enemigos, se los escucha con cuidado porque tienen información que los amigos no acostumbran dar. Dios nos dice como lo expreso en el pasado: "Oh Pastor (líder) de Israel, escucha", - Salmos 80:1. Cuando no hay seguridad para seguir, proyectar y ejecutar es señal que no nos hemos informado lo suficiente. Mantengamos en mente que la prudencia cuando se informa siempre corona de éxito a todo el que invirtió tiempo en buscar toda información necesaria.

Invito pues a mis colegas que hagamos un inventario de nuestra manera de tomar decisiones y sobre todo de cómo las ejecutamos. Nos hará bien saber lo faltos que hemos estado de sabiduría e información al haber actuado en muchas ocasiones en el pasado porque entonces como buenos lideres superaremos esa debilidad de querer realizar todo en nuestra pobre información e ideas personales.

Al vivir por más de 14 años en el campo del liderazgo he visto como la ignorancia, orgullo y la falta de informarse lo suficientemente ha hecho que grandes hombres hierran y en ocasiones fracasen. Es un deber superar esta debilidad, logrando la habilidad de informarnos antes de actuar, esta actitud nunca nos hará perder. Superemos este obstáculo viendo el fructífero progreso cuando recojamos y utilicemos toda información.

Escribamos en mente que: *"Como regla él o ella: quien más información tenga así de grande será su éxito en la vida"*- expreso, Disraeli

Para reflexionar y aplicar:

¿Qué opina usted de alguien que actúa sin informarse?
_____
_____
_____

¿Se informa usted antes de actuar o dar juicio?
_____
_____
_____

¿Cree usted que los enemigos pueden proveer buena información de la persona de uno? ¿Si cree que si porque SI, Si Cree que no porque No?
_____
_____
_____

El Líder Tropiez Y Comete Errores

"El logro más grande no consiste en nunca caer, sino en volver a levantarnos una vez que hemos caído" – Vince Lombardi.

El fracaso es una realidad:

La generación y educación actual pareciera decir que todo se puede lograr fácil y rápidamente, pero al recorrer la historia encontramos que los grandes personajes han llegado a donde están no por arte de magia ni mucho menos de manera fácil. Tuvieron sus luchas, conflictos y sobre todo sus errores y fracasos que enfrentar. Entiéndase que el fracaso, cometer errores y faltas más que algo falso y fuera de serie es una realidad que viven humanos e indudablemente la mayoría de los grandes hombres y mujeres.

"Estamos en una sociedad tremendamente competitiva donde a las personas se les mide por sus éxitos y se las sobrevalora por sus fracasos. Ser un *triunfador* o un *perdedor* determina a menudo la concepción que nuestros semejantes tienen de nosotros. Esto es cruel y **no responde a la realidad de la naturaleza humana que es limitada, contingente y mortal.** El "hombre diez" no existe, porque la vida está compuesta de conquistas y frustraciones; todo no se puede conseguir. En cambio, la cultura del "laurel y oropel", ignora está realidad tan básica de la condición del hombre."

"Las generaciones actuales viven en el continuo miedo a la derrota. No han sido formados en saber *asumir los fracasos de la vida como elemento necesario para abrirse a la esperanza y a la donación.* Así sucede, que cualquier desilusión profesional, desengaño amoroso, decepción en las relaciones humanas, chasco imprevisto etc., provoca un gran sufrimiento y en ocasiones lleva a situaciones o estados depresivos. Esta educación placentera y entre algodones crea hombres infantiles que se regodean de sus fracasos y piensan que lo mejor hubiera sido permanecer bajo la protección maternal que arriesgarse a experimentar mundos hostiles. Además, acontece que cuando la realidad no gusta o es frustrante se genera una serie de vías de escape mediante procedimientos mágicos. Pero también se dan conductas de huida hacia delante y serán los otros, las estructuras, la sociedad etc., los que tienen la culpa de las propias frustraciones. Y casi siempre, la violencia se presenta como solución terapéutica. La historia está abierta porque el ser humano ha sido credo libre. Sin libertad no cabría hablar de éxitos y fracasos." - escribió Mons. Juan del Río.

Martin Lutero se equivocó, y mucho...

Quizá todos podamos aprender de la historia al recordar también la experiencia que vivieron los dos grandes reformadores Martín Lutero y Ulrico Zuinglio. En octubre de 1529 se encontraron frente a frente. Habían sostenido una guerra de palabras escritas en relación con la cena del Señor. Lutero sostenía que la presencia corporal real de Cristo estaba presente en los elementos. Zuinglio, por su parte, sostenía que el pan y el vino eran sólo símbolos. Allí estaban sentados juntos aquellos dos grandes líderes. Ambos eran de cuarenta y seis años de edad. Lutero escribió sobre la mesa: "Esto es mi cuerpo", y rehusó ceder ni un milímetro en su opinión. Zuinglio tampoco cedió en su interpretación. Un lunes los dos reformadores se encontraron por última vez en la tierra. Con lágrimas en los ojos, Zuinglio se acercó a Lutero extendiendo la mano de la fraternidad y el compañerismo, no la del compromiso teológico. Pero Lutero la rechazó y dijo.- "Estoy sorprendido de que desees considerarme como tu hermano". Y agregó.- "No perteneces a la comunión de la iglesia cristiana. No podemos reconocerte como hermano."

Hubo muchos grandes momentos en la vida y actuación de Martín Lutero, pero aquí aparece empequeñecido. Imaginemos a aquel gran predicador y reformador, Ulrico Zuinglio, con su mano extendida hacia Lutero, con el que estaba de acuerdo en casi todo lo esencial, pero aquella mano nunca fue aceptada ni estrechada. Los grandes hombres se han equivocado, han cometido errores y la pregunta es ¿Qué con nosotros? La verdad es que Nadie es infalible todo gran gladiador ha enfrentado fracasos.

Los grandes líderes han superado escalón tras escalón tras derrotas, pérdidas, errores y grandes tropiezos. De hecho es un principio que el hombre que más bajo cae, así de grande la experiencia que se le otorga en el caminar de su vida. Lo grande de su fracaso así la sabiduría obtenida. El hombre optimista aprende y aprecia todo. Aprende que el fracaso y los errores son una realidad que debe aceptarse, vivirse. Veremos que entre más grande ha sido su error más grande la experiencia y claro también el triunfo.

El fracaso es bueno:

El fracaso es bueno en la vida y así debe verse en nuestra propia vida cuando vemos la verdad de la experiencia vivida. Así lo vivió el entrenador Rick Pitino y basado en ese principio nos dijo: "Es bueno fracasar. Porque el fracaso es como el fertilizante. Todo lo que he aprendido sobre cómo dirigir un equipo lo he aprendido cometiendo errores".

El éxito en la vida de los seres humanos ha sido por medio de conflictos, problemas y tinieblas en las emociones que quisieron llevarlos al desánimo y derrota. Leemos experiencias vividas como Abraham Lincoln, Warren Buffet, Dale Carnegie, Jeremías, Isaías, Pedro, J.F. Kennedy, Churchill, J.C. Maxwell, Gloria Macapagal Arroyo, Megawati Sukarnoputri, Mary McAleese, Mireya Elisa Moscoso, Vaira Vike-Freiberga, Violeta Barrios de Chamorro, Ester, María madre de Jesús y Débora gladiadora en Israel, etc.

Pero estos hombres y mujeres no se dieron por vencidos en sus errores, primeros fracasos, persistieron y así como Pitino llegaron a ser los grandes gladiadores de este momento, fueron coronados con éxito después de grandes caídas, después de los fracasos entendieron que el fracaso, errores y caídas **es necesario en el crecimiento madurez del líder excepcional.**

Interesante punto de vista. ¿Cuántos líderes tienen esta opinión? Pocos. Si nos dedicamos a analizar encontraremos que es muy cierto; el fracaso y errores nos traen la más grande recompensa, porque la experiencia obtenida vista con buen ánimo es transformada en sabiduría y esa sabiduría es el camino para llegar más lejos de la caída. Sin embargo por falta de fe - visión en estos eventos de la vida, la gran mayoría fracasa para no levantarse más.

En esto el libro antiguo es claro en decir que: "Porque siete veces cae el justo, y se vuelve a levantar". – Proverbios 24:16. Noten que el que cae es el justo, el que busca lo recto, el que está en camino a lo noble, inclinado a la vida, el que ama lo bueno, ese que conoce la verdad, el que no ignora la salvación. Que poderosa que verdad que el justo, ese líder con verdades concretas en su mente y corazón. Cae siete veces, sus caídas son ultimadamente perfectas, completas que lo forman, lo hacen engendrando en él la imagen, carácter y personalidad que de otra manera no hubiera logrado en un proceso de caídas de 7 veces.

Capacidad de ver el mensaje en el fracaso:

Muchos no tienen la capacidad de ver enseñanza en los errores. Sabe hay verdades en cada caída, lección para aprender y enseñanza en cada fracaso. Cuando se fracasa solo se detiene no se deja de vivir. En estas caídas de la vida hay un mensaje que se debe buscar, hay verdades que se nos quiere enseñar y allí está la bendición de los fracasos en aprender, notar y aceptar que en medio de los grandes errores y fracasos esta la escuela para el líder que tiene capacidad de ver el mensaje del fracaso.

En muchos casos la razón del porque personas han tropezado, se nos dice: "¿Por qué? Porque no la seguían *por la fe*, sino por las obras. *Por eso tropezaron* en la piedra de tropiezo." - Romanos 9:32. En asuntos generales la fe es necesaria para ver todo de un punto de vista providencial. La fe nos da una visión interna a los fracasos externos. En la fe se encuentra esa inspiración que rompe todo obstáculo en la vida. La fe es la visión que evita que los lideres gladiadores tropiecen para siempre en sus tropiezos.

La mejor enseñanza es que podemos aprender de los errores y fracasos en la fe de que nada ocurre por casualidad. Bendita experiencia porque:

El Líder Tropiez Y Comete Errores

"El ser exitoso se encuentra compuesto por un 99% de fracasos y equívocos". - **Soichiro Honda**

Todo lo que sube puede caer:

Uno de los más grandes hombres en la tierra se llamó Salomón, su historia cuenta que Dios lo bendijo con todo lo que algún hombre pudo tener en la vida, especialmente sabiduría, dinero, propiedades y abundante poder como líder. "Así Salomón subió allá ante el Eterno, al altar de bronce que estaba en la Tienda de la Reunión, y ofreció sobre él mil holocaustos. Aquella noche Dios se apareció a Salomón, y le dijo: "Pídeme lo que quieras que yo te dé." - 2 Crónicas 1:6,7.

Este hombre llegando a la posición más grande de su tiempo, teniendo una relación muy íntima con Dios dejó muchos ejemplos para los líderes de hoy. "Dios respondió a Salomón: "Por cuanto esto desea tu corazón, y no pediste riquezas, bienes o gloria, ni la vida de tus enemigos, ni pediste muchos días, sino que pediste sabiduría y ciencia para gobernar a mi pueblo, sobre el cual te he puesto por rey; **te daré sabiduría y ciencia, y también riquezas, bienes y gloria, cual nunca hubo en los reyes que han sido antes de ti, ni tendrán los que vengan después**". - 2 Crónicas 1:11,12.

Sin duda alguna este fue un gran líder. Comenzó bien.SE le proveyó lo que necesitaba, pidió y fue prosperado porque también puso de su parte sometiéndose a la voluntad de Dios. Pero lo que muchos no ven es que así de grande como llegó a ser, cuando se desvió así de grande fue su caída al desviarse de la verdad que debe regir a un líder, que todo viene, todo lo da y todo es creado por el universo para ser siervos del bien y no para ser servidos. En el transcurso de su liderazgo tropezó y cometió grandes errores con grandes consecuencias.

"Wooden reconocía que el obstáculo más grande para el crecimiento no es la ignorancia: Es el conocimiento. Mientras más aprende, mayor es la posibilidad de creer que lo sabe todo. Y si esto ocurre, la persona asume una actitud en la que no se le puede enseñar, y ya no hay crecimiento ni mejoramiento." - John C. Maxwell en su libro, el "Mapa Para Alcanzar el Éxito" pg. 111. Esto ocurrió con el líder Salomón. Se confió y dependió de su ahora limitado conocimiento que entre más dependiera de él se alejó de la fuente. Finalmente fue una desgracia por su propia elección.

¿Cuántos no nos identificamos con él? Dios nos ha levantado a grandes posiciones y sin embargo hemos experimenta nuestros errores también. Cuando volvió en sí y aprovecho la oportunidad de levantarse y seguir adelante como gladiador. El expreso después de sus grandes errores y fracasos: "fui rey sobre Israel en Jerusalén. Di mi corazón a inquirir y buscar las locuras y los desvaríos," - Eclesiastés 1:12, 13,17. Este grande entre los hombres se fue buscando satisfacer todos sus deseos cayendo muy bajo. Es increíble como esto puede suceder pero ocurrió y ocurre muy a menudo. Ser favorecido por la vida y voltearse de esta manera contra ella, buscando no hacer su voluntad sino la propia es una ironía. Sin embargo esa fue la experiencia del propio Salomón.

Su grande error fue no usar bien lo que ya se le había dado. Tropezó y volvió a decir: "**No negué a mis ojos ningún deseo**, ni aparté mi corazón de placer alguno". - Eclesiastés 2:10. La historia dice que llego a ser un gran borracho, mujeriego, inmoral. No satisfaciéndole todo esto, también se convirtió en afeminado. La verdad es que El que sube y no sabe humillarse ante sus éxitos y conocimiento cae si no se cuida y camina humildemente en la vida.

Después de la caída nacen los ojos de la cabeza de un líder maduro:

Claramente entonces siempre que un grande líder llega lejos *tiene el peligro de caer*. No por casualidad sino por descuido propio ya sea en términos espirituales o profesionales. Cuando más seguro se encuentra, tropieza, comete los más grandes errores. Por qué, porque "el peor enemigo del éxito del mañana es el éxito de hoy". - Dijo Rick Warren.

"Sinceramente y según mi experiencia de vida" – expresó Gabriel García Márquez. "El ser exitoso no se lo recomiendo a nadie. Al hombre exitoso habitualmente le sucede lo que le pasa a los alpinistas: se esfuerzan constantemente por llegar a la cima y usualmente lo logran. Pero, ¿qué suele suceder cuando llegan allí? Bajan y tratan de hacerlo discretamente poniendo

El Líder Tropiez Y Comete Errores

en juego la mayor dignidad posible." Esta es una verdad que está carcomiendo el éxito y dignidad de grandes en el reino dnuestro. ¡Cuidado!

A este punto llega a tener dos opciones: dejarse sumido en su desgracia o aprender de ello para llegar a ser más grande. David por ejemplo después de su caída no se desanimó sino reanudo su propósito. Él dijo: "crea en mi o Dios un corazón limpio y renueva un Espíritu limpio dentro de mí." - Salmos 51:10. En otras palabras los errores son para bien cuando los analizamos. Experimentamos un deseo de aprender y desaprender esos rasgos, hábitos que nos llevaron a esa condición. Aprender evitarlos nos llevara a un escalón más alto.

Después de todo Salomón llego a ser más sabio por su inteligente decisión de aprender de sus errores y tropiezos. Dijo así: "Y vi que la sabiduría sobrepasa a la necedad, como la luz a las tinieblas. *El sabio tiene sus ojos en su cabeza, pero el necio anda en tinieblas".* - Eclesiastés 2:13,15. La sabiduría obtenida de estos errores llega a ser más que la necedad por la enseñanza obtenida.

Y la grande verdad es que los ojos están en la cabeza porque ahora no solo ve con los ojos naturales sino con los de la mente, los de la experiencia, esa que puede usar, puede utilizar para guiar a otros por el camino que evita errores y tal vez fracasos permanentes. Tiene una visión más profunda de las cosas. Antes de obrar piensa dos veces y sabe decir, "ese no es el camino, síganme".

Errores base de inspiración:

A nosotros nos toca decidir *cómo tomaremos* nuestros errores, a nosotros nos toca elegir ser mejores o peores cuando cometamos errores, se dice que, "es de humanos errar pero de Dios perdonar". Los fracasos, tropiezos y errores pueden ser positivos, son para bien, buenos al líder verdadero, no huye de ellos, no se desmoraliza por ellos, no se da por vencido en ellos. El líder en crecimiento se rehace en ellos.

Cuando los comete o cae en ellos obtiene mayor inspiración y deseo de alcanzar su meta, lograr su misión y seguir buscando blancos más grandes, tanto en su carácter como vida profesional. Entendamos entonces que:

El Líder Gladiador

"El hombre no es derrotado por sus oponentes sino por sí mismo" - Jan C. Smuts.

En nosotros mismos está el poder de destruirnos en los errores cometidos o construirnos en ellos. Debe saber que ningún ser humano ha dejado de equivocarse. Eva la mujer más inteligente de la creación callo y tuvo que reconocer su error. Ella explicaba después de su caída: "La serpiente me engañó y comí". - Génesis 3:13. Reconocer su fracaso abrió el camino a otra oportunidad, le dio a la humanidad de existir por medio de ella al reconocer y dejar que la esperanza existiera.

Mons. Juan del Río escribió: "No olvidemos que el hombre es *"homo viator"*, ser en camino, que apoyado en la fe y en la confianza, mira al futuro con esperanza. Ella es la fuerza que nos sostiene en medio de tantos desengaños y sufrimientos como hay en la vida. Es una potente luz que nos hace poder mirar el misterio que se encuentra detrás de cada acontecimiento. La esperanza es el mejor antídoto contra el fracaso."

Los errores han sido compañeros de los seres creados. Como líderes debemos reconocer la importancia de los errores y sacar el mejor partido de ello. Al fallar nos damos la oportunidad de crecer, muchas de las veces es necesario caer para ver quiénes somos, donde estamos y donde debemos llegar. En el desarrollo de nuestra carrera tendremos un sin número de experiencias que retaran nuestra condición. No demos oído sordo a las exigencias de nuestras responsabilidades. En todas estas luchas, caídas y fracasos dejemos que la esperanza nos levante otra vez. Inspiremos nuevamente hay tesoros allí.

"Tú, enemiga mía, no te huelgues de mí: porque **aunque caí, he de levantarme; aunque more en tinieblas, Jehová será mi luz.**" El juzgará mi causa y hará "mi juicio,... me sacará a luz; veré su justicia". - Miqueas 7:8, 9. La inspiración es la capacidad de ver la esperanza en nuestros errores, es la luz en nuestros fracasos, es Dios en la verdad que no somos perfectos y que hay otra oportunidad esperándonos para vernos crecer y triunfar eso es inspiración en la mente y corazón de un líder gladiador.

La capacidad de comprender nuestra necesidad constante de mejorar en carácter, profesión y deber nos llevará a abrir la puerta de una experiencia maravillosa a una dimensión más estable y madura. Seremos receptivos y capaces de aplicar la lección aprendida. Dejemos que los errores y fracasos nos sean fuente de inspiración. Una experiencia tal nos dará el poder de intentar otra vez.

Que todos sepan que fallamos:

La mayoría de los líderes tratan de esconderse a la realidad de los errores, tratan de correr de su sabiduría por temor a ser considerados fracasados o señalar sus equivocaciones. Sin darse cuenta atrasan y limitan el desarrollo de su capacidad de más grandes y superiores avances de su carácter.

Debemos tomar más tiempo para ver la importancia de nuestros fracasos, errores, faltas, escalones que nos llevaran a ser poderosos en nuestra influencia que tendrá el peso de la experiencia. Es importante que al caer lo sepan los demás eso le da otra imagen a nuestra existencia, muestra dos cosas importantes, que no somos intachables e infalibles. "

"El famoso astrofísico británico Stephen Hawking está seguro de que la física moderna no deja lugar a Dios en la estructura del Universo. El autor de la teoría de los agujeros negros lo explica en su libro 'The Grand Design' ('El Magnífico Diseño'), que escribió junto a su colega Leonard Mlodinov. El libro saldrá a la luz el 9 de septiembre, pero ya hay fragmentos publicados en la revista Eureka, informa el rotativo británico The Times."

"En su libro Hawking desmiente la opinión de Isaak Newton de que el Universo no pudo aparecer sólo del caos y las leyes de la naturaleza y habría sido creado por Dios."

"Según Hawking, el Big Bang fue una consecuencia inevitable de las leyes de la física y no un suceso exclusivo que se produjo por la Divina Providencia o por una casualidad inverosímil. "Porque existe una ley como la de la gravedad, el Universo puede y podría crearse por sí mismo de la nada. La creación espontánea es la razón por la que hay algo más que la nada, la razón por la que el Universo existe, por la que nosotros existimos", asegura el libro."

"Como anteriormente dijera su famoso compatriota Charles Darwin, que escribió que para la evolución de los organismos

El Líder Gladiador

biológicos "Dios no fue necesario", ahora Stephen Hawking llegó a una conclusión similar en cuanto a la creación del Universo."

"Sin embargo, hace poco Stephen Hawking no excluía la posibilidad de los poderes superiores en la creación de la materia y consideraba a Dios como "un potencial creador del mundo". La ciencia podría afirmar que el Universo tenía que haber conocido un comienzo. A muchos científicos no les agradó la idea de que el Universo hubiese tenido un principio, un momento de creación", afirmaba el científico. Pero actualmente su punto de vista ha cambiado."

"Hawking confesó que la idea del autodesarrollo del Universo se le ocurrió en 1992, cuando se encontró un sistema planetario parecido al nuestro. Entonces entendió que no somos un fenómeno único en el espacio, escribe el científico." Fuente – actualidad.rt.com

Cuando todos saben que fallamos, son inspirados a luchar en sus luchas también, desearan ser mejores. Hay poder en el fracaso. Cuando utilizamos nuestra habilidad de aprender en los errores el poder del fracaso se manifiesta. Nacen nuevas intenciones. Se reforma la voluntad interna. Nace otro hombre, otra mujer, otra oportunidad, otra intención, la inspiración nos envuelve otra vez. De esta manera nace un líder gladiador."

El misterio entre los que fallamos y los que nos ven, es que no se sienten solos en sus luchas y al ver en nosotros determinación, ellos también nacen de nuevo. Al dejar que todos sepan que erramos, caímos o fracasamos les da a todos la gran oportunidad de prevenir si es necesario, de intentar si es de importancia o aprender si no hay otra salida. La verdad es que al dejar que todos sepan que fallamos abrimos una escuela especial de aprendizaje e inspiración.

Los maestros más grandes del mundo:

He visto que las personas más desarrolladas como líderes son aquellas que han sometido su aprendizaje a sus maestros, *los errores.* Creo por experiencia que ellos son los maestros más grandes del mundo. Para ser tales personas sépase que han aceptado lo positivo de su resbalo, caída y faltas. Ellos no

El Líder Tropiez Y Comete Errores

solo aprenden de sus errores sino que *intencionalmente buscan aprender de sus caídas*. Esos fracasos llegan a ser el laboratorio de nuevos sueños.

Como expresó el filósofo Friedrich Nietzsche: '*No hay fracasos, sólo hay lecciones*'.

En este proceso El primer gigante que debe vencerse es el "yo". Ese ser que ha sido herido, burlado y abofeteado. Si nosotros mismos no superamos este espíritu de desánimo y lastima jamás veremos nuestros errores como buenos maestros en nuestra educación. Logrando esto entenderemos que los comentarios y críticas de otros, al fallar deben ser tomadas bajo el filtro de la razón. Nuestro lema debe ser. **"Obré neciamente, y erré en gran manera..."** – 2 Samuel 26:21.

Los mejores maestros del mundo son nuestros errores, fracasos y caídas. Entonces tendremos una manera nueva de ver y hacer las cosas. El orgullo será vencido. Porque en lugar de dejar que los errores nos destruyen dejaremos que sean nuestros mejores maestros. Entremos a esa escuela con gusto.

Levantémonos hoy si hemos tropezado y seamos alumnos estrictos a encontrar verdades sorprendentes que si podemos ser mejores llevando a otros a la cima de la enseñanza que envuelven. Expresemos, "Fui a casa del alfarero, y lo vi trabajando sobre la rueda". – Jeremías 18:3. Lo que Dios el alfarero hace solo se puede ver en su casa, laboratorio y universidad de los errores, fracasos y caídas. Que todos sepan que hemos caído, es solo dejar que sepan que somos más sabios que ayer.

Las críticas son bienvenidas:

Las críticas desprendidas de los errores son cápsulas instructivas. Este tipo de líderes no se enojan por los comentarios que desmoralizarían a otros. Al contrario no solo aprenden de sus fracasos sino que las críticas de los que se deleitan en verlos tropezar se vuelven libros de análisis y consideración para corregir lo que uno no ve pero que otros ojos están dispuestos a señalar.

Nos convertimos en Divides cuando Natán nos dice "tú eres el hombre". 2 Samuel 12:7. En ocasiones escucharemos palabras duras como las que dijo Juan el Bautista a líderes de su tiempo, "¡Generación de víboras!, - Mateo 3:6. O tendremos que oír a Elías al decir "tú y tu casa han quebrantado los mandamientos". - 1 Reyes 18:18. Sin embargo para lideres gladiadores las críticas serán vistas como mensajes divinamente diseñadas para despertar nuestra conciencia, volviéndonos en sí y sometiéndonos a la escuela de la meditación para recrearnos. Jean Coltean dijo: "quien se afecta negativamente por un insulto, se infecta". Debemos lograr esa victoria de filtrar las críticas para nuestro propio bien para no ser ni por nosotros o por los demás infectados al punto de perder la esperanza e inspiración de un buen futuro.

Los líderes sabios enfrentándose a su fracaso tienen dos alternativas: aprender o sucumbir. Aunque lo primero es lo más sabio en hacer es lo último que se experimenta por muchos. Es tiempo que nosotros los líderes que hemos dudado de nuestra misión, talento y capacidad por caer o haberle fallado a la vida, la organización o iglesia, nos levantemos con nuevo coraje y visión, esa debe ser la reacción a las críticas en ese proceso de sacar nuestra verdad a flote.

El líder perfecto:

Alcemos los ojos de la esperanza conquistando esa maldita duda, sospecha y temor sabiendo que podemos lograr una mejor experiencia si nos disponemos aprender de nuestras propias faltas y errores de otros. Una actitud de duda sospechas y miedo nos hace líderes perfectos para seguir fracasando. Los gladiadores no recorren ese comino.

Por el otro lado las personas que no logran aprender de sus errores, escondiéndolos para su propio perjuicio son regularmente personas "orgullosas". Si pudiéramos comprender como el orgullo ha robado de las bendiciones a muchos de aprender de sus propios errores y circunstancias negativas. Lamentablemente este tipo de líderes confiesan lo siguiente como Judas el que entrego a Jesús: "He pecado (errado) entregando sangre inocente". - Mateo 27:4. Sí, pero cuando lo hacen es demasiado tarde, no es porque quieran superarlas sino porque fueron descubiertos.

El Líder Tropiez Y Comete Errores

Este tipo de personas reconocen sus errores pero nunca las superan. No buscan corregir. El orgullo los encierra en ellos y creen que confesarlas, y buscar ayuda para corregir es un pecado. Se han engañado pensando que eran perfectos. Solo hombres y mujeres perfectos no fallan, no pecan, no caen, no hieran. Estas personas viven un mundo irreal y cuando fallan se preguntan, ¿yo caí? ¿Cómo? Imposible, todos menos yo.

El líder inconsciente en su mundo perfecto vive la experiencia de un falso discípulo de Jesucristo. "Entonces Judas, el que lo había entregado, *al ver que habían condenado a Jesús, sintió remordimiento,* y devolvió las treinta monedas de plata a los principales sacerdotes y a los ancianos". - Mateo 27:3. ¿Qué logro con esto? Nada. Su intención no era corregir. Su intención fue la expresión de un remordimiento de orgullo. Se creía perfecto y cuando su propia conciencia le llamó la atención sintió remordimiento y se mató. Por eso fracasan para siempre hombre y mujeres.

Este líder del reino era tan perfecto en su opinión que prefirió matarse para que nadie se diese cuenta de su fracaso. "...salió, y se ahorcó". - Mateo 27:5. Un líder perfecto en esta índole jamás es digno de seguir su ejemplo, ellos corren del deber, tratan de justificar todos sus errores, faltas, sus fracasos tienen explicación, todos tienen la culpa pero el no. En breve es mejor ser un líder con un par de fracasos y errores que este aprendiendo y avanzando que terminar su vida con tal vergüenza.

El fruto del orgullo en este contexto es sin éxito, fracasado y muerto a la posibilidad de restablecerse.

Enanos en la vida:

El líder lleno de orgullo trata siempre de aparentar que es perfecto, intachable; ignorando su triste y miserable condición de estancamiento. Aparentando que todo está bien en ellos - caen doblemente. Donde muy bien pudieran crecer y elevarse a una posición superior tropiezan para no levantarse jamás.

Esta sencilla pero poderosa verdad la vemos con los grandes líderes del mundo comunista, países totalitarios. Mírate a Stalin, Castro, Hitler y Chávez.

El orgullo no los dejo ver la salvación. El orgullo espiritual no les permitió dejar el liderazgo a alguien más. El orgullo cabo su tumbo. Es interesante que hoy todo el mundo parezca conocer de Cristo pero ¿quién habla de estos enanos intelectuales y desgraciados hombres? Su sabiduría, intelectualidad y liderazgo murió con ellos. El orgullo los desapareció. No seamos los comunistas y totalitarios modernos. No caben en la sociedad.

Si lográramos saltar, arrancar y quitar el orgullo podremos rendirnos al objetivo de nuestros propios errores y fracasos. Los errores en si por la providencia tienen la meta de sacudirnos, limpiarnos de lo innecesario en nosotros. Tienen como objetivo obligarnos a salir de esa zona donde nos sentimos cómodos. Los errores nos proveen cambios sacándonos de nuestra zona de seguridad elevándonos a una mejor condición mental, emocional, espiritual y aun física para superar obstáculos que de otra manera nos dejarían enanos en la vida y el liderazgo siempre creciente y progresivo.

Los hombres llamados a posiciones elevadas de liderazgo ungirán su situación aparentemente de derrota en florecientes campos de aprendizaje. Ellos gritaran: "...Hacedme entender en qué erré." - Job 6:24. Esos amargos momentos de desilusión despertaran en nosotros consagración a una renovada forma de ver y hacer las cosas. Por lo tanto aprendamos que hacer lo mismo siempre nos roba el instinto de reconocimiento que no somos perfectos, cometemos errores y que en ello hay escuela si así lo permitimos. Lamentablemente la rutina nos quita lo creativo, preparación sumergiéndonos en algo llamado "comodidad". Enemiga principal del liderazgo en crecimiento. Dejemos de ser enanos, que el gigante se vea.

La rutina amiga de los que no aprenden:

La rutina ha llevado a muchos líderes a la quiebra. Han perdido el deseo de avanzar, crecer y alcanzar metas y blancos imposibles por su falta de consagración y persistencia en su liderazgo. La rutina los ha destrozado y en su estado de comodidad han sido paralizados no soportando la creciente exigencia del tiempo y presión de la responsabilidad y en otros casos de tropiezos.

El Líder Tropiez Y Comete Errores

"Muchos hay que con bastante habilidad pueden seguir la rutina; pero no pueden impartir valor y esperanza, inspirar pensamientos, avivar la energía, e impartir tal vida, que la escuela llegue a ser un poder vivo y creciente para el bien." - Consejos sobre la Escuela Sabática pg. 182. La rutina en verdad en la vida de un líder destruye la oportunidad de expandirse y ser una mejor bendición.

Una de las razones porque la tribu de Dan pudo logran éxito en su misión de desarraigar a naciones, reyes y gente fue porque esas naciones estaban sometidos en la rutina, confianza de que eran poderosas. La rutina de este pensamiento los acomodó para su desgracia. "Cuando lleguéis allá **encontrarais un pueblo confiado** y una tierra espaciosa, que Dios ha entregado en vuestras manos. Un lugar donde no falta nada de lo que pueda haber en la tierra". Jueces 18:10.

Sin duda alguna la rutina debe ser desarraigada y nunca verla como amiga porque nos consumirá en un triste fracaso a largo plazo. Por otro lado si no lo hacemos conscientemente la providencia tratara de despertarnos en nuestros propios errores abriendo los ojos a su gran sabiduría. Evitemos la rutina como evitaríamos enfermarnos.

Agente divino:

Si otras cosas fallan en el refinamiento de nuestro carácter el universo permitirá que nuestros errores nos sacudan. Los errores son agentes divinos enviados para obrar en nuestro propio bien y favor. Despertando en nosotros una nueva forma de liderar nuestra propia vida y la obra encomendada. Debemos entender lo que alguien dijo – "Los problemas significativos a los que nos enfrentamos no se pueden resolver pensando lo mismo que pensamos cuando los creamos". Debemos ver las cosas de manera diferente. Ver los problemas, caídas y fracasos con mentalidad inteligente, traerá conocimiento fructífero.

Apliquemos y mantengamos la siguiente receta para el líder gladiador de éxito:

FRACASO = ENSEÑANZA = LABOR = ÉXITO

En otras palabras seremos nuevos cada ocasión que cometemos un error si dejamos la rutina en todo el sentido de la palabra a un lado, especialmente en la manera de ver las cosas, circunstancias y fracasos. Necesitamos renovar nuestra forma de pensar constantemente. Eso nos hará libres, desintoxicándonos de esas ideas que no nos permiten avanzar, ni ser balanceados.

En el foso de un escenario también terminó en una ocasión el cantante mexicano José José. En 2013, cuando realizaba la gira de los 50 años de su carrera artística, el artista tuvo una caída de metro y medio de altura.

Ocurrió cuando buscaba un acercamiento con una seguidora y al intérprete se le acabó el escenario. "No tenía planeado caerme esta noche", dijo a sus seguidores y manifestó que la culpa había sido de las luces frontales. El artista se levantó y siguió con su show.

El que deje que los errores y fracasos se transformen en agentes divinos no dejara de ser recompensado con sabiduría, madurez y grande éxito. Nuevas aventuras, grandes oportunidades nos esperan y el éxito está a la puerta cuando aprovechamos los agentes divinos. Nunca, nunca te rindas, Dios hará que tus planes progresen.

La decisión es el centro del cambio:

Para los líderes solo hay dos alternativas al enfrentar los errores, *la decisión tomada* al estar en ellos es el centro del cambio o el fin de nuestra existencia como líderes. En los problemas y tentaciones o bien: luchar y aprender de ello o huir y seguramente a largo plazo fracasar sin otra alternativa que sucumbir en la escalera del éxito progresivo.

Por lo contrario, hay otra opción que debemos considerar y esa es la de "rendirnos al cambio" exigido ya sea por nuestros errores, caídas y fracasos propios o ajenos lo cual sería lo más inteligente en hacer. El líder gladiador esta consciente del poder de sometimiento. Es una de sus espadas de victoria.

Realmente eso es lo que hacen los líderes que están alertas a su crecimiento, ansiosos de caminar otra milla por el bien de su crecimiento, organización y claro la sociedad. Al rendirnos superamos el temor que nos somete a circunstancias desesperantes. Por lo contrario cuando lo hacemos

El Líder Tropiez Y Comete Errores

conscientemente realizamos que no *"hay dolor cuando se está ganando"* - en este caso aun de los errores al someternos a ellos para aprender.

Las decisiones tiene el poder de comenzar de nuevo. Allí está el poder del cambio en la decisión tomada de hacer las cosas mejores y diferentes.

Abraham Lincoln viviendo la guerra civil de N. América pudo rendirse en tan grande pérdida de vidas, peo al contrario como todo buen líder decidió, resolvió avanzar. Allí encontramos el poder la decisión y sus resultados cuando dijo: "Aquí altamente resolvemos que estos muertos no murieron en vano, *que esta nación bajo Dios tendrá un nuevo nacimiento de libertad*, y que el gobierno del pueblo, por el pueblo, para el pueblo no perecerá en la tierra".

Esa capacidad de decidir no solo nos abre un nuevo camino sino que nos permite recuperarnos, restaurarnos y darles a otros la oportunidad de triunfar. Así ocurrió con el liderazgo del rey Josías. Tan grande fue el cambio que realizo que la biblia escribió.

Ver que se gana cuando manifestamos una actitud positiva en los fracasos tal y como hizo Linconl, realmente estamos poniendo una base a la sabiduría de la vida. Seamos seres ganadores aun en nuestros errores y burlemos el concepto convencional, de que "una vez caído no se levanta, fracasado, está terminado". Que mentira.

"Levántate" - Génesis 21:18. El libro sagrado inspira a los caídos y errados. No tenemos excusa para no levantarnos e intentar nuevamente. El centro del cambio reside en la decisión que tomaremos al experimentar los errores.

Acepte, acepte los errores y no niegue sus fracasos:

Increíble pero cierto debemos someternos a nuestros errores para poder conquistarlos. Eso se logra aceptándolos, caminando con ellos, aprendiendo de ellos. La mejor forma de conquistar casi siempre *es cediendo*, sé que suena contradictorio pero permítase tiempo para analizarlo. Cediendo damos espacio para aprender, escuchar e iniciar nuevamente.

El Líder Gladiador

Escritor y publicista Abel Cortese nos dice que: **"La responsabilidad se prueba en los fracasos, en aquellas situaciones en las que hay que asumir de frente los hechos, para poder cambiar de rumbo"**.

Al ceder al cambio exigido por nuestros errores, faltas y caídas veremos que hay más esperanza en aceptarlos que negarlos. Hundiéndonos en conocimiento errado da oportunidad para una nueva oportunidad y otra idea nueva. Jonathan Swift dijo con mucha razón: **"nunca estés avergonzado de aceptar que estas mal; realmente es decir que hoy erres más sabio de lo que eras ayer"**. He allí la sabiduría verdadera, aceptar, ceder a la enseñanza de esos errores benditos. Sin duda alguna se necesita coraje, valor y seguridad interna para experimentar esto.

"Nokia ¿Qué era? La compañía de telefonía finlandesa fue la clara dominante del mercado en los años noventa, consiguiendo hacer de los teléfonos móviles un dispositivo para todo el mundo, alejándolo de la imagen elitista que tenían estos productos gracias a la una combinación de calidad y buen precio. Nokia junto con otras empresas creó Symbian, un sistema operativo para móviles que funcionó perfectamente durante años, gracias a su poco consumo de recursos y su adaptabilidad a diferentes terminales."

Pero "¿Qué hizo mal? Con la llegada de los 'smartphones' todo cambió. Apple presentó su iPhone y Google lanzó Android. El éxito de estos dos sistemas fue inmediato. Nokia sin embargo siguió apostando por una versión más moderna de Symbian, que pese a que funcionaba bien en móviles de gama media y baja, no era suficiente para los potentes dispositivos táctiles que estaban por venir. La compañía tardó mucho en reaccionar, y para cuando quisieron darse cuenta, iOS y Android se habían hecho con una gran parte del mercado. En pocos años Nokia pasó de ser la indiscutible líder mundial en telefonía móvil a ser superada por Samsung. En abril de 2012 Samsung supera a Nokia como líder mundial en telefonía móvil por primera vez en 14 años, al vender 88 millones de unidades frente a las 83 del gigante finlandés. La diferencia es que casi la mitad d elas ventas de Samsung son en el segmento de los 'smartphones' y para Nokia esto solo supone 1 de cada 8 ventas. Nokia sigue siendo el referente de los dispositivos de gama media-baja, pero

El Líder Tropiez Y Comete Errores

su falta de reacción en un mercado en constante cambio es ya paradigmático." – Articulo la información.com

Unos no se sometieron al cambio de larga data, otros lo aprovecharon y crecieron. Son grandes.

Solo verdaderos líderes logran esto. Empecemos por cambiar nuestro concepto de los errores, así obtendremos sabiduría. *Esto se logra sometiéndonos, siendo flexibles, abiertos y hasta donde sea posible si no va en contra de nuestros principios permisibles.* A esto debemos adaptarnos, sincronizarnos a toda enseñanza que el cielo nos de por medio de personas, circunstancias no favorables y claro los errores propios.

Por contradictorio que parezca no hay conquista sino cedemos, analicemos y veremos que ceder no es otra cosa que negociar para algo mejor. Hay victoria siempre cuando se negocie. Dejemos por así decirlo arrastrarnos por la corriente para mirar nuevos horizontes como lo hace la naturaleza. Para muchos eso es fracasar y humillarse pero si aprendiéramos que allí en la humillación radica la grandeza, llegaríamos a ser héroes en el liderazgo.

Lai Tsé expreso *"Este es el principio para controlar los acontecimientos, dejándote arrastrar por ellos, del dominio mediante la adaptación".*

Redime el tiempo No lo pierda lamentando:

Por experiencia puedo decir que se pierde más tiempo lamentando nuestros fracasos, errores y faltas que si los aceptáramos. Entre más rápido los aceptamos *así de rápido vendríamos a tener soluciones y mejores opciones* que pelear no aceptando el beneficio de nuestros errores. Dedico este espacio a este punto porque muchos de nosotros hemos sucumbido en nuestros lamentos y a muchos esto nos ha robado el privilegio para levantarnos y triunfar. Allí donde solo se miraba derrota radicaba el mismo éxito.

Christopher Reeve un actor exitoso sufrió un accidente al montar su caballo en 1995 y eso lo dejo paralítico del cuello abajo. Sin embargo esto no le detuvo su vida. En su desgracia encontró el llamado de fortalecer a otros paralíticos que no

El Líder Gladiador

contaban con las fuentes económicas, apoyo y medios que él tenía.

En su lucha contra la parálisis el logro mover su dedo cinco años y medio después de su accidente. Más tarde empezó a movilizar un brazo. Él les decía a sus hijos que las cosas pueden cambiar en cualquier momento para bien o para mal.

"Si los científicos van a realizar su trabajo yo estaré listo cuando ellos vengan a mí". Fueron sus palabras siempre. - Reader's Digest pg. 168. Una persona preparada para las oportunidades tienen la capacidad de redimir el tiempo. Siempre están listos para toda posibilidad.

Anhelo podamos como líderes verdaderos aprender de nuestros errores, especialmente de esos que nos han desmoralizados, pero *más* importante aunque apreciemos las críticas que caen como lluvia fertilizante en mejoramiento de nuestro carácter brindándole sabiduría y nobleza, al dejarlas caer sobre nosotros en vez de ignorarlas nos serán de ayuda porque de seguro los que nos critiquen son personas que conocen nuestros males y debilidades los cuales debemos corregir. No perdamos tiempo evitando las los errores o criticas aceptémoslos como buen fertilizantes a la mejoría.

Al escuchar y considerar lo que nos dicen las criticas tenemos tres opciones, escucharlas y perder el tiempo lamentando todo lo negativo, escuchándolas para corregir y aprender de ellas o destruirnos al dejar que nos dominan las criticas desanimándonos. Estoy convencido que serán una brújula guiándonos a mejorar y superar esos obstáculos de carácter, de visión, de misión si lo permitimos, nos llevaran de seguro a la prosperidad esperada, a una mejor condición y posición. Aprovechemos nuestro tiempo en analizar las críticas, algo bueno se puede sacar de ello que perder tiempo lamentando.

La medida del éxito, radica en la medida del fracaso:

Recordemos que entre más grande nuestros errores y faltas así de grande será nuestro éxito si nos rendimos a su enseñanza. Hay un misterio en los grandes errores, ellos tienen por la gracia de Dios el poder de darnos la oportunidad de tener un mayor y grande éxito si sabemos aprovecharlos.

El Líder Tropiez Y Comete Errores

Conoces la historia de Arianna Huffington. Ella "fue rechazada por 36 editores. Es difícil creer que uno de los nombres más importantes de las publicaciones online algunas vez fue rechazada por tres decenas de editores. El segundo libro de Huffington, el cual trató de publicar antes de crear el imperio de Huffington Post, fue rechazado 36 veces antes de que lo publicaran."

"Aun así, el Huffington Post no fue un gran éxito de inmediato, cuando lo lanzaron había muchas críticas negativas sobre su calidad y potencial. Obviamente superaron esos baches y eventualmente se convirtió en uno de los puntos de venta de mayor éxito en la web." – articulo en entrepreneur.com

No estoy recomendando cometer errores pero que cuando los cometamos no los veamos como adversarios sino como amigos, al hacer eso nos rendiremos a grande sabiduría detrás de ellos, hacer esto se lo llama adaptabilidad, característica importante en los líderes de hoy y futuro del mañana.

"El éxito de un hombre o de una empresa está conformado de fracasos, porque experimenta y se arriesga cada día, y cuanto más caídas sufre más rápido avanza..." - Opino Abel Cortese. En mi opinión avanza más rápido porque se adapta a ello. El primer paso a poder adaptarse es que se acepte el fracaso, error y problema tan rápido se pueda porque así tan grande sea el fracaso involucra así de poderosa es la oportunidad de lograr éxito. Detrás de esa grande caída esta la maravillosa posibilidad de encontrarnos con esa puerta al progreso y grande éxito.

Adaptabilidad es una habilidad adquirida:

Todo líder que logra amigarse con los errores se adaptará al cambio exigido por ellos, y lo empleará en beneficio propio adquiriendo ventaja sobre toda adversidad, obtendrá la más alta capacidad de saber que el buen líder no es siempre el que está de pie, muchas veces tiene que recogerse de tantos tropiezos, claro levantarse pero con una grande madurez y capacidad de ver con sabiduría experimentada.

Uno de los grandes de la Biblia que aprendió esta ley de la adaptabilidad es el patriarca Job. Él es un carácter que

El Líder Gladiador

las escrituras nos muestran a las claras que en el proceso de su prueba, en el camino de su vida, en la escuela de la gracia de Dios tuvo que desarrollar la capacidad de adaptarse a la realidad de que no siempre le va a uno como quisiera. En esta experiencia él dijo:

"Desnudo salí del seno de mi madre, y desnudo me iré. El Eterno dio, el Eterno quitó. ¡Sea el Nombre del Señor alabado! A pesar de todo, Job no pecó, ni culpó a Dios de ningún mal." – Job. 1:21.22. Si sabes la historia de Job sabe el poder que tiene la capacidad de adaptarnos a la realidad. Ella tiene un poder que no se puede ignorar sus resultados si no sabe termine de leer la historia de Job en Job capitulo cuarenta y dos.

Abel Cortese nos recuerda lo siguiente en el proceso del fracaso, el poder que tiene la adaptabilidad: **"Se sabe que, en equitación, no es el buen jinete quien nunca ha sido arrojado, sino que nunca llegará a serlo hasta que no sea arrojado; entonces no se verá obsesionado por el terror a caer y cabalgará con seguridad"**.

Entendamos que la adaptabilidad es la clave y algo más que dejarse llevar por el cambio y no luchar contra él. Realmente adaptabilidad es una habilidad que consiste en recuperarse de los golpes que dejan los errores, de la ansiedad y adversidad que han provocado. Con tal experiencia avanzaremos saludablemente con la flexibilidad necesaria para dar pasos más firmes, concretos, sabios donde sin ello solo abríamos vacilado y caído permanentemente.

Lograr esta adaptabilidad en los fracasos es la capacidad de un líder que no se da por vencido y que aprende en ellos. Sin embargo la verdad es que adaptarnos a los fracasos es muy difícil porque solo se espera éxito, al experimentar el fracaso pocos o ninguno espera lograr adaptarse a ellos. La capacidad de adaptabilidad se consigue meditando, analizando y pensando en cada uno de nuestros problemas y fracasos. La adaptabilidad se logra, no se llega a la existencia con ella. Aprenderla será una de nuestras mejores inversiones en la nuestra vida.

El saber que somos imperfectos nos hará grandes:

Los errores debemos recordar no son más que una investigación del éxito cercano; entre más cometamos mejor

El Líder Tropiez Y Comete Errores

será nuestra prosperidad en madurez. Alguien nos dijo en el pasado que:

"Nadie ha sacado la mejor melodía si no hubiera tocado unas cuantas teclas equivocadamente".

El éxito de nuestra vacilación, a veces temor y duda como líderes radica en que aceptemos que no somos perfectos, pero logramos esa meta cada vez que aprendemos de nuestros propios y errores de otros. Sin duda alguna entonces el éxito es un juego de probabilidades y los reveses forman parte de ello o como lo dijo el proverbio budista:

"La flecha que da en la diana es el resultado de cientos de fallos".

Nuestra influencia, poder y éxito se forma muchas veces, en las caídas, errores y sobre todo sufriendo reveses. Allá en el silencio de las desgracias, en las lágrimas al analizar nuestros errores. He visto que los mejores y grande líderes se han encontrado en sus humildes meditaciones, encerrados en el convento de la banalización.

Cuando acepta que no ere perfecto y confiesa su pecado, error, notara que sus fracasos públicos aferrándose a la verdad que puede aprender, superar y recuperarse pueden volverse el camino a su éxito en esta vida.

Tristemente por naturaleza no nos gusta el cambio, generalmente estamos hechos para resistirlo es por eso que al cometer errores es más fácil ignorarlos, escondiéndolos que verlos como agentes divinos. Cuando somos sorprendidos por nuestros errores y caídas lo primero que expresa nuestra naturaleza es, ¿por qué? Sin duda alguna habrá dolor en el proceso de adaptación e injertar su nueva visión en nosotros, vida, misión como líderes. Sin embargo **es necesario entender y aceptar** el dolor como parte de nuestra capacitación.

Aprendamos a recordarnos siempre el bien de los fracasos para que al visitarnos en nuestra zona de comodidad no fracasemos doblemente por no ser estudiantes inteligentes. Entremos al proceso exigido comenzando con el cambio de ver y pensar. Cambiemos nuestra "actitud" al ser visitados por estos grandes agentes del cielo sonriendo cuando otros lloran, y todo

El Líder Gladiador

porque no han aprendido que en el proceso habrá dolor, dolor para nuestro propio crecimiento. Lloren todo lo que queramos pero en eso reconozcamos que no somos perfectos porque allí en ese pensamiento hay un misterio de elevación, de poder, de providencia donde se nos hace avanzar, ayuda a elevarnos de nuestra presente condición a una poderosamente productora.

"La visión no es suficiente se debe combinar con aventura. No es suficiente mirar los escalones (como obstáculos) debe subirse las escaleras". – **Miguel Martin**

Así es como disfrutaremos y nos aprovecharemos de nuestros propios errores. Al cambiar nuestra manera de verlos vendremos a ser esa palma en plena tormenta, se lo digo por experiencia los errores han llegado a ser mis mejores amigos porque me han hecho mejor y ¿a cuántos no? Y usted no será el mismo cuando acepta los errores y fracasos como sus mejores maestros.

Para reflexionar y aplicar:

¿Porque es importante reconocer los errores cometidos?

_____
_____
_____

¿Cuál es el poder de los errores en uno?

_____
_____
_____

¿Quién es el mejor líder que el reconoce que comete errores o el que cree que siempre es perfecto?

_____
_____
_____

El Líder Tropiez Y Comete Errores

¿Usted ha cometido errores?

_____
_____
_____

¿Cuál es la diferencia del que comete errores y lo reconoce del que los comete y no los acepta?

_____
_____
_____

¿Los errores lo han hecho mejor o peor a usted?

_____
_____
_____

Observe A Su Alerededor
Le Puede Enseñar

"Tiene mejor conocimiento del mundo, no el que más ha vivido, sino el que más ha observado." - Arturo Graf

La enseñanza no se limita a los libros.

Muchos han dejado de crecer y expandir sus logros gracias a que limitan su enseñanza a los centros educativos, a los libros, talvez a solo leer la biblia. Hay miles de formas de limitarse y una de ellas está en estancarse una solo forma de educarse.

Proponemos que expanda su centro educacional a todo. En la vida de un líder gladiador todo y en todo **es y se convierte** en lugar de enseñanza. Pero solo una persona inteligente puede entenderlo y aplicarlo.

Por lo tanto, le pregunto ¿cuáles son las áreas que ha convertido en centro de educación además de los libros? Haga una lista de ello en seguida.

_____
_____
_____
_____
_____
_____

Reconocer la capacidad de observar:

Hay una herramienta poderosa en esta escuela y se llama la Capacidad de Observar. Esta capacidad, aunque todos pueden usarla solo pocos le sacan el beneficio. Esta capacidad debe ser activada conscientemente para aprender de todo.

Observe A Su Alerededor Le Puede Enseñar

Usada la capacidad de observar inteligentemente todo líder puede adquirir nuevos conocimientos, información valiosa, ideas innovadoras y grandes oportunidades de crecimiento y esta manera llevarse a nuevas posiciones y niveles de todo un líder gladiador.

El líder gladiador es un experto en ver todo, observar y aprender de todo pues sabe que es una de espadas de guerras más valiosa a su favor, mientras unos esperan en sus consejeros y libros el investiga, observa y decide bajo el pulso de la experiencia, intuición y sabiduría gladiadora.

"Si lo puede soñar, lo puede hacer". - **Walt Disney**

¿Quiere saber cómo destruir su futuro?

Uno de los errores de muchos es aferrarse a ideas y creencias convencionales. Lo que impide a los líderes cambiar a una atmósfera progresiva y de cambio es el aferrarse a los conceptos convencionales. Larry Osborne escribió:

"Los líderes altamente exitosos ignoran la sabiduría convencional y se arriesgan..."

Claro Larry Osborne de ninguna manera se refiere a la sabiduría divina y progresiva sino a ese concepto de lo común y estancado que tienen muchos. Salgamos de la rutina aun en como pensamos, estudiamos, analizamos y sobre todo lo que es observado por nosotros como líderes.

Debemos tener ojos para ver más allá de nuestras paredes, eso nos dará una inteligencia superior al concepto convencional y abrirá paso a la aventura de nuevos horizontes, hacer ese esfuerzo sicológico será recompensado con lecciones y sabiduría que otros pueden y quieren darnos.

Todo el que se aferra al concepto convencional, está estancado en un fango de aguas propias, pero toxicas. Esta condición estanca la madures del líder. Esta es una actitud que ayuda a todo ser a no cambiar de opinión. Su ego es cubierto con el concepto que: su religión no le permite ver de otra manera, oír o pensar fuera de su convicción, empresa, producto, sistema etc. Esta es la base de todo estancamiento de los que No cambiaran de ideas, opinión o convicción.

Hay leyes universales que hombres y mujeres no de nuestra creencia, cultura, comunidad practican que muchas veces nosotros que debemos llevarles la delantera ignoramos. Aprendamos a cómo evitar no cambiar de concepto y así seguir el río de la verdad, del conocimiento y libertad que no se limita a nuestro jardín sino es entendible al océano de verdades fuera de nuestro circulo.

"Poca observación y muchas teorías llevan al error. Mucha observación y pocas teorías llevan a la verdad." - Alexis Carrel

La naturaleza un libro de texto:

Aun la naturaleza nos abre un gran campo de enseñanza y aprendizaje. Entendamos también que las leyes que la rigen son leyes que debemos observar, aprender y claro practicar. Es pues el deseo del cielo que nosotros los líderes inteligentes aprendamos de todo y en todo.

"Toda la naturaleza es un libro de texto, un maestro del que cada uno puede aprender". - Alza Tus Ojos pg. 166.

Jesús nuestro ejemplo supremo aplicó esta ley de observar y aprender de la naturaleza. Él nos dijo: *"Mirad las aves del cielo*, que no siembran, ni siegan, ni juntan en graneros; y vuestro Padre celestial las alimenta. ¿No valéis vosotros mucho más que ellas?" - Mateo 6:26. "Y por el vestido, ¿por qué os afanáis? *Considerad los lirios del campo*, cómo crecen sin fatigarse ni hilar. "Y si Dios viste así a la hierba del campo, que hoy es y mañana es echa al horno, ¿no hará mucho más por vosotros, hombres de poca fe?" - Mateo 6:2 y 30.

Las aves, los lirios, cosecha y graneros involucran la naturaleza. Jesucristo, Observo y aplico. Él también nos dijo a nosotros que **miremos y consideremos, aprendamos** esto y veremos nuestra vida con nueva luz al aprender a observar la naturaleza uno de los grandes libros de texto para los humanos inteligentes.

Observe A Su Alerededor Le Puede Enseñar

Una lección en la vida de otras culturas:

Por una razón misteriosa estamos influenciados a culturas muy propias y a ellas estamos sumergidos. ¿Cuales son las consecuencias? Simple. Los resultados de lo que hoy somos. Note el tono de voz, forma de vestir, platillos que comemos. Canales que vemos y la opinión política o religiosa esta bien marcada por esa cultura.

Con tal influencia, aunque aprobada por nuestra propia gente y el espíritu patriótico, religioso, familiar no nos deja salir de las rejas que nos han mantenido allí con lo que tenemos. Allí están casi todos los lideres modernos que están llevan a sus empresas, iglesias a la quiebra. Están tan acostumbrados a su cultura que no están listos para grandes y necesarios cambios.

Proponemos adquirir una caracteriza gladiadora y esa es conocer otras culturas conscientemente, cuantas sean posible mejor en la experiencia de ese líder. El solo hecho de sacar la cabeza e interesarse en otras formas de pensar, otras personas, religiones, negocios, comportamientos, platillos, idiomas, empresas, organizaciones es un extraordinario paso a esta gran experiencia de crecimiento.

Otras culturas como la japonesa te pueden enseñar como usar lo que no tienes después una bomba Hiroshima y surgir de la destrucción como una de las potencias más grandes del mundo con la producción del arroz y automóviles más famosos del mundo como Honda y Toyota.

Talvez quiere comprender y evitar caer en lo que se convierte una idea limitante, comunista, socialista a países en centro de asombro y vergüenza como sur de Corea, Siria, Venezuela etc.

En Europa meridional puede aprender cómo vivir más basado en su dieta altamente respetada que tradicionalmente consiste en una pequeña cantidad de vino, verduras frescas, aceite de oliva y poca carne y grasa saturada.

Si le interesa una economía prospera y vida larga considere los siguientes países mencionados por CNN que debiéramos tomar en cuenta al salir de nuestra propia cultura y así respirar otras ideas, conocimientos y ejemplos: "Singapur, Mónaco, Andorra, Australia, Canadá, Luxemburgo, Nueva Zelanda..."

El Líder Gladiador

Otros maestros:

Notemos que un líder gladiador no solo lee libros, la naturaleza sino también observaba a otras culturas de las cuales saca lecciones mostrando lo correcto e incorrecto y aplicando todo lo que puede llevarlo a otro nivel. Si como líderes expandiéramos nuestro **libro universal de estudio** vendríamos a ser más desarrollados intelectualmente y poderosos en nuestras aplicaciones.

Al observar lo que nos rodea obtendremos advertencias de lo que no deberíamos hacer como también inspiración de la entrega, sacrificio y amor a lo que realizan los demás líderes, culturas, empresas, aplicándolo nosotros a nuestra propia necesidad.

Todo aun de los menos prometedores podemos aprender tal y cual lo hace grandes líderes. El que quiere puede aprender y aplicar para su crecimiento. En mi opinión aun en los menos afortunados, en la sociedad baja, enemigos, tenemos un libro de lecciones y enseñanza que se puede aprender y aplicar si tenemos una mente abierta a luz en la obscuridad.

"¡Mirad! El enemigo avanza como nube, y sus carros como torbellino. Más ligeros son sus caballos que las águilas. ¡Ay! de nosotros, porque somos dados a saco." – Jeremías 4:13.

Todavía existen Recobitas:

El profeta Jeremías otro grande líder motivado por Dios mismo observo y dijo de personas no de su pueblo y fe. "Puse **ante los recabitas** tazas y copas llenas de vino, y les dije: "Bebed vino". Pero ellos dijeron: "No beberemos vino; porque Jonadab hijo de *Recab nuestro padre nos mandó: 'Jamás bebáis vino, ni vosotros ni vuestros hijos'. Ni edifiquéis casa, ni sembréis sementera, ni plantéis viña.* Sino habitad en tiendas todos vuestros días, para que viváis muchos días sobre la tierra donde peregrináis. **Y nosotros hemos obedecido a la voz de nuestro padre Jonadab** hijo de Recab, en todas las cosas que nos mandó, de no beber vino en todos nuestros días, ni nosotros, ni nuestras esposas, ni nuestros hijos e hijas; de no edificar casa para nuestra habitación, y de no tener viña, ni

Observe A Su Alerededor Le Puede Enseñar

heredad, ni sementera. Vivimos en tiendas, y cumplimos todo lo que nos mandó Jonadab nuestro padre." - Jeremías 35:5-8.

Vemos una vez más que Dios mismo utilizo ejemplos de otros para enseñar una lección. La lección de obediencia, firmeza a lo pactado y fidelidad a lo que se representa. "Los descendientes de Jonadab hijo de Recab, cumplieron la orden de no beber vino, y hasta hoy no lo han bebido, por obedecer la orden de su padre. Yo os he hablado a vosotros una y otra vez, y no me habéis oído." - Jeremías 35:14. ¿Amigos míos deseamos que nuestro liderazgo pase a otra esfera y posición? Entonces debemos cambiar nuestra manera de aprender y aplicar sus principios. Abramos nuestros ojos a cada enseñanza de Dios, de la vida propia *y ajena* porque en cada comunidad, ciudad y nación existen todavía recabitas que pueden enseñarnos grandes lecciones de amor, esfuerzo, disciplina e integridad a lo pactado.

Despóticos y mafiosos

"El auténtico observador contempla tranquila y despreocupadamente los nuevos tiempos revolucionarios." – Novalis

En esta escuela superior todos son maestros y nosotros alumnos. La gente fracasada limita sus libros, su conocimiento es corto y solo depende de lo convencional. Pero el que tiene su consciencia despierta y está lleno de conocimiento que aplica para ser cada vez mejor siempre está aprendiendo, colectado de todos y en todo incluyendo de lo que otros llamarían basura o pérdida de tiempo.

Los hombre que han llamado a la atención del mundo por su despotismo también son grandes maestros para observar sus hazañas, comportamientos y formas de realizar cosas que usaron para escalar, pero también que los llevo a la desgracia. Entre ellos tenemos a Hitler. Stalin. Franco. Pinochet. Saddam. Fidel Castro. Videla. Gadafi. Chávez.

Pensar diferente y aprender de determinación, estrategia, milicia, guerra, fe y mas léete, estudia, mira películas de los mafiosos mas famosos de la historia como: Al Capone. Lucky Luciano. Frank Costello. Frank Lucas. John Dellinger. Salvatore Maranzano. Joe Masseria.

El Líder Gladiador

La lección aquí es que nunca te de miedo aprender de todos y de todo eso es lo que la ley de observar permite.

Líderes, es tiempo que nosotros no andemos cabizbajos, hay líderes más sabios, astutos e inteligentes en el mundo que entre nosotros hijos de luz. ¡Despertemos!

El cielo ya había dicho que "El Eterno te pondrá por cabeza y no por cola, estarás encima y nunca debajo; si obedeces los Mandamientos del Eterno tu Dios, que hoy te ordeno que guardes y cumplas". - Deuteronomio 28:13, todo hijo del universo que reconoce y obedece las leyes de la vida, de la prosperidad, del esfuerzo, sacrificio debe ser "cabeza" y no "cola".

Ser exitoso tiene su precio. Para ello debemos: número uno obedecer estrictamente la oportunidad de la vida. Reconocer cada mandamiento, y dos, también aprender de los otros líderes, maestros, gobernantes de este mundo independiente de su cultura, religión, creencia, bueno o malo, aquellas lecciones son aplicables y válidos para un ser humano. Allí radica sabiduría y créeme también inspiración, ánimo y coraje para seguir adelante como buen líder gladiador.

Jesús también era observador, sus ojos y aprendizaje no se limitaba a lo religioso aun de los de afuera aprendió y aplico lecciones universales. Es importante que nosotros hombres y mujeres que hemos sido llamados a responsabilidades mayores que no cerremos nuestra mente y enseñanza a algo limitado, rutinario y enajenado a lo progresivo. Con la ayuda del Espíritu observemos y aprendamos de los demás.

Dan Cathy jefe oficial de operaciones de Chick-fil-A Inc., en una entrevista con John Maxwell, comentando dijo: "para aprender debemos salir de nuestro atmósfera y observar que están haciendo los otros, aun la competencia...tomo otros conmigo, salimos de viaje solo a observar, aprender y luego nos sentamos a analizar todo lo que escribimos al viajar observando..."

La observación es una cualidad que se logra no un don:

"Usted ve, pero no observa." - Sir Arthur Conan Doyle

Observe A Su Alrededor Le Puede Enseñar

Otro gran observador fue el sabio Salomón, él de manera clara ejerció y vivió la cualidad de la observación, dijo inspirada: "El principio de la sabiduría es el respeto al Eterno. Sólo los insensatos desprecian la sabiduría y la enseñanza." - Pro. 1:7 y luego escribió:

Vi algo más debajo del sol. Que no siempre la carrera *es de los ligeros, ni de los fuertes la guerra, ni de los sabios el pan, ni de los prudentes la riqueza, ni de los elocuentes el favor*; sino que el tiempo y la ocasión acontecen a todos. Porque el hombre tampoco conoce su tiempo. *Como los peces* son presos en la red, *y las aves se prenden* en el lazo, así son enlazados los hombres, cuando el mal tiempo cae de repente sobre ellos. *También vi esta sabiduría debajo del sol*, que me pareció grande: Había una pequeña ciudad de pocos habitantes. *Vino contra ella un gran rey*, y la cercó con grandes baluartes. *Vivía en ella un hombre pobre pero sabio, que con su sabiduría libró la ciudad. Y nadie se acordaba de aquel hombre pobre.* - Eclesiastés. 9:13,15.

Metafóricamente utilizó palabras como - ligeros, fuertes, guerra, sabios, prudentes, elocuentes, peces, aves, una ciudad, rey y un hombre pobre. Salomón también fue un grande estudiante y dedico tiempo a la observación de otros, fuera de sus límites, libros y entendimiento. De ello el obtuvo más sabiduría, conocimiento e instrucción de cómo ser un mejor gobernante, líder del pueblo. Nadie aun en su caída pudo derrotarlo, finalmente triunfo no por el poder sino por la sabiduría recibida, sabiduría aprovechada y *la sabiduría obtenida en la observación*.

En breve la enseñanza está en todas partes y debemos obtenerla, aprovecharla para nuestro propio crecimiento porque si nosotros crecemos nuestra organización también. ¿Cómo lograr este paso? Siendo buenos observadores y aplicando el principio del Apóstol Pablo en 1 Tesalonicenses 5:21.

"Examinadlo todo y retened lo bueno".

El Líder Gladiador

Sé un ser clarividente:

*"El avisado **ve** el mal y lo evita, el simple pasa y recibe el daño." - Proverbio 22:3.*

Los líderes gladiadores clarividentes nunca dejaran de aprender y sobre todo de aplicar esas lecciones de lo que han visto sus ojos, oído sus oídos, este tipo de líder obtiene experiencia y sabiduría de otros que están caminando su sendero aun de los que no son de su círculo ni gusto.

*"Pasad a la isla de Chipre, y mirad; enviad a Cedar, y considerad con cuidado, **y ved** si se ha hecho cosa semejante a ésta. ¿Ha cambiado alguna nación sus dioses, aunque ellos no son dioses? Sin embargo, mi pueblo ha trocado su gloria por lo que no aprovecha." - Jeremías 2:10,11.* Aquí se nos invita a ver la actitud de Chipre y Cedar como han sido fieles a sus dioses, pero se pregunta ¿que con nosotros los que profesamos ser hombres y mujeres de fe?

A los que tranquilamente esperan un milagro en tiempo de trabajo, en tiempo de cambiar de concepto y actuar para el progreso de nuestra familia, pueblo, comunidad, sociedad, empresa, de nuestras vidas en un tiempo de crisis cuando uno está tranquilo y no observa cómo se hunde el barco, un escritor exclama: *"¡Ay de los reposados en Sion, y de los que confían en el monte de Samaria, los notables y principales entre las naciones, a quienes acude la casa de Israel! **Pasad a Calne, y mirad. De allí id a la gran Hamat y descended luego a Gat de los filisteos. Ved si son aquellos reinos mejores que estos reinos**, si su territorio es mayor que el vuestro. Vosotros dilatáis el día malo, y acercáis la silla de iniquidad." - Amos 6:1-3.*

*"**Mirad también las naves**. Aunque tan grandes y llevadas de impetuosos vientos, son dirigidas con un timón muy pequeño, a voluntad del piloto. **Así también,** la lengua es un miembro pequeño, que se jacta de grandes cosas. Un pequeño fuego, ¡cuán grande bosque enciende!" - Santiago 3:4,5.* Interesante observación y cuan poderosa aplicación hizo el gran líder Santiago.

Nuestra mente está dotada para discernir entre el bien y el mal por eso sin temor debemos observar todo lo que podamos

Observe A Su Alrededor Le Puede Enseñar

y a cuantos podamos y luego aplicar esos principios aplicables a todo tiempo y a toda persona. Levantemos los ojos y observemos por nuestra propia cuenta porque si no lo hacemos el universo mismo nos obligara hacerlo tal y como lo hizo con Israel en el pasado pero cuando lo logro fue tarde. Es claro entonces que otros han caminado nuestro camino y pudieron triunfar observando, aprendiendo y aplicando - nosotros también podemos.

La verdad radica en todas partes en los cielos, la tierra, el universo, la biblia, las otras culturas, otros personajes todo es un libro que trae enseñanzas que no podemos pasar por alto.

Es de gran importancia que sepamos observar, aprender y finalmente aplicar todo aquello que nos ayudara a crecer, evitar peligros, consecuencias o nos inspirara a saber que la ley de consagración, entrega o sacrificio gobierna tanto a fieles como a infieles en el ámbito de la vida en general.

"Gran parte de las experiencias que he hecho sobre mí mismo las hice observando las particularidades de los demás." -Friedrich Hebbel

Para reflexionar y aplicar:

¿Qué le impacto más de este capítulo?
_____
_____

¿Que pondrá en práctica de este capítulo inmediatamente?
_____
_____

¿Qué compartirá a otros de este capítulo?
_____
_____

¿Porque es importante observar en la vida?
_____
_____

El Líder Gladiador

¿Soy yo cuidadoso y observador antes de actuar?
_____
_____
_____

¿Qué ha aprendido solo observando?
_____
_____
_____

El Equipo

"El fracaso fue visitado primero por ignorancia y luego por confianza en sí mismo". – Miguel Martin.

Ninguno es un todo pero si parte del todo:

Es emocionante gozar nuestros éxitos, recibir los halagos y reconocimiento por ello, pero más importante es ver cómo se logró y también como pudo ser lo contrario - el fracaso y como pudo evitarse si no hubiese sido por la colaboración de un equipo.

En la vida ninguno es indispensable pero si importante en la rueda de la vida. Ninguno es un todo pero si parte del *todo* y eso lo hace especial a cada uno de nosotros. Como *personas públicas*, debemos encontrarnos con la realidad de que no somos independientes de una sociedad. La iglesia en si es una comunidad de gente. La organización no existe formada por una persona. Creo que el buen líder llega en el transcurso de su experiencia a reconocer la importancia de trabajar en EQUIPO y cuan bueno es reconocer eso, pero más que importante es súper - ESENCIAL.

El líder que aprende esto no se imagina el futuro que le espera, pero para tal experiencia nos preguntamos; ¿cómo se logra? ¿Qué es un equipo? ¿Cómo se es parte de ello? ¿Cómo lograr que tres se conviertan al trabajar en uno? Indiscutiblemente lograr trabajar como un equipo y en equipo es un desafió y reto para aquellos que piensan que ellos son todo y que sin ellos todo fracasa.

Aquí está el reto del líder. De eso se trata ser líder ***gladiador***, aceptar el reto de mejorar nuestro liderazgo, misión, institución y concepto sobre la importancia de involucrar a otros. Aceptar que hay otros que colaboran para el éxito de la iglesia y organización en la que trabajamos o estamos involucrados. En realidad los eventos y éxitos de todos han sido logros de equipos.

El Líder Gladiador

John Mason nos aconseja: "No siga a nadie que no vaya algún lado. Con ciertas personas, se pasa una tarde; con otras, se invierte." Trabajar en equipo equivale reflejar nuestra habilidad de involucrar personas que sepan invertir con nosotros, no solo charlar y llegar al mismo lugar. El escritor Mason continua diciendo: "Tenga cuidado de donde se detiene para pedir direcciones a lo largo del camino de la vida. Es sabio el que fortifica su vida con las amistades correctas." Deseamos avanzar y lograr trabajo de equipo, esa es una realidad que ningún líder puede y debe evadir, al contrario debe construir. Tal experiencia requiere de sabiduría inteligente, en ello debe ejercerse la capacidad de elegir, seleccionar colaboradores, personas con quienes se lograra ese equipo exitoso. Por eso ninguno debe pensar que es el todo sino parte del todo.

El pecado de la individualidad:

La individualidad es buena pero no siempre perdura. La independencia es excelente en su debido lugar; pero es más bella cuando se une al compañero y vecino, tiene más fragancia y resultados. Como líder quisiera decir que me ha llevado diez años reconocer la importancia de trabajar en equipo, la importancia de valorar el apoyo, sabiduría, consejos, sugerencias, ideas e inspiración de otros.

Este pecado de actuar individualmente se ve en la vida de un joven líder quien tuvo el poder de uno de los reinos más grandes de su tiempo. Su individualidad hizo que el libro sagrado escribiera: "Y el rey Roboam respondió ásperamente, porque dejó el consejo de los ancianos". – 2 Crónicas 10:13. Esta conducta fue permitida con sus grandes consecuencias. El reino fue divido y cada vez más se alejó de Dios hasta su muerte.

El pecado de la individualidad radica en que se cree capaz de obrar solo, para triunfar. Tales personas cuando triunfan son tiranas. Nadie sirve, *más* que para ser remplazado. Cuando falla condena a todos y los demás son los culpables del fracaso o error de él.

Es increíble como demasiados hombres y mujeres que están en altos puestos, que funcionan como líderes de grandes y pequeñas organizaciones podrían estar en una mejor posición organizacional de la que experimentan en el presente si tan solo permitieran los errores y sabiduría de otros. Su individualidad en lugar de llevarlos a reconocer la bendición del apoyo de otros las aleja. Su falta de aceptación del bien que proveen otros los ha enajenado de mejor éxito, no han comprendido o aceptado el principio de trabajar en equipo y así su individualidad los destruye.

Dios es un CONCEPTO de equipo:

Tener un equipo de trabajo quebranta miles de obstáculos que nos ha estorbado por tratar de hacerlo solos. Este tipo de líderes están viviendo un liderazgo estancado, son líderes de nombre pero sus acciones y resultados muestran a las claras que no son más que el verdadero obstáculo de la organización que profesan dirigir. Soy de la opinión que los principales obstáculos que una organización que no prospera y no crece son sus propios hombres y mujeres como líderes, independientes, autosuficientes y orgullosos.

Dios desea que logremos en todo lo que realizamos lo máximo, todo nuestro potencial, tanto personales, familiares y organizacionales, si esto será posible cuando veamos la importancia de trabajar en equipo. Este concepto no es humano sino divino. Este principio de trabajar en equipo está claramente delineado en las escrituras que nos dicen: "y dijo Dios *hagamos al hombre a nuestra imagen.*" - Génesis. 1:26.

Dios tiene un CONCEPTO DE EQUIPO. EL mismo no trabaja solo, bien podríamos decir que trabaja en equipo. Su equipo se llama: La Trinidad. "Porque tres son los que dan testimonio en el cielo, el Padre, el verbo y el Espíritu Santo y estos tres son uno". - 1 Juan 5:7. (1979 revisada Casiodoro de Reina). Que privilegio que nosotros los líderes gladiadores comprendamos que es esencial buscar ese tipo de liderazgo, donde todos llegan a ser uno. Si deseamos tener éxito y lograr nuestros blancos, metas y objetivos como organizaciones, debemos empezar a pensar y trabajar como equipo. Hacer esto es reflejar un CONCEPTO UNIVERSAL de exito.

El poder de involucrar a otros.

Revisemos nuestro progreso eso lo dirá todo. Si hemos tenido éxito veamos si fue solo con nuestra bandera o con la sabiduría y apoyo de otros. Se escribió que en equipo: "No hay problema que no podamos resolver juntos" - dijo Lindón Johnson "y muy pocos que no podamos resolver por nosotros mismos". Creo honestamente que muchos de nuestros colegas en el liderazgo se desaniman cuando no logran lo que desean y muchas veces veo por experiencia que es porque ignoramos el beneficio de los demás, su ayuda, ideas y sugerencias. ¿Será ese nuestro problema del porque fracasamos o erramos muchas veces?

Tratamos de vivir solos, otras veces de sobre vivir encarcelados en nuestras propias y únicas opiniones y si fuera poco amarrados con orgullo, buenos enemigos del trabajar en equipo. Pero es posible ver que si lo intentamos hay poder al involucrar a otros.

Nuestro potencial llegara a su máximo y reluce como el sol cuando reconozcamos la importancia de los demás, formando equipo veremos que es más fácil llevar las responsabilidades y ejecutar los deberes. La historia de Dios, y del mundo en si ha demostrado que lo imposible se puede lograr si involucramos a otros.

Uniendo nuestros sueños, metas y visiones nos hacemos más fuertes y prósperos. Eso es lo bello de nuestra fe, del cristianismo, nuestra religión, de nuestro destino como líderes del cielo; es trabajar con Dios y el hombre. "La luz es más fuerte cuando hay más rayos" escribió alguien, y cuando cierto es en el ámbito organizacional, entre más personas se involucran más fuerte y certero será el éxito de tal institución.

En 1900 en las olimpiadas de Paris Reggie Doherty se negó a jugar las semifinales del torneo de tenis contra su hermano menor, Laurie, para que este disputara y ganara la final. Y así fue. Esto muestra el poder de involucrar a otros, esto hará necesario sacrificarse algo para uno mismo. Reggie Dherty estuvo dispuesto a sacrificar la posibilidad de ganarle a su hermano para gozar juntos al final. Pensando en el futuro dejo que su hermano siguiera y si ganaba, ganaban todos. Así ocurrió. El sacrificarse uno por los demás y el involucrar a otros tiene un poder que nadie puede obstaculizar cuando se trata de alcanzar una meta.

El Equipo

Lo espiritual es un equipo:

Como ya saben no hay éxito en el campo espiritual solos, también la victoria en esta área es un asunto de equipo. Jesús dijo: "sin mi nada podéis hacer". - S. Juan 15:5 ¿Por qué? Porque Dios mismo comprende y sabe la importancia de la ley de unidad, de la colaboración de la diversidad en el mecanismo para el éxito.

Este concepto es bien visible en la creación. Las células, la familia, la naturaleza y claro la vida espiritual, de manera personal como organizacional testifican de este pensamiento. No hay pues victoria, éxito o progreso correcto a menos que juguemos, caminemos **y obremos enteramente juntos.** Thomas Carlyle comento: "Muéstreme al hombre a quien usted rinde honra, y yo le mostraré la clase de hombre que es usted, porque me muestra cuál es su ideal de hombría, que clase de hombre anhela ser." En otras palabras muéstrenos con quien trabaja usted y le mostraremos lo que usted y ellos son capaces de lograr.

La oración de un líder gladiador fue: *"Para que todos sean uno, como tú, oh Padre, en mí, y yo en ti. Que también ellos sean uno en nosotros, para que el mundo crea que tú me enviaste." - Juan 17:21.*

El todo perfecto usa todos los cerebros disponibles:

El todo "perfecto" es compuesto por todos. Cuando un líder comprende esto no solo querrá mandar, dirigir y exigir sino que realizara que llegar lejos involucra viajar juntos, no solo estar al frente sino caminar junto a los demás, en este sentido un líder es aquel que camina con su, la gente no delante de ellos.

"Si los administradores de una institución ven otras instituciones que luchan valientemente para abrirse paso, con el fin de hacer una obra parecida a la obra de las instituciones que ellos dirigen, no deben sentir celos. No deben tratar de eliminar un equipo de trabajo para exaltarse a sí mismos como una institución superior. Más bien debieran reducir algunos de sus planes mayores para ayudar a los que luchan." - escribió la Sra. White en su libro - Consejos Sobre Salud pg. 305.

El Lider Gladiador

Todos aquellos que están comprendiendo y aceptando la necesidad de avanzar en equipo dirán;

"No solo deberíamos usar todos los cerebros que tenemos sino que deberíamos pedir prestados todos lo que podemos". - Woodrow Wilson.

Entonces *el todo perfecto concepto gladiador* usa todos los cerebros, personas y apoyo disponible, solos somos imperfectos, juntos somos perfectamente capaces de lograr milagros. Perfectos para llegar lejos y decir "lo logramos".

Preguntas que no debo evadir:

Sería bueno preguntarnos para saber dónde estamos como líderes: ¿Estoy caminando solo? ¿Quién me está siguiendo? ¿Cuánto aprecio lo que otros hacen que yo no puedo realizar? ¿Es una voz la que se escucha en el negocio, empresa, la organización, grupo, iglesia o voces, cuál? ¿Cuándo fue la última vez que logre algún proyecto con la ayuda de otros?

Tenemos la grande urgencia de evaluar nuestro liderazgo en esta área, el buen líder examina si está logrando éxitos solo o con los demás. *"No hay líder victorioso sin apoyo"* alguien expreso en una reunión de líderes. Dejemos de ser la célula, estrella y ser humano perdido y empecemos a obrar y ejecutar los planes y proyectos a manera de equipo abrasando resultados geniales. Un proverbio afirma este principio al decir: **Mejor son dos que uno porque tienen mejor paga"**. - Eclesiastés. 4:9.

¿Entonces dónde empieza a formarse un equipo? No buscando gente sino en el pensamiento, limpiando nuestra mente y corazón de tan prejuiciado comportamiento de obrar solos, de este egoísta concepto de únicamente "yo". Purificando nuestro espíritu de esto podremos saludablemente armarnos de un buen equipo de personas dispuestas a colaborar para el avance de la causa, empresa, grupo o institución.

Así es, en la mente donde tenemos que trabajar arduamente para limpiar y desarraigar tan arraigado egoísmo llevándonos a ser islas sin vida, piedras hundidas en la mar de la sociedad, pajarillos sin destino. El equipo empieza en nosotros mismos coordinando deseos, aspiraciones y esperanzas en la colaboración de todo aquel que puede y quiere hacer una realidad la verdad de equipo.

El obstáculo más grande para no tener un equipo:

Orgullo es lo que en su mayoría ha impedido el desarrollo del verdadero liderazgo y ello sin duda alguna es el obstáculo más grande que no nos ha permitido reconocer que no podemos hacer todo solos. El orgullo me ha traído personalmente muchos fracasos personales, organizacionalmente y sin negarlo también diré en la iglesia.

John C. Maxwell escribió que: "Algunas personas tienen el ego tan grande que sienten que tienen que ser la novia en la boda o el cadáver en el funeral." Espero usted y yo estemos lejos de esta frase aunque muchos lamentablemente es exactamente lo que son. Es irónico como muchos líderes están llorando y llorando ante Dios que ya no pueden, que están atareados y que a nadie les importan, nadie les ayuda y que están solos, cuando en realidad es su propia elección. No quieren que nadie más dirija u opine. Él es y quiere ser la organización. Imposible.

Un grande porcentaje de nuestras derrotas como personas ante grandes proyectos ha dependido del gran orgullo manifestado. Una confianza enfermiza en nosotros mismos. ¿A cuántos no se nos repetiría? ASi caíste fue porque te enalteciste." - Proverbios. 30:31. Sin equivocarme diré que lo que precede al orgullo es la derrota. Manifestado de muchas maneras, moral, espiritual, económico, familiar y organizacional.

La inseguridad amigo del orgullo:

Por el otro lado *la inseguridad* también es el renglón que ha impedido escribir más líneas en nuestras historias de victorias y prosperidad. Este tipo de personas con este mal, en puestos de responsabilidad no pueden trabajar en grupos o en equipos. Estos líderes no dejan a otros tomar parte o no delegan porque temen ser remplazados. Oh, aquí está el más grande problema de los líderes que no involucran a otros o no acostumbra delegar - temen ser relevados, tienen miedo de que les quiten el puesto.

"Por otra parte, las personas verdaderamente exitosas levantan a los demás. No se sienten amenazados cuando otros tienen más éxito y avanzan a un nivel más elevado. Crecen y prosperan por su potencial; no se preocupan si otros toman su lugar. No como el ejecutivo que escribió un memo al director de personal diciéndole: <Busca en la organización a un joven despierto y agresivo que pueda ocupar mis zapatos, y cuando lo hayas encontrado, despídelo>. Levantar a otros es el gozo de la persona exitosa." - John C. Maxwell en su libro, "El Mapa Para Alcanzar el Éxito" pg. 219,220.

¡Qué horror es esta falta de seguridad! Esto es exactamente lo que acarrea el fracaso y aleja el éxito y muy probablemente la pérdida del puesto, responsabilidad y trabajo. Este temor de que alguien más haga lo que uno hace es un reflejo de falta de seguridad en uno mismo. Además de perder tan buenos elementos pecamos contra Dios y nuestros prójimos.

"Para su propio bien, para el bien de la institución y para el bien de la causa en general, es importante que se constituya un equipo de hombres y mujeres bien calificados para que se encarguen de esa tarea." - El Evangelismo pg. 288.

Los buenos líderes no temen ser remplazados sino por lo contrario ven el potencial de otros que contribuirán para el éxito de su iglesia, empresa y sin buscarlo para el mismo. Reconocer el talento o don de otros tal vez es con el fin de ver el llamado de que mientras ellos se preparan para tomar su lugar, usted será también promovido. Uno nunca sabe para quién trabaja. Dejemos que otros suban y nosotros elevados.

"El mundo tiene para todos, nuestro deber es trabajar con otros venciendo ese temor de ser relevados." – Miguel Martin

Reconociendo a otros, aceptando sus ideas, su apoyo y sabiduría podremos experimentar un liderazgo sin temor porque el dejar que otros colaboren en nuestros proyectos, planes nos darán victoria de grupo, de equipo que realmente será una fuerza multiplicada así como en sus resultados.

Otra característica que obstruye el camino:

Debilidad es otra característica manifestada en líderes no gladiadores. Estos líderes claro que tienen un personal con el

El Equipo

cual trabajar, logran un equipo pero desbalanceados, lo tienen solo que su relación con ellos es más de siervos y esclavos que de colaboradores y compañeros.

Como son débiles se acogen a personas igualmente a ellos, débiles. Este tipo de equipo es desequilibrado porque está compuesto de gente que se puede manipular más bien que dirigir y trabajar en equipo, gente que por temor siempre *dirá sí a todo* lo que este líder diga.

En tal circunstancia, teniendo tal experiencia, y obrando con tal equipo es importante reconocer que aunque tengamos personas a nuestro lado, si son solo aquellas que dicen si a todo lo dicho perderemos mucho más de lo temido. Si esto es así debe reconocerse y hacer un cambio de personal, y si las cosas no mejoran entonces se debe cambiar al líder y No sin antes cambiando nuestro concepto para que allá un balance y mejoría.

Por lo contrario Virginia Arcastle dijo: "Cuando hace que la gente se sienta segura, importante y apreciada ya no será necesario que ellos rebajen a otros para o al compararse, verse más grandes".

Hay más poder al manifestar humildad dejando que otros hagan lo que pueden y deben más bien que debilidad. Que se vea que confiamos en Dios y en don y talento de los demás. Que se vea nuestro interés en otros más bien que egoísmo y sobre todo dejemos que otros hagan lo que pueden hacer mejor que nosotros que de eso se trata un equipo.

Reconozcamos lo que otros pueden dar:

Siempre tratemos de reconocer y apreciar el talento, don de otros eso realmente nos hace fuertes, sus consejos, ideas y aun que muchos no lo vean así aun sus "criticas". Realmente las críticas han sido el peldaño del éxito en mucho de los casos. En ese contexto entendamos; **se logra mejores resultados trabajando con otros que contra otros".** - Allan Fromme.

En Montreal en 1979 en las olimpiadas en la competición por equipos, el gimnasta japonés Shun Fujimoto se rompió una pierna en suelo. Lo ocultó y participó en caballo con arcos y anillas. Japón consiguió el oro. Todo esto fue posible y el orgullo de Japón. Cual fue la razón de esto. El trabajo de equipo. Nada ni nadie puede ser el obstáculo en el deseo de lograr algo, el enfoque y la visión no tiene límites, ni piernas quebradas cuando la meta es ganar como equipo. Todo se logra cuando el débil sufre por el fuerte y el fuerte se da por el débil, todos ganan.

"La capacidad de descubrir las semillas del éxito en otro requiere compromiso, diligencia y un deseo genuino de enfocarse en los demás. Tiene que mirar los dones de la persona, su temperamento, sus pasiones, éxitos, alegrías y oportunidades." - John C. Maxwell.

Ejemplos de equipo en la biblia:

Encontramos a uno de los grandes profetas, Jeremías cual escritos han impactado a muchos, y aun hoy hablan. Pero el éxito de llevar su mensaje no dependió solo de él, sino de Dios y su compañero llamado Baruc, - Jeremías 45:1.

"En aquel tiempo os dije: '**No puedo llevaros yo solo.** El Eterno vuestro Dios os ha multiplicado, y ahora sois numerosos como las estrellas del cielo. ¡El Señor, Dios de vuestros padres, os haga mil veces más numerosos que ahora, y os bendiga, como os ha prometido! ¿Cómo podré llevar yo solo vuestro peso, vuestra carga y vuestros pleitos? Elegid de cada tribu hombres sabios, entendidos y expertos para que los ponga por jefes'. Y me respondisteis: 'Está bien lo que has dicho'. Entonces tomé los principales de vuestras tribus, hombres sabios y expertos, y los puse por jefes sobre vosotros. Jefes de mil, de cien, de cincuenta y de diez, y gobernadores de vuestras tribus." - Deuteronomio 1:9-15. Moisés tuvo un gran equipo para lograr su misión.

Trabajar en equipo para el éxito, el logro mas abundante y para todo es un principio poco apreciado, practicado y compartido. De este punto en adelante fracasaras por falta de responsabilidad no por conocimiento. Haz tu equipo. Vive en equipo. Construye en equipo.

Adán para poder cumplir su misión Dios mismo formo su equipo no sin antes Adán comenzar a trabajar con lo que ya tenía y podía hacer solo. - Génesis. 2:19. Sin embargo **Dios dijo; "No es bueno que el hombre este solo"** y concluyo afirmativamente, **"hacerle he ayuda idónea para él."** - Génesis. 2:18.

El Equipo

Elías otro grande hombre que quiso obrar solo pero Dios le dijo que no y le dio como colaborador a Eliseo. - 1 Reyes 19:19-21, y siete mil que no habían negado la fe, - 1 Reyes 19:18.

Pablo el grande apóstol tenía un grande equipo aparte de Dios lo cual lo llevo a grandes, grandes resultados. Filipenses. 1:1. Efe. 6:21. "Todos mis asuntos os lo hará saber Tíquico, hermano amado, fiel ministro y consiervo en el Señor, a quien envío para que sepáis como estamos, y para que conforte vuestro corazón. Con él envío a Onésimo, amado y fiel hermano, que es uno de vosotros. Todo lo que acá pasa, os lo harán saber. Os saludan Aristarco, mi compañero de prisión, y Marcos, el primo de Bernabé, acerca de quien ya recibisteis instrucciones. Si fuera a vosotros, recibidlo. Os saluda también Jesús, llamado Justo. Estos son los únicos de la circuncisión, que colaboran conmigo en el reino de Dios, y me han sido un consuelo. Os saluda Epafras, que es uno de vosotros, siervo de Cristo. Siempre os recuerda en sus oraciones, para que estéis firmes, perfectos y completos en todo lo que Dios quiere. Soy testigo de que tiene gran solicitud por vosotros, por los de Laodicea y por los de Hierápolis. Os saludan Lucas, el médico amado, y Demás. Saludad a los hermanos que están en Laodicea, a Ninfa y a la iglesia que está en su casa. Cuando esta carta haya sido leída entre vosotros, procurad que también se lea en la iglesia de los laodicenses; y la de Laodicea leedla también vosotros. Decid a Arquipo que cumpla el ministerio que recibió del Señor. El saludo es de mi propia mano, Pablo. Acordaos de mis prisiones. La gracia sea con vosotros." - Colosenses. 4:7-18.

Cuanto bien nos haría como líderes gladiadores imitar estos hombres héroes en la historia quienes ya recorrieron el mismo camino antes de nosotros. Avanzaron, crecieron y lograron su misión y la renovaron junto a un equipo de personas quienes variaron en edad, educación, cultura y sabiduría, pero juntos nada fue imposible, TODO FUE POSIBLE.

"Así que hoy más que nunca antes, hay la necesidad de liderato y de trabajo de equipo para hacer frente a las necesidades" - escribió Ted. W. Engstrom

Solos somos capaces de empezar la meta, pero incapaces de terminarla:

Por lo tanto concluimos que las grandes organizaciones, iglesias, empresas e instituciones lo han sido por el tipo de líderes que posean y los grandes hombres y mujeres lo son por el tipo de gente que les rodea, aquellos que componen su equipo son los que realmente los hacen grandes o pequeños. Aquí es bueno recordar lo que escribió John Mason "aquellos que no lo hagan crecer, finalmente lo harán disminuir".

Éxito y prosperidad depende en este caso de la gente que nos acompaña, he allí la sabiduría y el resultado de inteligencia manifestado del líder al escogerlo, el equipo debe ser una variedad que provoque un resultado nunca antes visto en la historia de la organización. Equipos tales siguen el ejemplo del gabinete de Abraham Lincoln formado por todos lo que en política pudiesen tener diferencias, pero sus talentos y capacidad en el tiempo de la guerra civil pudo lograr la victoria del norte y unir a una nación dividida trayendo libertad al esclavo norteamericano. Todo este gran equipo y resultado le costó la vida misma, pero los resultados conseguidos valieron la pena morir.

En breve, solos, somos capaces de empezar la meta, pero es de sabios entender que solos somos incapaces terminarla. Sin temor a equivocarme comparto lo que escribió John Maxwell **"uno es demasiado pequeño como para pretender hacer grandes cosas"**. Seguir solos, nos diría el suegro de Moisés "... ¿Qué es esto que haces con el pueblo? ¿Por qué te sientas tú solo, y todo el pueblo está ante ti desde la mañana hasta la tarde?"...Entonces el suegro de Moisés le dijo: ***No haces bien***. Acabarás agotándote del todo, tú y también el pueblo. Este trabajo es demasiado pesado para ti. ***No podrás llevarlo solo.***" - Éxodo 18:14-18.

Necesitamos a los demás y es uno de los principios que los hombres de responsabilidad en empresas, negocios, emprendimientos, red de mercadeos e instituciones nunca debemos olvidar.

Entender la importancia del equipo:

El equipo entonces es la capacidad de trabajar juntos. El equipo hace que los cerebros se juntos y analizan la mejor

El Equipo

manera de avanzar y lograr metas. Básicamente el equipo es el poder en moción para lograr metas, objetivos y sueños que de otra manera seria imposible.

El equipo en el ejército de toda organización con metas y objetivos en vista. El equipo verdadero supera el egoísmo y solo tiene el deseo de toda la iglesia o institución. Allí en él se muestra la madurez se junta toda la energía, sabiduría y conocimiento de todo individuo involucrado. Todos son respetados y escuchados. Todos quieren ganar y todos buscan vencer y tener éxito.

En tal equipo no se ignora que al fracasar nadie tiene la culpa todos la reconocen y saben que si pierden solo fue un atraso en lo que se buscaba. El equipo sabe continuar después de un descanso en el camino, los retrasos son para alinearse, recuperarse o renovarse.

Las herramientas son importantes:

Muchos hombres logran juntar un equipo y tienen la agenda clara de lo que quieren pero no les dan al equipo las herramientas necesarias para trabajar. Muchos en compañías y especialmente en las iglesias quieren que sus colaboradores obtengan las herramientas orando. Otros son tan tacaños que solo dan lo más barato o algo para que no digan que no dieron nada para hacer el trabajo.

Debemos juntar un equipo y es nuestro deber y responsabilidad dar todas las herramientas para lograr el trabajo. También es importante que después de poner el plan en la mesa dejemos que ellos nos digan que necesitan y no nosotros decir lo que ellos necesitan para trabajar he observado que es de sabios dejar que el equipo escoja sus herramientas se logran a más y en un tiempo record.

Un buen ejemplo de no solo tener un equipo sino de proveerles lo que necesitan es Jesús. Jesucristo **los llamo, les enseño y les dio poder para predicar**.

La comunicación es esencial:

En toda relación de la vida como en un equipo la comunicación es esencial sino la vida del éxito del tal. Es importante que

El Líder Gladiador

se mantenga abierta toda avenida para comunicar el plan propuesto, escuchar las reacciones del personal, las críticas son parte de la verdadera comunicación en equipo.

Le preguntaron a Bernhard Brender manejador general de la cadena de hotel en Asia: ¿Cuál es su consejo para alguien que quiera trabajar en su profesión? "La cosa más importante es tener una actitud humilde, una voluntad de aprender mientras se está trabajando en esta industria. Si usted tiene todas las tres, actitud, experiencia y educación – es como ganarse la lotería."

¿Qué principios sobre administración le hubiera gustado saber cuándo empezó en su campo de trabajo?

"Me hubiera gustado saber más sobre negociación usando principios diplomáticos. Yo hubiera aplicado una actitud más tolerante a mis colaboradores, especialmente a los trabajadores extranjeros de Italia y Polonia..." - The Wall Street Journal, Monday May 18, 2009.

Todo el que tenga oído sordo a lo que los demás tienen que decir o aconsejar matará el espíritu del equipo. Nadie que quiera dirigir el equipo puede darse el lujo de avanzar sin escuchar lo que los demás tienen que decir sobre el asunto. Algunos aprenden como Bernhard Brender la importancia de trabajar y escuchar a otros con espíritu democrático en busca de una mejor labor y resultados. Si el líder manifiesta poco interés en la opinión de los demás entonces sépase que se ha obstaculizado el medio que une la sabiduría en poder de logro.

Aquí todo es filtrado con la razón, lógica y conocimiento de lo que se busca. Nada es ignorado. Se toma tiempo para una decisión y al ser necesario después de tener la información necesaria se decide y avanza según lo indique la circunstancia. La comunicación a cualquier nivel se mantiene y juntos se saben mostrar el termómetro de lo que añoran.

Tratar bien a la gente esencial para mantener al equipo en línea:

Ningún líder de equipo podrá avanzar sino hace de su agenda el tratar bien a la gente con quien trabaja. Toda persona ruda no puede ser el líder de un equipo pues echa a perder la vida del mismo. Una persona ruda, descortés es como un hoyo

El Equipo

en una tubería. Dejará ir todas las oportunidades de trabajar como equipo. Muchos lo único que son es, líderes de equipo pero no un equipo. Tratar bien a la gente con quien se trabaja es esencial para lograr metas inimaginables.

CEO de Cosméticos Bobbi Brown ha aprendido a tratar bien a la gente viendo la vida del gran el legendario beisbolista Yogi Berra. Ella nos dice: "Él es un increíble hombre de familia, el adora a su esposa, Carmen. El ama a sus hijos, el ama a sus nietos. El cuida sus amistades. Es un humano tan bondadoso. Yo nunca lo he visto a él ser rudo con nadie en público, ni siquiera una vez. Al observarlo a él, yo he aprendido valiosas lecciones en cómo tratar a la gente."

Tratar bien a la gente es importante para mantener un equipo en línea.

Todos tienen una parte para lograr la meta:

No hay equipo si no se le da lugar a cada persona en el equipo. Es curioso como muchos tienen un Departamento, comité o concilio y a pesar de ello tropiezan a pocos momentos de sus decisiones. La verdad es que muchos solo son el reflejo del líder y no del equipo elegido.

El éxito en el equipo radica en que **el líder gladiador** entienda que todos tienen un parte que jugar en lo propuesto. Todos deben ser permitidos a participar y aportar tanto en sabiduría, esfuerzo y sacrificio para alcanzar la meta. Cuando se logra esta función de todo el personal entonces los obstáculos serán vencidos y superados como cuando un huracán pasa por Texas u Oklahoma, nada será imposible. La conquista del Monte Everest fue un asunto de equipo, la independencia en quienes quisieron lograrla subir les encontró con la muerte, esta fue la experiencia del alpinista inglés George Mallory. El trabajo de equipo logro lo que un día solo era un sueño. Geographical Society el Club Alpino designaron al coronel Johíi Hunt, de 42 años, para que capitanease una expedición británica en 1953 al monte Everest, centenares de montañistas le ofrecieron sus servicios. De ellos, diez fueron aceptados: Charles Evans, cirujano del cerebro, hombre pelirrojo de 33 años de edad; Charles Wylie, de 32, silencioso militar; Alfred Gregory, de 39, agente viajero, hombre atildado y de corta estatura; Wilfrid

El Líder Gladiador

Noyce, de 34, tímido maestro de escuela; Tom Bourdillon, de 28, físico corpulento pero ágil; Michael Westmacott, de 27, especialista en estadísticas y dueño de una insuperable técnica montañista; y George Band, de 23, que fue presidente del Club de Alpinismo de la Universidad de Cambridge y a quien Hunt consideraba "el montañistas más brillante de Inglaterra". Hunt, que necesitaba hombres con experiencia en la nieve y el hielo, tuvo que buscar a los tres últimos expedicionarios fuera de las Islas Británicas.

Dos neozelandeses satisfacían los requisitos: George Lowe, de 28 años de edad, hombre larguirucho y de vigor casi sobrehumano; y Edmund Hillary, de 33, soltero, apicultor en Auckland, de casi dos metros de estatura, que calzaba enormes botas y que, según decía, practicaba el montañismo "por mera diversión". Luego se les agregó un veterano de cinco expediciones anteriores al Everest: Tensing Norkay, de 39 años, individuo de la tribu sherpa del Himalaya; aunque no sabía leer ni escribir, mostraba el aire inconfundible del hombre que sabe lo que vale. Mientras los demás componentes del equipo se ejercitaban en Gales y en Nueva Zelanda, Tensing subía y bajaba los cerros cercanos a su casa de la India, cargado con una mochila llena de piedras. "Esta vez lo voy a lograr", se juraba en silencio. "O lo hago o me muero". Este fue el equipo que demostró que el que quiere alcanzar grandes hazañas puede si sabe combinar y usar el poder de un equipo en acción. Eran las 11:30 de la mañana de 29 de mayo de 1953 cuando la conquista del Everest estaba realizada.

Para reflexionar y aplicar:

¿Porque es importante un equipo en su vida o trabajo?
_____
_____
_____

¿Respeta usted el trabajo y opinión de otros?
_____
_____
_____

El Equipo

¿Le preocupa saber lo que el otro piensa?
_____
_____
_____

¿Cuánto de lo que es o tiene lo ha podido lograr solo?
_____
_____
_____

Exelencia - Eficacia

Somos humanos, todos entienden

Cuan necesario es que establezcamos la diferencia entre las organizaciones, negocios, empresas, grupos, red de mercadeo comunes de las exitosos. Pero así de importante es aceptar el principio que debe operar en ambos lados, excelencia y eficacia – características de todo liderazgo gladiador de éxito.

Soy de la convicción que nuestros líderes de hoy necesitan superar el pensamiento común de que – *"somos humanos"* gritando en su comportamiento y palabras que todos entienden nuestra ineficiencia y pobre liderato, resultados, ventas, administración y ejecución. Este capítulo es una desesperante voz gritando que no podemos más continuar con una mentalidad baja de pensamiento.

Cuanto no se ha visto, que muchas personas utilizan expresiones así, entre ellas el que 'somos humanos' 'imperfectos' para esconderse detrás de excusas, tranquilizando nuestra propia conciencia por poseer tan poca aptitud para desempeñar mucho mejor la responsabilidad encomendada. Estamos como hombres y mujeres especialmente como líderes en mayor compromiso que las organizaciones comunes en proveer excelencia y eficacia en nuestro diario servir, posiciones y sin duda alguna nuestras responsabilidades de influencia demandan tal estilo de vida. **Si, *excelencia y eficacia* no es un don dado por Dios, no es suerte *sino un estilo de vida que se adquiere por voluntad propia* y se mantiene por esfuerzo y entrega a tal misión por cuidado e inversión constante en nuestro propio carácter.**

Nuestra vida independiente del rango debe ser excelencia y eficacia; traduciéndose en todo sentido de la palabra en "calidad total" - del más alto nivel, aplicable en la administración, ministerial y directriz de cualquier empresa e institución.

Ted W. Engstrom escribió: *"El liderato sólido confiable y vigoroso es una de las necesidades más*

Exelencia - Eficacia

desesperantes hoy tanto en América como en nuestro mundo. Experimentamos la tragedia de ver hombres débiles en sitios de importancia, hombres pequeños en grandes tareas. El comercio, la industria, el gobierno, el trabajo, la educación y la iglesia, todos tienen hambre de un liderato efectivo."

¿Qué es excelencia? el Diccionario de la Real Academia Española lo dice así: "cualidad de excelente". Se puede ver que la excelencia de que la que hablamos aquí es la que se manifiesta como una cualidad, característica en personas o cosas.

¿Qué es eficacia? el Diccionario dice que es: "Capacidad para obrar o para conseguir un resultado determinado". Eficacia que presentamos aquí es la habilidad de trabajar y obtener resultados con exactitud, efectividad, utilidad, eficiencia, capacidad y aptitud. Una vida de calidad total, en pensamiento, actos, personalidad, carácter.

"Un líder gladiador camina con excelencia y eficacia. Lo demás se llama mediocridad." – Miguel Martin

La excelencia nace:

Ninguna persona nace con estas cualidades especialmente la de la excelencia. En el crecimiento de la vida y madurez de la profesión se adquiere la capacidad de la excelencia, es algo progresivo pero elegido conscientemente por el individuo inteligente. Todos en algún momento llegamos a tener esa hambre de ser mejores de lo que somos, **allí nace la cualidad de excelencia**. Allí en ese deseo nace esa cualidad que bien crecida nos llevara a muchos lugares inesperados en el carácter y nos honorara *si la sabemos crear y utiliza*r. La excelencia es la madre de todo lo que es calidad total, en el carácter, en la vida, en la familia o negocio.

María Eugenia Hassan explicó - "En la vida todo es posible y naturalmente alcanzar la excelencia no es una excepción. ¿Piensas que las personas excelentes nacieron así?, por supuesto que no, la excelencia se construye sobre la base de un mejoramiento personal continúo. Parte de sus ingredientes son: la autoestima positiva, la responsabilidad, cambiar un bien por un bien mejor, sólidos valores personales, pensar a largo plazo, actitud positiva, la ética, la ambición (que no es igual a la codicia), buscar siempre ser mejores cada día y compartir nuestro conocimiento con los demás."

Una vida tal requiere determinación a un mundo mejor, tiene como base un deseo insatisfecho de su condición actual por lo que puede llegar a ser en términos de carácter y manera de realizar las cosas. Una vida con tal objetivo de excelencia está basada en tener una determinación todos los días. Nace en la verdad que todo cambia si quieres que cambie de bien para algo mejor.

Nada ni nadie puede ser un obstáculo cuando se quiere mejorar. Nosotros determinamos el camino que tomara la excelencia en nuestras vidas. "Estimado lector y lectora, el momento para que comiences a ser excelente es ahora y no después, es cuestión de tomar una decisión para cambiar definitivamente los viejos pensamientos e iniciar una carrera hacia la excelencia. En mi columna de los días lunes "Conductas de éxito" siempre escribo que todo es posible cuando te decides hacerlo. Nosotros como seres humanos hacemos realidad las circunstancias negativas o positivas, como reza el dicho popular: "cada quien tiene lo que se merece". Si no estás de acuerdo con tu mundo actual, tu trabajo o tu círculo de amigos, ¡no te preocupes!, ponte en acción, cambia tu y ya verás que tu mundo comenzará a cambiar." - María Eugenia Hassan.

Un nuevo mundo espera para los que quieren vivir en este mundo mejor de lo que lo hacen. Hoy es el día de renovación. Hoy es la oportunidad de despertar a la excelencia.

La excelencia tiene dirección:

Toda persona que experimenta excelencia tiene una característica que es enfoque. Ninguna persona que desea excelencia vive sin dirección. Individuos tales tienen un camino, saben lo que buscan no pierden tiempo lamentando porque todo está en la agenda.

La vida de Josué manifiesta este ejemplo de enfoque en los que buscan excelencia. Siendo ayudante de Moisés aprendió a responder a la voz de Dios. En momento de crisis escrito esta

Exelencia - Eficacia

que: Y Josué hijo de Nun, y Caleb hijo de Jefone, que eran de los que habían reconocido el país, rompieron sus vestidos, y dijeron a toda la congregación de Israel: "El país que fuimos a reconocer es en gran manera bueno". Si el Eterno se agrada de nosotros, nos introducirá en esa tierra que mana leche y miel, y nos la entregará." – Números 14:4-7. Cuando se le encargo la dirección de Israel dijo: "Y Josué mandó a los sacerdotes: "Subid del Jordán"." - Josué 4:17. El inicio de su obra como líder fue exitoso porque siempre busco avanzar a algo mejor y ahora su oportunidad llego y dio la orden porque sabía lo que buscaba, tenía enfoque. El Jordán siempre será el momento de avanzar, mejorar, el pueblo de Israel había vagado cuarenta años en el desierto, la hora de algo mejor había encontrado a Josué listo para cruzar el Jordán. La excelencia está esperando por nosotros, a Israel le llevo cuarenta periodos de tiempo, y Josué como líder estaba listo. ¿Cómo está usted?

"Si no cambiamos la dirección de nuestros pasos es muy probable que acabemos llegando allí adonde nos dirigimos." - Proverbio Chino.

Un estilo de vida tal con dirección no es más que un resultado de excelencia. Cuando una persona ha determino vivir así no solo tiene dirección sino que busca nuevos caminos, nuevas aventuras en su profesión. Llega a ver y lograr con excelencia lo que anhela y quiere no lo que otros dictan. Un artículo hablando de las dimensiones de la excelencia dice: "Se necesita estar en el camino correcto y en la correcta dirección. Esta es la segunda dimensión de la excelencia para el Mejoramiento Continuo." - Articulo creado por (kaizen@grupokaizan.com)

La eficacia se puede lograr:

Eficacia es un resultado de un esfuerzo combinado de deseo y acción. Llegar a ser excelente en el pensamiento traeremos a la vida acciones con eficacia que formaran hechos como *el mejor* Líder, profesor *eficaz*, escritor *exquisito*. Si la gente dice, 'Qué lindo canta', será lo que muchos dirán - pero sépase que detrás de ese cantante exitoso esta la múltiple consagración a un deseo que traduce esfuerzo en resultado, la repetición de ese resultado en eficacia natural en el individuo. De forma normal y natural en el esfuerzo de la repetición de lo que hace, así hace que nazca la eficacia como un hábito permanente en su persona.

Debe aceptarse que la eficacia es algo que uno se propone lograr, es el resultado de entrega a lo que amamos practicándolo constantemente. En el libro "El vendedor más grande del mundo", encontramos un pensamiento que dice "me creare buenos hábitos y me haré esclavo de esos hábitos". El punto es que en la repetición de una acción nace el hábito y ese hábito forma en nuestro carácter la capacidad de lograr eficacia en lo que pensamos, hablamos y hacemos.

Simbólicamente hablando todo el que desea nos dice las escrituras que: "Sus ojos, como palomas junto a los arroyos de agua, que se lavan con leche, y a la perfección colocados". – Cantares 5:12. La perfección, excelencia y eficacia es el resultado de lo que se busca, lo que se mejora, de lo que lava, el que se lava con agua limpio será. La excelencia se puede lograr cuando se busca lavar nuestros conceptos y mejorando nuestros hechos.

Gabriela Sandoval comentando sobre el libro El Ejecutivo Eficiente nos dijo: "...que los ejecutivos eficientes difieren entre sí por lo que hacen y por el modo de realizarlo, por su personalidad: los hay extrovertidos y sumamente tímidos, por su capacidad y talento, algunos son eruditos y estudiosos y otros son gente con poca preparación académica, sus características físicas tampoco son un común denominador, pero hay algo que todos tienen en común: **la práctica que les permite ser eficaces en cuanto hacen, la efectividad es un hábito, es decir una suma de acciones repetidas, para crear un hábito se debe repetir una acción todas las veces que sea necesario hasta que se convierta en un reflejo mecánico.**"

Peter Drucker quien es un renombrado escritor, profesor y consultor del mundo empresarial, ha trabajado con algunas de las compañías más grandes del mundo, así como con los gobiernos de USA; Canadá y México. Escribió - **"que puedo yo decir que no sea obvio y trillado"**, **"la eficacia puede y debe ser aprendida."**

Tener la cualidad de excelencia que nació en nosotros porque así lo deseamos, traerá a la existencia eficacia en nuestros hechos, labores y responsabilidades, ambas palabras

Exelencia - Eficacia

son gemelas - excelencia y eficacia y no pueden vivir separadas si se desea una vida con calidad total. La calidad total no es más que el resultado de combinar en todo su ámbito excelencia y eficacia en la vida diaria.

Peter Drucker en su libro El Ejecutivo Eficaz nos dice que existen 5 hábitos mentales fundamentales que debe adquirir cualquier persona que aspire a ser un ejecutivo o líder eficaz. Aquí las tiene, aplicadas darán grandes dividendos en nuestra experiencia.

1. Conocer la disponibilidad de tiempo y procurar utilizarlo de la mejor manera posible.

2. Orientar los esfuerzos hacia resultados.

3. Construir con fuerzas y no con flaquezas, ya sean propias, de nuestros subordinados, compañeros, jefes entre otros.

4. Establecer prioridades.

5. Tomar decisiones efectivas.

Capacidad súper elevada:

Soy del pensamiento que el ser humano nos llama a desarrollarnos a una capacidad súper elevada tanto *en la excelencia en lo que somos como eficacia en lo que ejecutamos*. En otras palabras no hay excusa para no ser lo máximo y realizar las cosas con máxima perfección en términos humanos. Todo lo demás se llama común y lo común nunca se eleva.

Estoy también consciente que muchos arguyen que es imposible ser perfecto y no dudo que entre más lo contemplen de esa manera así será *para ellos*, pero por lo contrario también he experimentado que entre más uno se acerca a Dios se ve una perfección en lo que es y hace y al cultivar ese pensamiento uno se va asemejando a él día tras día hasta llegar a ser capaz de expresar y demostrar excelencia y eficacia en la vida diaria.

Debe saberse que llegando a este punto es importante no dejar de entender que Dios hace su parte quedando la otra parte bajo nuestra responsabilidad, en la cual entra esmero, sacrificio y consagración al estudio, invertir tiempo a buscar experiencia y claro prepararnos, prepararnos y luego prepararnos hasta lograr escalón tras escalón de la excelencia y eficacia será un asunto de toda la vida vivida día con día.

Lograr excelencia y eficacia es en realidad una capacidad aprendida, se adquiere. Ejercer este estilo de vida es una capacidad súper elevada que lo adquieren los grandes, grandes en sus intenciones, sueños y deseos. Esta capacidad súper elevada nace en el deseo de ser lo que sabemos conscientemente y queremos ser.

De hombres con estas características se escribió para nuestro ejemplo: "entre todos no fue hallado otro como Daniel, Ananías, Misael y Azarías. Así quedaron al servicio del rey. En todo asunto de sabiduría e inteligencia que el rey los consultó, *los encontró diez veces mejores que todos los magos y astrólogos que había en todo su reino.*" - Daniel 1:19,20.

Tener hoy hombres y mujeres diez veces mejores que los demás, en el liderazgo de alguna corporación y en la universidad es casi raro. Los mejores en general no han sido los comunes. Solo los titulados nos llevan la delantera en muchas cosas. Sin embargo nosotros podemos ser la diferencia en nuestra generación, logrando la elevada capacidad de ejercer excelencia y eficacia en nuestra vida tal y cual fue demostrado con estos hebreos en el gobierno más grande del mundo en su tiempo.

Comprender la magnitud del deber eleva nuestra responsabilidad de ser excelentes y eficaces:

"Las altas expectativas son la clave para alcanzarlo todo".
Sam Walton

Mis amigos no hay excusa de ninguna índole para no ser mejores en todo, perfectos, la formación de nuestra niñez no es excusa, la falta de escuela o la multitud de problemas. Quien de verdad *comprende su trabajo y responsabilidad* buscará a lo que necesita, preparación y luego hará todo lo que este de su parte para emprender ese camino de excelencia en lo más mínimo como eficacia en la realización más pequeña.

"Mis ojos pondré en los fieles de la tierra, para que habiten conmigo. El que ande en el camino de la perfección, éste me servirá." – Salmos 101:6.

Exelencia - Eficacia

Personas como estas tomarán riesgos, se aventurarán a caminos no transitados por muchos, pero seguros de su vocación caminarán a la calidad total en su persona, iglesia e institución. En otras palabras estas personas siembran para cosechar, cosechar frutos de bendición que elevan su carácter como su responsabilidad profesional.

David por experiencia logro excelencia y eficacia en su vida como ser humano; "me has hecho más sabio que mis enemigos, más que todos mis maestros he entendido. Más que los ancianos he entendido, por qué, porque he guardado tus Mandamientos." - Salmos 119:98-100. Hombres de hoy y mujeres con Eficacia y excelencia deberían ser más sabios que sus "enemigos", mas entendidos que sus "maestros" y más inteligentes que sus "ancianos", todo esto es posible, si es posible y aprobado por el cielo cuando guardemos, obedezcamos la verdad que quien siembra cosecha, quien busca y se esfuerza por excelencia y eficacia.

Revolucionemos nuestra vida *hoy*, que nuestro llamado se vea y sepan que somos líderes que crecen y avanzan en la mejoría de sus caracteres y profesiones. Una acción nueva debe manifestarse si se quiere ver mejorías en nuestro llamado. David un simple pastor pudo y nosotros también podemos.

David desde el inicio comprendió el deber que se le imponía y así elevo su responsabilidad en excelencia y eficacia. Raras veces demostró imprudencia. Por lo contraria logro vivir una vida con dirección, obtuvo las victorias que quiso porque siempre busco estar a la altura de su responsabilidad.

Sin duda alguna al buscar estar a la altura de nuestros deberes y responsabilidades tendremos un alto concepto de lo que es ser excelentes y eficaces. Al realizar eso, cualquier estudio, profesión o preparación que emprendamos nos hará cada vez más excelentes y eficaces que los demás así como ocurrió con David. Comprendió la magnitud de su misión así elevo la manera de ejecutar su llamado en calidad total.

Chapuceros:

Nuestro liderato no servirá de nada a menos que demostremos esa sabiduría, conocimiento y experiencia en hechos tangibles, visibles y reales de la mejor calidad. El verdadero líder gladiador se dará cuenta que su nombre, título y profesión no es su escudo y base a largo plazo sino lo que él es, la manera en que vive día con día y su futuro realmente depende de la excelencia y eficacia con que se desarrolla hoy, ahora, en este momento.

Es decir que ser juzgado por la calidad de sus obras y el carácter con fundamento en su corazón y mente demostrara cuanto futuro tiene y si tendrá o no éxito al final. El produce hechos de calidad no palabras vacías y sin raíz. Por lo tanto una persona "chapucera" aquella que solo hace lo que tiene que hacer por necesidad, sin ganas, sin cuidado y excelencia de seguro no tardara en mostrarse indigno del puesto que ocupa. Créanme la mayoría de organizaciones cuentan con un buen número de esta gente y la verdad es que la sociedad está saturada de este concepto y gente.

Este tipo de personas tienen las mismas posibilidades y oportunidades que todos, sin embargo, son egoístas que no invierten, no hacen nada ni siquiera para ellos mismos. Así los chapuceros quieren disfrutar del tan bendito honor de ser líderes, pero no pagan el precio, no hacen ni lo más mínimo en su propio beneficio para mejorar.

Esta es la única razón del porque muchos experimentan el despido de su trabajo, su esposa o hijos los dejan porque no hacen ni siquiera lo necesario para mantener un trabajo o familia.

Los chapuceros tarde que temprano se descubren y son despedidos en lo que sea.

Materia prima de una organización, y de excelencia, eficacia:

Así que declaro que la calidad de una organización depende del tipo de gente que posea y la calidad de producción del individuo depende de lo que la persona tenga en su interior. La excelencia y eficacia de una organización entonces depende de lo que somos como parte de la empresa o institución. La materia prima de una organización es la gente. No hay calidad exterior si no la poseemos interiormente como humanos. Entiéndase

Exelencia - Eficacia

también que la materia prima de la eficacia y excelencia está en el interior de uno no en libros o cursos ni mucho menos detrás de títulos.

"Dios nos ha dado un modelo perfecto y sin falla. El propósito de Dios es hacer de usted un obrero capaz y eficiente. La mente que él creó debe ser purificada, elevada y ennoblecida. Si se permite que la mente se dedique a cosas insignificantes, se debilitará como resultado de la acción de leyes inmutables. Dios quiere que sus siervos amplíen la esfera de sus pensamientos y planes de labor, y que pongan sus facultades en contacto dinámico con lo grande, lo que eleva y ennoblece. Esto le dará nuevos impulsos a las facultades intelectuales. Sus pensamientos se ampliarán y enjaezarán sus energías para emprender una tarea más amplia, más honda y más grande, para nadar en aguas profundas y vastas, sin fondo ni orilla..." - Cada día Con Dios pg. 166.

El proceso del tiempo:

"Por la mañana siembra tu semilla, y a la tarde no dejes reposar tu mano; porque tú no sabes qué es lo mejor, si esto o aquello, o si las dos cosas son buenas." - Eclesiastés 11:6.

Sin desesperar entonces entendamos que la excelencia y eficacia se modifica y desarrolla en el "proceso del tiempo", la vida es la mejor escuela para ello en todas las fases. Cada detalle expresado en acción, hábito y hecho refleja el carácter de la empresa, organización o iglesia. Pero no hay mejor termómetro de carácter que el testimonio dado por el individuo mismo.

El mejor amigo de aquellos que desean ver un mejoramiento en esta área debe entenderse que radica en el precioso tiempo, tanto invertido para informarse como en la experiencia vivida. Nada tendrá resultado si no se deja que el tiempo manifieste los frutos de nuestra constancia en el buen pensar, desear y hacer. En esto es necesaria e indispensable la paciencia. Determinación y consagración a esa convicción que nos tiene en el deber produciendo excelencia y eficacia como todo un líder GLADIADOR.

El Lider Gladiador

El tiempo es el mejor amigo para aquellos que hemos sembrado el deseo con acciones para obtener crecimiento en las áreas necesarias de la vida, excelencia y eficacia será el resultado. Esto lleva tiempo y el proceso lento pero seguro producirá persona de calidad total en carácter, personalidad y destino.

El centro de la excelencia y eficacia:

El corazón debe tener enfoque para palpitar con sentido. El blanco del alma de los líderes debe ser un carácter simétrico. De allí depende la prosperidad moral de la organización y si hay prosperidad moral con un alto grado de responsabilidad de seguro realizara el objetivo de tal institución. Si el corazón tiene la fuerza de propósito bien definido servirá con inteligencia, si tiene pureza producirá honestidad y fidelidad en sus deberes.

"La justicia engrandece a la nación, pero el pecado es su vergüenza". – Proverbios 14:34. La justicia no puede manifestarse por sí sola, es vista por seres humanos. Así el pecado, lo que no es justo, puro y recto, lo chapucero, el eco del azar de nuestras acciones trae y manifestara vergüenza.

Esta inteligencia, capacidad elevada de carácter es manifestada en la solidez detallada, llamada hábitos y acciones del individuo producto que será reflejado por la organización en la cual está involucrado. Sin duda alguna la institución representada producirá en efecto la vida de las personas que la forman. No hay institución que evada eso, solo aquella que tiene personas deshonestas de su verdadero carácter. Toda institución es lo que es su gente y su gente hace que la iglesia o empresa crezca o fracase por lo que él o ella es en realidad - en su interior el centro de excelencia y eficacia.

Es importantísimo entonces buscar y cerciorarnos de excelencia en lo más íntimo del alma para obrar en plena eficacia en "todas" las cosas. Eso es el secreto de toda vida e institución prospera. Si todas las organizaciones entendieran lo importante que es la moralidad, entonces pusieran más énfasis en proveer este tipo de información y educación para el individuo quien es realmente el que engrandece o rebaja a la organización.

Exelencia - Eficacia

Nos guste o No:

Como hijos de la verdad y la fe expresada del éxito deseado es inevitable ignorar *el perfeccionamiento nos guste o no* es el precio que pagar para ser fieles al llamado del *verdadero* liderazgo. A cada paso es requerida por las normas de una excelencia que en verdad debe llevarnos a buscarlo *o empezar a adaptarnos a ese concepto*. Ser líder gladiador tiene su precio.

Entender esto sugiere y pide un cambio. Cambios radicales, no podemos traducirlos más en algo común, ni en hábitos arraigados - que socavan nuestro crecimiento. El lenguaje de perfección del líder debe ser convertido en calidad total en todo lo que piensa, hace y realiza. No estoy hablando de una perfección abstracta que es común en las personas. NO. Hablo de un hacer con toda la sabiduría, inteligencia y ganas produciendo lo mejor y así en nuestro dictamen convirtiéndose en excelencia y eficacia de carácter.

Tal comportamiento no es el resultado de la intención, sino es el resultado de la obra que en cada detalle se ha realizado con esmero y así al final pueda ser coronado con triunfo aprobado - calidad.

Creo con todo el corazón que una de las principales razones que muchos de nuestros colegas desaniman es porque no ven tal experiencia en sus vidas. Es imposible para los mediocres, pero los hombres de éxito no lo esperan *si no lo implementan* en sus vidas. Sépase que lo elevado que pensemos sobre esto así será la meta alcanzada. Es lamentable los conceptos bajos juegan con muchos de ellos en sus debilidades escondiendo todos los errores de su vida en hechos fabricados con deshonestidad e hipocresía. El oro de la excelencia y eficacia que podrían manifestar si se lo propusieran es opacado por un concepto erróneo.

Todos podemos cambiar el rumbo del tipo de vida que llevamos y sépase que el poder de esta posibilidad está en nuestra mente. Todo depende que queramos moldearnos al cambio, a la presión y huir de ese pensamiento convencionalista de que nadie puede ser ejemplo de perfección - sólo Jesús, Dios, el universo - eso es mentira. En este contexto del tema no hablo de ser como Dios en términos de poder pero si como él en que todo lo que hace es perfecto. El apóstol Pablo dijo: "Sed imitadores de mí, así como yo de Cristo". - 1 Corintios 11:1. Solo un líder maduro y crecido en esta experiencia de excelencia y eficacia podía llamar a seguir su ejemplo así como él lo hizo. Con autoridad él pudo decir: "...vayamos hacia la perfección..." Hebreos 6:1.

El universo manifiesta solo excelencia y eficacia:

Sé que nadie puede lograrlo todo en un día, pero si puede aspirar, luego buscar y entonces se encontrara ocupado buscándolo y lográndolo porque el que lo hace realmente está dentro de ese escudo que lo protegerá de tanto escepticismo en esta área no dicho con los labios, pero si los hechos gritan que la gente se siente cómoda con su estilo de vida débil e imperfecta.

El universo en todo manifiesta perfección, excelencia y eficacia. Un estilo de vida maquillado con técnicas que no llevan pureza e integridad es un fracaso que tarde que temprano dará sus frutos. Es importante inspirarnos de aquellos que lo han logrado. Así nosotros que entendemos que es nuestra influencia la que transformara la vida de nuestras organizaciones debemos seguir ejemplos tales para lograr experiencias tales.

Solo los que se alineen con el universo podrán manifestar perfección en todo.

Algo Natural:

El llegar a ser un buen líder, un inteligente líder, un excelente líder, un gladiador victorioso es un asunto de toda una "vida" y hablar de excelencia y eficacia realmente es un pensamiento hecho realidad cuando lo sometemos a acciones que dirijan con ejemplo, actos que inspiran a otros a imitarnos. Tiene que ser algo natural.

Cuando alguien encuentra esto en su vida realmente se dará cuenta que será como respirar, vendrá a ser algo normal en su ser, algo de lo cual siempre estará agradecido, porque será como el aire libre y algo natural en su vida porque lo busco y lo posee.

Por eso bien recordadas serán las palabras de John C. Maxwell al escribir: *"Vemos las cosas no como son sino como somos"*. Lo que realmente somos eso respiraremos en nuestro liderazgo. Todo se vuelve natural ya sea para el bien o el mal, excelencia y eficacia no es la excepción.

El único enojo permitido:

Ulrich, Zenger y Smallwood, en su libro Results-Based Leadership (Harvard Businees School Press), proponen que las cualidades, atributos, características, que hacen un líder sólo representan la mitad de la ecuación. Para estos autores, el liderazgo real se basa en la siguiente manera:

Liderazgo efectivo = cualidades *más* resultados.

Así entonces el único coraje, enojo y disgusto aprobado es en contra de la liviandad, deshonestidad, flojera, y frialdad en como ejecutamos las cosas, por qué, porque ello reflejará el tipo de carácter que poseemos y en ello se verá si estamos dispuestos a subsistir y vivir en esta atmósfera de liderato barato que se ve a nuestro alrededor. *Un carácter que no produce no es aceptable, y un carácter de líder que no produzca excelencia y eficacia es una vergüenza.*

Todo lo que no produzca no es para nosotros, no somos nuestro potencial. Nosotros nacimos para bendecir al mundo y debemos producir resultados de bendición siempre. Todo fuera de esto (producción, resultados) debe tener nuestro enojo. La vida misma de todo individuo es el resultado de la oportunidad que Dios le da a la humanidad de bendecir. Pero el bendecir con resultado de amor, paz y productividad es una elección de las personas y no de las circunstancias.

Cuando entienda que ha crecido *y no hay resultados que lo respalden entonces sepa que es el principio de su derrota.* En este punto de excelencia y eficacia debemos mantener una actitud de aprendices, esta posición nos mantendrá siempre en grandes alturas de crecimiento. Este proceso es siempre el mejor método para mantener y reflejar excelencia y eficacia, aquella que siempre producirá resultados extraordinarios. Recordemos todo lo que no produce debe ser condenado tal y cual Jesús hizo con la higuera - Marcos 11:14. Se merece nuestro enojo.

El Líder Gladiador

Palabras hermanas que siempre deben estar juntas:

Estas palabras hermanas – excelencia y eficacia se combinan en nuestras metas, obras, objetivos y sueños siempre son el resultado de hacer lo que no nos gusta, de dar ese último aliento al intento, usar la última llave que pensamos que no seria, pensar lo que otros ven difícil, obscuro. Nunca se dan por vencidos son el eco de cada sacrificio. Así Dios lo expreso de su siervo Noé quien se identificó con estas palabras hermanas, excelencia y eficacia al decir: "Varón justo" - Perfecto. - Génesis. 6:9.

Es imposible entonces mostrar excelencia y eficacia sino es consecuente con sus principios, reglas, mandamientos expresado en pensamientos, aquellos que solo el silencio puede ver y juzgar, sueños, aspiraciones y hechos que el mundo puede finalmente admirar. *Las metas en un líder suspiran su alto nivel de obrar y pensar. Siempre se verá en él justicia, rectitud, humildad, nobleza y sobre todo integridad coronada con perfección progresiva.* Este es el tipo de líderes gladiadores que deben dirigir nuestras organizaciones, negocios, grupos, red de mercadeo, iglesias y empresas.

Busquemos y demostremos estas cualidades:

No podemos demostrar la voluntad de la vida a menos que busquemos y demostremos estas cualidades. La palabra nos aconseja en general a todos pero especialmente a los que estamos al frente del pueblo, de instituciones, negocios, empresas, familias; "Conozcamos entre nosotros cual sea lo bueno." - Job 34:4. Es esencial que persigamos este pensamiento, únicamente lo bueno, lo esencial e importante.

Buscar y demostrar estas cualidades de excelencia y eficacia es lo que producirá calidad total a largo plazo en la vida de todo líder y organización gladidora.

"Dios desea que nos examinemos a nosotros mismos con seriedad para que aprendamos sobre las cosas que nos motivan y los temores y ansiedades que siempre acompañan al liderazgo. A medida que obtengamos perspectiva sobre estos asuntos, debemos entregar a Dios más y más nuestras malsanas motivaciones

Exelencia - Eficacia

y temores. *No hacerlo casi siempre dará como resultado la deducción de la eficacia y el asunto de la posibilidad de un trágico fracaso."* - Como Sobreponerse Al Lado Oscuro Del Liderazgo pg. 144.

Buscando esto como objetivo principal en nuestros pensamientos y sentimientos vendrá a sincronizarse con nuestras acciones convirtiéndose en resultados maravillosos. Es así como de la buena fuente fluye buena dirección; el liderazgo armado de excelencia siempre ejecutada con eficacia. El amigo que corona la excelencia y eficacia es el "esfuerzo" por hacer las cosas con amor y fidelidad y lo prospera la dedicación.

El liderazgo debe nacer de nuevo:

En el liderazgo carecemos de visión general en términos de perfección y triste pero cierto nos encerramos en nuestras limitaciones de logros, éxitos, títulos, estupideces ciegas y sobre todo mediocridad escondido en un conocimiento anticuado. Mentalidad antigua - con hechos hipócritas y un esfuerzo enfermizo manifestado en la debilidad del hombre que lucha, pero no vence. Nuestro liderazgo gladiador debe nacer diariamente.

Si usted está en el camino del crecimiento que bien. Pero si echa un vistazo a su alrededor vera cuan faltos estamos de excelencia y eficacia con resultados de calidad total en nuestras propias vidas y empleos.

Algunos gritan imposible. En otras palabras pensamos que es solo el "titulado" el que debe buscar calidad total porque ellos no tienen "Educación"- tranquilizando nuestra conciencia nos decimos que nosotros buscamos algo diferente – la vida. La calidad total comienza aquí con cualquier humano, aquí es donde empezamos la vida nueva. Calidad total tiene su comienzo en la mente de todo individuo, usted será lo que usted piensa, sus valores, principios y leyes nacen en su conciencia, en su alma, están en su corazón. Aquí comienza la calidad total titulado, educado o no.

Nuestro liderazgo debe nacer de nuevo a todo lo digno y superior. Excelencia y eficacia deben ser engendrados en nosotros para producir un nuevo ser, un nuevo liderazgo. Al creer en esto y buscar su camino estaremos naciendo de nuevo. Solo hombres y mujeres que han despertado a esta realidad han hecho historia en el mundo.

Hombres y mujeres bien conscientes de su potencial y quienes lo usan llegaron a ser poderosos en su vidas y su liderazgo hizo milagros, produjeron grandes resultados porque "el liderazgo realmente eficaz y efectivo, el liderazgo integral, está sustentado por dos grandes columnas: cualidades o atributos y resultados." - Dr. Claudio L. Soriano.

Perfección en la imperfección es la meta:

En breve reconocer la imperfección solo es la plataforma para encontrar la perfección. No puede haber imperfección sino hay perfección. Para el éxito y vivir como un gladiador exitoso ya no es una opción si no una responsabilidad que hay que vivir, ser perfectos es un deber que debemos cumplir todos los días.

Cuando buscamos perfección en la mente primero entonces disfrutaremos el depender de crecimiento, buscaremos excelencia en nuestra vida personal, familiar y sin discutirlo organizacional, entonces eficacia será el resultado de todo esfuerzo personal y la empresa, iglesia u organización se dirigirá con *eficacia y producción de calidad total*. "Para ser realmente eficaz, el líder debe ser capaz de producir resultados concretos, esperados y planificados..." - Dr. Claudio L. Soriano.

Concluimos entonces que esto será coronado **como el resultado** de lo que hay en el interior, y comportamiento del individuo será lo que deseamos y tenemos adentro. Esto genera y produce dirección verdadera - perfección en la imperfección es la meta que alcanza todo líder excelente y eficaz.

El filósofo Aristóteles dijo: **"con respecto a la excelencia, no es suficiente el conocerla, debemos tratar de tenerla y usarla"**. La meta verdadera de todo líder despierto es manifestar perfección en la imperfección, el que sabe buscar y trabajar duro por ello será coronado en todo lo que hace tanto pequeño como grande en calidad total. Entonces la vida excelente y eficaz no se puede comprar, no se puede encontrar en la esquina de la vida, ella viene por las decisiones y elecciones inteligentes diarias del individuo.

Exelencia - Eficacia

"Si tengo fe en que soy capaz de realizar tal obra, adquiriré en consecuencia la capacidad de realizarla, aún si no poseía esa capacidad al comenzar. Esto significa que la proyección optimista de nuestras posibilidades aumenta dramáticamente a las mencionada posibilidades y capacidades." - **Mahatma Gandhi.**

Para reflexionar y aplicar:

¿Es usted una persona excelente y eficaz?

_____
_____
_____

¿En qué cree que tiene que trabajar más para lograr la excelencia?

_____
_____
_____

Escribe 10 áreas en las que buscaras superar y presentar CALIDAD TOTAL:

_____
_____
_____
_____
_____
_____
_____

El Poder de la Familia en La Vida de un Líder

"...En el hogar y la familia se ejercen influencias cuyos resultados son tan duraderos como la eternidad... Los hábitos formados en los primeros años deciden si un hombre vencerá o será vencido..." - Exaltad a Jesús pg. 357.

Hacer conciencia del valor de la familia:

"Levántate y vete con tu familia a vivir donde puedas..." - 2 Reyes 8:1.

UN líder gladiador entiende que el logro más grande de un líder es hacer conciencia de la bendición de la familia.

La poderosa verdad es que la familia es fuente de amor, aprecio, elogios y apoyo que ningún otra fuente puede dar. Muchos hombres se han segado por el éxito que han logrado que ignorar la bendición **de tener** una familia. Es necesario que hoy hagamos conciencia del poder y bendición de la familia en la vida de todo ser humano pero indispensable en la existencia de un líder gladiador.

Hacer conciencia *equivale* a tomar responsabilidad de que la familia es el tesoro más íntimo y cerca que el cielo pudo darnos. La verdad aquí es que ningún hombre piense ser exitoso o buscar el éxito y prosperidad si no sabe apreciar, cuidar y beneficiarse de una familia.

Marcado en el universo se expreso: "El que es bueno en familia, es también buen ciudadano". – Sófocles

Si está casado, su familia es su esposa, sus hijos. Si es soltero su familia son sus padres, sus hermanos y familia cercana. Nuestra familia dice mucho de nuestro liderazgo. La experiencia me ha enseñado que El potencial de todo hombre y mujer es reflejado en su familia. Nadie puede desear ser un exitoso líder si no ha *aprendido valorar* su familia. Hacer conciencia de esto es el fundamento de todo líder exitoso.

Entonces es de suma importancia que al hacer conciencia de nuestra familia hagamos arreglos para:
1. Pasar más tiempo con ellos, un día especial y solo para ellos en la semana.
2. Mejorar y cuidar el tipo de comunicación que se tiene.
3. Intencionalmente expresar palabras positivas y agradecimiento.
4. Reconocer en lo más mínimo la atención que algún miembro de ella manifieste.
5. Si es casado cuide, ponga atención de las necesidades de su pareja, he hijos.
6. Una familia embellece no por la casualidad *sino por el intencional* cuidado de los involucrados.
7. Recuerde, los hijos son las flores del jardín que hay que cuidar, el río que embellece su paraíso y la fuente de fuerzas del mañana.

La familia como influencia positiva:

Uno de los poderes con gran influencia es la familia, son los cercanos, aquellos que no escogimos si no que nos fueron dados por plan divino. Es de sabios reconocer la gran influencia que ejerce la familia detrás de un líder en sus primeros años.

"Cuanto más estrechamente estén unidos los miembros de una familia en lo que tienen que hacer en el hogar, tanto más elevadora y servicial será la influencia que ejerzan fuera del hogar el padre, la madre, los hijos y las hijas." - Felicidad y armonía en el hogar pg. 20,21.

La familia por naturaleza tiene el poder de influenciar, por bendición cuando es positiva ella tiene el poder de elevarnos, inspirarnos y proveernos ese apoyo para poder cumplir con nuestra misión. La familia tiene maneras diferentes de demostrar su influencia pero si se pone atención veremos que ellos *si* influencian en nuestras decisión y planes.

Es una bendición divina cuando contamos con una familia positiva. Pensemos por un momento en naciones que pueden testificar este punto. Allí tenemos a los judíos, a los chinos y los indios. Estas naciones tienen como principio cuidar su familia, ella en su tiempo es una cadena de prosperidad de gran influencia. Entre los más sabios están los judíos, entre los más grandes negociantes los chinos y los que manejan negocios en varios países y grandes cadenas de hoteles en América son los indios.

Cuando los padres saben el poder de su influencia y los resultados buscados de una familia positiva son grandiosos porque ellos no tienen miedo a nada y enfrentan la realidad tal como viene.

Una experiencia de una familia positiva es necesaria si se quiere sobrevivir en esos momentos difíciles pero lo más necesario es reconocer que ella no nace sino se forma por voluntad propia. Una familia de influencia positiva debe:

1. Comprender la bendición de una familia.
2. Amar el privilegio de tener una familia.
3. Cuidar sus intereses, somos una cadena y si una se quiebra afecta toda la cadena.
4. Respetar sus intereses.
5. Escuchar sus consejos, sugerencias y pensamientos expresados.
6. Recordemos que el amor no esconde errores, debilidades las reconoce, el efecto de ellos en la vida del hombre y no dejara de hablar con propiedad.
7. La influencia positiva de una familia, **es un estilo de vida** que se decide vivir, no nace al azar.
8. Los mejores momentos y circunstancias para poner a prueba nuestra influencia positiva son los más rudos y difíciles del individuo.
9. Las palabras, gestos y acciones son el mejor vehículos de tal influencia, cuidémosla tiene el poder de levantar o destruir.

El Poder de la Familia en La Vida de un Líder

La familia como influencia negativa:

"Necesitamos más padres y cristianos radiantes. Nos encerramos demasiado en nosotros mismos. Con demasiada frecuencia privamos de alguna palabra de bondad y de aliento, o de alguna sonrisa alegre, a nuestros hijos o a los oprimidos y desalentados." – Felicidad y armonía en el Hogar pg. 19.

El líder inteligente también sabe reconocer cuando la familia no es una influencia positiva, tristemente del mismo modo hay detrás de una familia la posibilidad de ser negativa. Su influencia en nuestra vida es poderosa. Allí entonces nace la capacidad de ordenar nuestras prioridades.

"El tiempo de que disponemos es corto. Sólo una vez podemos pasar por este mundo; saquemos, pues, al hacerlo, el mejor provecho de nuestra vida. La tarea a la cual se nos llama no requiere riquezas, posición social ni gran capacidad. **Lo que sí requiere es un espíritu bondadoso y abnegado y firmeza de propósito. Una luz, por pequeña que sea, si arde siempre, puede servir para encender otras muchas.** Nuestra esfera de influencia, nuestras capacidades, oportunidades y adquisiciones podrán parecer limitadas; y sin embargo tenemos posibilidades maravillosas si aprovechamos fielmente las oportunidades que nos brindan nuestros hogares. Si tan sólo queremos abrir nuestros corazones y nuestras casas a los divinos principios de la vida, llegaremos a ser canales por los que fluyan corrientes de fuerza vivificante. **De nuestros hogares saldrán ríos de sanidad, que llevarán vida, belleza y feracidad donde hoy por hoy todo es aridez y desolación.**" - Felicidad y armonía en el hogar pg. 18,19.

Al experimentar la triste verdad de una familia negativa tenemos el peligro y posibilidad de tropezar, ella tiene el poder de obstaculizar nuestro éxito así que allí tendremos que decidir dejarlos o que nos consuma su negativismo.

También la influencia negativa en las familias bien puede verificarse en la experiencia de los cesares. Entre ellos mismos se manifestaban odio, competencia y finalmente se mataban con tal de llegar al poder. La pregunta es ¿cuánto duraron? Poco. Su éxito momentáneo desaparecía así tan rápido subían al trono bañado de sangre y traición.

El Líder Gladiador

"A cualquiera de nosotros le es imposible vivir de manera que no ejerza influencia en el mundo. Ningún miembro de la familia puede encerrarse en sí mismo, donde otros miembros de la familia no sientan su influencia y espíritu. **La misma expresión de su semblante ejerce una influencia para bien o para mal. La influencia de una familia mal gobernada se difunde, y es desastrosa para toda la sociedad.** Se acumulan en una ola de maldad que afecta a las familias, las comunidades y los gobiernos." – Felicidad y armonía en el hogar pg. 18,19.

Las familias con una actitud negativa y por ende su influencia es mala se manifiesta cuando:

1. Tiene falta de comprensión.
2. No escucha y llega a conclusiones falsas.
3. Desconfía del que está en sus peores momentos.
4. Escucha a los enemigos de tal persona y les cree todo lo que dicen.
5. Es una familia metida en sus propios intereses.
6. Voluntariamente se aprovecha del miembro de familia, en dinero, amor, vulnerabilidad y bondad.
7. En público son una cosa pero en casa ni le quieren ver.
8. Las palabras y gestos son los mejores mensajeros de tales personas.
9. Son hipócritas en sus palabras, hechos y planes.

En tal circunstancia es de sabios huir de tal familia porque se sepa o no la familia tiene poder de influenciar para bien o mal. Si se permanece con ella llegaremos a perder grandes oportunidades de éxito. Su influencia nos llevara lejos de la prosperidad porque en ella reina *el odio y la envía* y hasta este día nadie ha podido prevalecer contra esas dos demonios.

Cuide su familia dice todo de usted:

"La felicidad de las familias y las iglesias depende de las influencias ejercidas por el hogar. Del debido desempeño de

El Poder de la Familia en La Vida de un Líder

los deberes en esta vida dependen intereses eternos. Lo que el mundo necesita no es tanto grandes intelectos como hombres buenos que sean una bendición en sus hogares." - Felicidad y armonía en el Hogar pg. 21.

Muchos dice un dicho son: "candil de la calle y obscuridad de la casa". Esto quiere decir que grandes hombres son amor, tolerantes, y dispuesto a ayudar a cualquiera menos a su propia familia. Le dan atención a todos siempre y cuando crezca su negocio, empresa o iglesia pero los más ignorados y con gran dosis de falta de amor y atención es su propio hogar.

Si usted quiere prosperar primero ponga atención a su familia, ella es su primera prioridad. Nada puede ocupar ese lugar. Allí es el mejor campo de aprendizaje, donde el amor verdadero fluye, allí se demuestra o aprende la capacidad de servir, amar, perdonar y corregir. Nada hay mejor como escuela educativa y protección como el hogar.

"Una casa será fuerte e indestructible cuando esté sostenida por estas cuatro columnas: padre valiente, madre prudente, hijo obediente, hermano complaciente." – Confucio.

Cuando el líder no cuida de su familia es fácil detectarlo, sus hijos se revelan, la esposa no lo apoya. Rumores aumentan que ella o él se pasan más tiempo con x o j persona. El hogar descuidado de un líder será un jardín con muchas malezas y la puerta de un seguro fracaso. En algunos casos el fracaso de líderes es la falta de apoyo de su familia, pero preguntamos ¿qué puede el cosechar si nunca sembró para su beneficio?

Querido **líder gladiador** cuide su familia porque ella es el mejor espejo de su potencial e influencia. Ignorar esto trae grandes deudas que al final termina en bancarrota. Llegan los divorcios y la familia se desintegra. "Los padres y las madres que ponen a Dios en primer lugar en su familia, que enseñan a sus hijos que el temor del Señor es el principio de la sabiduría, glorifican a Dios delante de los ángeles y delante de los hombres, presentando al mundo una familia bien ordenada y disciplinada, una familia que ama y obedece a Dios, en lugar de rebelarse contra él." – Felicidad y armonía en el Hogar pg. 15.

Toda empresa, iglesia, red de mercadeo u organización que quiere saber quién es tal individuo que está en la mira de ser considerado su líder, haría bien en investigar de su familia porque ella dice mucho de quien es él o ella:

La verdad aquí es que:
1. La familia, su esposa/o e hijos dicen mucho de él o ella.
2. Su amor por ella o él dice que tan digno de su pasión es la iglesia, empresa y organización.
3. El respeto de sus hijos, aprecio de su esposa y la felicidad reinante en lo más íntimo de su hogar hablan a las claras de su potencial y personalidad.
4. Su responsabilidad en mantenimiento familiar nos dice que tan capaz es.
5. La disciplina a sus hijos nos dice que tipo de carácter tiene él o ella.
6. Su devoción a lo religioso nos dicta quien reina en ese hogar.
7. El tipo de comunicación entre los miembros de la familia nos habla de quien es el.
8. Las palabras seleccionadas y como se expresen dicen mucho de su carácter y amor.

La familia como base de refuerzo:

En su mayoría uno escucha de líderes que su familia no les ayuda. En ocasiones esto es cierto pero son pocas las ocasiones que son así. La verdad es que aunque la familia quisiera ayudar sucede en muchas ocasiones que no hay confianza entre los miembros de familia. El amor - centro del verdadero éxito familiar no existe. Todo se ha vuelto una rutina y bajo ella solo se disfraza una familia bajo ética, reglas y condiciones.

Líderes entendamos que la familia es una fuente de poder para cualquier ser humano, ella tiene el poder de revivir la fe, el valor, la misión y potencial de un individuo cuando se le permite hacerlo. Pero esto tiene su precio. El precio se llama – el aprecio consciente a ella. Nuestra atención consistente a lo que llamamos familia paga sus dividendos al final.

El Poder de la Familia en La Vida de un Líder

"Tus brazos siempre se abren cuando necesito un abrazo. Tu corazón sabe comprender cuándo necesito una amiga. Tus ojos sensibles se endurecen cuando necesito una lección. Tu fuerza y tu amor me han dirigido por la vida y me han dado las alas que necesitaba para volar." - Mariana De Los Ángeles.

¿Cómo espera ella que su familia sea su refuerzo, ánimo y consuelo en los momentos más críticos, en momentos difíciles si usted mismo los ha alejado al no darles su atención requerida en otro tiempo? La familia es base de refuerzo, ánimo y esperanza cuando uno ha hecho todo por ella, puesto atención a sus necesidades y contribuido a su crecimiento. No subestimemos el poder de la familia como base de refuerzo en esos momentos difíciles.

Alguien escribió: "un consejo como amiga te lo doy no dejes nunca a tus padres por un chico..." yo lo reescribo y les digo 'nunca, nunca deje su familia por el trabajo, otra amistad y éxito.'

La verdad es que si hoy le damos confianza, amor y atención a nuestra familia, mañana nos regresará con ánimo, fe y ayuda incondicional. El apellido se construye día a día no en un momento. Si no me creen pregúntenles a los Kennedy, a los Clinton y Rockefeller. La familia es poder de bien cuando desde que hicimos conciencia de ella invertimos todo para su cuidado. Recordemos ella sabe recompensar en su debido momento.

Nada puede suplementar lo que solo la familia nos puede dar en todo momento de la vida.

1. Ella es fuente de amor sincero.
2. Ella es el mejor brazo en tiempo de crisis.
3. Ella no se avergüenza de sus errores, faltas y caídas.
4. No piensa dos veces para decirle que usted puede y lo lograra si lo intenta nuevamente.
5. Su ayuda es incondicional.
6. Sus sonrisas, amor y ayuda es permanente en las buenas y malas.
7. Ella sabe celebrar junto a usted y sobre todo sabe

brindar esa ayuda cuando menos se espera y la mayoría corre de usted.
8. Siempre tiene palabras positivas para proveer el mejor de los ánimos.
9. Ella sabe llorar con usted.
10. Sabe prestar atención a sus murmuraciones, quejas y tristezas, solo escucha sabe cómo dejar que usted saque sus frustraciones.
11. Nunca le deja, siempre le ayudara en la crisis.

El éxito se goza con la familia:

"Y lo comeréis en cualquier lugar vosotros y vuestra familia..." – Numero 18:31.

El éxito verdadero de un líder gladiador es el triunfo de toda una familia. El líder que celebra solo es un perdedor. El éxito que Dios reconoce es aquel que involucra toda la familia. Aunque esto es una verdad pocos son los que han logrado está en sus vidas. Los celos, envidias, y sospechas rodean a la mayoría de hogares. No hay confianza, unidad y deseos unilaterales y por ende no hay celebración juntos.

El universo nos de otra oportunidad de hacer consciencia de estos valores, pueda implementar en nosotros los principios de un líder exitoso. Ningún líder podrá alguna vez con el rostro levantado celebrar sus éxitos sin su familia al lado. Sus victorias son vanas si la familia no está con él cuando triunfa. Cuantos hombres no han logrado grandes hazañas a costa de sus esposos, esposas, hijos y padres. Qué vergüenza y tristeza tener una corona sin una familia con quien disfrutarla y levantarla con orgullo. *El verdadero éxito de una persona empieza en casa, con su familia. Lo demás se llama fracaso maquillado con éxito.*

"La Familia es la célula Fundamental de la Sociedad. Sobre ella debe descansar el Respeto, el Orden, el Orgullo, el Trabajo, el Cariño, y fundamentalmente, el Amor." - Mariana De Los Ángeles.

Lo que estamos señalando aquí es que no hay éxito verdadero

El Poder de la Familia en La Vida de un Líder

de un líder si no puede celebrar sus victorias y éxitos con su familia.

Entonces recordemos que:

Este tipo de líder sabe reconocer a su familia en el camino del éxito.

Su esposa e hijos son los primeros en saber de sus logros o desventajas.

La confianza, amor, paciencia y bondad tiene su primer lugar en casa.

Juntos recuerdan sus fracasos al disfrutar los éxitos presentes.

Ningún hombre o mujer podrá en verdad gozar de sus éxitos solo, siempre lo es con la familia.

El punto aquí expresado es que muchos han fracasado sencillamente porque fracasaron en su propia familia. No les dieron atención a su esposa e hijos. Los solteros no apreciaron la bendición de padres y hermanos. Es difícil que alguien logre el éxito completo en la soledad y con la espalda de su familia.

El verdadero poder de un líder radica en la unión, amor y fe de una familia dirigida y bendecida por el cielo. Cuidarla vale oro mañana. *Este tipo de familias no llegan al azar deben ser formadas por voluntad propia.* Centrarnos en nuestras familias y reevaluar su condición nos ayudara a saber dónde estamos como líderes y si hay que hacer cambios para lograr **un estilo de vida mejor** y saludable será la inversión más buena en tiempo, dinero y atención que alguna vez hayamos dado. A largo plazo la familia es el tesoro más grande que el cielo nos ha regalado. Cuidémosla que ella nos cuidará mañana.

Para reflexionar y aplicar:

¿Porque es importante evaluar nuestro comportamiento con la familia?

_____
_____
_____

El Líder Gladiador

¿Qué dice su familia de usted?
_____
_____
_____

¿Ama más su trabajo que a su familia o a su familia más que su trabajo?
_____
_____
_____

Me comprometo en dar más tiempo valioso y atención a mi familia de la siguiente manera:
_____
_____
_____

El Poder de la Salud
de un Líder

"El aire puro, el sol, la abstinencia, el descanso, el ejercicio, un régimen alimenticio conveniente, el uso del agua, la confianza en el poder divino; éstos son los verdaderos remedios... La naturaleza, si no se le ponen trabas, desempeñará su obra con acierto. Los que perseveran en la obediencia a las leyes de ella encontrarán su recompensa en la salud del cuerpo y del espíritu." - La Fe Por la Cual Vivo pg. 235.

Soy de la convicción que dentro de las tantas razones que líderes se han desanimado, caído o tropezado tiene mucho que ver con su salud. Nadie que tenga un estomago sucio tendrá un cuerpo sano, así la mente queda grandemente afectada por el oxígeno y sangre enferma que recibe. Esta cadena nos da la oportunidad de ser seres miserables, en el ánimo, el pensar y acciones producidas por pensamientos y palabras bajo la presión del mismo cuerpo que grita por mejor nutrición y ejercicio. Es la desgracia que he vivido y visto en mucho en líderes que profesas ser representantes de la vida y felicidad.

Muchos que enojan de todos, no están felices y murmuran de todo y por todo sería bueno que dieran un visto a su dieta, cuanto ejercicio hacen y descanso le están dando a su cuerpo. Lo creamos o no, la cantidad de felicidad mucho tiene que ver con las áreas mencionadas. Si como persona o líder está manifestando un decaimiento, malos pensamientos y así malas decisiones al analizarse con cuidado notara que mucho tiene que ver con el área de salud, la fuente de la vitalidad humana.

Jonathan Swift nos dijo con mucha sabiduría y experiencia que, *"Los mejores médicos del mundo son: el doctor dieta, el doctor reposo y el doctor alegría."*

La dieta es importante:

Nosotros somos lo que comemos. Todo lo que ingerimos forma nuestro cuerpo, ser y alma. La verdad aquí es que no solo debemos cuidar nuestra mente, nuestro espíritu como guerreros espirituales, líderes excepcionales no serán prósperos si no aprendemos que la salud es vital en la vida de un líder. La salud es la fuente de sangre, nutrición y comida para mantener un cuerpo inteligentemente saludable.

Anthony Robbins tuvo la experiencia de cambio de estilo de vida y dieta muy temprano en su vida. Cuenta en su libro Despertando El Gigante Dentro De Usted, Que mientras lamentaba su desastrosa vida de joven, en un memento su pensamiento lo sometió a grandes preguntas que lo llevaron a tomar la decisión de que nunca más seria menos de lo que él podía ser. En aquel entonces aparte de estar desanimado, quebrado económicamente y sin futuro decidió cambiar su vida y ese cambio involucro su dieta. De ser una persona obesa logro un cuerpo de atleta y funcional. Se dio cuenta que importante es la salud, dieta y elección de lo que uno come. Más tarde escribió:

"¿Es digno tener todo lo que alguna vez halla soñado, pero no tener la salud física para gozarla?

¿Despierta usted todas las mañanas sintiéndose con mucha energía, poderoso y listo para tomar un día nuevo o despierta sintiéndose cansado como la noche anterior con moretones, y resentido de tener que comenzar otra vez? ¿Será que su vida presente hará de usted parte de una estadista? Una de cada dos americanos muere de enfermedades coronarias, uno de tres muere de cáncer. Prestando una frase de un doctor del siglo diecisiete Tomas Moffett, estamos, "escarbando nuestras tumbas con nuestros dientes" mientras llenamos nuestros cuerpos con alta grasa, comida desnutricional, envenenando nuestros sistemas con cigarros, alcohol y drogas, y sentándonos pasivamente enfrente al televisor." – En el libro, Despertando El Gigante Dentro De Usted - Anthony Robbins.

Es imperativo que todo hombre que es o busca ser un líder cuide su salud como cuidar su espiritualidad o economía - comiendo alimentos adecuados, hasta donde sea posible, naturales. El líder que desea proveer lo máximo debe dedicar

El Poder de la Salud de un Líder

atención en su dieta. Esta dieta debe estar compuesta de grandes cantidades de verduras, granos, frutas y oleaginosas orgánicas.

Recomiendo una alimentación sin carnes blancas, ni mucho menos rojas. La carne tiene el poder de volvernos agresivos, tercos y deja poco espacio para que la mente discierna bien. Es comprobado que aunque la carne en un tiempo fue buena hoy es riesgoso seguir consumiéndola. Así que el vegetarianismo es sumamente recomendado para todo aquel que desea rendir una mejor calidad de salud a su cuerpo entero y lograr mejores resultados como líder gladidor moderno.

El vegetarianismo es recomendado por el sagrado libro Génesis 1:29, y tenemos Ejemplos de hombres vegetarianos como Daniel –Daniel 1:12 y sus tres amigos, Elías en su etapa final de su ministerio - 1 Reyes 19:6., Juan el Bautista en el nuevo testamento - San Mateo 3:4. Aun el apóstol Pablo un líder excepcional nos dijo que *"Bueno es no comer carne..."* – Romanos 14:21. Para experimentar un mejor liderazgo experimentase primero una buena salud personal.

Una buena salud no nace con uno, se forma conforme veamos su importancia. La verdad es que ella involucra una decisión. Así lo vemos en Daniel 1:8, 12. "Y *Daniel propuso* en su corazón no contaminarse con la comida ni con el vino del rey. *Por eso pidió* al jefe de los eunucos permiso para no contaminarse... *"Prueba, te ruego,* a tus siervos durante diez días. Danos legumbres a comer y agua a beber."

"La única manera para guardar su salud es comer lo que usted no quiere, tomar lo que no le gusta, y hacer lo que no haría". – Mark Twain.

El ejercicio:

Además de una dieta balanceada es de suma importancia que cuidemos de nuestros músculos, huesos y órganos para lograr tener un sistema inmunológico estable, circulatorio adecuado, digestivo en mejor moción, óseo fuerte y celular con vida. Aunque honestamente se sepa que es bueno hacer ejercicio aquí estamos diciendo que para un líder gladiador y exitoso es de gran importancia el ejercicio sistemático.

El Líder Gladiador

En una de sus investigaciones el Doctor Ralph S. Paffnberger Jr., dijo: "Sabemos que estando físicamente bien es una manera de protegernos contra enfermedades coronarias del corazón, hipertensión y ataques, más diabetes de adultos, obesidad, osteoporosis, probablemente cáncer del colon y tal vez otros canceres, y probablemente depresión clínica. El ejercicio tiene un gran impacto en la calidad de la vida."

El ejercicio de todo nuestro cuerpo trae vida, oxígeno a nuestro ser y la energía se acrecienta para mejores funciones del día. Aunque es común que se vaya a un gimnasio recomiendo el tipo de ejercicio al aire libre. Caminar, frotar o correr es bueno para todo líder con grandes responsabilidades o estrés de trabajo. Esta experiencia contribuirá al éxito del individuo involucrado. Nadar o jugar tenis son otras opciones.

Un consejo apropiado fue: "Conviene para nuestra salud y felicidad salir de nuestras casas y pasar tanto tiempo como sea posible al aire libre." – (RH, julio 25 de 1871.)

El ejercicio cuando uno está cansado es un antídoto buenísimo, aunque no lo crea trae descanso a los músculos, renueva nuestra sangre, y por experiencia le digo ayuda a formar buenos y nuevos pensamientos desechando aquellos negativos. Aun la tristeza, stress y desanimo se asusta con el ejercicio sistemático.

El líder gladiador inteligente cuida su salud, su mente y su cuerpo diligentemente porque sabe que no solo es el "templo del Espíritu Santo" sino el vehículo que nos lleva y trae a cumplir y vivir nuestra visión. NO podemos darnos el lujo de ignorar esta bendición la de hacer ejercicio consistentemente con la plena creencia que al hacerlo estamos renovando nuestras fuerzas vitales, mentales sin duda claro espirituales. "Si usted todavía no practica el hábito del diario ejercicio entonces busque la manera de empezar. No importa realmente lo que haga mientras lo haga." J. C. Maxwell.

El descanso:

El más grande de los líderes humanos e hijo del gran Creador nos recomendó: "Y él les dijo: "Venid aparte, a un lugar tranquilo, y descansad un poco". Porque eran muchos los que iban y venían, que ni para comer tenían tiempo." – Marcos 6:31.

El Poder de la Salud de un Líder

"La salud no lo es todo pero sin ella, todo lo demás es nada". - Schopenhauer

La mayoría de los grandes líderes tienen una agenda saturada y muy poco tiempo para el descanso. Es triste que aun las horas de la noche no son respetadas para descansar tal y como lo ha dictado nuestro creador. El hombre líder tiene que hacer conciencia de la importancia de hacer "todo lo que viene a tu mano" en sus límites para no pagar más tarde con creces.

Por eso entonces: "Se deben regular cuidadosamente las horas para el trabajo y el sueño. Debemos tener períodos para el descanso, para la recreación y para la contemplación." - Mente Carácter y Personalidad Tomo 1 pg. 63.

El descanso es dado divinamente y no podemos dejar de considerarlo como importante en el desarrollo y vida de un líder inteligente. Es entonces de importancia que nos propongamos que el descanso no es una opción sino una necesidad.

"La libertad y la salud se asemejan: su verdadero valor se conoce cuando nos faltan." - Henri Becque.

Al evaluar nuestra manera de vivir, notaremos que se logra más cuando se está bien descansado. También dicen las autoridades en la materia que dormir antes de las 12 a. m es más importante que después de dicha hora. También les puedo decir que si uno trata de dormir antes de las 12, y nos despertamos temprano lograremos más si lo intentamos. La mente esta descansada, el cuerpo apropiado para un nuevo día.

La sonrisa:

"La esperanza de los justos es alegría, la esperanza de los impíos perecerá". - Proverbios 10:8.

"El ser humano pasa la primera mitad de su vida arruinando la salud y la otra mitad intentando restablecerla". Joseph Leonard

Una buena salud en un líder gladiador inteligente no podría bendecir sino se aprende a ser serios pero balanceados. Es de suma importancia que nos propongamos ser felices, uno tiene el poder de designar nuestro ánimo. Así que la felicidad no está afuera sino adentro de todo ser humano. Todos podemos experimentarla, todo está en que así lo queramos. La sonrisa en un líder gladiador no solo lo hace lucir más sino que también es un antídoto contra cualquier enfermedad.

"Es el deber de cada uno cultivar la alegría en lugar de rumiar las angustias y los problemas. De esta manera, muchos no sólo se vuelven miserables ellos mismos, sino que también sacrifican su salud y felicidad a una imaginación mórbida. A su alrededor hay cosas que no son agradables, y sus rostros muestran un ceño fruncido constante que expresa mejor que las palabras su descontento. Estas emociones depresivas son un grave daño a su salud, porque al estorbar el proceso de la digestión interfieren con la nutrición. Mientras que los lamentos y la ansiedad no pueden remediar un solo mal, pueden hacer mucho daño; pero la alegría y la esperanza, mientras iluminan el sendero de otros, son "vida a los que las hallan, y medicina a todo su cuerpo" (Prov. 4: 22)." – Mente Carácter y Personalidad Tomo 1 pg. 63.

La sociabilidad es necesaria para contribuir a esta sugerencia de sonreír. Sabemos que se usan menos músculos al sonreír que al enojarnos. La verdad es que la tristeza y la ira no contribuyen a la felicidad y salud del hombre. Con la ayuda de Dios debemos aprender el poder que tiene la felicidad, la sonrisa en la vida del hombre.

"Sólo la alegría es garantía de salud y longevidad".
-Santiago Ramón y Cajal

Debemos ser serios pero no fanáticos, me he dado cuenta que cuando uno decide ser feliz las cosas y eventos negativos se enfrentan de una manera sabia y se logra muchas soluciones. La verdad es que no debemos tomarnos tan en serio para no tropezar. Las bromas de vez en cuando son puertas que permiten sacar el stress, la sociabilidad con una sonrisa abre grandes oportunidades en la vida todo líder. Provee salud, abre puertas en la vida de otras personas y nos gana la bendición de ser apreciados, queridos y recordados cuando no estamos con ellos.

"El corazón alegre es una buena medicina". - Prov. 17: 22, VM.

Los escritores sobre motivación y liderazgo internacional reconocen que la salud es parte integral de lo que forma y deben experimentar por si solo los líderes inteligentes. Stephen Covey,

El Poder de la Salud de un Líder

Antonny Roberts y John C. Maxwell lo dicen en sus libros. La verdad de todo esto es como una inversión que paga grandes dividendo.

"El que quisiere tener salud en el cuerpo, procure tenerla en el alma". - *Francisco de Quevedo*

- **Líder con buen conocimiento pero mala dieta = líder más o menos.**
- **Líder con buen conocimiento y buena dieta = líder bueno.**
- **Líder con buen conocimiento, buena dieta y descanso = líder excelente.**
- **Líder con buen conocimiento, buena dieta, descanso y ejercicio = líder súper excelente.**
- **Líder con buen conocimiento, buena dieta, descanso, ejercicio y alegría = Líder perfecto.**

¿Qué tipo de líder es bajo esta cadena?

Otro de los grandes líderes que cuida de su salud es Bill Hybels, come bien, corre regularmente y mantiene su peso abajo.

Recordemos que si tenemos dinero y trabajo sin salud es como ser millonarios hoy pero muriendo de cáncer. Pero si no tenemos dinero y trabajo hoy pero si poseemos salud entonces tenemos un mundo para conquistar y la gran posibilidad de ser billonarios. Salud es riqueza, recuérdelo.

Para reflexionar y aplicar:

¿Porque es importante la salud en un líder?
_____
_____
_____

¿Puede un líder enfermo impactar con todo su potencial?
_____
_____
_____

El Lider Gladiador

¿Escribe tu dieta?
_____
_____
_____

¿Cuál es tu rutina de ejerció diario?
_____
_____
_____

Lo que más me impacto en este capítulo es:
_____
_____
_____

Practicare lo siguiente en el área de salud para exponer mi potencial como líder:
_____
_____
_____

El Poder de la Mente

"El que usa con mayor diligencia sus poderes mentales y físicos alcanzará los mayores resultados". - Elena de White.

Dios es Dios de milagros pero no hará lo que ha dejado al hombre realizar. Dios nos has creado de tal forma que podamos realizarnos y no estancarnos en lo que es el desarrollo espiritual, moral y físico.

En su plan el universo todo está hecho a su imagen y desde ese punto todos tenemos una potencia divina que es vida, acción y realización en la experiencia de todo el que cree que puede. En otras palabras aunque él nos creó a su imagen y somos una potencia, **ella la potencia debe activarse** o de otra manera se desperdicia y finalmente se pierde.

"Todo está en estado mental;
Porque muchas carreras se han perdido
Antes de haberse corrido;
Y muchos cobardes han fracasado
Antes de haberse corrido;
Y muchos cobardes han fracasado
Antes de haber su trabajo empezado.
Piensa en pequeño y quedara atrás;
Piensa que puedes y podrás,
Todo está en el estado mental."

En esta creación Dios proveo al hombre de lo que se conoce como la mente, el cerebro de donde todo se dirige en lo que es el cuerpo, pensamientos, planes y vida en general. ¿Pensemos por un momento que haríamos si no tuviéramos la mente? Soy de la opinión que lamentamos muchas veces por no apreciar la bendición de poseer el poder de la mente, don digno de nuestra gran atención.

El Líder Gladiador

Es por observación que hemos visto el cómo grandes hombres y mujeres han llegado al fracaso, chasco y muerte como líderes por descuidar la mente, su poder y capacidad. Este órgano tiene la capacidad de llevarnos al fracaso para siempre y tiene el poder de llevarnos al éxito perpetuo. Experimentemos su poder, nos librara de futuros tropiezos.

El cerebro controla al cuerpo.

"Y le dieron la gran noticia. Le dijeron: "José vive aún, y es el señor de toda la tierra de Egipto". *Y su corazón se desmayó, pues no lo creía.*" - Génesis 45:26.

La mente es el centro de todo lo relacionado con la vida del hombre. De allí se dictan órdenes que controlan, evitan y sugieren a cada órgano sus movimientos. De allí nace todo pensamiento. Tales pensamientos se vuelven sugerencias y así acciones. Nuestro mundo tiene su inicio en el cerebro y saberlo daría a nuestra experiencia un inicio a grandes posibilidades.

"El cerebro *es la capital* del cuerpo, *el asiento* de todas las fuerzas nerviosas y de la acción mental. Los nervios que salen del cerebro controlan el cuerpo. Por medio de los nervios del cerebro, **las impresiones mentales se transmiten** a todos los nervios del cuerpo como por hilos telegráficos, **y ellos controlan la acción vital de cada parte del sistema**. Todos los órganos del movimiento son gobernados por las comunicaciones que reciben del cerebro." – Mente Carácter y Personalidad vol. 1 pg. 73.

El centro, el asiento y fuente de control en el hombre es esa masa gris en el cráneo, el cerebro. Lo sorprendente es que pocos lo saben y lo lamentable es que muchos lo ignoran. Especialmente entre los religiosos porque aunque es cierto que Dios es el que gobierna, el dejo esa ley gubernamental individual en la mente del hombre.

Si hoy naciéramos nuevamente y supiéramos la bendición de tal poder tendríamos nuevos intentos, nuevos planes y las posibilidades acrecentarían. Sin embargo esta verdad hoy implementada en nosotros tiene el poder *de sacarnos* de tan obscuros momentos que todo ser humano pasa en la vida. Tiene el poder de formarnos a una nueva imagen. Tiene la capacidad

El Poder de la Mente

de cambiar nuestros ánimos, emociones y reinscribir nuestro destino. Todo esto está en las manos suyas y mías que poder y posibilidad, cuidémosla, usémosla tiene el poder de recrear nuestro mundo.

La capital del cuerpo.

"Pero yo no lo creía, hasta que vine, y mis ojos han visto que no me dijeron ni aun la mitad. Es mayor tu sabiduría y tu bien que la fama que yo había oído." - 1 Reyes 10:7.

La base de todo lo que tenemos y podríamos llegar a ser esta en la mente y su capacidad. Ella entonces se vuelve la gobernación central de nuestro universo. Se escribió que:

"Todo órgano del cuerpo ha sido hecho para estar subordinado a la mente. Es ella la capital del cuerpo." - Educación Cristiana Pg. 14 (1872).

"La mente controla al hombre entero. Todos nuestros actos, buenos o malos, tienen su origen en la mente. Es la mente la que adora a Dios y nos une con los seres celestiales. Sin embargo, muchos pasan toda su vida sin llegar a ser inteligentes con respecto al alhajero que contiene este tesoro." – Mente Carácter y Personalidad tomo 1 pg. 72.

STEPHEN HAWKING demuestra que la mente controla todo, y tiene el poder de hacer grandezas aun sin el cuerpo mismo como el experimenta hasta hoy. Quizá sea una de esas extrañas coincidencias de la suerte que el 8 de enero de 1942 fuera a la vez el tricentenario de la muerte de una de las mayores figuras intelectuales de la historia, el científico italiano Galileo Galilei, y el día que Stephen William Hawking nació a un mundo desgarrado por la guerra y la contienda global. Pero, como señala el propio Hawking: "alrededor de otros doscientos mil bebés nacieron aquel mismo día, de modo que quizá, después de todo, no sea una coincidencia tan sorprendente". Es ya una leyenda por su coraje frente a su enfermedad terrible que desde hace más de 25 años ha ido destruyendo inexorablemente su cuerpo, confinándolo a una silla de ruedas y privándolo de la capacidad de hablar. Pero su cerebro, indemne, no ha dejado de escrutar el sentido del universo: por qué es, y por qué existe. El que descubre el poder de la mente tiene el poder que necesita para hacer historia.

Vigilemos la ciudadela.

"Si piensas que estás vencido, vencido estás;
Si piensas que no te atreves, no lo harás;
Si piensas que te gustaría ganar,
Pero que no puedes, no lo lograras;
Si piensas que perderás, ya has perdido;
Porque en el mundo encontraras que el éxito
Comienza con la voluntad del hombre."

El apóstol Pablo lo dijo así: "Entonces **mirad con cuidado cómo andáis**, no como necios, **sino como sabios**". - Efesios 5:15.

Al dar importancia de tal conocimiento de lo que tenemos en el cerebro seremos sabios en darle el cuidado necesario. Estamos bajo una obligación moral en protegerlo como un tesoro. Todo lo que oye, ve, siente es fuente de su alimento. Nadie que quiera que este tesoro sea su mejor aliado lo descuidara, no permitirá lo negativo, lo malo o pernicioso en todo sentido.

*"Todos deberían sentir la necesidad de mantener la naturaleza moral fortalecida por **una vigilancia constante**. Como centinelas fieles, deberían **guardar la ciudadela** del alma, y nunca sentir que pueden aflojar su vigilancia ni por un momento." - Mente Carácter y Personalidad tomo 1 pg. 73,74.*

La mente bien educada no vacila.

"Ten cuidado de ti mismo y de la doctrina. Persiste en ello, pues así te salvarás a ti mismo y a los que te escuchen." - 1 Timoteo 4:16.

Aunque es una verdad que el cerebro controla todo, es importante saber que a nosotros nos toca educarla. Nosotros tenemos el privilegio de dictarle lo que queremos que piense, haga y dicte. Si esto es así entonces es de suma importancia que si queremos buenos y grandes resultados debemos capacitarla.

"La mente debe ser adiestrada por medio de pruebas diarias hasta lograr hábitos de fidelidad, hasta obtener un sentido de las exigencias de lo recto y del deber por sobre las inclinaciones y los placeres. ***Las mentes así educadas no vacilarán entre lo correcto y lo equivocado,*** como si fuera una caña mecida por el viento; pero tan pronto como el problema se presenta ante ellas, descubren de inmediato el principio que está involucrado, e instintivamente eligen lo correcto sin debatir largamente el asunto. Son leales porque se han adiestrado por medio de hábitos de fidelidad y de verdad." - Mente Carácter y Personalidad tomo 1 pg. 74.

Si nosotros somos hombres y mujeres que vacilamos, caemos y cedemos a las exigencias del mal, al compromiso de nuestros principios y valores entonces el mensaje es claro, no tenemos una mente educada. Una mente educada no vacila, no cede es siempre consciente y sensible a lo malo e incorrecto.

Amar y proteger la mente es una elección no un destino.

Así como todo órgano a nosotros nos toca darle la importancia al cerebro tal y como lo decidimos nosotros. En nuestras manos está la oportunidad de elegir el guardar nuestra mente que es en sí un tesoro con posibilidades extraordinarias.

"En cualquier ramo de trabajo, el verdadero éxito no es resultado de la casualidad ni del destino. **Es el desarrollo de las providencias de Dios, la recompensa de la fe y de la discreción, de la virtud y de la perseverancia. Las bellas cualidades mentales y un tono moral elevado no son resultado de la casualidad.** Dios da las oportunidades; el éxito depende del uso que se haga de ellas." – Profetas y Reyes pg. 357 (1917).

Una de las mejores elecciones que podemos hacer es decidir tomar tiempo para conocer nuestra mente, cuidarla y de sabios es amarla. El decidir cuidar la mente es una característica de los líderes y hombres de respeto y éxito, no es parte de un destino, no nace, no viene como milagro sino es creada por nuestra propia voluntad de proteger y amar esta gran bendición en lo que es el cerebro humano.

La ciudadela no protegida.

"El necio no sabe, el insensato no entiende" - Salmos 92:6.

Siendo la mente la ciudadela del hombre es de importancia que no solo eduquemos sino que la cuidemos bajo una protección inteligente. Esto quiere decir que está en nosotros urgido que dediquemos atención en su protección por lo que permitimos que se dedique a pensar, que entra en ella por los ojos, oídos, aun por lo que palpamos y olemos.

Se escribió que: *"Por la contemplación somos transformados". – 2 TI pg. 479 (ingles, 1870).*

Todos los sentidos del hombre que desea cuidar el motor que dicta al cuerpo y su futuro deben estar activos a todo lo que influye en su mente. Esto es una verdad que muchos descuidamos. No le damos la importancia debida que no solo lo que vemos afecta nuestra mente. De hecho todo, todo lo que olemos, tocamos, leemos y oímos transforma nuestra mente de una manera poderosa. Todo lo que nos rodea influye en su transformación.

La protección estricta a este don divino debe nacer en personas responsables y capaces de escoger que desean que influya en su mente, la ciudadela de la vida, futuro y el centro de decisiones, planes que afectaran nuestra vida tremendamente hoy.

Drogas y acciones que no ayudan al Cerebro.

"Por lo cual, teniendo los lomos de vuestro entendimiento ceñidos... no conformándoos con los deseos que antes teníais estando en vuestra ignorancia; sino como aquel que os ha llamado es santo, sed también vosotros santos en toda conversación" - 1 Ped. 1: 13-15.

El cerebro sabemos no solo dicta los actos de nuestros órganos y vida sino que literalmente está conectado con todo nuestro ser por medio del sistema nervioso, el cual es importante para la función de lo demás. En otras palabras con un sistema nervioso alterado afectamos nuestra vida gravemente.

"...Y mientras usan venenos lentos y seguros, que arruinan su salud y rebajan las facultades de la mente, Dios no los puede aprobar..." – La Temperancia pg. 49.

El Poder de la Mente

Es comprobable que usted no tiene que ser un drogadicto para ser considerado un adicto a la droga aprobada. Sin embargo muchos de nosotros consumimos muchos químicos que afectan nuestro cerebro y así alteran el sistema nervioso. Entre ellas tenemos las drogas de farmacia, una taza de café o especialmente ahora está de moda esas **bebidas energéticas** con una alta cantidad de substancias que literalmente destruyen nuestras células cerebrales y sus resultados son vistos en una falta de memoria, nervios y dolores de cabeza.

Las personas en nuestra sociedad "*...Cada vez tienen menos dominio propio. Se entregan al vino y al alcohol, al tabaco y al opio, y van de un grado de disipación a otro. Son esclavos del apetito. Aprenden a despreciar consejos que una vez respetaron. Se revisten de fanfarronería y se jactan de ser libres, cuando son los esclavos de la corrupción. Por libertad quieren decir que son esclavos del egoísmo, del apetito depravado y del libertinaje.*" – La Temperancia pg. 243.

Otro de los factores que afecta nuestra mente es dar rienda suelta a nuestros apetitos carnales, nuestras pasiones y deseos incontrolables. La complacencia personal tiene sus precios que pagar y eso se manifiesta en una inestabilidad de carácter, su personalidad es tergiversada.

En la luz de cuidar de nuestra ciudadela se hace importante recalcar si el cuerpo sede a cualquier demanda de todo apetito, estamos destruyendo la oportunidad de vivir en control de nuestra vida, de nuestra salud y así también de nuestro futuro.

La mente se alimenta de todo.

"*Es lo mejor para cada alma investigar cuidadosamente qué alimento mental se le ofrece para comer.*" – *Elena de White.*

La mente como todo órgano tiene que ser alimentada. Es de suma importancia entender que el cerebro será lo que nosotros queramos. El cerebro es uno de los órganos que debemos nutrir bien. Alimentamos nuestra mente con lo que leemos. Todo libro de lectura sana es un elemento poderosísima para la alimentación del cerebro.

El Líder Gladiador

Este órgano también es alimentado con la buena nutrición orgánica. Es de inteligentes saber que la mente necesita el buen oxígeno, agua, sangre puro que provee la oportunidad de los músculos cerebrales a funcionar bien, y esa sangre surge del tipo de alimentos que consumimos.

Las hiervas, los vegetales proveen buen alimento para este órgano, como las grasas de los animales y comida rápida hacen lo contrario. Sépase que la comida cocida con altas cantidades de aceite afecta gravemente la nutrición de este órgano especial.

La meditación es otras de las buenas maneras de alimentarla. En ese momento la mente se nutre de pensamientos, ideas y deseos que hacen nacer acciones que afectan nuestra vida para bien o mal. "El conocimiento está al alcance de todos los que lo desean. Dios quiere que la mente llegue a ser fuerte, que piense en forma más profunda, plena y clara. Camine con Dios como lo hizo Enoc; haga de Dios su Consejero y no podrán hacer más que progresos." - Carta 26d, 1887. Elena de White.

La mente en acción.

"Cada poder del ser se fortalece por la acción". – **Elena de White**

La mente es como todo órgano que si no se pone en acción pierde su razón de existir. La mente es puesta en acción con buen aire, buenos pensamientos y el ejercicio literal que hace que la sangre circule y así accionar todas las neuronas cerebrales.

"Jesús respondió: "**Amarás** (acción) al Señor tu Dios **con** todo tu corazón, con toda tu alma y **toda tu mente**." - Mateo 22:37.

"En las vocaciones comunes de la vida, hay muchos que trabajan pacientemente, cumpliendo la rutina de sus tareas diarias, sin tener conciencia de los poderes latentes que, **puestos en acción, los pondrían entre los grandes dirigentes del mundo.** E necesita el toque de una mano hábil para despertar y desarrollar estas facultades dormidas."
– Consejos para Maestros y alumnos pg. 497

La lectura que se utiliza para la educación de nuestra personalidad es uno de las maneras de poner la mente en acción. La profunda meditación es poderosa en permitir la acción cerebral. Pongamos la mente a trabajar pues ella tiene el poder de producir cosas, eventos e historia.

El poder de los pensamientos.

"Llega a ser fuerte por medio del pensamiento concentrado". - Elena de White.

Los pensamientos surgen al poner la mente a trabajar. El tipo de pensamiento es el resultado de nuestra propia decisión y elección. Sin embargo debe saberse que los pensamientos tienen poder. "A través del pensamiento y las reflexiones no llegaremos nunca a poseer una verdad cabal y completa. Pero tampoco estaremos demasiado alejados de ella." Aristóteles, filósofo griego. Detrás de ellos está el poder de elevarnos o limitar nuestras posibilidades, oportunidad y privilegios. "Yo sé, y confío en el Señor Jesús, que en sí nada es impuro. **Pero si uno piensa que algo es impuro, para él es impuro.**" – Romanos 14:14.

Como Baudjuin lo dijo, "No importa que tan duro trabaje para lograr el éxito, si sus pensamientos están saturados con el miedo al fracaso, matara sus esfuerzos, neutralizará sus esfuerzos y hará que el éxito sea imposible".

El poder del pensamiento es la cuna de que toda idea se lleve a cabo. Ese poder es lo que funciona cuando uno se inspira por lograr un pensamiento deseado. Si dejamos que nuestros pensamientos sean positivos tendremos grandes posibilidades logradas por el contrario sino son negativos tienen el poder de obstaculizar cualquier recuperación o de hundirlos en la miserable condición de autocompasión. El centro de todo es la mente, recordémoslo.

"Es una ley de la mente que ésta se estreche o amplíe según las dimensiones de las cosas con que llega a familiarizarse". – Mensaje para los Jóvenes pg. 260.

"Todo lo que es verdadero, todo lo honesto, todo lo justo, todo lo puro, todo lo amable, todo lo que es de buen nombre; si hay alguna virtud, si alguna alabanza, en esto pensad" (Fil. 4: 8).

El Líder Gladiador

El pensamiento es poderoso y es energía viva al ser accionado. De igual manera es energía que destruye todo lo que está en nosotros. Pensemos correctamente y abriremos caminos a un presente y futuro envidiables. "**Nosotros somos lo que pensamos. Todo lo que somos comienza con nuestros pensamientos. Con nuestros pensamientos, hacemos nuestro mundo.**" – El Buda.

El poder de las preguntas:

"Cuestionando nuestras limitaciones es lo que destruye las paredes de la vida – en los negocios, en las relaciones, entre países. Yo creo que el progreso del humano es procedido por nuevas preguntas." - *Despertando El Gigante Dentro De Usted.*, Anthony Robbins.

Las preguntas también tienen el poder de hacer que nuestra mente crezca o se estanque robándonos la capacidad de meditar, considerar y evaluar. Las preguntas no solo ponen a la mente en acción sino que es vida a nuestra psicología. "**La mente aumenta en poder y eficiencia por el uso.**" - Elena de White.

Hay dos tipos de preguntas en las que podemos enfocarnos. Una de esas son preguntas que elevan nuestra intelectualidad y así nuestra vida o aquellas que degradan nuestra mentalidad y así llega lo que se preguntó.

"...cavad más fervorosamente hasta que la gema de la verdad aparezca a vuestros ojos, clara y hermosa, tanto más preciosa por las dificultades que su hallazgo ha entrañado." – Obreros Evangélicos pg. 297,298.

Ejemplos de preguntas positivas: ¿Que puedo aprender de esta desgracia? ¿Que necesito hacer para lograr esto o aquello? ¿Qué hacen los grandes hombres y mujeres para triunfar?

Ejemplo de preguntas negativas: ¿Porque a mí? ¿Dónde está Dios? ¿Qué me pasa porque nadie me ayuda? ¿Desgracia otra vez?

En breve la mente se enfoca en lo que Uno quiere pero cuando no se hace ella tiene el poder de controlar los resultados son devastadores.

El Poder de la Mente

En cierta ocasión en que Carlos Wesley cayó enfermo y pensaba que estaba próximo su fin, se le preguntó en qué fundaba su esperanza de la vida eterna. Su respuesta fue: "He hecho cuanto he podido por servir a Dios". Pero como el amigo que le dirigiera la pregunta no parecía satisfecho con la contestación, **Wesley pensó: "¡Qué! ¿No son suficientes mis esfuerzos para fundar mi esperanza? ¿Me privaría de mis esfuerzos? No tengo otra cosa en que confiar."** - Juan Whitehead, Life of the Rev. Charles Wesley, pág. 102.

Pero las preguntas de Wesley y sus compañeros fueron inducidos a reconocer que la religión verdadera tiene su asiento en el corazón y que la ley de Dios abarca los pensamientos lo mismo que las palabras y las obras. Estas abrieron un nuevo camino en la vida de estos hombres que han hecho historia en el mundo. Era la misma lucha que había tenido que sostener Lutero en su celda del convento en Erfurt. Era la misma pregunta que le había atormentado el alma: "¿Cómo puede el hombre ser justo para con Dios?" - Job 9:2.

Las preguntas son poderosas e influencia en nuestra vida. Nos llevan a mundos desconocidos. **"Algunos hombres ven las cosas como son. Y dicen ¿Por qué? Yo sueño de cosas que nunca eran, y digo ¿por qué no?"** - George Bernard Shaw. Las preguntas han sacados grandes mentes de las pequeñas, convertido enanos en gigantes y encontrado camino para los que dudaban.

Usemos la mente nuestra y no seamos el reflejo de otros.

"Uno da preferencia a un día más que a otro. Otro juzga iguales todos los días. *Cada uno esté plenamente convencido en su mente.*" - Romanos 14:5.

Muchos líderes fracasamos en la busca de ser lo que fuimos llamados a ser porque lamentablemente no somos nosotros sino la sombra de otras mentes. Ser líderes y no usar lo que tenemos como mente es la desgracia más grande que será el obstáculo de nuestro progreso en el potencial que el cielo nos ha dado.

"Toda mi vida he sido como un niño pequeño que, jugando y retozando en la playa, encontraba de

El Lider Gladiador

tarde en tarde un guijarro más fino o una concha más bonita de lo normal. El océano de la verdad se extendía, inexplorado, delante de mí." - *Isaac Newton*

El poder de la mente será reflejado cuando decidamos usar lo que tenemos y demandarnos lo mejor de nosotros. La disciplina mental es parte de lo que abrirá el camino al poder de las más grandes posibilidades en el mundo imaginable.

"**Una mente ordinaria, bien adiestrada,** realizará una obra mayor y más elevada que la mente más educada y los mayores talentos, sin el autocontrol." – La revista Rewiew and Herald, 28 de julio de 1896.

"**Obrad con la personalidad que Dios os ha dado. No seáis la sombra de otra persona."** - Ministerio de Curación pg. 398 (1905).

El último esfuerzo que crea otras oportunidades al alcance de todos.

"y *la paciencia produce* un carácter aprobado; y la aprobación alienta la esperanza". – Romanos 5:4.

La ley que no demos ignorar en el crecimiento del poder de la mente es que hagamos cada esfuerzo como el ultimo. Este último esfuerzo de usar nuestros poderes mentales abrirá otros caminos a grandes oportunidades que nos permitirán otros últimos esfuerzos que pondrán en acción verdades que aún están escondidas en nuestras vidas.

"Hay oportunidades y ventajas que están al alcance de todos para fortalecer los poderes morales y espirituales. La mente puede ser expandida y ennoblecida, y debería espaciarse en cosas celestiales. Nuestras facultades deben ser cultivadas al máximo, o dejaremos de alcanzar la norma divina." - Carta 17, 1886.

Que la máxima realización, el último esfuerzo mental sea enfocarnos en la vida como fuente de inspiración para el máximo desarrollo de este bello órgano. Aquí está la necesidad suprema que de cada mente cristiana. Pongo en sus manos la posibilidad que de que si nos permitimos y decidimos aquí hoy

El Poder de la Mente

podemos empezar de nuevo y experimentar el poder mental, el poder de la meditación y el poder las preguntas que darán vida y acción al poder mental que está en nuestras manos.

Comprendamos que el éxito de un pensamiento y acción está en la cadena de esfuerzos, el ultimo es tan importante como el primero la tenacidad, entrega y búsqueda dará sus frutos cuando nos aferremos a ese último esfuerzo con toda nuestra energía, ella tiene el poder de abrir otras y grandes posibilidades en nuestras facultades mentales, vida personal y sucesos futuros.

> "Si piensa que estas adelante, lo estas;
> Tienes que pensar bien para elevarte;
> Tienes que estar seguro de ti mismo
> Antes de intentar ganar un premio;
> La batalla de la vida no siempre la gana
> El hombre más fuerte o el más ligero;
> Porque tarde o temprano, el hombre que gana
> Es aquel que cree poder hacerlo."

El enemigo no necesita estorbar el progreso diario.

"Dije que los esparciría lejos, borraría su memoria de entre los hombres; de no haber temido la provocación del enemigo..." - *Deuteronomio 32:26,27.*

No hay enemigo que impida nuestra evolución mental pero si **el nosotros** mismos si no decidimos hoy ser lo que fuimos llamados a ser. Esto requerirá toda nuestras concentración, energía y entrega a lo máximo.

La mente está a nuestra espera para experimentar algo grande y milagros producidos por personas que tal vez hoy ha tropezado en sus fracasos solo por no usar este tesoro que está en nuestro comando a nuevas oportunidades si hoy lo decidimos.

Así que le digo: "**Resuelva alcanzar** una norma alta y santa; póngase un blanco alto; actúe con propósito ferviente como lo hizo Daniel, constantemente y con perseverancia; **y** *nada que el enemigo pueda hacer los estorbará en su progreso diario.* A pesar de los inconvenientes, los cambios y las perplejidades, usted puede avanzar constantemente en vigor mental y poder moral."

El poder de la mente en las manos de Dios tiene la capacidad de pensar, desear y buscar lo que quiere. En cierta ocasión William Tyndale le dijo a un clérigo muy letrado, "Si Dios me da vida, en unos años, *yo haré que un joven* que maneja el arado sepa más de las Escrituras que usted". - Y así fue. Porque fue él quien dio la primera Biblia impresa en Inglés al mundo–y fue traicionado por un amigo suyo por hacerlo. Tyndale - el hombre que murió para que Ud. pueda tener la Biblia hoy. ¿Dónde empezó todo esta realidad? En su mente. En su corazón, en su voluntad, allí radica la poderosa verdad, la verdad de que usted y yo podemos si usamos, nuestra mente.

"*Ninguno necesita ser ignorante a menos que escoja serlo*. El conocimiento debe ser adquirido constantemente; es el alimento para la mente. Los que esperamos la venida de Cristo deberíamos resolver que no viviremos esta vida siempre del lado de los perdedores, sino con comprensión en logros espirituales. Sean hombres de Dios, del lado ganador."

"El conocimiento está al alcance de todos los que lo desean. Dios quiere que la mente llegue a ser fuerte, *que piense en forma más profunda, plena y clara.*" – Elena de White, Carta 26 d, 1887.

Aférrense de Dios y avancen.

"Cese la malicia de los inicuos, y establece al justo. *Pues el justo Dios prueba la mente y el corazón.*" – Salmos 7:9.

Dios es y será la fuente de todo poder intelectual. Esto no se puede separar de Dios, haga lo que haga. Es ley divina del crecimiento. El alcanzar metas elevadas es celestial. La mente es el único órgano que tiene una responsabilidad y poder a dirigir y gobernar a todo el ser humano y por lo tanto es de mayor consecuencia cada paso que damos con él. Despertemos hoy a la verdad que si no hemos triunfado y tenido metas alcanzadas tal vez tengamos que ver cómo estamos reconociendo, desarrollando, educando y accionando a este bendito órgano.

El Poder de la Mente

"***Dios ha dado al hombre el intelecto, y lo dotó con capacidades para cultivar.*** Entonces, aférrense firmemente de Dios, pongan a un lado la frivolidad, los entretenimientos y toda impureza. Venzan todo los defectos de carácter."

"Aunque hay una tendencia natural a seguir un camino descendente, **hay un poder que se combinará con los diligentes esfuerzos del hombre...Dios lo llama desde su trono en el cielo, mostrándole una corona de gloria inmortal, y le ruega que pelee la buena batalla de la fe y corra la carrera con paciencia.** Confíe en Dios a cada momento. Fiel es el que conduce hacia adelante." – Elena de White, Carta 26 d, 1887.

Cuando la mente está bajo la influencia de Dios nada impide el avance del llamado, el miedo es vencido, no hay obstáculo que no se venza y cruce. Se nos cuenta acerca de John Knox - el hombre que no temía a nadie; quien repetidas veces, sin temor alguno se encaró con la Reina de Escocia, la mujer que había asesinado a un sinnúmero de cristianos antes que él. El poder de su mente y temor a Dios sin miedo pudo triunfar. El ganó a Escocia para Dios. *¿Quién le influencia a usted?*

"El ideal que Dios tiene para sus hijos está por encima del alcance del más elevado pensamiento humano. **La mente a alcanzar es la piedad, la semejanza a Dios. Ante el estudiante se abre un camino de progreso continuo.** Tiene que alcanzar un objeto, lograr una norma que incluye todo lo bueno, lo puro y lo noble. Progresará tan rápidamente e irá tan lejos como fuera posible en todos los ramos del verdadero conocimiento. Pero sus esfuerzos se dirigirán a fines tanto más altos que el mero egoísmo y los intereses temporales, cuanto son más altos los cielos que la tierra." – La Educación pg. 18, 19 (1903).

En conclusión el solo darle la importancia a este órgano divino nos salvara de m-u-c-h-o-s fracasos y establecerá en nosotros posibilidades insondables. **La verdad es que darle lugar al poder de la mente nos recogerá de tantos momentos tristes y nos establecerá en fundamentos de verdades que harán de nuestra existencia más fructífera y eterna.**

El Líder Gladiador

"Renovad la actitud de vuestra mente, y vestíos del nuevo hombre, creado para ser semejante a Dios en justicia y santidad". - Efesios 4:23,24.

Recordemos y apliquemos que: **"Las mentes no nacen, son adquiridas por entrenamiento. La personalidad no viene por nacimiento, es desarrollada por la práctica."** – Dr. Link en los 1950.

Un líder GLADIADOR reconoce a Dios como socio en su liderazgo usando su mente, su poder y e influencia haciendo todo posible.

Para reflexionar y aplicar:

¿Porque es importante la salud mental?
_____
_____
_____

¿Cómo identifica que alguien está enfermo mentalmente?
_____
_____
_____

¿De que alimenta usted su mente?
_____
_____
_____

¿Ha usado usted su potencial mental?
_____
_____
_____

¿Si usted muriera, habría usted usado todo su potencial mental?
_____
_____
_____

Lo Peor / Lo Mejor

Hans Christian Anderson 1805-1875, fue un autor danés nacido el 2 de abril de 1805 en Dinamarca, al norte de Europa y uno de los escritores de cuentos de hadas para niños más conocidos.

Nació en Odense y vivió una infancia de pobreza y abandono, criado en el taller de zapatero del padre. A los 14 años se fugó a Copenhague. Trabajó para Jonás Collin, director del Teatro Real, quien le pagó sus estudios. Aunque desde 1822 publicó poesía y obras de teatro, su primer éxito fue Un paseo desde el canal de Holmen a la punta Este de la isla de Amager en los años 1828. Su primera novela, El improvisador, o Vida en Italia (1835), fue bien recibida por la crítica. Viajó por Europa, Asia y África y escribió muchas obras de teatro, novelas y libros de viaje. Pero son sus más de 150 cuentos infantiles los que lo han llevado a ser reconocido como uno de los grandes autores de la literatura mundial.

Él usó un estilo para un lector infantil, con un lenguaje cotidiano y la expresión de los sentimientos e ideas del público infantil. Entre sus más famosos cuentos se encuentran El patito feo, El traje nuevo del emperador, La reina de las nieves, Las zapatillas rojas, El soldadito de plomo, El ruiseñor, El sastrecillo valiente y La sirenita. Han sido traducidos a más de 80 idiomas y adaptados a obras de teatro, ballets, películas, dibujos animados, juegos en CD y obras de escultura y pintura.

Un día de 1844 escribió: *"Hace veinticinco años llegué con mi atadito de ropa a Copenhague, un muchacho desconocido y pobre: y hoy tomé chocolate con la Reina."* El que quiere puede y si busca lo suficiente podrá encontrar grandes cantidades de poder dentro de sí y oportunidades que lo harán ser lo que quiere ser. La verdad es que lo peor cuando se descubre llega ser lo mejor.

"Entre peor parezca la situación, menos esfuerzo es necesario para cambiarla y mayor potencial de ascenso posee."
George Soros

No confundamos la caída con fracaso:

Este pequeño moreno no tenía futuro. Sus travesuras y comportamiento les quitaban a todos el deseo de ayudarlo. Pero no así para Marsha Pincus, ella como maestra vio en él el milagro de llegar a ser más que un estorbo para la escuela. Más tarde en su vida este muchachito dijo: "La Sra. Pincus me ayudo a encaminar mi entusiasmo a algo constructivo". "Mirando atrás creo que allí fue donde el maestro en mi empezó a emerger." Su nombre de este morenito es Salome Thomas hoy principal de la escuela Russell Byers Charter en Philadelphia.

En ocasiones si no es que siempre confundimos la caída, aparente imposibilidad con fracaso o lo inferior con ninguna posibilidad de supervivencia, lo peor con seguro desprecio. Bueno la noticia es que no siempre suele ser así, de hecho veremos que es con lo que Dios mejor trabaja y termina utilizando, lo peor.

La filosofía aquí expuesta entonces es que el futuro nuestro depende no de quien somos sino quien deseamos llegar a ser, de quien podemos lograr ser. El potencial está allí escondido detrás de tantos conceptos concebidos, heredados y cultivados en el ambiente que debemos radicalmente vencer, borrar y extirpar con el concepto del Creador.

Dios explica que: "Todos somos como suciedad, todos nuestros actos de justicia como trapo inmundo. Todos caímos como hojas secas, y nuestras maldades nos arrastraron como el viento." - Isaías 64:6. De manera general el profeta Isaías describe la condición de nuestro mundo, bajo inspiración expreso que, todos somos como **suciedad, inmundos, y caímos.** Es en esta condición que nos encuentra el cielo. Ninguno que conozca a Dios y le allá aceptado pudo haber venido de otra situación. Así que la caída de cualquier humano no es sinónimo de fracaso. En si las caídas y errores del hombre son el laboratorio del cielo para hacer experimentos que han dado los mejores resultados en liberaciones de esclavitudes de empleo, relaciones, malos negocios, empresas y socios mal intencionados.

Entre más hundido uno se encuentre, así de grande es la posibilidad de recuperación. Todo depende de nosotros de que tan grande queremos ser, reconozcamos que las caídas no son

Lo Peor / Lo Mejor

fracasos a menos que nosotros así lo permitamos. Las caídas son el laboratorio de Dios para hacer de nosotros lo que él quiere que seamos.

Los enfermos necesitan ayuda y serán ayudados:

Se dijo claramente en la antigüedad: "Los sanos no necesitan médico, sino los enfermos". - Mateo 9:12. Es en esta arena que nos movemos todos y realmente es bueno porque es a ese tipo de gente que el cielo dedica todo para su recuperación, restauración, y restitución en el plan original. Los enfermos necesitan ayuda y serán ayudados. Por lo tanto el estar envuelto en condición despreciable no es sinónimo de fracaso solo refleja nuestra naturaleza después del pecado y la oportunidad del cielo en manifestar poder de transformación y re - creación.

Si está enfermo emocionalmente, físicamente, espiritualmente, o ha desesperado por su condición, o quisiera ser un grande en el mundo, su iglesia o empresa pero su pasado carcome su presente o tal vez el liderazgo está a su puerta pero teme darle la bienvenida porque la mayoría dice que no puede por su situación de imposibilidad humana; el mensaje de este capítulo es que hay esperanza y que por lo contrario **es allí** donde más posibilidades existen porque los enfermos después de sanos llegan a ser grandes doctores.

En las matemáticas del cielo:

"Busco hombres que crean que no hay cosas imposibles".
Henry Ford

En las matemáticas de Dios 0 más 0 se convierte en un millón si así lo desea el universo, miras las estrellas, las galaxias y sobre todo si lo cree usted. He notado en el trayecto de mi vida que los más grandes hombres y mujeres han tenido que superar grandes obstáculos y varios de ellos ha sido su desgraciada condición precaria. Pero allí se manifiestan las matemáticas de Dios.

De la nada: "En el principio **creó** Dios los cielos y la tierra." Y cuando: ***La tierra estaba desierta y vacía***, las tinieblas cubrían la superficie del abismo, y el Espíritu de Dios se cernía sobre las aguas. *"**Entonces dijo Dios: "Haya luz".** Y hubo luz."* - Gen 1:1-3. Dios crea las cosas de la nada. Así que desgracias, caídas y aun fracasos no son imposibilidades para Dios porque El de la nada puede hacer grandes cosas.

Aquí encontramos primero que de la nada Dios pudo Crear, Tierra y Cielos. También el texto muestra que la Tierra estaba desierta y vacía, tal y como está la vida de muchos de nosotros. Aun esta creación de Dios la tierra estaba desierta, vacía. En esta aparente soledad, obscuridad e imposibilidad Él dijo: **Haya luz. Y hubo luz.** Cuando Dios habla de la nada él puede crear Un mundo y ponerle su luz, verdad y belleza. Eso ocurre en las matemáticas de Dios, **de la nada surge el uno, del uno un mundo de posibilidades y realidad, que multiplican nuestras capacidades.**

Su potencialidad entonces ha radicado en *creer* que pueden y existirá triunfo de condiciones nada popular. De hecho si nota los más impopulares han llegado a ser aquellos famosos que vencieron su temor y aventuraron desde su condición negativa para la sociedad y aún más cruel la de ellos mismos.

El ingrediente para ser lo que no es: es Cree:

Veámoslo con el siguiente ejemplo:
- Henry Ford creyó en que podría traer algo que no existía y creo un carro con motor.
- Steve Jobs creyó que podía crear de todo un monumento de computadora traer una mini computadora en las manos de todo hogar. Y creo la Lap Top.
- Franklin Delano Roosevelt creyó en detener al monstruo y su potencia de Adolfo Hitler y creo la paz. Terminando la 2da guerra mundial.
- Gandhi creyó en una India libre y CREO UNA INDIA LIBRE pagando el precio con su vida.

Nos falta este tipo de convicción. La fe, fe manifestada en momentos cruciales y de necesidad. Así es la fe ve su necesidad, su condición y cree que puede CREAR. Allí está la clave, el ingrediente para ser lo que no es, es que creamos que si se puede hacer, que puede existir y producir un líder diferente, grande y capaz. UN LIDER GLADIADOR ES UN CREADOR DE LO QUE NO EXISTE.

Aquí encontramos que el cielo no tiene ninguna razón porque no proveernos la ayuda necesaria, la energía, la sabiduría y los medios está dispuesto en ayudarnos para CREAR, pero como todo debemos creer y pedir a universo, debemos buscar, pedir y exigir ayuda en momentos que la necesidad sobrepasa nuestra condición. Dios la ve y créame que Dios obrara.

Cuando uno cree no hay obstáculo, enfermedad o imposibilidades que impidan resultados DE CREACION.

No importa lo que fuimos o somos:

Entonces amigo mío no tema seguir en este sendero del liderazgo por solo los sentimientos ingratos del corazón que en ocasiones traicionan con el recuerdo de lo que fuimos o somos si hemos caído y fracasado. Aun en las vicisitudes que de vez en cuando o tal vez por el comentario negativo de los murmuradores o celos del mismo curso o quien sabe tal vez por la condición desesperante que está experimentando se le sea imposible ver una solución o posibilidad pero la noticia es que en esos momentos cruciales en nuestra vida que la posibilidad llega a ser una realidad si nos aferramos a ello.

Tenga en cuenta la tan trillada verdad - que está a un paso de la victoria cuando ya casi gana o gano el desánimo. El escritor Mateo nos dice: "Así se cumplió lo que dijo el profeta Isaías: "El mismo tomó nuestras enfermedades, y llevó nuestras dolencias". - Mateo 8:17. Todos tenemos esperanza nadie y ninguna persona es dejada en su condición a menos que él lo permita. Al final el fracaso de una vida no depende de Dios ni de la circunstancia vivida sino de uno mismo. Uno tiene el poder de ser lo que uno quiere como también el de matar toda posibilidad de serlo algún día.

No importa la condición del momento y quizás la trasgresión del pasado, d los reglamentos de la organización o aun peor de nuestra conciencia si todo esto nos ha regresado a punto cero, aún hay posibilidad de recuperación y ello con un regalo que se llama madurez, experiencia que aunque no lo crea ninguna otra cosa pudo darla. Así que no importan lo que fuimos o somos sino lo que deseamos ser y podemos llegar a ser.

Por ejemplo uno de los cantantes más famosos en el campo hispano, Alex Campos cuenta de su pasado y como se recuperó. Explica un su video libro "...Hay un momento muy fuerte en mi vida, tenía 12 años de edad, estaba yo ya en una iglesia, era muy pequeño cuando fui abusado sexualmente por una persona que trabajaba cerca de la Iglesia. Yo estaba ayudándole en su trabajo... Eso me marcó muy fuerte por algunos años; seguí asistiendo a la iglesia, nadie lo supo, yo preferí callarlo, hasta que Dios me habló un día y me dijo, yo estuve ahí en ese momento, yo estuve ahí, yo quiero sanar esa herida, yo quiero restaurar eso, yo quiero que tu perdones a esa persona ..."

Unas líneas más adelante, Alex Campos habla de los sentimientos encontrados tras su adversa situación y algo muy interesante, su posterior decisión no sólo de perdonar, sino de perdonarse, por todo lo sucedido.

"...Rabia, tristeza, menosprecio, sobre todo mucha rabia conmigo mismo, con Dios, con la Iglesia, con mi familia; yo culpaba mucho a mis papás, yo decía si mis papás no estuvieran peleados, si no estuvieran separados, no me estaría pasando esto a mí, esto no me hubiera pasado; era una mezcla de muchos sentimientos que se encontraron en ese momento...No se puede perdonar en nuestras propias fuerzas, yo no lo hubiera podido perdonar, si Dios no estuviera dentro de mí, si no hubiera estado conmigo, capacitándome, ministrándome, y sanando la herida yo creo que no hubiera podido perdonar, y no hubiese podido estar aquí contándolo a través de un libro..."

Del mismo modo, el talentoso artista habla acerca del objetivo de su video libro Del Llanto a la Sonrisa; pues cabe decir, que no es fácil hacer una introspectiva tan profunda para luego revelar "a todo el mundo" los más íntimos secretos del corazón, y menos cuando se goza del reconocimiento internacional.

"...Que la gente por encima de todas las circunstancias que nos rodean, pueda seguir soñando y creyéndole a Dios; en un Dios que cumple sus promesas... Dentro de los propósitos que tenemos, dentro de esos sueños que tenemos hay metas y un trayecto que Dios quiere que pasemos. Nivel a nivel Dios va enseñándonos y vamos a ver esas promesas cumplidas y ese es el desafío: Que cada joven, cada persona que lee el libro diga OK, hay algo más, y que eso mismo los lleve a conocer la dimensión de un Dios grande en el cual creemos..."

Venzamos la enfermedad psicológica y física para obtener libertad de posibilidades:

Hay momentos en la vida del liderazgo gladiador que uno no sabe qué hacer y en esos momentos de enfermedad sicológicas o emocionales el *yo* controla con sus más crueles sentimientos tanto que uno se pregunta: "¿Quién es tu siervo, para que mires a un perro muerto como yo?" - 2 Samuel 9:8. No dudo que circunstancias tales presenten tal figura, sin embargo la historia se repite que de *lo peor Dios está dispuesta a convertirlo en lo mejor* que pueda existir en sus grandes proyectos para con la humanidad.

Con la ayuda de Dios y la disponibilidad personal el Dr. Stephen R. Covey nos dijo: **"Usted trabaja con ideas. Usted trabaja con su mente hasta que obtenga una clara imagen de lo que usted quiere construir."** El laboratorio para lo que se desea ser esta en nuestra propia mente. Si entendiéramos el poder la mente dejaríamos de ser lo que no somos.

Mefi - Boset el que expresó el versículo anterior jamás se había imaginado lo que le esperaba, su situación era desesperante tenía una enfermedad además de física, psíquica por ser descendiente de Saúl y como había muerto su abuelo, él creyó que David lo iba a matar, además de eso era lisiado de los pies obstáculo de acuerdo a su pensar lo hacía un miserable en una condición deplorable.

Todo hombre debe saber que tiene el poder de libertad, puede elegir su futuro no en el pasado o su trastorno sicológico, sino por la oportunidad del momento dado por su creador. Recordemos que "Libertad – ninguna palabra ha sido alguna vez hablada que ha tenido nuestra más grande esperanza, que haya demandado gran sacrificio, necesitado ser nutrida, bendecido más al dador, destruido a sus destructores, ***o llegado a ser más de cerca de ser la Voluntad de Dios en la tierra***. I yo creo que eso es digno de pelearlo si es necesario." – General Omar N. Bradley. Dios permite su voluntad en la tierra cuando

El Líder Gladiador

usted y yo utilizamos el don la libertad de ser libres de prejuicios, leyes impuestas por el hombre y pensamientos, sentimientos que no dejan cumplir el destino nuestro.

Por lo contrario el cielo en esa desgracia sicológica y física miraba una resplandeciente victoria, triunfo y un futuro prometedor y exaltada posición para Mefi - Boset. Lo mismo ocurre con varios de nosotros. Aunque la experiencia no promete mucho, las posibilidades y oportunidades del cielo son grandes.

De ser nada a algo grande:

De ser nada aun mientras vivía su abuelo Saúl, más tarde David Dijo: "Mefi Boset". El respondió: "Aquí tienes a tu siervo". Y David agregó: "No temas, porque **deseo favorecerte** por amor a Jonatán tu padre. **Te devolveré todas las tierras** de Saúl tu padre, **y tú comerás siempre a mi mesa**". - 2 Samuel 9:6,7. Hasta este momento el muchacho era desconocido pero el triunfo del gran líder David trajo prosperidad a uno desconocido, ignorado quien su futuro no prometía nada.

Si uno permanece fiel al llamado de la vida, si la responsabilidad encomendada es llevada a cabo con respeto y fidelidad el cielo no ignorara nuestra resistencia a esos grandes obstáculos. Ha ocurrido que lo que ha estado muy por los suelos llega el momento cuando la oportunidad visita y si la aprovecha le sube o eleva a donde menos se imaginaba usted.

La verdad de este capítulo es que lo peor viene a ser lo mejor y el suelo el techo, el valle se convierte en un monte, y negro en blanco. Pregunto ¿Ha aprovechado su oportunidad o las ha dejado ir? Recuerde de nosotros depende ver como de la nada nazca algo grande cuando esa oportunidad llega, créame llegar, si no es que ya llegó. El poder está en lo que uno tiene en mente. Está en el deseo de ver algo nuevo. El poder y concepto de la creación de una nueva persona nace en Dios y se manifiesta en los pensamientos nuestros puestos en acción. Como el protagonista de nuestra historia podemos llegar de la nada a algo grande.

Lo Peor / Lo Mejor

De la nada una empresa:

Pero además de regalarle esperanza y un futuro prometedor David organizo su empresa poniéndolo al frente de ella, confirmémoslo: "Entonces el rey llamó a Siba, siervo de Saúl, Y le dijo: *"Todo lo que fue de Saúl y de su casa, lo he dado al hijo de tu señor.* Tú, con tus hijos y tus siervos *le labrarás* las tierras, almacenarás los frutos, para que el hijo de tu señor tenga con qué mantenerse. Y Mefi Boset, el hijo de tu señor, comerá siempre a mi mesa. Siba tenía 15 hijos y 20 siervos. Respondió Siba al rey: "Conforme a todo lo que ha mandado mi señor el rey, así hará tu siervo". *Así, Mefi Boset comía a la mesa de David, como uno de los hijos del rey."* - 2 Samuel 9:9-11.

Vemos claramente que la peor condición puede transformarse en la mejor, y el peor de los casos puede transformarse prometedor, también es afirmativo que la persona que menos promete puede llegar a ser un grande líder, promovido por quien menos se esperaba aun por los enemigos o quien más pareciera amenazar nuestra vida como parecía suceder en la historia de David.

Mefi Boset, de la nada obtuvo una empresa cuando dejo que la oportunidad le bendijera. Concluimos entonces que Dios tiene futuro para todos los que aprecian el vivir y viven con lo que tienen esperando y luchando por un mejor futuro y posición. Nada esta terminado cuando se es un gladiador de corazón.

Los obstáculos no importan:

Mefi- Boset de nada llego a ser algo grande, de lisiado llego a ser un patrón, líder, empresario. Además de esto de tener su pequeña empresa llego a ser príncipe adoptivo. Como un hijo de rey sin serlo. Soy pues de la opinión que las circunstancias y condición no son la profecía que señala nuestro futuro.

Entiendo que la más desesperante condición y posición es la que mejor prepara a uno para un lugar inimaginable. En el campo de Dios, de la vida, del universo es necesario la preparación, la escuela y toda educación posible, pero al final sea ha dicho:

El Líder Gladiador

"Antes lo necio del mundo eligió Dios, para avergonzar a los sabios; lo débil del mundo eligió Dios, para avergonzar a lo fuerte; y lo vil del mundo y lo menospreciado eligió Dios, y lo que no es, para deshacer lo que es; para que nadie se jacte en su presencia". - 1 Corintios 1:27-29.

De lo inimaginable surgen los grandes:

El escritor de estos versículos (1 Corintios 1:27-29.), hablaba por experiencia, lo vil, menospreciado, lo que no es; era él en su condición antes de llegar a ser el apóstol Pablo. Aunque era un gran religioso su conducta era contraria a los propósitos de Dios, su manera de aplicar la verdad profesada era una blasfemia ante Dios. En este sentido él también era nada cuando pensaba que tenía todo. Su vida no concordaba con lo que profesaba.

Recapitulando su pasado ante Dios el expreso: "ellos saben que yo iba de una sinagoga a la otra, y encarcelaba y azotaba a los que creían en ti". - Hechos 22:19. La condición de este gran hombre no era nada prometedor para la empresa de Jesús. Era realmente un enemigo de la causa salvadora. Estaba en el bando equivocado, sin embargo de allí lo llamo Dios llegando a ser el más fiel y poderoso de todos ellos.

Es irónico, pero cuando llego Pablo a ser un líder solo para él no tenía nada. Pero para el universo él no era un líder sino un líder grande, yo diría el más grande líder gladiador de su tiempo. Porque escrito esta que: "El Eterno empobrece y enriquece, abate y ensalza". - 1 Samuel 2:7. Todos tienes una oportunidad de llegar a ser grandes.

'

La muerte debe visitar para vivir:

Este es un principio que pocos reconocen y usan. De igual forma como Saúl tuvo que morir para que David ascendiera y Mefi – Boset esto enseñaba un gran principio que para que unos suban otros caen.

Esto ocurrió con la historia de la india. Así también Gandhi para una india libre el tuvo que morir. El mismo principio ocurre con Mandela tuvo que desaparecer 27 años de vida libre para ver una África viva y libre. Miles murieron para que surgiera un Jorge Washington que liderara un Nuevo Mundo desde Estados Unidos.

En la media el principio estaba vivo. Sin embargo para que hombres de este calibre surgieran tuvo que haber muerte de otros. Hamilton y Wishart, príncipes por su carácter y por su nacimiento, y con ellos un largo séquito de más humildes discípulos, entregaron sus vidas en la hoguera durante la revolución de la reforma en Europa. Empero, de la ardiente pira de Wishart surgió uno a quien las llamas no iban a consumir, uno que bajo la dirección del cielo iba a hacer oír el toque de difuntos por el papado en Escocia.

Aparece Juan Knox quien se había apartado de las tradiciones y de los misticismos de la iglesia para nutrirse de las verdades de la Palabra de Dios, y las enseñanzas de Wishart le confirmaron en la resolución de abandonar la comunión de Roma y unirse con los perseguidos reformadores.

Para ver grandes ya sea en persona o ideas el principio de la muerte y vida está vigente. En la vida hay un sacrificio y en ocasiones es la muerte de conceptos, ideas y planes. Si esta es nuestra experiencia a vivir que la vivamos, dejemos que ocurra porque al permitirlo sépase que se avecina un día nuevo y muy exitoso para el que vive surgirá un líder gladiador nunca antes visto en vida, en el hogar, en la comunidad, en los negocios, empresa, organizaciones.

Así que la muerte de algunos, ideas o planes, eventos es experimentado para que otros suban, sean elevados y prosperen.

Aprendamos de la caída de otros:

Algo que he aprendido de la vida es que los lideres verdaderos nunca se dan por vencido. No dejan su visión de vida. No se someten ni siquiera a sus fracasos. Aprenden y siguen.

Vi a primera mano del expresidente Bill Clinton que, aunque sus errores, fallas y fracasos fueron varios y muy públicos él nunca se dio por vencido. Forzado o voluntariamente reconoció sus horrores y errores.

Pero sobre todo esto siguió adelante. Encontró nuevas oportunidades de vivir y ha vivido como líder. Digan lo que

El Líder Gladiador

digan siempre dio la cara y hasta este día que escribo a seguido siendo una persona publica cumpliendo su razón de vida. Al final uno sella su propio destino.

Sépase que el apóstol Pablo también cayo, fallo y titubeo en ocasiones como líder. Nosotros no somos diferentes a experimentar esa fase en la vida de los líderes. Aunque no podemos evitar ciertas cosas lo que si podemos es aprender tanto de nuestras caídas y las de los demás.

Otro de los aspectos que se pueden ver al interior del video libro del cantante Alex Campos, **es el interés del artista de ser motivación y buen ejemplo para los que aún tambalean en su fe:** Después de contar como sus padres se peleaban, divorciaron y como esto le afecto. Sin ser cristiano. Ser abusado sexualmente por alguien que trabajaba en la iglesia, encontrarse con Dios y buscar el camino al perdón él se afirmó en su fe como alguien que ha experimentado, el abuso, estar en el hoyo de la vida y salir y llegar a ser grande, decidir en lugar de sucumbir convertirse en un líder gladiador.

El margen que importa:

Queridos colegas Dios puede hacer milagros si le permitimos, pudimos ser los peores o caer de una manera horrible, todo muestra estar en nuestra contra, tan cierto es que no vemos más allá que el problema o lo que sentimos. Todo esto no es razón de retroceder. En breve diremos que la peor y más triste condición no es un obstáculo para el cielo transformar, sino materia con la cual trabajar.

El que quiere experimentar ese proceso le es posible. No hay posición o condición despreciable que no pueda levantarse y resplandecer en el debido lugar. De hecho, se nos dice a los que hemos caído o estamos sentados en nuestras desgracias, "Levántate y resplandece" - Isa. 60:1. Este es el margen que importa. La vida tiene la última palabra.

El margen que tiene respaldo es lo que Dios dice y no lo que el corazón pueda dictar, ni la gente o el peor de los casos. Dios es el que "pone y quita" - Daniel 2:21. Bien dichas fueron las palabras de Frank Houghton, **"A través de hombres que los mundanos consideran tontos, elegidos de Dios y**

Lo Peor / Lo Mejor

no por el hombre creados en tus escuelas secretas de capacitación, avanzan hacia tu plan eterno". Esta es la escuela a la cual los líderes gladiadores se someten y si logran su disciplina llegan a ser los grandes líderes del mundo hoy.

Nuestro Génesis está en Dios pero depende radicalmente de nosotros:

El génesis entonces del líder está en que comprenda de quien viene la oportunidad y la ocasión. Y en quien la acepta y puede realizar. Su derrota o condición del peor de los casos solo es el lazo de su capacidad en receso. Transformándose en esa grande posibilidad.

El génesis de nuestra vida de líder esta en Dios pero para su evolución depende radicalmente de nuestras elecciones y decisiones diarias.

Es del mismo abismo donde surgen los mejores líderes, jamás la luz fuera capaz de irradiar y hacer sonreír a nadie a menos que surja de las más obscuras tinieblas. Hoy es nuestra oportunidad de superar cualquiera sea nuestro presente obstáculo, hoy es el momento de ver que la vida, la oportunidad es la mejor empresa que convierte - *"lo peor en lo mejor"*.

Para reflexionar y aplicar:

Escriba una historia donde ha vista a alguien usar lo peor para realizar algo grande y bueno:

_____
_____
_____

¿Por qué en ocasiones lo peor es lo mejor?

_____
_____
_____

¿Qué le gusto más de este capítulo?

_____
_____
_____

El Lider Gladiador

¿Qué pondrá en práctica de este capítulo?
_____
_____
_____

¿Qué compartirá a otros de este capítulo?
_____
_____

Persistencia

"La paciencia es un árbol de raíz amarga, pero de frutos muy dulces". – Proverbio Persa.

Arantxa Sánchez Vicario nació en Barcelona (España) el 18 de diciembre de 1971. Reside en Andorra, en la pintoresca zona de los Pirineos. Es la más joven de cuatro hermanos tenistas profesionales.

A la edad de sólo 4 años ya jugaba en el club barcelonés de Pedralbes y posteriormente en el Club de Tenis de Barcelona. Sus cuatro Grand Slam la igualaron al otro gran español, Manuel Santana, aunque Arantxa ostenta el cetro de ser el único jugador español que ha conquistado tres veces el mismo torneo (Roland Garros). Recorre las canchas de competiciones con su madre Marisa como inseparable compañera de viaje.

Es diestra y destaca con el revés a dos manos, y de pequeña estatura. En los Juegos Olímpicos de Barcelona conquistó la medalla de bronce en individuales, y la de plata en dobles junto a Conchita Martínez. Su gran enemiga sobre las pistas ha sido la alemana Graf, quien la privó en 1997 de un Roland Garros y fue eliminada ese mismo año de Wimbledon. Arantxa ha sido la octava jugadora que más ha ganado en la historia del tenis femenino, con 474 millones, en 1993. En 1987 hace su debut en los ATP. Y su mejor ránkind se señala en 1995 (11/6). El 23 de noviembre de 1994 la Universidad de Alicante (España) le entrega el "Laurel de Oro", galardón que hizo expresar a la tenista "Este premio y las muestras de cariño recibidas me hacen sentir verdaderamente universitaria, anhelo de difícil consecución para los deportistas de alto nivel, devorados por la rutina de los intensos entrenamientos y por la locura de los apretados calendarios de competición."

Es considerada la única mujer española que ha llegado a ser No. 1. La mejor jugadora española de todos los tiempos ha ganado 3 Roland Garros y 1 Abierto de los Estados Unidos de América. Sus grandes logros profesionales comienzan a ser

El Líder Gladiador

noticia en el tenis mundial, a partir de 1988, en que gana el Abierto de Bélgica. En 1989 triunfa en Barcelona y en Roland Garros. En 1990 gana los torneos de Barcelona y Newport. En 1991 se impone en Washington y en 1992, triunfa en Lipton y en los Abiertos de Canadá. En 1993 logra imponerse en Lipton, Barcelona, Amelia Island y Hamburgo. En 1994, y en una etapa de ascenso continuo, quizás el mejor momento de la tenista española, triunfa en Roland Garros, Tokio, Amelia Island, Hamburgo, Oakland, Barcelona, y los Abiertos de Canadá y los Estados Unidos de América. En 1995 gana en Barcelona y en los Abiertos de Alemania. En 1996 obtiene los torneos de Hamburgo y Hilton Head. En 1998, gana en Sidney y Roland Garros.

Arantxa Sánchez Vicario demostró en Roland Garros en 1999 lo fácil que se le hace este torneo pese a recibir algún insulto por parte de los aficionados franceses en su partido ante Sonya Jeeyaseelan (Canadá) cuando le ganó con muchas dificultades por 3-6, 6-2, 6-2 y a partir de allí derrotó a una Magüi Serna que se exhibió, pero a la que superó por 7-5, 6-4 para luego derrotar por 0-6, 6-4 y 6-2 a Barbara Schett en un "Match" en el que Arantxa llegó a estar abajo por 6-0, 4-1 y demostró su capacidad de reacción para pasar a cuartos, donde derrotó a Venus Williams por 6-0, 1-6 y 6-2 para después caer en un pésimo partido ante una gran Conchita Martínez por 6-1, 6-2.

Lo que esta historia demuestra es que no importa tu edad, estatura y educación. El que quiere puede y lo demuestra en el campo de la vida. Persistencia es clave y el que se propone avanza enfrentando los obstáculos uno por uno pero persistentemente hasta ganar o perder, no vacaciones solo metas y objetivos.

Persistencia:

"El hecho de triunfar no consiste en vencer siempre sino en nunca caer en el desánimo". - **Napoleón Bonaparte**

Al estar entregados en el mundo del liderato muy a menudo los deberes nos dan sorpresas y lo malo es que no las esperábamos. He a allí la importancia de dedicar tiempo a la construcción de nuestro futuro invitando toda rama de sabiduría que contribuya a crecer, madurar, llevándonos a un

Persistencia

auto examen de nuestra presente situación de tal manera que *podamos resistir* en momentos crudos, cruciales, críticos de los cuales depende el éxito que en ocasiones pensamos jamás llegaría.

*"La vida cristiana es más que lo que muchos creen. No consiste enteramente en amabilidad, paciencia, mansedumbre y bondad. Estas gracias son esenciales; pero también **se necesita valor, fuerza, energía y perseverancia**. La senda que Cristo señala es una senda estrecha, de abnegación. El entrar en esa senda y seguir en medio de dificultades y desalientos, requiere hombres que no sean débiles." - Obreros Evangélicos pg. 307.*

Por experiencia puedo decir que he dejado de disfrutar victoria, éxito y prosperidad tan solo por no "persistir" allí donde me di por vencido. ¿A caso no es cierto que después de meditar en los momentos que desistimos de algún proyecto, relación o meta estábamos a milésima de segundos por lograr lo añorado? Veo pues aquí la importancia de introducir lo critico que es que un líder aprenda el valor de la persistencia si desea llegar lejos y sobreponerse a los grandes obstáculos de la vida.

Muchos de los colegas son un fracaso tan solo por no haber resistido y permanecido peleando un **"poquito más"**. Miremos a nuestro alrededor y la vida de muchos lo testificara. Aprender a resistir es esencial en la vida de un líder, es importante saber lo que involucra persistir si se quiere triunfar.

Pero un hombre de experiencia en lo que es luchar y perseverar por lo que creemos, deseamos y nos propusimos dijo: **"El triunfador persevera con agrado en la lucha lacerante. Sabe que su valor no estriba en los triunfos que ha acumulado, sino en las veces que se ha levantado de sus fracasos"** - Carlos Cuauhtémoc Sánchez

¿El valor de nuestra luz y meta reside en?

Podríamos recordar como hombres crecidos y de responsabilidad lo que la maestra de la escuela pregunta: Juanito, - **¿Puedes decirme cual es la diferencia entre perseverancia y terquedad? Juanito contesto: Perseverancia es el deseo fuerte de querer hacer algo;**

terquedad es el deseo fuerte de no querer hacerlo. Mientras ejecutamos nuestros deberes nos enfrentamos constantemente con momentos decisivos, momentos de grandes decisiones, ocasiones que si no nos cuidamos podrían muy bien derrumbar lo mucho o poco que hemos logrado.

"No debemos pensar que, porque somos una luz pequeñita, (débiles, falta de recursos o sabiduría) no necesitamos preocuparnos si resplandecemos o no. **El gran valor de nuestra luz reside en la persistencia** *con que resplandece en medio de las tinieblas morales del mundo, y en hacerlo no para complacernos y glorificamos a nosotros mismos, sino para honrar a Dios con todo lo que tenemos. Si estamos sirviendo a Dios, y nuestra obra corresponde con las capacidades que Dios nos ha dado, eso es todo lo que él espera de nosotros...". - Cada Día Con Dios pg. 98.*

Si en verdad creemos en lo que profesamos, entonces el que nuestra luz resplandezca en cualquier área de la que amamos o perseguimos radica en que tengamos *el valor de perseverar*. Perseverar es una habilidad adquirida en las caídas, tropiezos, faltas y fracasos constantes en algo que uno ama. Pero sépase que allí nace la perseverancia en el levantarnos e intentar otra vez. Allí está la luz que con valor resplandecerá en las tinieblas al perseverar con ahínco.

La lucha:

Cualquier cosa que usted quiera hacer en su vida, no importa dónde usted empiece, alguien ha hecho algo similar o incluso algo más difícil, empezando con menos de lo que usted tiene en este momento. - Steve Gillman

Al tipo de persistencia que me estoy aquí refiriendo es al que la mayoría nos falta, en el libro antiguo se dejo escrito para nuestro ejemplo. Se cuenta la historia de un joven que deseaba servir a Dios pero debido a falta de madures y experiencia cometió errores grabes, añadiéndole mal a esto engaño a su padre y hermano con resultados funestos. Tuvo que huir de su casa para salvar su vida. Estando lejos por veinte años el cielo le ordeno regresar a su tierra, la tierra de sus padres.

Persistencia

Ahora ya hecho una persona adulta obedeciendo la orden comienza su regreso. En el camino se le informa que su hermano lo espera con cuatrocientos hombres para matarlo en venganza de su pasado engaño. Es aquí donde temiendo tal ocasión busca a Dios. "Aquella noche Jacob se levantó, tomó sus dos esposas, sus dos siervas, y sus once hijos, y pasó el vado de Jacob. Les hizo pasar el arroyo, e hizo pasar lo que tenía." - Génesis. 32:22,23. En este momento difícil tuvo la opción de regresarse y darse por vencido o simplemente persistir y seguir. Decidió seguir y así manifestar una característica necesaria en todo ser humano, especialmente nosotros como líderes, persistencia absoluta.

Buscando librar a su familia los desvió del peligro y luego "Jacob se quedó solo. *Y luchó con él un Varón hasta el amanecer.*" - Ver. 24. Notemos que él se encontró "solo" y en esta soledad oro, busca a Dios, y ¿qué dice la palabra que hizo? Así es, "lucho hasta el amanecer". En otras palabras, persistió, cualidad indispensable de todo líder gladiador.

Estoy convencido y puedo comprar que lo que ha hecho que muchos líderes y empresas, negocios, hogares, iglesias, organizaciones no logren sus objetivos, metas, ventas, deseos no es ni la oportunidad, tiempo o producto sino las personas involucradas. No insistieron. No persistieron. Se dieron por vencidos cuando faltaba tan poco para lograrlo.

"*...se necesitan vida espiritual, valor, constancia y decisión... Perfeccionen el carácter. ¡Sean fuertes, sí, sean fuertes!*" - Alza Tus Ojos pg. 127.

La lucha se intensifica:

Un verdadero líder no tira la toalla, no se da por vencido cuando sus errores lo atrapan, cuando tiene que encarar algún problema; no solo busca a Dios, sino que hace su parte, "lucha" - persiste hasta donde sus fuerzas, experiencia le permite, allí permanece hasta lograr una solución.

Enrico Caruso fracaso tantas veces con sus notas altas que su maestro de voz le aconsejó que se diera por vencido. No lo hizo. En su lugar, persevero, lucho y se convirtió en uno de los tenores más grandes del mundo. La perseverancia tiene su paga. El mundo puede estar en tu contra, pero si experimentas la capacidad de perseverar tendrás el privilegio de ver tu triunfo.

El Lider Gladiador

Hombres *de lucha* necesitan nuestras denominaciones, organizaciones e instituciones. Hombres y mujeres que sepan persistir. Este no es más que un estilo de vida que se acepta, se forma, se quiere. Nada nace en este ámbito, todo tiene un deseo que fructifica en la verdad que se tiene que querer y aprender un estilo de vida que crea hábitos con vista de un futuro deseado.

Jacob no dándose por vencido dice la escritura; "cuando el Varón vio que no podía con él, tocó el encaje de su muslo, y se descoyuntó el muslo de Jacob **mientras luchaba con él**". - Ver. 25. Por segunda vez se nos dice que Jacob luchaba con él, él era Dios mismo.

Vemos que no tiene significado luchar a menos que sea en momentos decisivos, peligrosos pero importantes. Si no hay una razón buena no hay razón para luchar. Si no se tiene un sueño con futuro no tiene sentido perder tiempo en ello. Todo sacrificio tiene valor cuando sabemos lo que querremos.

"Se nos brindará asistencia a cada paso que avancemos. Cuando el alma que lucha se esfuerza con ahínco es cercada por dolencias y rodeada de enemigos para desanimarla, el Consolador se acerca. El Espíritu Santo ayuda nuestras flaquezas...Debemos, para vencer, usar los medios colocados a nuestro alcance." - Alza Tus Ojos pg. 294.

En otras palabras la verdadera lucha se manifiesta en líderes gladiadores cuanto enfrentan circunstancias retadoras, momentos en los cuales la sabiduría humana pareciera limitarse, donde las fuerzas parecen no más manifestarse, allí donde la fe parece tropezar, allí es donde la palabra 'lucha' tiene sentido. Es en ocasiones tales que luchar se transforma en persistir, contender hasta que el enemigo que se enfrenta u objetivo que se busca sepa que no somos cualquier tipo de líderes, nos negamos a darnos por vencidos.

La bendición de la lucha:

"El poder que tenemos para empezar de nuevo, es el poder de tener algo más que nuestros resultados actuales." - Millie Johns.

El Varón le dijo: "Déjame que raya el alba". **Pero Jacob respondió: "No te dejaré, si no me bendices". Ver. 26.**

Persistencia

Amigos lideres debemos *formar el hábito*, la costumbre de no darnos por vencidos, debemos expresar con nuestra persistencia que sabemos lo que deseamos, ya sea nuestra lucha con la vida, con la organización, en la oficina, los empleados o algún enemigo; siempre que sepamos que lo que buscamos, queremos o trabajamos es aprobado por principios, valores, lo recto NO nos dejaremos dominar por el temor, el reto, el sacrificio requerido. Permaneceremos de pie hasta lograr la 'bendición' como nuestro ejemplo Jacob.

El verdadero **liderazgo GLADIADOR** se manifiesta no al tomar una posición sino cuando se encara la prueba. No es hasta entonces que se sabe quién es un líder. Muchos tienen puestos y grandes responsabilidades, pero no se sabe su potencial y la seriedad con que trabajan hasta no ser probados en la lucha. Bendito LOS problemas ellos sacan a flote a todo buen líder. El carácter del liderazgo es aprobado por la universidad de la vida cuando se vence, se triunfa en el desafío inesperado. **Nadie es un gladiador hasta que pase esta experiencia.**

"Nada en este mundo puede tomar el lugar de la persistencia. El talento no lo hará. Nada es más común que los hombres sin éxito y con talento. Los genios tampoco. Los genios no recompensados es casi un proverbio. La educación tampoco. El mundo está lleno de negligentes educados. La persistencia y determinación son omnipotentes." - Calvin Coolidge.

Solo se sabe que valió la pena luchar cuando uno como Jacob recibe una bendición. Esa bendición es sinónimo de cualquier objetivo logrado en la vida. Puede ser una carrera, superación de algún problema o meta en nuestras organizaciones. La clave de lograr algo no depende tanto de los medios para lograrlo sino *del tipo de actitud mental que se tenga la luchar por ello*.

El que quiere puede y esa es el arma de todo el que lucha no se cansa, persevera y logra. Resultados se obtienen cuando se sigue el ejemplo de nuestro padre Jacob. Escrito esta que: "Además, el atleta no es coronado si no lucha legítimamente". - 2 Timoteo 2:6. La coronación empieza cuando se lucha, cuando se lucha se camina a una graduación que solo los lideres perseverantes reciben como bendición de su lucha persistente.

No desmayar:

"La paciencia, persistencia y transpiración son una combinación indestructible para el éxito." - Napoleón Hill.

El no desmayar además de una característica de los grandes hombres y mujeres de la historia es una actitud mental adquirida por voluntad propia. Este punto se manifestó en una viuda que habla la Biblia en Lucas 18:2-7. "Jesús les contó una parábola acerca de la necesidad **de orar siempre**...Les dijo: En cierta ciudad había un juez que no respetaba a Dios ni a los hombres. Había también en esa ciudad una viuda, que venía a él, y le decía: 'Hazme justicia ante mi adversario'. *Por un tiempo él no quiso*. Pero después pensó: 'Aunque no respeto a Dios, ni a los hombres, 'sin embargo, como esta viuda me molesta, **le haré justicia, para que no venga de continuo y me fastidie**. Y dijo el Señor: Oíd lo que dijo el juez injusto. Y Dios, **¿no hará justicia a sus elegidos, que claman a él día y noche, aunque parezca demorar en defenderlos**?

El problema u objetivo buscado es así de grande conforme pensemos y queramos. El obstáculo radica en cuanto nos demos por vencidos o grandes resultados en cuanto persistamos. La viuda persistió y logro justicia. La regla es la misma en la vida. Quien persiste logra. El que desmaya fracasa. La falta de esta cualidad en el liderazgo ha hecho que muchos dejen sus responsabilidades o puestos. Si uno desmaya en su mente lo demás vendrá seguramente.

En conclusión, se afirma: "Jesús les contó una parábola acerca de la necesidad de orar siempre *y no desmayar*". - Lucas 18:1. Jesús es el gran maestro de esta verdad de no desmayar. El apóstol Pablo escribiéndole a los de los Colosenses escribió: "Quiero que sepáis **cuán grande lucha sostengo por vosotros, por los que están en Laodicea y por todos los que nunca me vieron;**" - Colosenses 2:1. Jesucristo y Pablo son un vivo ejemplo de no desmayaron, lucharon por lo que sabían y querían.

Persistencia

Un plan frente a él:

"El éxito es el resultado de la perfección, trabajo duro, aprender del fracaso, lealtad y persistencia." - Colin Powell.

Al ejecutar nuestras responsabilidades el gladiador, el líder que es maduro en su camino en cada momento pero en especial en los más difíciles persevera como parte de su carácter. Vive, respira este principio. Las escrituras nos dicen: "No tengas tu corazón envidia de los pecadores. **Antes persevera** en el temor del Eterno en todo tiempo." - Proverbios 23:17. Entonces todo el que sabe persistir o esperar con sentido sabrá lo que busca de ante mano. Tendrá un plan claro en su escritorio que gobernara su fe, su deseo, su espera.

Una persona tal persevera porque sabe que lo que espera y debe luchar porque está convencido que lo que quiere vale la pena. En otras palabras los que se dan por vencidos bajo circunstancias desalentadoras son aquellos que no saben lo que hacen y quieren. Están confundidos, no convertidos a su llamado o mal informados de sus responsabilidades. No tienen ningún objetivo, meta o plan y por lo tanto lo más viable para ellos es correr.

Haga lo que tenga que hacer pero no olvide escribir lo que es su plan a seguir. Bien puede escribirlo para recordárselo en su diario personal, en su agenda, alguna tarjeta que tenga a la vista todos los días o una carta a alguien con quien pueda alcanzar su objetivo. En lo personal me escribo e – mails, o en mi BlackBerry con fechas establecidas por mí con recordatorios de mis objetivos, sueños y aspiraciones. Créeme que funciona y no solo me recuerda de mis metas pero también me inspira saber que tengo sueños que alcanzar.

En este proceso de perseverar de acuerdo al versículo anterior en relación a ser pacientes y perseverar debemos cuidarnos de la envía. El que otros tengan lo que tienen y no nosotros no debe molestarnos. La envidia es la raíz de grandes males y aun la muerte. Debe saberse que al estar envueltos con la envida de seguro nos llevara al cansancio porque es algo destructivo de energía y vida. Por ser egoístas estas personas, nunca prosperaran. La envía debe ser desaprobada y evitada en nosotros si deseamos triunfar por lo contrario nos cansará y destruirá.

Debemos asegurarnos entonces de no estar buscando nuestro propio camino, sino el cómo beneficiar a la humanidad en las tareas y deberes encomendados. Dios sabe corresponder cuando nos ve esperar, cuando ve que hacemos todo de nuestra parte por cumplir nuestro destino. Dios no es insensible a nuestros deseos por eso se escribió: "No te impacientes a causa de los malignos, ni envidies a los que practican la iniquidad... deléitale en el Señor y él te dará los deseos de tu corazón." - Salmos 37:1-4.

Otra cosa que podemos aprender del versículo citado es que este tipo de líderes que no buscan lo que otros añoran sino el cumplir su misión y agradar a su primer Jefe, Dios y en seguida sus hogares, organizaciones, empresas, negocios, iglesias, red de mercadeo. Ellos no son "bilingües". No tienen dos caras, son lo mismo en las buenas o malas. Ellos "en todo tiempo" persisten en el temor del Eterno. Interesante este punto porque hay muy pocos de ellos en la actualidad. Necesitamos llegar a ser uno de ellos hoy. Nuestras organizaciones están cayendo por falta de permanencia en el puesto del deber en días malos. Para saber dónde está le pregunto: ¿Sabe lo que quiere? ¿Sabe a dónde va? ¿Tiene y conoce su plan? ¿Es usted perseverante, vale la pena luchar? ¿Cuál es tu motivo?

Actitud:

Hay grande necesidad de evaluar el tipo de **actitud** que asumimos en tiempos difíciles porque ello determinara nuestro futuro, éxito o derrota. Esto no quiere decir que no pelearemos con emociones que querrán desterrarnos del futuro deseado. La misma guerra con el "yo" estará siempre presente. Aquí solo ganan aquellos que desde temprano en su experiencia añadan "determinación en todo lo que hagan" y esa es una actitud creada por uno mismo. John Maxwell lo dijo así;

"Si usted desea tener éxito, acepte que no hay mucha diferencia entre éxito y fracaso. Si está dispuesto a ser *tenazmente persistente*, usted puede ser un triunfador".

Vemos que de acuerdo a este hombre experimentado no dice que debemos tener solamente persistencia sino que

Persistencia

debemos ser *"tenazmente persistentes"*. Cualidad que depende totalmente de nuestra actitud.

Decídase ser una persona de actitudes positivas. Esas actitudes se construyen conforme se valla aprendiendo a vivir entre los altos y bajos de la vida. Se aprende y acepta que todo tiene su tiempo, así aprendemos que actitud manifestaremos en esos tiempo difíciles.

Me encanta una historia que Zig Ziglar le conto al Dr. Maxwell muestra lo importante de tener una actitud creada por nosotros mismos: "Jeb durante su crecimiento su madre entraba en el dormitorio y lo despertaba a las 5:30 diciendo "Jeb, va a ser un gran día". Pero eso no era lo que el niño deseaba oír a esa hora de la mañana. Su primer trabajo cada día era salir y traer el carbón para encender el fuego y calentar la casa. Lo aborrecía. Un día cuando ella entro y dijo: "Va a ser un gran día, Jeb respondió bruscamente: - No mama. Va a ser un día asqueroso. Estoy cansado. La casa esta fría. No quiero levantarme y traer carbón. ¡Es un día horrible! - Querido - ella contestó - no sabía que te sentías así. ¿Por qué no vuelves a la cama y duermes otro poco? - ¿Por qué no pensé en esto antes? - se dijo creyendo que había dado al clavo."

"Despertó dos horas después. La casa estaba caliente, y podía oler el desayuno que estaba preparado. Salió de la cama, se vistió y fue a sentarse a la mesa de la cocina. - Estoy hambriento dijo. He descansado bien. Ya está listo el desayuno. Esta está perfecta. - Querido dijo la mama - no hay comida para ti. ¿Recuerdas que dijiste que iba a ser un día horrible? Como madre voy a hacer lo mejor que pueda para que tengas un día horrible. Vuelve a tu dormitorio y quédate allí todo el día. No tienes permiso para salir de allí, y no vas a tener nada para comer. Nos veremos mañana a las cinco y media."

"Jeb regreso a su dormitorio desanimado y se acostó. Pudo dormir más o menos otra hora. Pero eso es todo lo que una persona puede dormir. Paso todo el día deprimido en la habitación, con un hambre que crecía con el paso del tiempo. Cuando oscureció volvió a meterse en la cama y trato de dormir."

"Despertó varias horas antes del amanecer. Se vistió. Estaba sentado a la orilla de la cama cuando la mama abrió la puerta de su habitación a las cinco y media. Antes que ella dijera algo, Jeb se puso de pie de un salto y dijo: Mamá, ¡va a ser un gran día!"

Como vemos la lección de esta historia es que para Jeb todo cambio cuando el cambio de actitud. Así también para nosotros. En este asunto de perseverar y luchar llega el punto donde no es un asunto de conocimiento sino depende de la actitud manifestada por nosotros. Sabe la actitud correcta siempre le ayuda a recordar por qué lucha, le inspira cuando todos le dejan al pensar en el resultado de lo que busca.

Isaías nos muestra que aun entre los que somos llamados al liderazgo muchos tenemos una actitud negativa no solo de nosotros sino de lo que nos rodea. Sin embargo él nos muestra lo posible que es el cambio de actitud. Cuando fue llamado su actitud era: "Entonces exclamé: "¡Ay de mí que soy muerto! Porque soy hombre de labios impuros, que vivo entre un pueblo de labios impuros, y mis ojos han visto al Rey, al Eterno Todopoderoso." Isaías 6:5. Más tarde cuando comprendió, acepto un llamo especial y quiso cambiar de actitud, Dios hizo un llamado general y Isaías expreso: "Después oí la voz del Señor, que dijo: "¿A quién enviaré? ¿Quién irá de nuestra parte?" *Entonces respondí: "Aquí estoy, envíame a mí"*.

El cambio de actitud es poderoso y más poderoso es tener la actitud adecuada en los momentos necesarios. Recuerde en los situaciones críticas le puede faltar todo pero no deje de tener una actitud correcta.

Israel:

Si uno logra permanecer de pie cuando todos caen, cuando todos corren, cuando la mayoría abandona sus responsabilidades entonces veremos los milagros logrados por nuestra resistencia al desánimo, por nuestra persistencia en el anhelo, sueño, visión, deber, meta y blanco. Siempre hay recompensa para todo el que quiere esperar.

Esto lo vivió el famoso Jacob después de luchar, de perseverar algo ocurrió. "Y el Varón le preguntó: "¿Cuál es tu nombre?" " El respondió: "Jacob". Y él le dijo: **"No te llamarán más Jacob, sino Israel**, porque *has peleado con Dios y con los hombres, y has vencido."* - Génesis 32:28. Notemos

Persistencia

que hubo un cambio de nombre, de experiencia, de posición - Jacob a Israel.

"Se concede a todos un tiempo de prueba a fin de que se preparen para el día del Señor. Si alguien descuida esa preparación y no presta atención a las fieles advertencias dadas, estará sin excusa. *La lucha fervorosa y perseverante de Jacob con el ángel debería ser un ejemplo... venció porque tuvo determinación y manifestó persistencia. Todos los que deseen la bendición de Dios, se aferren de sus promesas y sean tan fervientes y perseverantes como Jacob, triunfarán como él."* - Historia de la Redención pg. 101.

Cuando Dios ve que nuestro propósito es digno, honesto y en favor de la humanidad el sin duda alguna prospera todo lo que hagamos. Y todo esto ocurrió porque Jacob "lucho" y al persistir, pelear por lo que deseaba - la bendición. La palabra inspirada dejo escrito que **el "venció"**. Qué lindo es dejar que el mismo cielo nos de la victoria. Solo de Dios viene la verdadera victoria, pero aunque provista por Dios empieza en el corazón de los que saben persistir tenazmente.

Vemos a las claras que el cielo sabe corresponder a los que esperamos poniendo de nuestra parte, combinando nuestra débil fe con la fe de lo posible. Lo humano con lo divino, en una palabra llamada perseverancia. *"Porque de cierto hay un buen futuro, y tu esperanza no será cortada."* - Pro. 23:18, es la promesa.

Si desea que su vida cambie, lograr alguna meta, tener una mejor familia, empleo o posición en esa organización debe y es necesario luchar y perseverar hasta vencer. Su nombre cambiara, su vida cambiara y la oportunidad estará allí para demostrar que usted es en realidad lo que fue creado ser.

La fe:

Para formar el cuadro deseado en la vida es indispensable la fe. La fe es lo que crea en nosotros esa inspiración divina que regala razón de existencia. Da tenacidad al que lucha y dirige a un puerto seguro, seguro de que es posible lograr lo añorado. **"Hoy se ejerce tan poco la verdadera fe y la de muchos**

profesos creyentes es tan débil, porque son negligentes en las cosas espirituales. No están dispuestos a esforzarse, a negarse a sí mismos, a agonizar ante el Señor, a orar larga y fervorosamente para obtener las bendiciones, y por eso no las consiguen. *La fe que prevalecerá finalmente durante el tiempo de angustia debe ser puesta en práctica cada día ahora.* Los que no hacen esfuerzos vigorosos para ejercer hoy una fe perseverante no estarán preparados para vivir la fe que los capacitará para estar en pie en el día de la prueba." - Historia de la Redención pg. 101.

Tomemos nuestros puestos de deber con nueva resolución. Venzamos nuestros temores. Luchemos con esos sentimientos de desánimo y si llegan que lleguen pero que no nos lleven con ellos. *Renovemos nuestra fe, hacer eso es reanudar lo que creemos, lo que hacemos* y en lo que el cielo se deleitó en establecernos como responsables. Hoy es el día de renovación de votos. La fe debe ser práctica, lo que deseamos mañana empieza ahora. Esa es la fe que triunfa.

"No esperes el momento preciso en el que el mercado esté listo para invertir. Empieza ahora. El mejor momento para sembrar un roble fue hace 20 años. El segundo mejor momento es ahora." - **James Stowers**

Fe desde otro ángulo - propósito:

Otro experto en liderazgo nos dijo: "Hay que descubrir cuál es el propósito de nuestra vida. La finalidad es la razón para levantarnos todos los días. **El líder que tiene un propósito en su vida desarrolla una visión (fe) que lo guía para *ser perseverante* aun en los momentos y en las adversidades más difíciles.**" - J.R. Román.

La fe tiene un propósito, es un propósito en la vida. Un propósito hará que nazcan obstáculos, problemas pero ellos hacen del propósito algo bello, digno de una lucha. La fe entonces puesto de otro ángulo se reflejada en propósito y el que tiene un propósito tiene fe, su desarrollo depende de la perseverancia en que ejecutamos ese propósito de la vida.

Moisés tenía fe, un propósito que hizo soportar su prueba en el desierto, jamás desistió del deber, la fe desde otro ángulo en

Persistencia

Moisés fue capaz de mantenerlo en el deber, en el puesto hasta su muerte. "Por la fe Moisés, ya grande, rehusó ser llamado hijo de la hija de Faraón. Y eligió antes ser maltratado con el pueblo de Dios, que gozar los deleites temporales del pecado." - Hebreos 11:25,26.

Jesús tuvo una fe inigualable. Se manifestó en su propósito de salvar a la humanidad. Ese tipo de fe debe manifestarse en nosotros escrito esta: "¡Aquí está la paciencia de los santos, los que guardan los Mandamientos de Dios y la fe de Jesús!" - Apocalipsis 14:12.

Martín Lutero en 1511 fue de visita a Roma, y mientras atendía asuntos de su orden quedó horrorizado ante el descuido del clero italiano y la corrupción de una Roma repleta de reliquias. Subió de rodillas por la escalera de Pilato, pues se afirmaba que el que lo hacía liberaba a un alma del purgatorio. Cuando Pablo, el hijo de Lutero, tenía once años oyó a su padre contar el episodio de la escalera, al cual se refirió en 1582, 36 años después de la muerte del reformador. Entonces Pablo, escribiendo en cuanto a su padre, afirmó que cuando Martín Lutero "estaba repitiendo sus rezos en los peldaños de la escalera de Letrán, penetró en su mente el versículo del profeta Habacuc: ...'el justo por su fe vivirá' " - Dokumente zu Luthers Entwicklung [1929], p. 210.

De otro ángulo Martín Lutero viviendo lo que sabía hasta ese entonces, allí nació el propósito de su vida, **la verdadera fe - su credo de lucha que "el justo vivirá por la fe"**, lo hizo llegar a ser uno de los más grandes de la historia de la reforma. El manifestó fe *en su* propósito de reformar a su iglesia y con ello nació el protestantismo - un resultado. La fe es una realidad que se vive buscando un hecho, un resultado en la vida. Todos podemos demostrar fe desde otro ángulo y eso es en el propósito que tengamos en la vida, Lutero, Jesús y Moisés lo lograron, ¿por qué no nosotros? Dígame cuál es su propósito en la vida y le diré cuál es su fe y de que calibre es.

No basta el propósito:

Un líder que experimentó altos y bajos fue el rey David, quien tuvo un sin número de reveces expresó lo que lo caracterizó como un héroe aun en la peor de las circunstancias; "Mi casa *está firme* ante Dios, él me dio un pacto eterno, ordenado y seguro en todo. *El me concederá mi salvación, me concederá todo mi deseo."* - 2 Samuel. 23:5. David fue perseverante y lo expreso aun en los últimos días de su vida.

Cuando un líder está seguro de lo que quiere y espera no basta solo saber lo que quiere, *sabe ser persistente, oh si, sabe esperar, la paciencia es su amiga.* Lograr este tipo de experiencia debemos recordar lleva tiempo, un proceso y un precio que pagar. Levantarnos cada mañana con esta firme convicción traerá galardón, si esperamos y persistimos con paciencia gozaremos triunfos.

La intelectualidad no basta:

En el pasado hombres y mujeres de poca intelectualidad pero de persistente consagración se entregaron al cometido, permaneciendo en donde el cielo les había señalado lograron grandes resultados. La palabra registra de los discípulos de Cristo: "**perseveraban** en la doctrina de los apóstoles, y en la comunión, y en el partimiento del pan, y en las oraciones". - Hechos 2:42.

Vemos entonces que la palabra "perseverar" es divina. Dios desea ver en sus hijos hoy esa cualidad.

Esta verdad es vista en la vida de Tomas Edison no fue su intelectualidad lo que lo llevo a la cima sino su consagración al llamado de beneficiar, su dedicación y persistencia de convertir el imposible en posible y el no en un sí y de la nada crear beneficios para el prójimo. Igual con el gran mexicano Cesar Chávez no fue su intelectualidad y diplomas lo que lo llevaron a ganar una guerra en contra de los inmigrantes que termino con el "Programa Bracero" sino su tenacidad y persistencia de acero.

Es indudable que estos hombres lograron intelectualidad de las enseñanzas convencionales como los discípulos de Cristo pero todo eso no basto. Además de eso ellos tuvieron que manifestar perseverancia, cualidad indispensable en el campo del liderazgo. Y la manifestaron en cuatro áreas. Ellos estaban firmes, estables y con una divina perseverancia en doctrina, comunión, partimiento del pan y la Oración.

¿Usted como fortalece tu persistencia?

Persistencia

Perseverancia en la Doctrina:

Bien podemos decir que a menos que como líderes perseveremos en la Doctrina, en la Creencia Propia como base de toda acción, plan, motivo o visión, esto es también decir que lo que trae éxito es ser fieles en todo *tiempo a Dios y estatutos* de la vision, empresa o institución en la cual estamos involucrados. Sin esto jamás podemos esperar prosperidad y éxito aprobado por el cielo. Lo que tal vez logremos siendo infieles a la creencia verdadera y estatutos de la organización sépase que solo lo será a corto plazo y sin duda alguna nuestro propio fracaso.

Escrito esta: "Sólo que te esfuerces y seas muy valiente, para hacer conforme a toda la Ley que mi siervo Moisés te mandó. No te apartes de ella ni a la derecha ni a la izquierda, para que seas prosperado en todo lo que emprendas." - Josué 1:7. A este tipo de perseverancia en la doctrina se sometió Josué, el gran líder después de Moisés que guío al pueblo hasta su destino final en Canaán.

Es interesante como hombres tratan de lograr éxito con técnicas o positivismos sin ser fieles a la CREENCIA CORRECTA, guía de todo líder. Me pregunto en ocasiones como esperamos ser fieles a los estatutos, la doctrina de la organización si no somos fieles y obedientes a NUESTROS PRINCIPIOS Y VALORES. Que excusa tendremos de nuestras derrotas. Así es, varios de los que hemos caído no es porque no sepamos que hacer sino porque hemos sido infieles a los claros consejos y amonestaciones de las escrituras. Fidelidad a los reglamentos de la institución depende de que tan fieles seamos a los principios y valores universales. Amonesto entonces que juntos perseveremos en la obediencia de la doctrina personal, espiritual, familiar e institucional.

Perseverancia en la comunión:

En esto también vemos la importancia de perseverar en la comunión, lo cual es igual a decir que debemos ser personas sociables, comunicativas, ser una familia.

Esto es decir y entender que todos son y puedan sentir que son parte de nuestra misión y plan. ¿Cuánto no cuesta el poder mantener y ser estables en ser sociables? La comunicación no se puede lograr a corto plazo requiere tiempo, interés, amistad, amor y por ello se debe manifestar perseverancia es ello, sin esto el camino a aburrido.

Perseverancia en el Partimiento del pan:

Es lamentable pero en la vida, sociedad y organización es difícil aplicar la ley de igualdad, repartir el pan a todos como conviene. Dios nos da a todos y todos deben recibir su porción. A nivel familiar es nuestro deber dar a todos su parte tanto en responsabilidades como en recompensas. No solo es aplicable en casa sino en la organización. Si todos fuéramos justos no habría lugar para la lucha, pleitos y disgustos, mucho menos, celos.

"Una cosa es atraer personas y lograr que se le unan en el viaje del éxito. Otra cosa es equiparles para el viaje. Las mejores personas siempre dan a los demás más que una invitación: ofrecen los medios para llegar." - John C. Maxwell.

Todos se merecen la parte ganada, todos somos dignos de algo, ya sea responsabilidad, deberes como de las ganancias obtenidas tanto emocionales, económicas y sociales. Los discípulos del gran maestro aprendieron, fueron inspirados a repartirles a todos su porción del pan y así juntos ganaron.

La biblia dice que no solo dieron a cada uno sino que fueron perseverantes en realizarlo. Es tiempo que desarrollemos y apliquemos la ley de igualdad a nivel familia y organización.

Cuando uno logra esta madurez entonces se sabe responsabilizar a cada uno de los involucrados. A este nivel todos hacen y claro todos reciben. El Dr. Stephen R. Covey lo expresa así, "todos ganan", "usted gana, yo gano". "Todos ganamos". Así es aplicable la ley de igualdad.

Perseverancia en la oración:

El líder que no logre perseverar en la *oración* es de seguro un fracasado, jamás espere un hombre exitoso lograr éxito solamente aplicando principios que aprendió en la escuela o los libros, debe entender que solamente hay éxito seguro combinando esos principios en unión a la oración,

Persistencia

meditación y reflexión. Dijo una escritora – la oración es "el aliento" de todo humano y especialmente todo aquel que tiene responsabilidades. "Cansado estoy de llamar, mi garganta se ha enronquecido, han desfallecido mis ojos esperando a mi Dios". - Salmos 69:3. Esa fue la expresión de David el gran rey que oraba siempre.

Pero nótese que no solo debe orarse sino perseverar en ella. La oración es el aliento del alma, perseverar en ella tiene grandes resultados. La oración conecta nuestro esfuerzo con la bendición de Dios. "Pero yo a ti oraba, oh Eterno, en el tiempo favorable. Oh Dios, por tu gran amor, respóndeme, por la verdad de tu salvación, escúchame." - Salmos 69:13. David fue victorioso, ¿Por qué? Porque persevero y toda la biblia habla de sus grandes éxitos. ¿y usted?

En la oración hay poder y al perseverar en ella en todo tiempo tiene su recompensa. La oración no solo hace grandes cosas, hace milagros. Pero esos milagros solo los viven los que en verdad perseveran en ella. ¿ es usted perseverante?

La perseverancia engendra maravillas:

Estos hombres que en el pasado perseveraron fueron galardonados. He allí la realidad de persistir en lo propuesto, en la visión, en la misión y plan determinado. Es increíble lo exitoso que es la persona o personas que perseveran en lo propuesto en la mente, corazón y agenda. Al hacer esto engendran maravillas. Con estas huellas dejaron marcado el camino los líderes pasados y es con este sentido y entendimiento que debemos caminar para dejar nosotros ejemplo de permanecer de pie aunque truene y caigan piedras en el camino del deber.

Demos un vistazo y aseguremos que entendemos lo que persistir, perseverar y no desistir significa para nosotros. No podemos decir que estamos avanzando sin dar ejemplo de lo que es permanecer de pie en tiempo de crisis. De acuerdo a las escrituras cuando uno hace, espera y resiste la presión en momentos difíciles, lo que sigue son maravillas, dicho de otra manera los discípulos sufrieron el ridículo de los fariseos, saduceos y todo judío que odiaba a Jesucristo. Sufrieron su muerte. Sufrieron el triunfo pasajero

de la traición de Judas, la manera en que su maestro murió. **Pasaron soledad y en el momento que todo parecía derrumbarse - Dios manifestó su presencia y de allí en adelante solo ocurrieron maravillas.** Escrito esta que "muchas maravillas y señales eran hechas por los apóstoles". - Hechos 2:43. ¿Quién sabía que esto venia después de todo lo negativo?, nadie, ni siquiera ellos sino solo Dios y el universo. Lo mismo nos espera nunca de los nuncas desistamos.

Si sabemos persistir veremos maravillas en nuestras hogares, negocios, empresas, organizaciones y emprendimientos. Así se cumple el adagio que dice: "después de la tormenta viene la paz con recompensa". La crisis, los problemas y obstáculos solamente están preparando el camino *si perseveramos para nuestras propias maravillas*, prosperidad y éxito en lo añorado, deseado y planeado.

Desmayar o Perseverar es una decisión No una circunstancia:

Pero tristemente, *"**Muchos están listos para comenzar la obra, pero no están dispuestos a perseverar en ella.*** Anhelan hacer grandes cosas, algún gran sacrificio; pero se retraen del cuidado incesante y del esfuerzo en las cosas pequeñas de la vida diaria, el continuo podar y educar las tendencias torcidas, la obra de dar instrucción especial, reprochar o animar, poco a poco, tal como fuera necesario. Anímense tales personas al recordar las palabras del apóstol: "No nos cansemos, pues, de hacer bien; porque *a su tiempo segaremos, si no desmayamos.*" - Escrito en la revista, "Signs of the Times", 24-11-1881.

Presento ante mis compañeros de milicia la importancia de luchar hasta el fin, ser gladiadores completos. Dios nunca dejara a sus elegidos. Es necesario recordarnos que el desmayar o perseverar es una decisión no una circunstancia que produce suerte, 'la suerte' - dijo Miguel Cornejo, 'no existe'. Todo depende de nosotros. Sé que los tiempos no siempre son buenos sin embargo estoy convencido que cada día construimos para esos momentos difíciles que han sacado a muchos de la obra. Hoy es el día de ordenar y poner en el banco de la experiencia esa actitud, animo, constancia y claro perseverancia que nace de una decisión más bien que de una circunstancia.

Persistencia

Todo es importante pero no puedes persistir sino tienes Paciencia:

Una de los grandes requisitos para poder persistir es la paciencia, la paciencia es el amigo de grandes resultados. La paciencia hizo que David pudiese esperar el momento adecuado para subir al trono que años atrás se le había asignado. La paciencia hizo que Job recibiese el doble de sus pérdidas. La paciencia introdujo a Josué y Caleb a la tierra prometida. La paciencia ha abierto grandes mundos en la ciencia, en la tecnología y en la reforma de la religión, gobierno y personal.

Eileen Fisher una diseñadora y dueña de su propia compañía de éxito (Eillen Fisher Inc.) nos dice que la cualidad más grande para ser creativa es el poder de la paciencia. "De Otto yo he aprendido que mucho de creatividad depende de ser paciente. En lugar de decir, 'ibang! Nos vamos con esto' es bueno estar abierto a posibilidades. Y para estar con la mente abierta, usted debe estar abierto del corazón."

Una buena dosis de paciencia nos dará el resultado de persistir en la meta. Solo los cobardes corren y nunca logran nada. Pero los pacientes saben disfrutar lo que logran porque también supieron esperar el debido momento cuando otros dormían ellos esperaban y ahora gozan de su paciencia galardonada. Así que todo es importante pero no puedes persistir sino tienes paciencia.

El banco para nuestro futuro:

En el transcurso de la vida debemos construir un banco en el cual depositar nuestra vida futura. Lo que quiero decir es que la perseverancia se acumula diariamente con nuestra manera de emprender cada tarea, con la actitud que enfrentamos cada problema desde el más insignificante hasta el más grande. Nuestra manera de responder en los detalles pequeños o grandes en momentos de presión determinara nuestro fracaso o éxito futuro. Así depositamos en el banco que construimos para nuestro futuro.

Invirtamos tiempo para analizar qué tipo de *ahorro* tenemos en el banco de la experiencia para tal momento y circunstancia.

El Lider Gladiador

Mantengamos las manos en el timón que se nos ha encomendado, las olas pegaran fuertemente y cuando menos se lo espera pero segura es la victoria del que sabe persistir a su rumbo designado. Siempre que la fe este vacilando busquemos de nuevo nuestra razón de existencia, de misión y del porque estamos donde se nos puso como responsables. Acudamos a ese banco de ahorros.

Recordemos permanecer en lo que está escrito en la palabra de Dios, a las leyes de la vida, en los estatutos de la organización y en la agenda planeada con oración y no en las emociones o críticas de los que desearían vernos caer. He notado que cuando uno debe persistir por estar cerca el éxito es cuando combaten en contra nuestra las emociones y sentimientos internos y sobran la criticas, todo con el fin de llevarnos a la derriba. Allí debemos recordar que - *"nunca le tiran piedras a un árbol si no tuviera frutos"*.

En Elmira Canadá nació Malcolm Glandwell. Su padre se negó llevarlo todas las mañanas camino de veinte millas a práctica de natación. Esta desventaja en su vida le motivo y se pudo a correr y de esta manera llego a ser no un campeón en natación pero si maratón en su escuela.

Más tarde él dijo de esta experiencia: "No pudiendo nadar me hizo correr y corriendo me enseño a mí la disciplina que yo necesito como escritor."

"Muchas veces limitaciones crea éxito".

Usted escribe que el talento e IQ no importa mucho como pensamos que es. ¿Qué es lo que realmente necesitamos para venir a ser exitosos?

"Un don natural y cierta cantidad de inteligencia son importantes, pero lo que realmente paga **es la experiencia ordinaria.** Bill Gates es exitoso mayormente porque el tuvo buena fortuna de asistir a un escuela que le dio a él la oportunidad de gastar una enorme cantidad de tiempo programando computadoras – más de 10,000 horas, de hecho antes de que el empezara su propia compañía. El también nació en un tiempo cuando esa clase de experiencia era casi rara, lo cual lo puso a él aparte. Los Beatles tenían un don musical pero lo que los convirtió en los **BEATLES** fue la invitación de tocar en Hamburg Alemania donde participaban en vivo cinco

Persistencia

horas cada noche, siete días de la semana. Esa oportunidad temprana de practica hizo que ellos brillaran." ¿Talentosos? Absolutamente. Pero ellos sencillamente pusieron más horas que cualquier otra persona.

Bill Gates – Computadoras.

Tiger's Woods – Golf.

Mozart – Música.

Estos llegaron a ser grandes porque poseían un gran talento pero jamás olvidemos la sencilla verdad de la experiencia que obtuvieron en la persistente práctica como algo natural en sus vidas.

Le preguntaron a Glandwell's: "¿Hay tal cosa de éxito de la noche a la mañana? No. Y ese es mi problema con el programa American Idol. Anima a creer la falsa creencia de que hay una manera mágica, de que tú puedes ser "descubierto". Es posible que esa sea la manera en la que la televisión trabaje pero no es la manera en que el mundo trabaja. Levantarse a la cima en cualquier área requiere una gran cantidad de dedicación, enfoque, entrega, talento, y 99 factores que ellos no muestran en la televisión..." 'Reader's Digest pg. 38-42. En breve el que no persista, el que no se entregue a lo que quiere y el que no se consagre a su visión no podrá disfrutar lo que la persistencia regala al final de tal jornada.

Entonces concluyo diciendo que la crisis, presión y problemas si persistimos producirán frutos esperados. Aunque, **"Lamentarse de las cosas que hicimos puede ser aminorado con el tiempo; lamentarse por las cosas que dejamos de hacer puede ser inconsolable"** - Sydney J Harris. ¡Perseveremos!

Para reflexionar y aplicar:

¿Es usted persistente en lo que se propone?

_____
_____
_____
_____
_____

El Líder Gladiador

¿En qué necesita mejorar para que su persistencia tenga éxito?
_____
_____
_____

¿Qué le impacto de este capítulo?
_____
_____
_____

Oportunidad

"El genio es el arte de la oportunidad." - N Boileau-Despreau

"Muchos de los que están calificados para hacer una obra excelente hacen poco porque sólo intentan poco. Millares son los que pasan por la vida como si no tuviesen ningún gran objeto por el cual vivir, ninguna elevada norma que alcanzar. Una razón de ello es la baja estima en que se tienen." – Obreros Evangélicos pg. 307.

Se cuenta que Maximiliano Kolbe al estar ya ejerciendo su vocación quiso dejarlo y correr de ello. Si se hubiera dejado vencer por la crisis emocional que en 1910 le empujaba a abandonar el seminario franciscano en el que se encontraba, el mundo no habría tenido su ejemplo heroico de santidad en Auschwitz en 1941, ni tampoco la institución que fundó y que hoy atiende a cientos de miles de personas en todo el mundo. Es bastante natural tener dudas, y que esas dudas se disipen con la ayuda, a veces inopinada, de otras personas.

En el caso de Maximiliano Kolbe, fue una visita imprevista de su madre al seminario. El chico estaba decidido a explicar a su madre sus dudas y su deseo de dejar el camino franciscano para seguir la carrera militar, pero, antes de que lo hiciera, ella le habló con tanta ilusión de la vocación de sus otros hijos, que el pequeño Maximiliano se encontró fortalecido por el entusiasmo de su madre y aquello disipó sus dudas, venció su deseo de correr de la vocación a que había sido llamado y acabó siendo un gran hombre, líder religioso que hasta hoy se le conoce como el patrono de Europa, si él no hubiera aprovechado otra vez el llamado y hacerse de él como el sediento del agua jamás hubiera triunfado.

Un líder gladiador sabe escribir en su consciencia y corazón:

Tener conciencia de quien es uno:

"Algunos se equivocan por temor a equivocarse." - Gotthold Ephraim Lessing

El Líder Gladiador

Hemos aprendido en la vida en general que es difícil vivir, luchar *si no se tiene razón o meta* a la cual consagrarse. Al estar sumergidos en el diario vivir estamos en muchos casos obligados a vivir y en sus pesados afanes, sin dirección concretada nos vemos golpeados por un sin número de circunstancias que nos han dado lo suficiente duro para desacreditar la posible salida a nuestra condición. Pero en esa desesperada y costosa situación quiero gritar que hay esperanza y *oportunidad* de sentir, ver y vivir nuestra razón de existencia. Sin embargo esto tiene un precio y es tener conciencia de quien es uno en 'todo' momento.

Se dijo: **"Tener conciencia de quien es uno es saber que vinimos a este mundo a realizar algo por nosotros y por la humanidad. Para ser alguien en esta vida tenemos que asumir responsabilidad, tanto por nuestra gente como por nosotros mismos, porque Dios nos dio la vida con un propósito."** - El escritor J.R. Román.

En área del liderazgo es muy común vacilar del puesto del deber al cometer errores, las críticas o por responsabilidades que dan presión. Cuando un líder ha caído y fracasado es fácil enumerar sus faltas, fracasos y errores dando con ello el tiro de gracia que invalida a muchos hombres y mujeres que jamás se han recuperado de su triste condición. Pero tener conciencia de quien es uno en esos momentos cambiara mucho nuestro mundo en el liderazgo.

"Siéntate, camina o corre, pero no vaciles." - **Proverbio Zen**

En esto intento alentar aquellos que saben que han sido llamados pero están en posición de desánimo creyendo que su fin ministerial, organizacional llego; quisiera enfocar el gran privilegio que tenemos de reanudar nuestra fe, fuerzas y lecciones de cómo el Dios del cielo no solo no nos ha abandonado sino por el contrario está en la mejor disposición de capacitarnos para que aprovechemos la oportunidad en su gran providencia de recuperarnos y continuar.

¿Entonces que es oportunidad?, dice el diccionario: "Sazón, coyuntura, conveniencia de tiempo y de lugar". Estos sinónimos de oportunidad dan ese espacio de que uno pueda reanimarse,

Oportunidad

re - enlistarse y saber que siempre llega la "conveniencia de tiempo para todo", aun para otra oportunidad.

Líderes de pie con el destino equivocado:

"Un error no se convierte en verdad por el hecho de que todo el mundo crea en él." - Mahatma Gandhi

Analicémoslo con las escrituras en mano a un líder de pie pero con destino equivocado. Se cuenta de un profeta de Dios llamado Jonás que conociendo al Señor recibió la orden de: "Levántate, ve a Nínive..." - Jonás 1:2. El mandato primero era de levantarse y el segundo era el destino de su misión, el cual era claro - ir a Nínive capital del poderoso antiguo imperio asirio. Pero notemos que El Señor no le dijo que fuera a Nínive sino que primero se "levantara".

Se levantó. Si pero aunque de pie tomo rumbo diferente al ya señalado. Esta orden era crucial para este mensajero de Dios quien debía estar de pie como fiel soldado. Sin embargo antes de cumplir su misión debía levantarse, lo cual hizo con una mentalidad equivocada. Así a muchos hoy el cielo antes de comisionarlos a una gran tarea debe ponerlos de pie.

Cuantos no quisieran realizar grandes cosas por la humanidad sin primero obedecer las órdenes básicas, tal vez primero tendría que ser el levantarnos de nuestro desanimo, error o fracaso. Muchos por no prestar atención a las providencias se levantan y de pie empiezan con un destino equivocado. Cuantos lideres existen de pie pero con destino equivocado.

Caminando pero con un destino errado:

"El hombre que ha cometido un error y no lo corrige comete otro error mayor." – Confucio

Este *"hombre de Dios"* obedeció la primera orden. "Jonás se levantó". - Jonás 1:3, sin embargo la segunda que era su misión la ejecuto sí, pero a su voluntad. En lugar de cumplir su deber vio más obstáculos, incluyendo la misericordia de Dios - Jonás 4:3, y creyendo que sería en vano su trabajo, prefirió viajar a la ciudad de su gusto, - "para huir a Tarsis, de la presencia del Señor". - Jonás 1:3. De acuerdo a este relato encontramos que

El Líder Gladiador

el profeta del altísimo fracaso en su primera misión y en lugar de realizar la voluntad, el plan delineado claramente por el cielo este líder abrumándose por los resultados de acuerdo a su corta visión humana prefirió "huir" del deber. Camino pero con un destino errado, de su gusto pero contrario a Dios.

Esto es lo mismo que ha ocurrido con muchos en la vida, corren de las oportunidades de servir, de crecer e incrementar. Es por esto que fracasan en su matrimonio y negocios. Son inestables caminan erradamente.

A través de los años he aprendido que el fracaso de grandes hombres ha sido debido a su falta de consagración, fe y confianza plena en su llamado y no en el "yo" inestable. Por lo tanto lo más fácil para el momento, para el yo inestable e inconverso es "huir" dejar el puesto del deber, buscando otro deber que en ocasiones se encuentra pero es pasajero. Decimos, ¡que otro lo haga! Lo más triste es que al hacer esto le damos cabida a tantos males que traen consecuencias que nunca buscamos, el mismo enemigo de todo líder toma control, el desánimo.

Jonás no solo huyo del deber sino más bien de "la presencia del Señor", consecuencia de su propia elección. Evitemos esta experiencia en nosotros mismos como hemos dicho anteriormente debemos persistir en lo que el cielo nos ha encomendado pero jamás huir de la responsabilidad que el llamado ve podemos realizar y mucho menos de la presencia del poder, el universo, Dios, él sabe que podemos realizar el trabajo aunque hemos en algún momento vacilado, la misión encomendada, si puede lograrse, por lo contrario no nos la encomendaría.

No abramos la puerta al enemigo de todo líder gladiador, el desánimo que nos hará caminar pero con el destino errado. Levantémonos para realizar lo imposible para nosotros siendo posible para nuestro Jefe mayor, el llamado en el camino correcto.

El camino del fracaso:

"Lo peor no es cometer un error, sino tratar de justificarlo, en vez de aprovecharlo como aviso providencial de nuestra ligereza o ignorancia." - Santiago Ramón y Cajal

Oportunidad

Es importante que nosotros como líderes del presente veamos que también hombres en el pasado llamados directamente por Dios han bajado la guardia, corrido del deber, ignorado la misión enumerando todo lo que puede impedirles la victoria, y triste pero cierto, ellos como razón número uno son el principal problema.

"Siempre vas a encontrar otra oportunidad...para comenzar abrir tus alas y volar." – Karem.

Jonás es un vivo ejemplo de esta triste realidad. Uno mismo es el camino del fracaso. Nuestra manera de enfrentar nuestras dificultades, como responsabilidades demostraran cual es el camino que estamos recorriendo. McIntosh y Rima escribieron que; "Es común oír casi cada mes de otro fracaso dentro del algún segmento de la comunidad del liderazgo. Desgraciadamente, parece que muy a menudo los líderes que ocupan puestos muy visibles e influyentes son las victimas de eso fracasos."

En otras palabras es inevitable reconocer que nuestras empresas, iglesias y organizaciones tienen una crisis a nivel liderazgo y ello se encierra en una palabra llamado 'fracaso' provocado y permitido en muchos, muchos casos por uno mismo. Así dejando nuestras instituciones en banca rota emocional y credibilidad, ¿producido por quienes?, así es por sus propios líderes. Hay muchos Jonases hoy día, evite ser uno de ellos porque abundan.

No huya:

"¿A donde huir? Tu llenas el mundo. No puedo huir mas que en ti." - Marguerite Yourcenar

Compañeros si como Jonás hemos huido del deber o algún error, critica o presión nos ha alejado del puesto y de cumplir nuestra misión, creo hoy es el tiempo oportuno u oportunidad de tomar de nuevo nuestra bandera y regresar a permanecer donde el llamado quiere vernos pelear la "buena batalla de la fe. Es de lideres gladiadores volverá a entesar la bandera.

Esto se logra en cada paso que nos disponemos a dar como líderes tiene que ejecutarse con fe mezclada con ese valor y esfuerzo dado por el mismo cielo en experiencias anteriores.

El Lider Gladiador

Cuando en desobediencia al llamado, al plan de la organización y sobre todo a nuestra propia convicción como la providencia nos ha guiado, si huimos del deber, entonces ocurren cosas que nos pondrán a meditar con el objetivo de hacernos reaccionar para volver al lugar de responsabilidad. Jonás en abierta desobediencia dice las escrituras: "Pero Jonás se levantó **para huir a Tarsis**, de la presencia del Señor. Descendió a Jope, y halló una nave que salía para Tarsis. **Pagó su pasaje, y entró en ella para irse a Tarsis, *lejos de la presencia del Eterno.*"** - Jonás 1:3.

No deseamos ser uno más de los que a diario se enlista en la lista de los fracasados e irresponsables al huir. Deseamos ver que el llamado sea exaltado y que mejor que con nuestro liderazgo al permanecer donde la providencia nos ha puesto. No huyamos porque, aunque no queramos los demás lo sabrán, así como lo estamos sabiendo ahora de Jonás.

Cuatro cosas encontramos en esta escritura:

"Dime y lo olvido, enséñame y lo recuerdo, involúcrame y lo aprendo." - Benjamin Franklin.

"Pero Jonás se levantó **para huir a Tarsis**, de la presencia del Señor. Descendió a Jope, y halló una nave que salía para Tarsis. **Pagó su pasaje, y entró en ella para irse a Tarsis, *lejos de la presencia del Eterno.*"** - Jonás 1:3.

1) Se levantó y huyo a Tarsis, hasta este punto prospero ejercitando una visión limitada e egoista.

2) Estuvo dispuesto a pagar su pasaje, pago un precio, pero no el que el llamado le encomendó. Pago para su propio bien ignorando el deseo de Dios. Aprendo de esto que la naturaleza humana está dispuesta a dar, pagar lo que sea para su propio bien y el enemigo colabora en que uno prospere por un momento mientras puede traernos a la completa derrota y vergüenza pública.

3) Entro en la nave que lo llevaría a su supuesto destino y todo registra la historia con la intención de alejarse del verdadero llamado. En este versículo dos veces se repite ese punto. Mostrando como el hombre está más dispuesto en dejar su llamado, su deber y su misión si las cosas no son como quiere.

Oportunidad

4) El no estar cerca y consagrado al llamado fácilmente tendemos a alejarnos cometiendo estupideces de las cuales más tarde si reaccionamos nos arrepentimos pero si no de seguro sin excusa quedamos a merced del juicio de las circunstancias, sellando nuestro propio fracaso.

¿Cuantos no estamos en este momento metidos en nuestra propia "nave" de huida a situaciones del hogar, de la iglesia, del negocio, de la empresa, del liderazgo de alguna organización de lo cual la vida pedirá sin duda cuentas de cuan responsables fuimos llamados a cumplir?

Nuestro fracaso afecta a los demás:

"Hasta las personas más insignificantes ejercen cierta influencia en el mundo." - Louisa May Alcott

Pero aquí está el mensaje de este capítulo, aunque nos encontremos huyendo, aunque estemos en nuestra propia *nave* Dios en su misericordia está más que dispuesto en darnos **otra oportunidad** de regresar al deber o continuar en lo que el enemigo nos hizo retirarnos.

Jonás en su huida fue sorprendido por el mismo Dios con circunstancias sobrenaturales. Circunstancias que a simple vista eran ajenas a Jonás, pero en su supuesta prosperidad y liberación de su compromiso con Dios entro en la nave y sin más preocupación que el mismo se fue a dormir.

Allí en su cómoda condición: "Pero *el Señor levantó un gran viento en el mar*, y hubo una tempestad tan grande, que pareció que la nave se iba a romper". - Jonás 1:4. El Eterno provoco algo inesperado para Jonás, buscando hacerlo reaccionar. Este evento claramente muestra que Dios tiene control de todo lo que se realiza, pero también nos señala que nuestra falta de responsabilidad y fidelidad al deber afecta a gente que nada tienen que ver en nuestra desobediencia.

"El fracaso es una gran oportunidad para empezar otra vez con más inteligencia." - Henry Ford

Es así como nuestras familias, organizaciones, empresas son afectadas o se van al derrumbe por el tipo de líderes que poseen. Y así es como el éxito de cualquier institución o denominación depende muchísimo de la fidelidad y gran sobre dosis de responsabilidad del encargado, usted y yo como líderes. Recuerde como principio y ley Jonás era responsable de lo que toda la "nave" - empresa estaba experimentando.

"Los marineros tuvieron miedo, y cada uno clamaba a su dios. Y echaron al mar los enseres que había en la nave, para descargarla. *Sin embargo, Jonás había bajado al interior de la nave; se había acostado, y dormía profundamente.*" - Jonás 1: 5. Si como líderes comprendiéramos cuanto afecta nuestra infidelidad y el huir del deber, reaccionáramos *antes* de enfrentar reveses y ser avergonzados de manera inesperada cambiaríamos inmediatamente nuestra actitud, pensamiento y comportamiento.

Insto pues a que aprovechemos el gran privilegio de servir en alguna empresa, negocio, organización o denominación que represente el servicio, vida, ayuda a la humanidad no sea que como Jonás tengamos que ser visitados por momentos difíciles y retadores que nos harán realizar que tenemos dos opciones. 1) reanudar nuestro deber y fidelidad. 2) O sufrir los resultados de nuestra propia elección. La elección es nuestra, aunque el cielo está dispuesto en restablecernos a pesar de nuestros errores, faltas y fracasos otros sufrirán nuestra desobediencia.

Todos tienen su nave y pez:

"No podemos convertirnos en lo que queremos ser, permaneciendo en lo que somos" - Max DePree

"Entre tanto, el Eterno había dispuesto un gran pez que tragó a Jonás. Y Jonás estuvo en el vientre del pez durante tres días y tres noches". - Jonás 1:17. Aunque claramente se ve que la vida y llamado está deseoso de proveernos "otra oportunidad" es necesario notar que no se puede forzarla pero si traernos a donde sin duda alguna reaccionaremos.

En otras palabras, después de huir entraremos en nuestra "nave" a supuesta prosperidad y comodidad momentánea tal como a Jonás. Por eso es que es más fácil correr del puesto, deber, trabajo y responsabilidad y en nuestra huida justificada todo aparenta ir bien. Sin embargo después de eso el mismo cielo se interpone y empieza la gracia redentora a movilizarse

Oportunidad

con el fin de hacernos volver en sí. Entonces la vida misma levanta esa tempestad preparando *nuestro pez*.

Primero una nave donde nos sentimos cómodos y hasta dormimos sin preocupación con una razón bien justificada por nosotros mismos pero luego la providencia cambia la situación y nos mete a su pez donde sin discutir será una condición incomoda.

Allí como con Jonás nos mantiene el tiempo suficiente para que meditemos, analicemos y oremos en busca de ayuda para regresar a la misión encomendada. Cuando Dios tiene una misión para nosotros sépase que no importa que hagamos, si no reaccionamos a las buenas entonces de seguro que nos proveerá nuestro pez, allí reaccionamos o nos destruimos. Todos tienen entonces su nave y pez en la vida.

Tiempo de crisis el mejor tiempo para meditar:

"El único hombre que no se equivoca es el que nunca hace nada." -Goethe

Jonás expreso una de las más lindas e instructivas oraciones: **"Entonces, desde el vientre del pez, Jonás oró** al Eterno su Dios. Dijo: *"En mi angustia invoqué al Eterno*, y él me oyó. Desde el seno del sepulcro clamé, y oíste mi voz. Me echaste en lo profundo del mar. *Me rodeó la corriente, y todas tus ondas y tus olas pasaron sobre mí.* **Entonces pensé: 'Estoy rechazado por ti'.** Sin embargo, miré hacia tu santo templo. Las aguas me rodearon por completo. Me rodeó el abismo, y las algas enredaron mi cabeza. Descendí a la raíz de los montes. La tierra echó su cerrojo sobre mí para siempre. **Pero tú sacaste mi vida de la sepultura,** oh Eterno, Dios mío. Cuando mi vida desfallecía en mí, me acordé del Eterno. *"Los que siguen a los ídolos ilusorios, pierden la gracia que podrían alcanzar.* Pero yo, con voz de alabanza, te ofreceré sacrificios. **Pagaré lo que prometí.** La salvación viene del Eterno". - Jonás 2:1-9.

En esta oración aprendemos que Jonás en el centro del pez, en la crisis pudo reaccionar, esta reacción fue para bien de su alma, pudo poner en orden sus pensamientos. Analizo y reconoció que estaba hundido, perdido lejos de Dios. Y allí donde el **yo inmaduro** lo había conducido, allí donde perecía y estaba sin consuelo y dirección él fue abrazado por el pensamiento: *'Estoy rechazado'*.

A cuántos de nosotros no nos ha tocado experimentar ese pensamiento, que no servimos para nada, que estamos rechazados y jamás podremos redimir el tiempo perdido y la labor ignorada. Pero Jonás nos muestra que las desgracias al reaccionar son el vehículo que nos regresa a la fuente ignorada en los momentos que debimos depender del Creador, reencontrarnos con el llamado. Así entonces la crisis es el mejor tiempo para meditar y volver en sí cuando dejamos que la providencia nos ayude.

No perdamos la gracia:

"De las cosas que tienes, escoge las mejores y después medita cuán afanosamente las hubieras buscado si no las tuvieras." – Aurelio, Marco.

Este hombre de Dios aprendió que por seguir su propia voluntad y terquedad llego a todo menos a cumplir su misión . Por eso él dijo que no solo el sino que los hombres: *"Los que siguen a los ídolos ilusorios,* **pierden la gracia que podrían alcanzar***"*. - Jonás 2:8. Debido a esto el mismo Jonás *alcanzo* desanimo, desviación del deber, comodidad momentánea, y claro desgracia y reveses, pero no "la gracia" - la meta, el cumplimiento del deber, el ser fiel a su Dios; a su empresa. ¿ha perdido su gracia, oportunidad?

". . . Si el profeta hubiese obedecido sin vacilación, **se habría ahorrado muchas experiencias amargas,** y habría recibido abundantes bendiciones. Sin embargo, el Señor no abandonó a Jonás en su hora de desesperación. **Mediante una serie de pruebas y providencias extrañas, debía revivir la confianza del profeta en Dios** y en su poder infinito para salvar..." - Profetas y Reyes, págs. 199.

El apóstol Pablo sabiendo que podemos perder y mal representar la gracia de Dios él nos aconseja: "Así, siendo colaboradores con Dios, os exhortamos a que no recibáis en vano la gracia de Dios." - 2 Corintios 6:1. Seamos como Jesús, escrito esta que: "Y el niño crecía, se fortalecía, y se llenaba de sabiduría. **Y la gracia de Dios era sobre él."** - Lucas 2:40.

Oportunidad

La gracia es el don más grande del cielo para el hombre, ella embellece la vida de todo individuo y le da la oportunidad de ser algo nuevo y diferente en la humanidad. En ella todos podemos dar nuestro talento, don, llamado, vocación y visión de vida.

La gracia es la ropa nueva tanto mental como emocional que el cielo otorga al ser humano que desea un nuevo día y oportunidad. Hoy es su oportunidad de ir con todo lo suyo. No de menos que eso todo.

Renueva su voto:

"Cumple todas tus promesas, en especial las hechas a ti mismo." -David Harold Fink.

Dentro de la desgracia encontramos a este líder sumergido en la humillación. Reconociendo su falte de fe, su desvió, reconoce a Dios como su soberano jefe. Aprende su lección y el terreno está preparado para reanudar su tarea. Aquí el expresa conscientemente: ***"Pagaré lo que prometí"***. - Jonás 2:10. Aquí reconoce que tenía una deuda con su llamado. De esto deduzco que él había hecho anteriormente promesas de servir, había aceptado el llamado, sabía que él había sido seleccionado para algo grande pero habiendo retrocedido el ahora renueva su compromiso con su Dios y promete cumplir su deber. Renovó su voto y cumplir se fue.

Con estas palabras el pavimenta el camino para que el cielo le provea "otra oportunidad". Ahora no solo por convicción sino por conversión al llamado el exclama que: "La salvación viene del Eterno". - Jonás 2:9.

Cuando nosotros supimos que fuimos llamados y sobre todo seleccionados por la vida para representarla, vendrán también con ello momentos de pruebas, difíciles circunstancias teniendo dos opciones, permanecer fieles al deber o huir donde tendremos que enfrentar graves momentos, rudas luchas y tal vez derrota y mucha vergüenza pública, pero al renovar nuestros votos, de seguro la vida nos prosperara.

Todo lo negativo tiene su mensaje:

"Date una nueva oportunidad, proyéctate, ¡sé libre de tus propias cadenas! Recuerda que no hay grillete más pesado, que la negación al perdón propio. " – Kathelys

Pero lo lindo es que todos aquellos que hemos huido por una u otra razón del llamado, el destino como Jonás prepara su pez para nosotros aunque tal vez hayamos tomado nuestra nave, es buena la oportunidad y no queriendo que nadie se desvié y sus líderes terminen su misión la vida tendrá que traernos esa tempestad y el pez en nuestro favor y aunque parezca que perecemos la nueva oportunidad se encargara si reaccionamos volviéndonos al deber. Todo lo negativo en la vida viéndolo de otra manera tiene su mensaje, la de otra oportunidad a todo honesto gladiador.

Es importante que a estas alturas tengamos buen conocimiento de nosotros mismos antes que nos sorprenda la triste realidad que nos hemos alejado del llamado como líderes. Muchas veces nos preguntamos ¿por qué me vienen estas pruebas, estas luchas, estos problemas? Tal vez porque es lo único que puede salvarnos de nuestra propia elección de destrucción. Veamos todo lo negativo con buenos ojos para que como Jonás podamos saber y expresar que "pagaremos" nuestros votos, metas conscientes que la salvación, sabiduría y dirección viene a todos.

Dios restablece:

"Dios siempre me dió una segunda oportunidad en la vida." - Paulo Coelho.

El primer paso para restablecernos es conocernos a nosotros mismos. "Cuanto más conocimiento logremos acerca de nosotros mismos más capaces seremos de sobreponernos a nuestro lado oscuro. Mientras escojamos vivir en ignorancia de nuestras singulares debilidades y disfunciones, seguiremos siendo víctimas de ellas." - Así escribieron McIntoch y Rima en su libro El Lado Obscuro del Liderazgo.

Después de venir en sí: "Entonces el Señor mandó al pez, y vomitó a Jonás en tierra". - Jonás 2:10. La vida, el universo,

Oportunidad

ni Dios son de rencor o vengativos, saben ser misericordiosos, es ellos dan "otra oportunidad" para todos. Ellos sacaron a Jonás de esa experiencia, maduro y capaz para ahora cumplir su misión. Fue restituido otra vez al puesto, a la posición líder.

Así hace el Creador con cada uno de nosotros que hemos fallado, o tal vez fracasado. Es probable que la iglesia, la organización o institución en la cual colaborábamos o estábamos empleados no quieren saber más de nosotros, quizás es el precio que pagar, pero a largo plazo el universo se encargara de establecernos otra vez en una posición mucho más elevada sin tan solo nos mantenemos fieles al que nos llamo. Conocernos a nosotros nos dará una ventaja grande para conocer nuestras debilidades como destrezas y ver como el cielo abre el camino al restablecernos.

El segundo aire:

"Una vida usada cometiendo errores no solo es más honorable, sino que es más útil que una vida usada no haciendo nada." - George Bernard Shaw

Hay un dicho de uno de los líderes del deporte que versa: "Si no duele, no hace bien". Solo pueden ganar competencias importantes los atletas, estudiantes, profesionales, empresarios y jefes de familia cuando se entiende el precio. En la pugna, todos los contendientes comienzan a sufrir al alcanzar el borde de la fatiga. Visto en cada competencia.

Es una frontera clara en la que muchos abandonan la carrera, convencidos de que han llegado a su límite. Pero quienes no desfallecen, quienes hacen un esfuerzo consciente por aceptar el dolor que otros evaden de pronto rompen el velo y entran en un terreno nuevo que se llama en el mundo del deporte, el "segundo aire".

Se entiende que en el segundo aire, la energía regresa en mayores cantidades, los pulmones respiran mejor, el sistema cardiovascular trabaja con más eficiencia y el cerebro agudiza sus sentidos, los grandes atletas saben que solo en el segundo aire se triunfa. Aplicándolo en general diremos que solo en este terreno se hacen los grandes inventos; solo aquí se realizan las obras que trascienden las empresas que dejan huellas. Los líderes capaces saben vivir el segundo aire.

Debemos llegar siempre a nuestro segundo aire. Debemos insistir y resistir. Sabemos que dando más de lo que debemos dar, recibiremos más de lo que esperamos recibir. Sabemos que nuestros resultados son superiores porque se obtuvieron después de la fatiga, porque no fueron fáciles ni gratuitos, porque hicimos un esfuerzo extra en la vereda.

"Nuestro amor por lo bien hecho nos une, lo mismo que nuestra complicidad por haber llegado juntos a la línea de sufrimiento y haberla traspasado para permanecer juntos en el segundo aire, donde ya no se sufre, donde todo son resultados." En el libro "Volar sobre el pantano' Por C. Cuauhtémoc Sánchez. En esta vida todos tendremos el privilegio de vivir el segundo aire pero no todos quieren pagar ese precio, el de luchar, persistir y lograr entrar en ese segundo aire, segunda oportunidad de la vida. Jonás entro en ello y triunfo.

Levántese es la segunda oportunidad:

"Siempre hay un mañana y la vida nos da otra oportunidad para hacer las cosas bien, pero por si me equivoco y hoy es todo lo que nos queda, me gustaría decirte cuanto te quiero, que nunca te olvidaré." - Gabriel García Márquez

"Entonces, por segunda vez, vino Palabra del Eterno a Jonás, que le dijo:" - Jonás 3:1. Aquí vemos la regla de la segunda oportunidad. Vino la palabra de Dios a Jonás por "segunda vez". Sin duda alguna esta era otra oportunidad. Y este siervo no vacilo en tomarla. Dios le dijo: "Levántate, ve a Nínive, a esa gran ciudad, y publica en ella el pregón que te diré"." - Jonás 3:2, y la Biblia nos dice que el fielmente: ***"Y Jonás se levantó, y fue a Nínive conforme a la orden del Eterno"***. - Jonás 3:3.

Encontramos tres grandes lecciones las cuales son:

- Jonás se levantó.
- Fue a Nínive.
- Y cumplió la orden" conforme al Eterno.

Oportunidad

La regla de tres para nosotros es:

1. Después de haber fallo, levántese.
2. Valla a su Nínive y conquístelo.
3. Cumpla el deber tal y como se lo da la vida.

Es pues el deseo de la vida que los líderes que nos hemos desanimado o alejando del deber por cualquier razón justificado o no que nos "levantemos". Él nos dará "otra oportunidad". "Oíd ahora lo que dice el Eterno: "Levántate, pleitea con los montes, y oigan los collados tu voz." - Miqueas 6:1. Al levantarnos de nuestra presente condición, sacudiéndonos de cualquier incredulidad que el yo inmaduro o los comentarios de otros han insertado vallamos con nuevas fuerzas, sabiendo que la "salvación es del Eterno". Caminemos con firmeza a nuestro Nínive moderno, en cualquiera de sus formas ya sea en el ministerio u organización secular. Así pues, que puedan ver que hemos aprendido nuestra lección y hoy cumpliremos nuestro deber y misión – "conforme a la orden del Eterno". - Jonás 3:3.

Los peldaños de la oportunidad son a veces difíciles de escalar; y para hacerlo bien hay que ascender un peldaño a la vez. Pero el que quiera llegar hasta la cima jamás se sentara ni desesperará; en vez de observar los peldaños simplemente los subirá y si se cae mira la escalera y vuelve a intentar subirla otra vez y así se da otra oportunidad...no te des por vencido, sigue intentando y cuando menos lo pienses después de mil intentos estarás arriba.

Para Reflexionar y aplicar

¿Qué fue lo que más le impacto de este capítulo?
_____
_____
_____

¿Qué aprendió de este capítulo que pondrá en práctica?
_____
_____
_____

El Líder Gladiador

¿Cuál es el punto más sobresaliente que compartirá con otros?
_____
_____

¿Ha fracasado y se siente impotente y sin esperanza? Sea especificó:
_____
_____
_____

¿Acepta que los fracasos y errores son superables?
_____
_____
_____

¿En qué se dará otra oportunidad? ¡Sea bien específico y créalo!
_____
_____
_____

¿Cuáles son las cosas que debe superar para que funcione esa otra oportunidad que la vida le da?
_____
_____
_____

La Verdad de la Vida

"Mientras dure la tierra no cesarán la siembra y la siega, el frío y el calor, el verano y el invierno, el día y la noche". - Génesis 8:22.

PRIMAVERA

"Porque ha pasado el invierno, la lluvia cesó y se fue." – Cantares 2:11. En terminología simbólica las estaciones de la naturaleza proveen grandes enseñanzas de las cuales podemos aprender grandes lecciones como humanos y aplicarlas a nuestra vida general y sin duda como líderes gladiadores. El gladiador avivado y entiende perfectamente este proceso.

La primavera representa el periodo en la vida donde todo es bello y no se requiere de mucho para estar feliz y sentirse realizado. Aquí es donde los humanos disfrutan de la vida. Prosperan en todo, todo les sale de maravilla. Las sonrisas están de oreja a oreja. Pueden contar sus logros y las fiestas y honores son vistos en cada esquina de la vida.

Este periodo *solo lo disfrutan* los que saben que en la vida hay cuatro estaciones, tiempos en los cuales está en moción la vida del hombre. Disfrutan de sus logros porque saben que "hay tiempo para reír y llorar".

Los títulos y metas logradas en este periodo nos dan orgullo verlos. Los logros son visibles y gozados. Los hombres y mujeres aquí saben que han avanzado, que tienen más por lograr y su esfuerzo, entrega y consagración tiene su paga y aunque buscan más logros tanto espirituales, matrimoniales, físicos y económicos ellos disfrutan de esta estación en la vida.

En (*www.biografiasyvidas.com*) se puede leer la historia de alguien que vivió la primavera de su vida fue George Washington nació el 22 de febrero de 1732 en el actual estado de Virginia. Pertenecía a una distinguida familia inglesa, oriunda de Northamptonshire, que había llegado a América a mediados

El Líder Gladiador

del siglo XVII y había logrado amasar una considerable fortuna. Su padre, Augustine, dueño de inmensas propiedades. Estudio en las escuelas rurales de aquel tiempo. Sabía cultivar. Tuvo de tutor a su tio Lawrence, un hombre de buen carácter. Trabajo como agrimensor. Por la muerte de su tío recibió toda la herencia. La plantación de Mount Vernon, una enorme finca con 8.000 acres y 18 esclavos. Así, pues, pasó a ser uno de los hombres más ricos de Virginia. Se distinguió en los asuntos de la comunidad, fue un activo miembro de la Iglesia episcopal y se postuló como candidato, en 1755, a la Cámara de los Burgueses del distrito. También sobresalía en las diversiones; era un magnífico jinete, cazador y mejor pescador; amaba el baile, el billar y los naipes y asistía a las carreras de caballos (tenía sus propias cuadras). Washington se alistó en el ejército, y poco después de la muerte de su hermanastro fue nombrado por el gobernador Robert Dinwiddie comandante del distrito. El 9 de julio de 1755 se distinguió en la batalla de Monongahela. Declarada en 1756 la guerra de los Siete Años, Washington fue designado teniente coronel del regimiento de Virginia.1758, época en que también fue elegido como representante del condado de Frederic para la Cámara de los Burgueses de Virginia. Su nombre ya era popular, se le admiraba por su experiencia y tacto, y comenzaba a labrarse un sólido prestigio político interviniendo activamente en las deliberaciones de la asamblea. El 6 de enero de 1759, se casó con Martha Dandridge, una mujer tan rica como bella.

En 1773 En la primera legislatura revolucionaria de ese año pronunció un elocuente discurso declarando: «Organizaré un ejército de mil hombres, los mantendré con mi dinero y me pondré al frente de ellos para defender a Boston». Comenzadas las hostilidades entre ingleses y americanos en la batalla de Lexington, el 19 de abril de 1775, Filadelfia ese año, confiaron el mando de las tropas al plantador virginiano George Washington. El flamante jefe de las fuerzas coloniales se vio entonces frente a la arriesgada tarea de crear un ejército casi desde la nada y en presencia del enemigo. Al llegar a Boston se encontró con más de quince mil hombres, pero se trataba sólo de una masa confusa de insurrectos indisciplinados, divididos en bandas hostiles entre sí, a menudo en harapos y mal armados. Aquí demostró Washington sus brillantes

La Verdad de la Vida

dotes de organización y su incansable energía, disciplinando y adiestrando a los voluntarios inexpertos. De esa forma organizó al ejército de Massachusetts, con el que pudo ocupar Boston y expulsar de Nueva Inglaterra a los ingleses del general Howe en 1776. Ese año, ante la llegada de nuevas tropas enviadas por la metrópoli, los americanos habían proclamado solemnemente la independencia de los Estados Unidos. El Congreso lo eligió como primer presidente de los Estados Unidos en 1789. La prudencia, la sensatez y sobre todo un respeto casi religioso a la ley, fueron las notas dominantes de sus ocho años de gobierno.

Todo líder aquí es feliz de ver los logros, periodos de primaveras en su liderazgo pero no es tan inteligente que no ignora que después de estos bellos momentos viene el tiempo para el verano. La oración del líder inteligente en tiempo de primavera es: Dios enséñame a recordarme que aunque hoy goce de abundancia en mi vida, mañana tendré otros periodos difíciles, que sea feliz mientras me preparo para el mañana con sus sorpresas.

VERANO

"Prepara en el verano su comida..." - Proverbios 6:8.

El verano no es otro tiempo más que el tiempo de trabajar. Aquí se cosecha lo que se sembró. No hay tiempo para descansar. En este periodo el hombre cosecha lo que ha invertido en su vida, mente, tiempo y energías.

"Tómate tiempo para deliberar, pero cuando llegue la hora de la acción deja de pensar y actúa." - *Andrew Jackson.* Ese es el tiempo de verano en la vida de un ser humano.

En este periodo de la vida el hombre puede contar los frutos de su labor. Las recompensas llegan y todos saben que trabaja y que es un ser humano diligente y consagrado a sus objetivos.

Aquí es donde los líderes verdaderamente gladiadores no solo cosechan y comen sino que guardan para el futuro, ya sea en el área espiritual, económico y físico - salud. En este tiempo invierten tiempo para trabajar en su carácter, su empleo, familia y salud.

El Líder Gladiador

No solo trabajan sino que es un periodo de arduo y devota lucha por cosechar lo que se quiere. En este periodo las tácticas sugeridas y cosas en la agenda se ponen en acción. Él es sabio en saber que no hay descanso cuando las puertas se abren y jamás dice que no puede, que no quiere ni se permite dejar sus planes para otro día. Constantemente se dice "no dejare para mañana lo que puedo hacer hoy". Bajo esta conciencia sabe que llega el tiempo del otoño:

Son como WARREN BUFFETT billonarios, exitosos (nació en Nebraska Estados Unidos el 30 de Agosto de 1930). Recomiendo lean el libro de Alice Schroeder (The SNOWBALL) de este hombre que ha hecho historia en este país. Buffett es considerado por algunos como el mejor inversionista de todos los tiempos. Administra la firma Berkshire Hathaway. Conocido como El Oráculo de Omaha Nebraska, sin embarro la lección de su vida es que comenzó a invertir en la bolsa de valores cuando solo contaba con 10 años de edad, en el verano de su vida trabajo arduamente y hoy disfruta de su primavera, éxito, tras éxito y triunfo. Personas como el aprovechan sus oportunidad y cuando llega su verano saben trabajar arduamente y cosechar con alegría.

La oración del líder gladiador en este periodo es: Dios permíteme hacer todo lo que puedo, y con tu ayuda lograr esta meta, objetivo y sueño, este es el tiempo en que debo trabajar, tener resultados para tener un mejor mañana.

OTOÑO

"árboles marchitos como en otoño..." – Judas 12.

En este tiempo las cosas empiezan a cambiar, no todo es prosperidad. Hay altos y bajos. En este tiempo surgen periodos interesantes, las cosas declinan y puertas se cierran, muy a menudo se separa uno para meditar, evaluar la vida y como superar esos obstáculos que están en el camino.

"El tiempo saca a luz todo lo que está oculto y encubre y esconde lo que ahora brilla con el más grande esplendor." - Horacio. El otoño indiscutible todo lo oculto.

La Verdad de la Vida

La vida aquí nos sorprende con pensamientos difíciles, ideas que retan nuestra comodidad. La meditación no es una opción sino una virtud que nos invita a darle importancia en cómo hemos estado desarrollando nuestro llamado. En el otoño el líder gladiador en verdad es forzado a meditar si no lo hace por opción propia. Son tiempos difíciles.

Nuevas ideas llegan. Los pensamientos se sondean, analizan y si somos los suficientemente inteligentes aquí en lugar de dedicar nuestras energías a la murmuración y quejas nos sometemos a nuevas tácticas, estrategias para mejorar nuestra vida, compañía y nuestro producto. El carácter es reconsiderado, nuestras decisiones y así acciones. Se cuenta en la historia *(http://www.biografiasyvidas.com/biografia/n/nasser.htm)* que al comenzar la década de los sesenta Nasser acentuó el dirigismo estatal y socializante de la economía, extendió las nacionalizaciones a los bancos y las compañías de seguros nacionales (las firmas francesas y británicas lo habían sido el 15 de enero de 1957), los astilleros y diversas empresas industriales (julio de 1961) y decretó una segunda reforma agraria (1962). Su poder interno, que nadie osaba contestar por la eficacia de los métodos policíacos, se consolidó con la presentación, el 21 de marzo de 1962, de una Carta Nacional que sustituía a la Unión Nacional por la Unión Socialista Árabe (USA, constituida formalmente el 24 de septiembre de 1962) como partido único y definía los principios socialistas de la República. El 15 de marzo de 1965 su presidencia fue nuevamente plebiscitada en las urnas.

Pese a los reveses de su proyecto panárabe, Nasser no había perdido un ápice de su enorme prestigio en el mundo árabe. El Cairo y Alejandría fueron escenario de numerosas conferencias de estadistas que hacían balance de los avances en la unión árabe y diseñaban estrategias de actuación contra Israel. En 1964 la Organización para la Liberación de Palestina (OLP) fijó su primera sede en El Cairo, y hasta la llegada de Y. Arafat a su jefatura *en 1969 Nasser mantuvo un importante control e influencia sobre un movimiento que consideraba instrumental en la lucha contra Israel y que no quería perder de vista por su nacionalismo particular, a menudo radical.* Por otro lado, el 13 de mayo de 1964 obtuvo un gran éxito de propaganda con la inauguración de la presa de Assuán, construida con la ayuda soviética, que entró en servicio en 1968.

El Líder Gladiador

El creciente belicismo frente a Israel de Nasser, víctima de su propia retórica e imagen heroica que había creado de sí mismo, alcanzó un punto de no retorno en 1967. Repitiendo la escalada de 1956, el 17 de mayo exigió a la ONU la retirada de los cascos azules de la UNEF -que desde 1957 se interponían entre ambos ejércitos en el Sinaí y Gaza- cerró Akaba a la navegación israelí, desplegó tropas en la frontera y fortificó las defensas de Sharm El Sheik, en el extremo sur de la península del Sinaí, frente al Estrecho de Tirán y la salida al Mar Rojo. Mal informado por los soviéticos, Nasser estableció una alianza militar con Siria y Jordania y redobló sus amenazas.

Lamentablemente creyendo la inminencia de un ataque, el 5 de junio Israel lanzó una formidable ofensiva que en las primeras horas aniquiló a la aviación egipcia en sus aeródromos y arrolló las defensas terrestres del Sinaí. El día 8 las unidades israelíes completaron la ocupación de la península y alcanzaron el Canal por tres puntos, Port Said, Ismailía y Suez. En cuatro días de lucha el ejército egipcio había sido desbaratado con un balance 11.000 soldados muertos, 5.600 prisioneros, 1.000 vehículos de transporte y 700 tanques destruidos, y 70.000 toneladas de munición y equipos perdidas. Las mejores tropas egipcias -40.000 hombres- combatían en Yemen y no pudieron llegar a tiempo.

Pero a Nasser le llego su Otoño forzado, siempre había insistido en que no entraría en otra guerra con Israel hasta que no se dieran las condiciones de la superioridad militar y la unidad árabes y el aislamiento diplomático del Estado judío, primero acusó a EE.UU. de participar en los bombardeos (lo que no era cierto), por lo que rompió las relaciones diplomáticas y cerró el Canal a toda la navegación. *Pero el día 9, abrumado por el desastre, aceptó públicamente sus responsabilidades y puso su cargo a disposición del país, lo que no fue aceptado por el Parlamento y la población, que volvió a aclamarle en manifestaciones masivas. Tras la derrota en la guerra de los Seis Días Nasser ya no sería el mismo.*

Como todo buen líder que aprende a reflexionar de sus hechos, pensamientos y planes en los últimos años de su vida *Nasser adoptó una actitud sensiblemente más realista frente a Israel,* pese a las declaraciones incendiarias sobre la reconquista de los territorios ocupados y a la continuación

La Verdad de la Vida

de enfrentamientos esporádicos de mayor o menor gravedad, dentro de la extraña "guerra de desgaste" que se prolongaría hasta la cuarta conflagración, en 1973.

Toda esta recapacitación y meditación en el otoño de su vida le permitió el 17 de julio de 1970 aceptar el Plan Rogers de EE.UU., que establecía un compromiso de aceptación de la resolución 242 del Consejo de Seguridad de la ONU, un alto el fuego en el Canal durante 90 días y su eventual desmilitarización en una franja de 20 km, así como su reapertura al tráfico naval. Nasser se había encontrado en su viaje a Moscú el 29 de junio anterior con que los soviéticos le condicionaban la entrega de armas a la aceptación del plan.

El último servicio de Nasser a la nación árabe fue su mediación en el Septiembre Negro jordano, la sangrienta guerra civil entre el ejército hachemita y los fedayín palestinos de la OLP. El 27 de septiembre de 1970 consiguió en El Cairo que el rey Hussein y Arafat firmaran un cese de hostilidades, pero a pesar de su amplia sonrisa durante el acto, gesto que siempre acompañó a su exuberante personalidad e imponente físico, Nasser estaba agotado y al día siguiente, 28 de septiembre, un fulminante ataque cardíaco acabó con su vida. El 1 de octubre cinco millones de egipcios rindieron, entre escenas de histeria, homenaje a su líder desaparecido, luto que fue mantenido en muchos países de Oriente Próximo, África y el mundo islámico en general.

El liderazgo verdadero evalúa y cambia, eso muestra la vida de Nasser en Egipto que hasta hoy se le recuerda. La verdad aquí es que en el otoño de la vida de un líder gladiador nuestra agenda es evaluada y nuevos proyectos se escriben como metas para el mañana. Todo líder maduro que ha experimentado las previas estaciones en la vida del humano, el también no se deja engañar con la idea que todo es eterno, especialmente el éxito. Saber y entender que en el proceso del hombre también llegan los días, meses y años que están bajo el periodo del otoño, tiempos difíciles.

"El tiempo, ese juez insobornable que da o quita la razón". - J.M. García

El Líder Gladiador

La oración del líder gladiador en este periodo es: Dios regálame la sabiduría para evaluar, corregir y elaborar una nueva agenda para seguir, cambiar mi actitud o carácter, amen.

INVIERNO

"El verano y el invierno tú los formaste". – Salmos 74:17.

Este es el periodo más difícil en la vida del ser humano, le digo algo, todos lo experimentan. Los líderes falsos, débiles e inmaduros caen o se espuman en este periodo. Muchos cuando llegan a este periodo de la vida se decepcionan, el desánimo los agota porque aquí es donde la vida golpea fuertemente con cosas no esperadas. Las crisis bien surgen por la familia, pierde el trabajo. Su sueño se derrumbó, el proyecto y meta fracasaron. Los negocios no prosperaron, hay pérdidas de miembros en la iglesia. Problemas grandes en la vida personal. Todo parece perder de razón.

En este tiempo las emociones casi gobiernan a ser enfrentados con fracasos, errores y tropiezos por uno mismo. Las cosas aquí no funcionan bien, todo llama a dejar el barco. Nuestra agenda no avanza, nuestros planes son detenidos y en ocasiones las lágrimas son las mejores amigas del hombre. Honestamente si se ve del lado negativo este es el periodo más triste, desanimado y si uno no se cuida tiene el poder de destruir o construirnos. Eso realmente depende de su actitud.

Napoleón después de sus tantas glorias, éxitos y victoria la vida lo llevo a su invierno. Derrotado en 1815 por los vigilantes Estados europeos -que no habían depuesto las armas, atentos a una posible revigorización francesa- en Waterloo y puesto nuevamente en la disyuntiva de abdicar. Así concluyó su segundo período imperial, que por su corta duración se ha llamado de los Cien Días (de marzo a junio de 1815). Se entregó a los ingleses, que le deportaron a un perdido islote africano, Santa Elena, donde sucumbió lentamente a las iniquidades de un tétrico carcelero, Hudson Lowe. Antes de morir, el 5 de mayo de 1821, escribió unas memorias, el *Memorial de Santa Elena*, en las que se describió a sí mismo tal como deseaba que le viese la posteridad. En esta experiencia vivió su invierno y la verdad finalmente la acepto dejando con su muerte lo

La Verdad de la Vida

que no pudo realizar en vida, la inspiración y ejemplo de un sinnúmero de líderes. Aún no se ha puesto de acuerdo sobre su personalidad mezcla singular del bronco espadón cuartelero, el estadista, el visionario, el aventurero y el héroe de la antigüedad obsesionado por la gloria. La gran verdad de esto es que él vivió todo los periodos de la vida, nada, éxito, traición y fracaso. El líder gladiador inteligente sabe aceptar los periodos de la vida.

El invierno en la vida de un líder gladiador es un periodo de prueba, aquí se ve de verdad quien es quien. Nuestro carácter es probado y salir de ese periodo lo hace a uno ser lo que decimos ser, lideres.

Solo los líderes verdaderos aceptan, aprovechan ese periodo para re consagrarse al llamado. No corren a los problemas. Agrupan sus pensamientos, planes y se prepara para aventurarse nuevamente.

"Esta tierra es el lugar de preparación para el cielo. El tiempo que pasamos aquí es el invierno del cristiano. Los vientos fríos de la aflicción soplan sobre nosotros, y las olas de los problemas nos arrollan." - Alza tus ojos pg. 309.

La oración del líder en este periodo difícil es: Dios ayúdame a recordar *que es solo un periodo en la vida y pronto pasara*. Que aprenda y me prepare para mi pronta primavera. Amén.

Para Reflexionar y aplicar

¿Cuál es la verdad de la vida en su opinión?
_____
_____
_____

De una experiencia de primavera, verano, invierno y otoño en su vida:
_____
_____
_____

Conclusión

La verdad detrás de este capítulo:

La verdad detrás de este capítulo es que cuando en verdad vive la vida que ha sido llamado a vivir, ya sea en la universidad, en el campo, en alguna empresa o la iglesia, todo verdadero **líder gladiador** reconocerá que detrás de todo lo que queremos, soñamos, pensamos, luchamos y logramos esta lo que se conoce **como providencia y para ser más específicos esta de todo y en todo el ser supremo – Dios**. "Él es tu alabanza, él es tu Dios, que ha hecho por ti obras grandes y pavorosas, que tus ojos han visto". – Deuteronomio 10:21.

En mi más humilde opinión ninguno de los que quieren vivir, triunfar y enfrentar cada desafío del liderazgo debería olvidar esta verdad que Dios es Dios en los cielos y tierra, que El gobierna todas las cosas relacionadas a la humanidad. "Toda buena dádiva y todo don perfecto es de lo alto, y desciende del Padre de las luces, en quien no hay mudanza, ni sombra de variación". – Santiago 1:17.

En ocasiones buscamos a Dios en todo y la verdad amigo líder es que San Agustín poco antes de morir dijo **"toda la vida busque a Dios fuera y estaba dentro de mí."** Dios está allí, adentro de nosotros, solo quiere manifestarse a nuestro favor, la gran pregunta es ¿deseamos realmente que él nos bendiga?

Sepamos qué: "Dios quien nos dio vida, nos dio libertad. ¿Pueden las libertades de la nación (Personales, iglesia u organización) ser protegidas cuando hemos removido *las convicciones de que estas libertades son dones de Dios?* Yo tiemblo por mi país (vida, familia, organización) cuando medito en que Dios es Justo, porque su justicia no puede dormir para siempre." – Tomas Jefferson.

La filosofía detrás de todo el libro fue y es que nada tiene significado y todo aumenta en valor hasta que como individuos *experimentemos* las verdades que

hacen a un líder UN GLADIADOR en cada momento *de su existencia.*

La *experiencia es parte integral de la vida* de toda persona y cuando el liderazgo lo reconozca dejara de evadir circunstancias, vera cada detalle de la vida no como "mala suerte" o "algo terrible" sino como parte del libro, legado que escribe con su propia vida. Eligira vivir una vida de Gladiador y no de un capullo durmiente.

La *experiencia es el lazo que lo une a uno con el pasado y el futuro* aplicando la enseñanza de la vida de otros y la nuestra como un todo que sabe lo que hace porque sabe que lo vivieron, lo lograron y buscaron otros. Él o ella ahora sabe lo que es, quiere, y vive lo que es.

Hoy nos toca a nosotros vivir la experiencia de un liderazgo convencido y convertido que beneficiara a generaciones futuras - ese es el mejor legado que todo ser humano, especialmente el liderazgo gladiador puede dejar en este mundo.

Que pudo ser en vida un simple humano, un soldado, policía, maestro, *un líder común* o elegir ser un consciente Líder Gladiador en todo lo que haga ya que a diferencia de todos los demás el Líder Gladiador no tiene otra opción que EXPERIMENTAR Y PELEAR a muerte por sus ideales, metas, visión, familia y deseo. Su única meta es TRIUNFAR Y VIVIR.

"El sendero hacia el éxito y el triunfo se vuelve usualmente solitario y escabroso porque la gran mayoría de los seres humanos no están dispuestos a enfrentar y vencer los obstáculos que se ocultan tras ellos. La propia capacidad de dar ese último paso cuando estamos cansados y agotados es la cualidad que separa y diferencia a los ganadores de los demás corredores y competidores." - Edward Le Baron.

Todos estos llegaron a ser grandes porque poseían un gran deseo, capacidad y talento pero jamás olvidemos la sencilla verdad que lo transportaron a la experiencia que obtuvieron en la práctica como algo natural en sus vida.

El Líder Gladiador

Así que el fin de todo el discurso es esto:

Ser **LIDER GLADIADOR** "Si es posible. Es un asunto de fe. Si hay con qué. Lo vamos a lograr. En última instancia depende de mí." – anónimo.

Para Reflexionar y aplicar

¿Qué fue lo que más le impacto de este libro?
_____
_____

¿Qué aprendió en este libro que pondrá en práctica?
_____
_____

¿Sera un gladiador o un pasivo vencido líder?
_____
_____

¿Cuál es su propósito de vida?
_____
_____

¿Cuál es su meta como líder GLADIADOR?
_____
_____

En que se compromete para ser lo que le hace feliz y libre como líder:
_____
_____

¿Después de leer este libro tiene la misma visión de liderazgo que cuando empezó a leer el libro?
_____
_____

Sobre El Autor

El autor es un orador internacional sobre temas religiosos, liderazgo, salud y motivación por los últimos 20 años y autor de varios libros: La Verdad Profética, Como Joven Cristiano Caí Pero Me Levante, El Código De Toda Posibilidad, El Líder Gladiador, El Noviazgo Cristiano, El Poder De La Disciplina, El Poder De Pedir. Le Dije Adios a mi empleo. Empieza tu propio negocio. Pasos para tu Libertad Financiera. El Emprendedor Inteligente. Comienza tu Propia Empresa.

Conozca más sobre Miguel Martin y reciba más información y entrenamiento gratuito en su página web www.miguelmartin.info

El Lider Gladiador

www.ingramcontent.com/pod-product-compliance
Lightning Source LLC
Chambersburg PA
CBHW071227290426
44108CB00013B/1313